Second edition of the Completely Conquering Mathematics series

임용수학
완전정복

위상수학

TOPOLOGY

제2판

김영록 · 윤기헌 · 김민훈 지음

KM 경문사

임용수학 완전정복

위상수학 제2판

지은이 김영록, 윤기헌, 김민훈
펴낸이 조경희
펴낸곳 경문사
펴낸날 2025년 2월 17일 2판 1쇄
등 록 1979년 11월 9일 제1979-000023호
주 소 04057, 서울특별시 마포구 와우산로 174
전 화 (02)332-2004 팩스 (02)336-5193
이메일 kyungmoon@kyungmoon.com

값 20,000원

ISBN 979-11-6073-776-9

머리말

1장에서는 위상수학 학습에 기초가 되는 집합과 관계, 함수, 집합의 가산성, 동치관계와 동치류 및 선택공리와 조른의 보조정리 등에 대하여 학습한다. 2장에서는 유클리드 거리가 주어진 실공간을 일반화한, 거리공간의 정의와 예, 그리고 성질을 학습한다. 또한 거리공간에서 수열의 극한 및 함수의 연속에 대해 다룬다. 3장에서는 위상공간의 정의와 다양한 위상공간의 예를 학습한다. 구체적으로 위상공간, 열린집합, 닫힌집합, 기저와 부분기저에 대하여 다룬다. 4장에서는 위상공간의 부분집합에 대한 기본적인 개념들을 학습한다. 구체적으로 위상공간의 부분집합에 대하여 내부, 외부, 경계, 닫음, 유도집합과 수열의 수렴성을 다룬다.

5장에서는 연속함수에 대하여 학습한다. 구체적으로 연속함수의 정의와 성질, 닫힌함수, 열린함수와 위상동형함수 및 위상적 성질, 위상적 불변량에 대하여 다룬다. 6장에서는 주어진 위상공간으로부터 새로운 위상공간을 얻는 방법에 대하여 공부한다. 구체적으로 부분공간과 부분위상, 곱공간과 곱위상, 함수족의 약위상 및 상공간과 상함수에 대하여 학습한다. 7장에서는 연결성, 경로연결성 콤팩트성에 대하여 학습한다. 구체적으로 위상공간의 연결성과 경로연결성, 콤팩트공간, 가산콤팩트, 수열콤팩트, 국소콤팩트공간들에 대해서 다룬다. 8장에서는 위상공간의 다양한 공리적 성질에 대한 학습한다. 구체적으로 위상공간의 가산성과 분리공리와 베르 범주 정리를 다룬다. 9장에서는 연습문제와 기출문제의 풀이를 다룬다.

이 책의 초안에서 오타를 찾는데 많은 도움을 준 경북대학교 수학교육과 강병주, 권시은, 김수현, 김진원, 이동엽, 이현우, 정희정 학생들에게 고마움을 표한다. 아무

쪼록 이 책이 임용수학을 준비하는 예비 수학교사들이 임용수학 완전정복 시리즈 공부를 통하여 꿈을 이루는 데 도움이 되기를 바란다. 또한 이 책이 나오기까지 많은 도움을 주신 경문사 편집부원들에게 감사를 전한다.

저자 일동

목차

Chapter 1

기초이론: 집합, 관계, 함수

이 장에서는 위상수학 학습에 기초가 되는 집합과 관계, 함수, 집합의 가산성 등에 대하여 학습한다.

학습목표

1. 집합의 정의와 집합의 연산에 대하여 학습한다.
2. 관계와 함수, 그리고 동치관계와 동치류에 대하여 학습한다.
3. 가산집합과 비가산 집합에 대하여 학습한다.
4. 선택공리와 조른의 보조정리 등에 대하여 학습한다.

핵심어: 집합, 관계, 함수, 동치관계, 동치류, 가산집합, 비가산집합, 선택공리

1.1 집합

이 절에서는 집합과 집합족의 정의와 기초적인 집합 연산의 성질에 대하여 학습한다.

정의 1.1. 특정한 성질을 갖는 원소들의 모임을 **집합(set)**이라 한다. 집합은 원소나열법 $A = \{a_1, a_2, a_3, \ldots\}$ 또는 조건제시법 $A = \{x \mid x$가 만족해야 할 조건$\}$으로 나타낼 수 있다.

참고 1.2 자연수 전체의 집합을 $\mathbb{N}$, 정수 전체의 집합을 $\mathbb{Z}$, 유리수 전체의 집합을 $\mathbb{Q}$, 실수 전체의 집합을 $\mathbb{R}$로 표시한다.

정의 1.3. 집합 I의 임의의 원소 $i \in I$에 대해, 집합 X_i가 대응되어 있을 때, 이러한 집합 X_i들을 모아서 만든 집합을 $\{X_i\}_{i\in I}$로 표현하고 **집합족(family of sets)**이라 한다. 이 경우 집합 I를 집합족 $\{X_i\}_{i\in I}$의 **첨자집합(index set)**이라 한다.

집합 X의 두 부분집합에 대해서 포함, 동치관계를 다음과 같이 정의한다.

정의 1.4. 집합 X의 두 부분집합 A, B가 주어졌다고 가정하자.
(1) 모든 $x \in A$에 대하여 $x \in B$이면, A가 B의 **부분집합(subset)**이라 하고 $A \subset B$로 나타낸다.
(2) 만약 $A \subset B$이고 $B \subset A$이면, A와 B가 같은 집합이라 하고 $A = B$로 표시한다.

집합의 두 부분집합에 대해서 다음 연산을 정의할 수 있다.

정의 1.5. 집합 X의 두 부분집합 A, B가 주어졌다고 가정하자.
(1) A, B의 **합집합(union)**은 $A \cup B = \{x \in X \mid x \in A$ 또는 $x \in B\}$이다.
(2) A, B의 **교집합(intersection)**은 $A \cap B = \{x \in X \mid x \in A$ 이고 $x \in B\}$이다.
(3) A, B의 **차집합(difference)**은 $A \setminus B = \{x \in X \mid x \in A$ 이고 $x \notin B\}$이다.

(4) A의 **여집합(complement)**은 $A^c = \{x \in X \mid x \notin A\} = X \setminus A$이다.

집합의 부분집합으로 이루어진 집합족에 대해서 다음 연산을 정의할 수 있다.

정의 1.6. 집합 X의 모든 부분집합들로 이루어진 집합족을 X의 **멱집합(power set)**이라 하고 $\mathscr{P}(X)$로 나타낸다. 멱집합 $\mathscr{P}(X)$의 부분집합 $\mathscr{A} \subset \mathscr{P}(X)$를 X의 **부분집합족(family of subsets)**이라하고 이 부분집합족의 합집합과 교집합을

$$\bigcup_{A\in\mathscr{A}} A = \{x \in X \mid x \in A\text{인 } A \in \mathscr{A}\text{가 존재한다.}\}$$

$$\bigcap_{A\in\mathscr{A}} A = \{x \in X \mid \text{모든 } A \in \mathscr{A} \text{ 에 대해 } x \in A\text{을 만족한다.}\}$$

로 정의한다.

다음 정리의 내용은 집합 연산의 정의로부터 쉽게 얻어진다.

정리 1.7

집합의 연산은 다음 성질을 만족한다. (단, 여기서 X는 전체집합, $\varnothing$은 공집합, A, B, C는 X의 부분집합이고 $\mathscr{A}$는 X의 부분집합족이다.)

(1) $A \cup \varnothing = A = \varnothing \cup A$.

(2) $X \cap A = A = A \cap X$.

(3) $A \cap (B \cup C) = (A \cap B) \cup (A \cap C)$, $A \cup (B \cap C) = (A \cup B) \cap (A \cup C)$.

(4) $A \setminus (B \cap C) = (A \setminus B) \cup (A \setminus C)$, $A \setminus (B \cup C) = (A \setminus B) \cap (A \setminus C)$.

(5) $X \setminus \bigcap_{A\in\mathscr{A}} A = \bigcup_{A\in\mathscr{A}} (X \setminus A)$, $X \setminus \bigcup_{A\in\mathscr{A}} A = \bigcap_{A\in\mathscr{A}} (X \setminus A)$.

(6) $A \setminus B = A \cap B^c$.

참고 1.8 정리 1.7의 (3)을 분배법칙, (4), (5)를 드모르간의 법칙이라 한다.

정의 1.9. 두 집합 X, Y에 대하여 $X \times Y = \{(x, y) \mid x \in X, y \in Y\}$을 두 집합 X, Y의 **곱집합(product set)**이라 한다. 일반적으로 집합족 $\{X_i\}_{i\in I}$의 곱집합은

$$\prod_{i\in I} X_i = \{f : I \to \bigcup_{i\in I} X_i \mid \text{모든 } i \in I \text{에 대해 } f(i) \in X_i \text{이다.}\}$$

으로 정의한다.

참고 1.10 집합족 $\{X_i\}_{i\in I}$의 첨자집합 I가 $I=\{1,2,\ldots,n\}$이거나 $I=\mathbb{N}$인 경우에 곱집합 $\prod_{i\in I} X_i$을 $\prod_{i=1}^{n} X_i$, $\prod_{i=1}^{\infty} X_i$와 같이 표현한다.

예제 1.11

- 첨자집합이 $I=\mathbb{N}$이고 모든 $i\in\mathbb{N}$에 대해 $X_i=\mathbb{R}$이면, 해당하는 곱집합 $\prod_{i=1}^{\infty}\mathbb{R}$은 모든 실수열들로 이루어진 집합이다.
- 첨자집합이 $I=\mathbb{R}$이고 모든 $i\in\mathbb{R}$에 대해 $X_i=\mathbb{R}$이면, 해당하는 곱집합 $\prod_{i\in\mathbb{R}}\mathbb{R}$은 모든 실함수들로 이루어진 집합이다.

1.2 관계와 동치관계

이 절에서는 두 집합 사이의 관계를 정의하고, 관계의 특별한 경우로 함수를 다룬다. 또한 동치관계와 동치류에 대하여 학습한다.

정의 1.12. 두 집합 X, Y에 대하여 $\mathcal{R}\subset X\times Y$를 X에서 Y로의 **관계(relation)**라 한다. 만약 $(x,y)\in\mathcal{R}$이면, ${}_x\mathcal{R}_y$로 표시한다. 주어진 X에서 Y로의 관계 $\mathcal{R}$에 대해, $\mathcal{R}$의 **역(inverse)** $\mathcal{R}^{-1}$은

$$\mathcal{R}^{-1}=\{(y,x)\in Y\times X \mid {}_x\mathcal{R}_y\}$$

로 정의하고 $\mathcal{R}^{-1}$은 Y에서 X로의 관계이다.

정의 1.13. 집합 X에서 X로의 관계 $\mathcal{R}\subset X\times X$가 다음 세 조건을 만족하면, $\mathcal{R}$을 X에 정의된 **동치관계(equivalence relation)**라 한다.
(반사성) 모든 $x\in X$에 대해, ${}_x\mathcal{R}_x$이다.
(대칭성) ${}_x\mathcal{R}_y$인 $x,y\in X$에 대해, ${}_y\mathcal{R}_x$이다.
(추이성) ${}_x\mathcal{R}_y$와 ${}_y\mathcal{R}_z$인 $x,y,z\in X$에 대해, ${}_x\mathcal{R}_z$이다.

정의 1.14. 집합 X 위에 정의된 동치관계 $\mathcal{R}$과 원소 $x \in X$ 에 대하여

$$\overline{x} = \{y \in X \mid {}_x\mathcal{R}_y\}$$

를 x의 **동치류(equivalence class)**라 한다. 동치류들로 이루어진 집합

$$X/\mathcal{R} = \{\overline{x} \mid x \in X\}$$

를 동치관계 $\mathcal{R}$에 의한 X의 **상(quotient)**이라 한다.

정리 1.15

집합 X에 정의된 동치관계 $\mathcal{R}$에 의한 상 $X/\mathcal{R}$은 다음 성질을 만족한다.

(1) 모든 $x \in X$ 에 대해, $\overline{x} \in X/\mathcal{R}$ 이다.

(2) 임의의 두 원소 $x, y \in X$ 에 대해 $\overline{x} = \overline{y}$인 것과 ${}_x\mathcal{R}_y$ 는 동치이다.

(3) 두 원소 $x, y \in X$ 가 $\overline{x} \neq \overline{y}$을 만족하면, $\overline{x} \cap \overline{y} = \varnothing$ 이다.

증명 (1) 정의에 의해 모든 $x \in X$ 에 대해, $\overline{x} \in X/\mathcal{R}$ 임은 자명하다.

(2) 정의에 의해 $x \in \overline{x}$ 이고 $\overline{x} = \overline{y}$ 이므로 $x \in \overline{y}$ 이고 (1)에 의해 ${}_x\mathcal{R}_y$ 이다. 임의의 $z \in \overline{x}$에 대해 ${}_x\mathcal{R}_z$ 이므로 대칭성에 의해 ${}_z\mathcal{R}_x$ 이다. 추이성과 ${}_x\mathcal{R}_y$ 에 의해 ${}_z\mathcal{R}_y$, 즉 $z \in \overline{y}$ 이다. 따라서 $\overline{x} \subset \overline{y}$ 이다. 비슷한 논리로 $\overline{y} \subset \overline{x}$가 성립하므로 $\overline{x} = \overline{y}$ 이다.

(3) (3)의 대우를 증명하자. $\overline{x} \cap \overline{y} \neq \varnothing$ 이라 가정하고 $z \in \overline{x} \cap \overline{y}$ 인 $z \in X$ 를 잡으면, ${}_x\mathcal{R}_z$ 이고 ${}_y\mathcal{R}_z$ 이다. 대칭성과 추이성에 의해 ${}_x\mathcal{R}_y$ 이고 (2)에 의해 $\overline{x} = \overline{y}$ 이다.

□

정의 1.16. 집합 X의 공집합이 아닌 부분집합들로 이루어진 부분집합족 $\{A_i\}_{i \in I}$ 가 $\bigcup_{i \in I} A_i = X$ 와 모든 $i \neq j$에 대해, $A_i \cap A_j = \varnothing$을 만족할 때, 부분집합족 $\{A_i\}_{i \in I}$ 를 X의 **분할(partition)**이라 한다.

참고 1.17 집합 X에 정의된 동치관계 $\mathcal{R}$에 대해, 동치관계 $\mathcal{R}$에 의한 상 $X/\mathcal{R}$은 정리 1.15에 의해 X의 분할이다.

1.3 함수

정의 1.18. 두 집합 X, Y에 대하여, 관계 $\mathcal{R} \subset X \times Y$가 모든 $x \in X$에 대해, ${}_x\mathcal{R}_y$인 $y \in Y$가 존재하고 유일할 때, 관계 $\mathcal{R}$을 **함수(function)**라 한다. 이 경우 X를 **정의역(domain)**, Y를 **공역(codomain)**, Y의 부분집합

$$\{y \in Y \mid {}_x\mathcal{R}_y \text{인 } x \in X \text{가 존재한다.}\}$$

을 **치역(range)**이라 한다.

참고 1.19 함수가 되는 X에서 Y로의 관계를 일반적으로 $f\colon X \to Y$로 표현하고 이 관계에 속하는 원소 $(x, y) \in X \times Y$를 $f(x) = y$로 표현한다.

정의 1.20. 함수 $f\colon X \to Y$, $g\colon Y \to Z$에 대하여

(1) 임의의 X의 서로 다른 두 원소 $x_1 \neq x_2$에 대해, $f(x_1) \neq f(x_2)$일 때, f를 **단사함수(injective function)**라 한다.

(2) 모든 $y \in Y$에 대해 $f(x) = y$를 만족하는 $x \in X$가 존재할 때, f를 **전사함수(surjective function)**라 한다.

(3) 함수 f가 단사함수이면서 전사함수일 때, f를 **전단사함수(bijective function)**라 한다.

(4) 모든 $x \in X$에 대해, $g \circ f(x) = g(f(x))$로 정의된 함수 $g \circ f\colon X \to Z$를 f, g의 **합성함수(composition function)**라 한다.

(5) Y의 부분집합 B에 대하여 f에 의한 B의 **역상(inverse image)**은

$$f^{-1}(B) = \{x \in X \mid f(x) \in B\}$$

로 정의한다.

정리 1.21

함수 $f\colon X \to Y$에 대하여 다음이 성립한다.

(1) 만약 A_1, A_2가 X의 부분집합이고 $A_1 \subset A_2$이면 $f(A_1) \subset f(A_2)$이다.

(2) 만약 $\{A_i\}_{i \in I}$가 X의 부분집합족이면, $f(\bigcup_{i \in I} A_i) = \bigcup_{i \in I} f(A_i)$이고 $f(\bigcap_{i \in I} A_i) \subset \bigcap_{i \in I} f(A_i)$이다.

(3) 만약 A_1, A_2 가 X 의 부분집합이면, $f(A_1) \setminus f(A_2) \subset f(A_1 \setminus A_2)$ 이다.
(4) 만약 B_1, B_2 가 Y 의 부분집합이고 $B_1 \subset B_2$ 이면 $f^{-1}(B_1) \subset f^{-1}(B_2)$ 이다.
(5) 만약 B_1, B_2 가 Y 의 부분집합이면, $f^{-1}(B_1 \setminus B_2) = f^{-1}(B_1) \setminus f^{-1}(B_2)$ 이다.
(6) 만약 $\{B_j\}_{j \in J}$ 가 Y 의 부분집합족이면, $f^{-1}(\bigcup_{j \in J} B_j) = \bigcup_{j \in J} f^{-1}(B_j)$ 이고 $f^{-1}(\bigcap_{j \in J} B_j) = \bigcap_{j \in J} f^{-1}(B_j)$ 이다.
(7) 만약 A 가 X 의 부분집합이고 B 가 Y 의 부분집합이면, $A \subset f^{-1}(f(A))$ 이고 $f(f^{-1}(B)) \subset B$ 이다.

| 증명 | (1) 임의의 $a_1 \in A_1$ 에 대해, $A_1 \subset A_2$ 이므로 $a_1 \in A_2$ 이다. 따라서 $f(a_1) \in f(A_2)$ 이다.

(2) 모든 $i \in I$ 에 대해,

$$A_i \subset \bigcup_{i \in I} A_i, \quad \bigcap_{i \in I} A_i \subset A_i$$

이다. (1)에 의해, 모든 $i \in I$ 에 대해,

$$f(A_i) \subset f(\bigcup_{i \in I} A_i), \quad f(\bigcap_{i \in I} A_i) \subset f(A_i)$$

가 성립한다. 따라서

$$\bigcup_{i \in I} f(A_i) \subset f(\bigcup_{i \in I} A_i), \quad f(\bigcap_{i \in I} A_i) \subset \bigcap_{i \in I} f(A_i)$$

이 성립한다.

이제 $f(\bigcup_{i \in I} A_i) \subset \bigcup_{i \in I} f(A_i)$ 가 성립함을 보이자. 임의의 $y \in f(\bigcup_{i \in I} A_i)$ 에 대해 $y = f(x)$ 인 $x \in \bigcup_{i \in I} A_i$ 가 존재하고 따라서 $y = f(x)$ 이고 $x \in A_i$ 인 어떤 $i \in I$ 가 존재한다. 즉 $y \in f(A_i)$ 인 어떤 $i \in I$ 가 존재하고 $y \in \bigcup_{i \in I} f(A_i)$ 이다.

(3) 임의의 $y \in f(A_1) \setminus f(A_2)$ 에 대해 $y = f(x)$ 인 $x \in A_1$ 이 존재하고 모든 $a \in A_2$ 에 대해 $y \neq f(a)$ 이다. 따라서 $x \in A_1 \setminus A_2$ 이고 $y = f(x) \in f(A_1 \setminus A_2)$ 이므로 $f(A_1) \setminus f(A_2) \subset f(A_1 \setminus A_2)$ 이다.

(4) 임의의 $x \in f^{-1}(B_1)$ 에 대해, $B_1 \subset B_2$ 이므로 $f(x) \in B_1 \subset B_2$ 이고 $x \in f^{-1}(B_2)$ 이다.

(5) 만약 $x \in f^{-1}(B_1 \setminus B_2)$ 이면 $f(x) \in B_1 \setminus B_2$ 이다. 따라서 $x \in f^{-1}(B_1)$ 이고 $x \notin f^{-1}(B_2)$ 이다. 이로부터 $x \in f^{-1}(B_1) \setminus f^{-1}(B_2)$ 이다. 만약 $x \in f^{-1}(B_1) \setminus f^{-1}(B_2)$ 이면 $x \in f^{-1}(B_1)$ 이고 $x \notin f^{-1}(B_2)$ 이다.

따라서 $f(x) \in B_1$, $f(x) \notin B_2$ 이고 이로부터 $f(x) \in B_1 \setminus B_2$ 이고 $x \in f^{-1}(B_1 \setminus B_2)$ 이다.

(6) 모든 $j \in J$ 에 대해,

$$B_j \subset \bigcup_{j\in J} B_j, \quad \bigcap_{j\in J} B_j \subset B_j$$

이다. (4)에 의해, 모든 $j \in J$ 에 대해,

$$f^{-1}(B_j) \subset f^{-1}(\bigcup_{j\in J} B_j), \quad f^{-1}(\bigcap_{j\in J} B_j) \subset f^{-1}(B_j)$$

가 성립한다. 따라서

$$\bigcup_{j\in J} f^{-1}(B_j) \subset f^{-1}(\bigcup_{j\in J} B_j), \quad f^{-1}(\bigcap_{j\in J} B_j) \subset \bigcap_{j\in J} f^{-1}(B_j)$$

이 성립한다.

이제 $f^{-1}(\bigcup_{j\in J} B_j) \subset \bigcup_{j\in J} f^{-1}(B_j)$ 임을 보이자. 임의의 $x \in f^{-1}(\bigcup_{j\in J} B_j)$ 에 대해 $f(x) \in \bigcup_{j\in J} B_j$ 이므로 $f(x) \in B_j$ 인 $j \in J$ 가 존재하고 이로부터 $x \in \bigcup_{j\in J} f^{-1}(B_j)$ 임을 알 수 있다. 따라서 $f^{-1}(\bigcup_{j\in J} B_j) \subset \bigcup_{j\in J} f^{-1}(B_j)$ 이다.

(7) 만약 $x \in A$ 이면 $f(x) \in f(A)$ 이고 $x \in f^{-1}(f(A))$ 이다. 만약 $y \in f(f^{-1}(B))$ 이면 $y = f(x)$ 인 $x \in f^{-1}(B)$ 가 존재한다. 따라서 $y = f(x) \in B$ 이다.

□

예제 1.22 함수 $f\colon X \to Y$ 와 $A \subset X, B \subset Y$ 일 때 다음을 증명하시오.

(1) $f(f^{-1}(f(A))) = f(A)$ (2) $f^{-1}(f(f^{-1}(B))) = f^{-1}(B)$

(3) $f(A \cap f^{-1}(B)) = f(A) \cap B$

| 풀이 | 정리 1.21의 (7)에 의해 함수 $f\colon X \to Y$ 와 X 의 부분집합 A 와 Y 의 부분집합 B 에 대해,

$$A \subset f^{-1}(f(A)), \quad f(f^{-1}(B)) \subset B \qquad (*)$$

임을 상기하자.

(1) $(*)$ 에서 $B = f(A)$ 인 경우를 생각하면, $f(f^{-1}(f(A))) \subset f(A)$ 이다. $(*)$ 에 의해 $A \subset f^{-1}(f(A))$ 이므로 $f(A) \subset f(f^{-1}(f(A)))$ 이다.

(2) $(*)$ 에서 $A = f^{-1}(B)$ 인 경우를 생각하면, $f^{-1}(B) \subset f^{-1}(f(f^{-1}(B)))$ 이다. $(*)$ 에 의해 $f^{-1}(f(f^{-1}(B))) \subset f^{-1}(B)$ 이다.

(3) 만약 $y \in f(A \cap f^{-1}(B))$ 이면, $y = f(x)$ 인 $x \in A \cap f^{-1}(B)$ 가 존재하고 $y = f(x) \in f(A) \cap B$ 이다. 역으로 $y \in f(A) \cap B$ 이면, $y = f(x)$ 인 $x \in A \cap f^{-1}(B)$ 가 존재한다. 따라서 $y \in f(A \cap f^{-1}(B))$ 이다.

□

정리 1.21의 (7)에서 등호는 일반적으로 성립하지 않고 이와 관련된 전사함수, 단사함수에 관한 동치조건은 다음과 같다. 이들의 증명은 생략한다.

정리 1.23

함수 $f\colon X \to Y$ 에 대해서 다음은 동치이다.

(1) 함수 f 는 전사함수이다.

(2) 임의의 Y 의 부분집합 B 에 대해서, $f(f^{-1}(B)) = B$ 이다.

(3) 임의의 X 의 부분집합 A 에 대해서, $f(A)^c \subset f(A^c)$ 이다.

정리 1.24

함수 $f\colon X \to Y$ 에 대해서 다음은 동치이다.

(1) 함수 f 는 단사함수이다.

(2) 임의의 X 의 부분집합 A 에 대해서, $f^{-1}(f(A)) = A$ 이다.

(3) 임의의 X 의 부분집합 A 에 대해서, $f(A^c) \subset f(A)^c$ 이다.

정리 1.25

두 함수 $f\colon X \to Y$, $g\colon Y \to Z$ 에 대하여 다음 성질이 성립한다.

(1) $g \circ f$ 가 단사함수이면 f 가 단사함수이다.

(1) $g \circ f$ 가 전사함수이면 g 가 전사함수이다.

| 증명 | (1) 만약 $f(x_1) = f(x_2)$ 이면, $g \circ f(x_1) = g \circ f(x_2)$ 이고 $g \circ f$ 가 단사함수이므로 $x_1 = x_2$ 이다. 따라서 f 는 단사함수이다.

(2) 임의의 $z \in Z$ 에 대해 $g \circ f$ 가 전사함수이므로 $g \circ f(x) = z$ 인 $x \in X$ 가 존재하고 따라서 $g(y) = z$ 인 $y = f(x) \in Y$ 가 존재한다. 따라서 g 는 전사함수이다.

□

1.4 순서집합

정의 1.26. 집합 X에 정의된 관계 $<$에 대해서, 다음 성질들을 정의하자.

(반사성) 모든 $x \in X$에 대해, $x < x$이다.

(반대칭성) 만약 $x < y$이고 $y < x$이면, $x = y$이다.

(추이성) 만약 $x < y$이고 $y < z$이면, $x < z$이다.

(비교가능성) 임의의 $x, y \in X$에 대하여 $x < y$ 또는 $y < x$가 성립한다.

(1) 집합 X에 정의된 관계 $<$가 반사성, 반대칭성, 추이성을 만족하면, 관계 $<$를 **부분 순서(partial order)**라 하고 $(X, <)$를 **부분 순서집합(partially ordered set)**이라 한다.

(2) 부분 순서집합 $(X, <)$가 추가적으로 비교가능성을 만족하면, 관계 $<$를 **완전 순서(total order)**라 하고 $(X, <)$를 **완전 순서집합(totally ordered set)**이라 한다.

정의 1.27. 부분 순서집합 $(X, <)$의 부분집합 A에 대해서, 다음을 정의하자.

(1) 모든 $x \in X$에 대하여 $x < m$을 만족하는 $m \in X$를 **최대원(maximum)**이라 한다.

(2) 모든 $x \in X$에 대하여 $m < x$를 만족하는 $m \in X$를 **최소원(minimum)**이라 한다.

(3) 원소 $x \in X$에 대하여 $x < y$인 원소 $y \in X$는 $y = x$를 만족하면, x를 **극대원(local maximum)**이라 한다.

(4) 원소 $x \in X$에 대하여 $x > y$인 원소 $y \in X$는 $y = x$를 만족하면, x를 **극소원(local minimum)**이라 한다.

(5) $a \in A$가 임의의 $b \in B$에 대하여 $a < b$를 만족할 때, a를 B의 **하계(lower bound)**라 한다.

(6) $a \in A$가 임의의 $b \in B$에 대하여 $b < a$를 만족할 때, a를 B의 **상계(upper bound)**라 한다.

(7) B의 상계 중 최소원을 B의 **상한(supremum)**이라 한다.

(8) B의 하계 중 최대원을 B의 **하한(infimum)**이라 한다.

예제 1.28 자연수 전체의 집합 $\mathbb{N}$의 부분집합 X를

$$X = \{x \in \mathbb{N} \mid x\text{는 30 이하의 자연수 중 3 또는 5의 배수}\}$$

라 정의하고 이 집합에 부분순서관계 $<$를 $a \mid b$이면 $a < b$로 정의하자. 이 부분순서집합 $(X, <)$의 최대원, 최소원, 극대원, 극소원이 존재하면 모두 다 구하고 X의 부분집합 $A = \{6, 9, 15\}$의 상계, 하계, 상한, 하한을 구하시오.

| 풀이 | 정의에 의해, 집합 X는

$$X = \{3, 5, 6, 9, 10, 12, 15, 18, 20, 21, 24, 25, 27, 30\}$$

이고 X의 최대원과 최소원은 없고 X의 극대원은 $18, 20, 21, 24, 25, 27, 30$이고 X의 극소원은 $3, 5$이다. 부분집합 A의 상계와 상한은 없고 A의 하계와 하한은 모두 3이다. □

1.5 가산집합과 비가산집합

정의 1.29. (1) 전단사함수 $f: X \to \{1, 2, \ldots, n\}$가 존재하면 집합 X를 **유한집합(finite set)**이라 하고 이 경우 X의 원소 개수는 $|X| = n$으로 나타낸다. 유한집합이 아닌 집합 X를 **무한집합(infinite set)**이라 한다.

(2) 단사함수 $f: X \to \mathbb{N}$가 존재하면, 집합 X를 **가산집합(countable set)**이라 한다. 유한집합이 아닌 가산집합을 **가산 무한집합(countably infinite set)**이라 한다.

(3) 가산집합이 아닌 집합 X를 **비가산집합(uncountable set)**이라 한다.

정리 1.30

공집합이 아닌 집합 X에 대해서, 다음의 명제는 서로 동치이다.

(1) X는 가산집합이다.

(2) 전사함수 $f: \mathbb{N} \to X$가 존재한다.

(3) 단사함수 $g: X \to \mathbb{N}$가 존재한다.

| 증명 | (1) ⇒ (3) 정의로부터 자명하다.

(3) ⇒ (2) 단사함수 $g\colon X \to \mathbb{N}$이 주어져 있다고 가정하자. 점 $x_0 \in X$를 하나 고정하고, 함수 $f\colon \mathbb{N} \to X$를

$$f(n) = \begin{cases} x & n = g(x) \\ x_0 & n \notin g(X) \end{cases}$$

로 정의하면 g가 단사함수이므로 이 함수는 잘 정의된 전사함수이다.

(2) ⇒ (1) 전사함수 $f\colon \mathbb{N} \to X$가 주어져 있다고 가정하자. 함수 $g\colon X \to \mathbb{N}$를

$$g(x) = \min\{n \in \mathbb{N} \mid f(n) = x\}$$

로 정의하면 $g(x) = g(y)$이면 $x = f(g(x)) = f(g(y)) = y$이므로 함수 g는 단사함수이다.

□

정리 1.31

공집합이 아닌 집합 X에서 X의 멱집합 $\mathscr{P}(X)$으로의 전사함수 $f\colon X \to \mathscr{P}(X)$는 존재하지 않는다.

| 증명 | 전사함수 $f\colon X \to \mathscr{P}(X)$가 존재한다고 가정하자. X의 부분집합

$$A = \{x \in X \mid x \notin f(x)\}$$

을 정의하면, A는 X의 부분집합이므로 $A \in \mathscr{P}(X)$이다. f가 전사함수이므로 $f(x) = A$가 되는 $x \in X$가 존재한다. 만약 $x \in A$이면, A의 정의에 의해 $x \notin f(x) = A$이므로 모순이고 만약 $x \notin A$이면, A의 정의에 의해 $x \in f(x) = A$이므로 모순이다. □

참고 1.32 모든 $x \in X$에 대해, $f(x) = \{x\}$로 정의하면, 함수 $f\colon X \to \mathscr{P}(X)$는 단사함수이다. 위 정리에 의해 X와 $\mathscr{P}(X)$ 사이에는 전단사함수가 존재하지 않는다. 따라서 위 정리의 간단한 응용으로 $\mathscr{P}(\mathbb{N})$은 비가산집합임을 알 수 있다.

정리 1.33

(1) 가산집합의 임의의 부분집합은 가산집합이다.

(2) 가산집합의 가산 합집합은 가산집합이다.

(3) 가산집합의 유한 곱집합은 가산집합이다.

| 증명 | (1) 가산집합 X의 임의의 부분집합을 A라 하자. 그러면 X가 가산집합이므로 단사함수 $f\colon X \to \mathbb{N}$가 존재하고 $A \subset X$이므로 f의 제한함수 $f|_A\colon A \to \mathbb{N}$도 단사함수이다.

(2) 모든 $m \in \mathbb{N}$에 대해 X_m이 서로소인 가산집합일 때, $\bigcup_{m=1}^{\infty} X_m$이 가산집합임을 보이자. (나머지 경우도 증명이 비슷하다.) 정의에 의해 단사함수 $f_m\colon X_m \to \mathbb{N}$이 존재한다. 다음과 같이 정의된 함수

$$f\colon \bigcup_{m=1}^{\infty} X_m \to \mathbb{N} \times \mathbb{N}, \quad f(x) = (m, f_m(x)), \quad x \in X_m$$

은 단사함수이고 함수

$$g\colon \mathbb{N} \times \mathbb{N} \to \mathbb{N}, \quad g(m,n) = 2^m 3^n$$

도 단사함수이다. 따라서 함수

$$g \circ f\colon \bigcup_{m=1}^{\infty} X_m \to \mathbb{N}$$

은 단사함수이고 $\bigcup_{m=1}^{\infty} X_m$은 가산집합이다.

(3) 수학적귀납법에 의해, 두 가산집합 X, Y의 곱집합 $X \times Y$가 가산집합임을 보이면 충분하다. 만약 X, Y가 가산집합이면, 단사함수 $f\colon X \to \mathbb{N}, g\colon Y \to \mathbb{N}$가 존재한다. 함수

$$h\colon X \times Y \to \mathbb{N}, \quad h(a,b) = 2^{f(a)} 3^{g(b)}$$

는 단사함수이므로 $X \times Y$는 가산집합이다.

□

참고 1.34 가산집합의 무한 곱집합은 가산집합일 필요가 없다. 실수 전체의 집합 $\mathbb{R}$이 비가산집합임을 보인 증명을 살펴보면 유한집합 $\{0,1\}$의 가산 곱집합인 $\prod_{i=1}^{\infty}\{0,1\}$은 비가산집합임을 알 수 있다.

정리 1.35

실수 전체의 집합 $\mathbb{R}$은 비가산집합이다.

| 증명 | 이 명제를 증명하는 방법 중 세 가지를 소개한다.

(방법 1) 만약 실수 전체의 집합 $\mathbb{R}$ 안의 수열 $\{x_n\}_{n=1}^{\infty}$ 가 서로 다른 항들로 이루어져 있으면, $x \in \mathbb{R} \setminus \{x_n \mid n \in \mathbb{N}\}$ 인 x 가 존재함을 보이는 것으로 충분하다. 모든 자연수 n 에 대해서,

$$[a_{n+1}, b_{n+1}] \subset [a_n, b_n], \quad a_n < b_n$$

을 만족하는 축소 닫힌구간족 $\{[a_n, b_n]\}_{n=1}^{\infty}$ 를 다음과 같이 정의하자. 우선 $n = 1$ 인 경우,

$$a_1 = \min(x_1, x_2), \quad b_1 = \max(x_1, x_2)$$

라 하면, 수열 $\{x_n\}_{n=1}^{\infty}$ 이 서로 다른 항들로 이루어져 있기 때문에 $a_1 < b_1$ 이다.

귀납적으로 어떤 자연수 k 에 대해서, 축소 닫힌구간들

$$[a_k, b_k] \subset [a_{k-1}, b_{k-1}] \subset \cdots \subset [a_2, b_2] \subset [a_1, b_1]$$

가 정의되었다고 가정하자. 열린집합 (a_k, b_k) 에 수열 $\{x_n\}_{n=1}^{\infty}$ 의 무한히 많은 원소가 존재한다고 가정할 수 있다. (만약 수열 $\{x_n\}_{n=1}^{\infty}$ 의 원소 중 열린집합 (a_k, b_k) 에 유한 개의 원소만 존재하는 경우에는, 그 유한 개의 원소들을 제외한 (a_k, b_k) 의 원소를 택하면 증명이 끝난다.) 따라서 서로 다른 두 자연수

$$k_1 = \min\{n \mid x_n \in (a_k, b_k)\}, \quad k_2 = \min\{n \mid n > k_1, x_n \in (a_k, b_k)\}$$

을 정의할 수 있고

$$a_{k+1} = \min(x_{k_1}, x_{k_2}), \quad b_{k+1} = \max(x_{k_1}, x_{k_2})$$

라 하면, 수열 $\{x_n\}_{n=1}^{\infty}$ 이 서로 다른 항들로 이루어져 있기 때문에 $a_{k+1} < b_{k+1}$ 이고 자연수 k_1, k_2 의 정의에 의해, $[a_{k+1}, b_{k+1}] \subset [a_k, b_k]$ 이다. 정의에 의해, 모든 자연수 n 에 대해서,

$$a_1 < a_2 < \cdots < a_{n-1} < a_n < b_n < b_{n-1} < \cdots < b_2 < b_1$$

이 성립한다. 따라서 수열 $\{a_n\}_{n=1}^{\infty}$ 단조증가하는 위로 유계인 수열이고 수열 $\{b_n\}_{n=1}^{\infty}$ 는 단조감소하는 아래로 유계인 수열이다. 실제로 b_1 은 수열 $\{a_n\}_{n=1}^{\infty}$ 의 상한이고 a_1 은 수열 $\{b_n\}_{n=1}^{\infty}$ 의 하한이다. 실수 전체의 집합 $\mathbb{R}$ 의 성질에 의해 수열 $\{a_n\}_{n=1}^{\infty}$ 과 $\{b_n\}_{n=1}^{\infty}$ 은 모두 수렴하고

$$\lim_{n\to\infty} a_n = a, \quad \lim_{n\to\infty} b_n = b$$

라 하자. 점 $x \in [a,b]$를 잡자. 모든 자연수 n에 대해, $a_n < x < b_n$이고 따라서 $x \neq a_n, x \neq b_n$이다.

어떤 자연수 M에 대해 $x = x_M$이라고 가정하자. 자연수 N을

$$N = \max\{n \in \mathbb{N} \mid a_n \in \{x_1, x_2, \ldots, x_{M-1}\}\}$$

으로 잡으면, 부등식

$$a_N < a_{N+1} < x = x_M < b_{N+1} < b_N$$

에 의해 $x = x_M$은 열린구간 (a_N, b_N)에 속하는 수열 $\{x_n\}_{n=1}^{\infty}$의 원소이고 수열 $\{a_n\}_{n=1}^{\infty}, \{b_n\}_{n=1}^{\infty}$의 귀납적 정의에 의해 a_{N+1}, b_{N+1}은 열린구간 (a_N, b_N)에 속하는 수열 $\{x_n\}_{n=1}^{\infty}$의 원소 중 아래첨자가 가장 작은 두 원소이다. 따라서

$$N+1 \in \{n \in \mathbb{N} \mid a_n \in \{x_1, x_2, \ldots, x_{M-1}\}\}$$

이 되어 자연수 N의 정의에 모순이다. 따라서 $x \in X \setminus \{x_n \mid n \in \mathbb{N}\}$이다.

(방법 2) 0보다 크고 1보다 작은 무한소수들 중 소수점 아래의 숫자가 0과 1로만 표현되는 수들로 이루어진 $\mathbb{R}$의 부분집합을 X라 하자. 집합 X가 비가산집합임을 보이기 위해 X 안의 임의의 수열 $\{x_n\}_{n=1}^{\infty}$에 대해, 이 수열 $\{x_n\}_{n=1}^{\infty}$의 모든 항과 다른 X의 원소가 존재함을 보이자.

모든 자연수 n에 대해 x_n의 소수점 아래의 n번째 숫자가 0이면, $z_n = 1$로 x_n의 소수점 아래의 n번째 숫자가 1이면, $z_n = 0$으로 정의하자. 그러면

$$z = \sum_{n=1}^{\infty} \frac{z_n}{10^n}$$

은 집합 X의 원소이며 모든 n에 대해서 z의 소수점 아래의 n번째 숫자가 x_n의 소수점 아래의 n번째 숫자와 다르므로 z는 수열 $\{x_n\}_{n=1}^{\infty}$의 원소가 아니다. 조금 더 자세하게 논하면, 수열 $\{x_n\}_{n=1}^{\infty}$이 주어져 있을 때, 모든 자연수 m에 대해,

$$x_m = \sum_{n=1}^{\infty} \frac{x_{mn}}{10^n}, \quad x_{mn} \in \{0, 1\}$$

일 때, $z_n = 1 - x_{nn}$으로 정의하면, 모든 자연수 n에 대해서 x_{nn}은 0 또는 1이므로 z_n도 0 또는 1이다. 따라서 z는 X의 원소이지만 수열 $\{x_n\}_{n=1}^{\infty}$의 원소는 아니다.

(방법 3) (방법 2)에서 생각한 집합 X가 비가산집합임을 조금 다른 방법으로 보이자. 임의의 집합 X의 원소 x와 집합 $\{0,1\}$ 안의 수열 $\{x_n\}_{n=1}^{\infty}$이 유일하게 대응되고 또한 $\mathbb{N}$의 부분집합 $A = \{n \in \mathbb{N} \mid x_n = 1\}$과도 유일하게 대응된다. 따라서 집합 X와 $\mathscr{P}(\mathbb{N})$ 사이의 전단사함수가 존재한다. 참고 1.32에 의해 $\mathscr{P}(\mathbb{N})$은 비가산집합이므로 X도 비가산집합이다.

□

정리 1.35의 (방법 3)에서 관찰하였듯이 실수 전체의 집합 $\mathbb{R}$과 비가산집합인 멱집합 $\mathscr{P}(\mathbb{N})$ 사이의 전단사함수가 존재하지만 이를 구체적으로 제시하는 것은 자명하지 않다. 다음 정리는 두 집합 사이의 전단사함수의 존재성을 알려주는 매우 유용한 정리이다.

정리 1.36: 번스타인-칸토어-슈레더 정리 (Bernstein-Cantor-Schröder theorem)

두 집합 X, Y에 대하여 두 단사함수 $f\colon X \to Y, g\colon Y \to X$가 존재하면, 전단사함수 $h\colon X \to Y$가 존재한다.

|증명| 증명을 위해, X와 Y의 부분집합족 $\{X_n\}_{n=0}^{\infty}$와 $\{Y_n\}_{n=0}^{\infty}$를 다음과 같이 정의하자. 먼저 $n=0$이면, $X_0 = X$와 $Y_0 = Y$로 정의한다. 모든 자연수 n에 대해, 귀납적으로 $X_n = g(Y_{n-1}), Y_n = f(X_{n-1})$로 정의하면,

$$X = X_0 \supset X_1 \supset \cdots \supset X_n \supset \cdots$$
$$Y = Y_0 \supset Y_1 \supset \cdots \supset Y_n \supset \cdots$$

임을 알 수 있다. 이제

$$X_+ = \bigcup_{n=0}^{\infty}(X_{2n} \setminus X_{2n+1}),\ X_- = \bigcup_{n=1}^{\infty}(X_{2n-1} \setminus X_{2n}),\ X_\infty = \bigcap_{n=0}^{\infty} X_n$$

으로 정의하면 $X = X_+ \cup X_- \cup X_\infty$이고 X_+, X_-, X_∞는 서로소이다. 비슷하게,

$$Y_+ = \bigcup_{n=0}^{\infty}(Y_{2n} \setminus Y_{2n+1}),\ Y_- = \bigcup_{n=1}^{\infty}(Y_{2n-1} \setminus Y_{2n}),\ Y_\infty = \bigcap_{n=0}^{\infty} Y_n$$

으로 정의하면 $Y = Y_+ \cup Y_- \cup Y_\infty$이고 Y_+, Y_-, Y_∞는 서로소이다. 함수 f와 g의 정의역과 공역을 제한시킨 함수

$$f|_{X_+}\colon X_+ \to Y_-, \quad g|_{Y_+}\colon Y_+ \to X_-, \quad f|_{X_\infty}\colon X_\infty \to Y_\infty$$

는 모두 전단사함수이다. 따라서

$$h = f|_{X_+} \cup (g|_{Y_+})^{-1} \cup f|_{X_\infty} : X_+ \cup X_- \cup X_\infty \to Y_+ \cup Y_- \cup Y_\infty$$

는 X 에서 Y 로의 전단사함수이다. □

1.6 선택공리와 조른의 보조정리

우리는 다음에 나오는 모두 동치인 명제들을 공리로 받아들인다.

공리 1.37: 선택공리(axiom of choice)

공집합이 아닌 서로소인 집합들로 이루어진 집합족 $\{S_i\}_{i\in I}$ 가 주어져 있을 때, 모든 $i \in I$ 에 대해, $f(i) \in S_i$ 를 만족하는 함수 $f : I \to \bigcup_{i\in I} S_i$ 가 존재한다.

공리 1.38: 정렬가능원리(well-ordering principle)

임의의 집합 X 에 대해, $(X, <)$ 의 임의의 공집합이 아닌 부분집합 A 가 최소원을 가지도록 하는 순서 $<$ 가 존재한다.

공리 1.39: 최대원리(maximal principle)

임의의 부분 순서집합에는 최대 완전 순서 부분집합이 존재한다.

공리 1.40: 조른의 보조정리 (Zorn's lemma)

부분 순서집합 S 의 임의의 완전 순서 부분집합이 상계를 가지면, S 의 극대원이 존재한다.

1.7 연습문제 및 기출문제

1.7.1 연습문제

1. 두 집합 A와 B에 대하여 $A \subset B$와 $A \cap B = A$가 동치임을 보이시오.

2. 다음에 주어진 명제의 참/거짓을 판정하시오.
   (1) $A \setminus (B \setminus A) = A \setminus B$
   (2) $A \cup (B \setminus C) = (A \cup B) \setminus (A \cup C)$
   (3) $(A \times B) \cup (C \times D) = (A \cup C) \times (B \cup D)$
   (4) $A \times (B \cap C) = (A \times B) \cap (A \times C)$

3. 함수 $f\colon X \to Y$에 대하여 다음 질문에 답하시오.
   (1) 만약 f가 단사함수이면 모든 X의 부분집합 A에 대해 $A = f^{-1}(f(A))$ 임을 보이시오.
   (2) 만약 f가 전사함수이면 모든 Y의 부분집합 B에 대해 $f(f^{-1}(B)) = B$ 임을 보이시오.
   (3) 만약 f가 단사함수이면, 모든 X의 부분집합 A_1, A_2에 대해 $f(A_1 \cap A_2) = f(A_1) \cap f(A_2)$ 임을 보이시오.
   (4) 만약 f가 단사함수이면, 모든 X의 부분집합 A_1, A_2에 대해 $f(A_1 \setminus A_2) = f(A_1) \setminus f(A_2)$ 임을 보이시오.
   (5) 모든 Y의 부분집합 B에 대해 $f(X \setminus f^{-1}(Y \setminus B)) \subset B$ 임을 보이시오.

4. 전사함수 $f\colon X \to Y$가 주어져 있을 때, X에 $f(x) = f(y)$인 모든 $x, y \in X$에 대해 $x \sim y$가 되도록 관계 $\sim$을 정의하자.
   (1) $\sim$이 X의 동치관계임을 보이시오.
   (2) $X/{\sim}$과 Y 사이에 전단사함수가 존재함을 보이시오.

5. 두 집합 X, Y에 대하여 $X \times Y$와 $Y \times X$ 사이에 전단사함수가 존재함을 보이시오.

6. 두 원소로 이루어진 집합 $\{0,1\}$의 가산 곱집합 $\prod_{n=1}^{\infty}\{0,1\}$은 비가산집합임을 보이시오.

7. A가 유한집합이면, A와 A의 진부분집합 B 사이에는 전단사함수가 존재하지 않음을 보이시오. 그리고 이를 이용하여 자연수 전체의 집합 $\mathbb{N}$이 유한집합이 아님을 증명하시오.

8. 자연수 전체의 집합 $\mathbb{N}$에 대해, $\mathbb{N} \times \mathbb{N}$이 가산집합임을 다음에 정의된 함수를 이용하여 보이시오.

$$f\colon \mathbb{N} \times \mathbb{N} \to \mathbb{N}, \quad f(m,n) = 2^m 3^n$$

9. 집합 $X = \{1,2,3,4,6,9,12,18,36\}$에 $a \mid b$이면 $a < b$로 관계 $<$을 정의하자.
   (1) 이 관계가 부분 순서관계가 됨을 보이시오.
   (2) X의 최대원, 최소원, 극대원, 극소원을 모두 구하고, $A = \{4,6,9,12,18\}$일 때 A의 하계들의 집합, 상계들의 집합, 하한, 상한을 각각 구하시오.

10. 실수 전체의 집합을 $\mathbb{R}$이라 하자. 임의의 자연수 n에 대하여

$$A_n = \{x \in \mathbb{R} \mid x \le n\} \quad B_n = \{x \in \mathbb{R} \mid x \ge -n\}$$

이라 정의할 때, $\bigcap_{n=1}^{\infty}(A_n \cap B_n)$, $\bigcap_{n=1}^{\infty}(A_n^c \cup B_n^c)$, $\bigcup_{n=1}^{\infty}(A_n \setminus B_n)$ 을 각각 구하시오.

11. 다음을 증명하시오.
   (1) 자연수 전체의 집합 $\mathbb{N}$과 음이 아닌 정수 전체의 집합 $\mathbb{Z}_{\ge 0}$ 사이에 전단사함수가 존재한다.
   (2) $[0,1] = \{x \in \mathbb{R} \mid 0 \le x \le 1\}$과 $(0,1) = \{x \in \mathbb{R} \mid 0 < x < 1\}$ 사이에 전단사함수가 존재한다.

1.7.2 기출문제

1. [1995] 집합 $A = \{1,2,3,4\}$의 임의의 부분집합 X에 대하여, 모든 $i \in A$에 대해 $x_i \in \{0,1\}$을

$$x_i = \begin{cases} 1 & i \in X \\ 0 & i \notin X \end{cases}$$

으로 정의하고 $X \sim (x_1, x_2, x_3, x_4)$로 표기하자. $X \sim (1,1,0,1)$인 집합 X를 구하시오.

2. [2009 모의평가] 자연수 n에 대하여 집합 $A_n = \left(-\infty, -\frac{1}{n}\right] \cup \left[\frac{1}{n}, \infty\right)$일 때, 집합 $\bigcup_{n=1}^{\infty} A_n$의 여집합 $(\bigcup_{n=1}^{\infty} A_n)^c$를 구하시오.

3. [2009] 두 집합 $X = \{1,2,3,4,5,6,7,8\}$와 $A = \{2,4,6\}$에 대하여

$$\mathcal{R} = \{(a,b) \mid a, b \in A\} \cup \{(x,x) \mid x \in X\}$$

라 하자. 임의의 $x \in X$에 대하여

$$\overline{x} = \{y \in X \mid (x,y) \in \mathcal{R}\}$$

라 할 때, 집합 $X/\mathcal{R} = \{\overline{x} \mid x \in X\}$의 원소의 개수를 구하시오.

4. [2010] 정수 전체의 집합을 $\mathbb{Z}$라 하고 모든 자연수 n에 대하여 A_n과 B_n을

$$A_n = \{x \in \mathbb{Z} \mid x \le n\},\ B_n = \{x \in \mathbb{Z} \mid x \ge -n\}$$

으로 정의하자. <보기>에서 옳은 것을 모두 고른 것은?

<보 기>

ㄱ. $\bigcap_{n=1}^{\infty}(A_n \cap B_n) = \{-1, 0, 1\}$
ㄴ. $\mathbb{Z} \cap (\bigcap_{n=1}^{\infty}(A_n^c \cup B_n^c)) = \varnothing$
ㄷ. $\bigcup_{n=1}^{\infty}(A_n \setminus B_n) = \{x \in \mathbb{Z} \mid x \le -1\}$

① ㄱ ② ㄱ, ㄴ ③ ㄱ, ㄷ
④ ㄴ, ㄷ ⑤ ㄱ, ㄴ, ㄷ

5. [2011] 함수 $f\colon X \to Y$에 대하여 <보기>에서 옳은 것만을 모두 고른 것은?

<보 기>

ㄱ. 임의의 $B \subset Y$ 에 대하여 $f(f^{-1}(B)) \subset B$ 이다.
ㄴ. 임의의 $A \subset X$ 와 $B \subset Y$ 에 대하여 $f^{-1}(f(A) \cap B) = A \cap f^{-1}(B)$ 이다.
ㄷ. 임의의 $A \subset X$ 와 $B \subset Y$ 에 대하여 $f(A \cap f^{-1}(B)) = f(A) \cap B$ 이다.

① ㄱ ② ㄴ ③ ㄱ, ㄷ
④ ㄴ, ㄷ ⑤ ㄱ, ㄴ, ㄷ

6. [2012] 실수 전체의 집합 $\mathbb{R}$ 의 멱집합(power set) $\mathscr{P}(\mathbb{R})$ 에 대하여 $X = \mathscr{P}(\mathbb{R}) \setminus \{\varnothing\}$ 이라 하자. 집합 X 에서의 관계(relation) $\sim$ 을 $A \cap B \neq \varnothing \ (A, B \in X)$ 일 때, $A \sim B$ 로 정의할 때, 옳은 것만을 <보기>에서 있는대로 고른 것은?

<보 기>

ㄱ. 관계 $\sim$ 은 반사적(reflexive)이다.
ㄴ. 관계 $\sim$ 은 대칭적(symmetric)이다.
ㄷ. 관계 $\sim$ 은 추이적(transitive)이다.

① ㄱ ② ㄴ ③ ㄷ
④ ㄱ, ㄴ ⑤ ㄱ, ㄴ, ㄷ

7. [2013] 실수 전체의 집합을 $\mathbb{R}$, 유리수 전체의 집합을 $\mathbb{Q}$ 라 할 때, 가산집합(countable set)만을 <보기>에서 있는 대로 고른 것은?

<보 기>

ㄱ. $\mathbb{Q} \times (\mathbb{R} \setminus \mathbb{Q})$
ㄴ. $\{F \mid F$ 는 $\mathbb{Q}$ 의 유한부분집합$\}$
ㄷ. 상집합(quotient set) $\mathbb{R}/\sim$ (단, $\sim$ 은 $\mathbb{R}$ 에서 $x - y \in \mathbb{Q}$ 이면 $x \sim y$ 로 정의된 동치관계(equivalence relation)이다.)

① ㄱ ② ㄴ ③ ㄷ
④ ㄱ, ㄴ ⑤ ㄴ, ㄷ

Chapter 2
거리공간

이 장에서는 유클리드 거리가 주어진 실공간 $\mathbb{R}^n$ 을 일반화한, 거리공간에 대해 학습한다.

학습목표

1. 벡터공간을 학습한다.
2. 거리공간의 정의를 학습한다.
3. 거리함수의 예와 거리함수가 가지는 성질을 살펴본다.
4. 거리공간에서 수열의 극한 및 함수의 연속성에 대해 알아본다.

핵심어: 거리공간, 거리함수, 거리위상, 극한, 연속

2.1 벡터공간

거리공간은 집합에 거리함수가 주어진 공간이다. 이 거리함수는 내적이 주어진 벡터공간에서 정의되는 노름이라는 거리함수의 일반화이다. 이 절에서는 벡터공간에서 노름을 정의하는 방법에 대해서 복습한다.

정의 2.1. 실수 전체의 집합을 $\mathbb{R}$이라 하자. 집합 V에 벡터합과 스칼라곱이라 불리는 두 함수들

$$+ : V \times V \to V, \quad \cdot : \mathbb{R} \times V \to V$$

가 존재하여 $(V, +)$는 가환군이고 임의의 $a, b \in \mathbb{R}, v \in V$에 대해,

$$(ab) \cdot v = a \cdot (b \cdot v)$$

를 만족하고 벡터합과 스칼라곱은 서로 분배법칙을 만족하면, V를 **벡터공간 (vector space)**이라한다.

예제 2.2 곱집합 $\mathbb{R}^n$은 다음의 자연스러운 벡터합과 스칼라곱에 의해 벡터공간이다.

$$(x_1, x_2, \ldots, x_n) + (y_1, y_2, \ldots, y_n) = (x_1 + y_1, x_2 + y_2, \ldots, x_n + y_n)$$
$$a \cdot (x_1, x_2, \ldots, x_n) = (ax_1, ax_2, \ldots, ax_n)$$

(단, $a, x_1, x_2, \ldots, x_n, y_1, y_2, \ldots, y_n$은 모두 실수이다.)

참고 2.3 일반적인 벡터공간을 정의할 때, 실수 전체의 집합 $\mathbb{R}$ 대신 유리수 전체의 집합 $\mathbb{Q}$나 복소수 전체의 집합 $\mathbb{C}$와 같은 일반적인 체를 사용하여 정의할 수 있다.

정의 2.4. 벡터공간 V에 정의된 다음 성질을 만족하는 함수

$$\langle -, - \rangle : V \times V \to \mathbb{R}$$

를 **내적(inner product)**이라한다.

(1) 모든 $x \in V$ 에 대해, $\langle x, x \rangle \geq 0$ 이고 등식 $\langle x, x \rangle = 0$ 이 성립할 필요충분 조건은 $x = 0$ 인 것이다.
(2) 모든 $x, y \in V$ 에 대해, $\langle x, y \rangle = \langle y, x \rangle$ 이다.
(3) 모든 $x_1, x_2, y \in V$, $a_1, a_2 \in \mathbb{R}$ 에 대해, $\langle a_1x_1 + a_2x_2, y \rangle = a_1\langle x_1, y \rangle + a_2\langle x_2, y \rangle$ 이다.

내적이 주어진 벡터공간 $(V, \langle -, - \rangle)$ 을 **내적공간(inner product space)** 이라 한다.

참고 2.5 벡터공간 $\mathbb{R}^n$ 은 다음과 같이 자연스럽게 정의된 내적이 존재하므로 $\mathbb{R}^n$ 은 내적공간이다.

$$\langle (x_1, x_2, \ldots, x_n), (y_1, y_2, \ldots, y_n) \rangle = \sum_{i=1}^{n} x_i \cdot y_i$$

내적공간에서는 내적을 이용하여 노름이라 불리는 원점에서 특정 벡터까지의 거리를 다음과 같이 정의할 수 있다.

정의 2.6. 내적공간 $(V, \langle -, - \rangle)$ 에 대해, 임의의 $v \in V$ 에 대해서, $\|v\| = \sqrt{\langle v, v \rangle}$ 으로 정의한 함수 $\| - \|: V \to \mathbb{R}$ 를 내적공간 $(V, \langle -, - \rangle)$ 의 **노름(norm)** 이라 한다.

정리 2.7

내적공간 $(V, \langle -, - \rangle)$ 의 노름 $\| - \|: V \to \mathbb{R}$ 에 대해, 다음이 성립한다.
(1) 임의의 $x, y \in V$ 에 대하여 $|\langle x, y \rangle| \leq \|x\|\|y\|$ 이다. 여기서 등식은 x 와 y 가 평행할 때만 성립한다.
(2) 임의의 $x, y \in V$ 에 대하여 $\|x + y\| \leq \|x\| + \|y\|$ 이다.

| 증명 | (1) 두 벡터 $x, y \in V$ 를 고정하고 실수 $t \in \mathbb{R}$ 에 관한 이차함수

$$f(t) = \langle x + ty, x + ty \rangle = \|y\|^2t^2 + 2\langle x, y \rangle t + \|x\|^2$$

는 모든 $t \in \mathbb{R}$ 에 대해 $f(t) \geq 0$ 을 만족한다. 따라서 $f(t)$ 의 판별식을 고려하면

$$|\langle x, y \rangle|^2 \leq \|x\|^2\|y\|^2$$

이 성립한다. 등식은 $f(t) = 0$ 의 근이 존재할 때, 즉 $x + t_0y = 0$ 이 되는 실수 t_0 가 존재할 때 성립하고 이는 두 벡터 x 와 y 가 평행인 것과 동치이다.

(2) 임의의 $x, y \in V$에 대해, (1)에 의해, $\|x+y\|^2 = \langle x, x\rangle + 2\langle x, y\rangle + \langle y, y\rangle \leq \|x\|^2 + 2\|x\|\|y\| + \|y\|^2 = (\|x\| + \|y\|)^2$이다.

□

참고 2.8 위 정리의 (1)의 부등식을 **코시-슈바르츠 부등식(Cauchy-Schwarz inequality)**이라하고 (2)의 부등식을 **민코프스키 부등식(Minkowski's inequality)**이라 한다.

2.2 거리공간의 정의 및 예

정의 2.9. 집합 X에 정의된 함수

$$d \colon X \times X \to \mathbb{R}$$

가 다음 성질을 만족할 때 X의 **거리함수(metric)**라 한다.

(1) 임의의 $x, y \in X$에 대해 $d(x, y) \geq 0$이고 등식 $d(x, y) = 0$이 성립할 필요충분조건은 $x = y$인 것이다.

(2) 임의의 $x, y \in X$에 대해 $d(x, y) = d(y, x)$이다.

(3) 임의의 $x, y, z \in X$에 대해 $d(x, y) \leq d(x, z) + d(z, y)$이다.

또한 거리함수 d가 주어진 집합 X를 (X, d)로 표현하고 (X, d)를 **거리공간(metric space)**이라 한다.

참고 2.10 $\mathbb{R}^n$에 정의된 함수

$$d_{usual}((x_1, x_2, \ldots, x_n), (y_1, y_2, \ldots, y_n)) = \|(x_1 - y_1, x_2 - y_2, \ldots, x_n - y_n)\|$$

은 거리함수의 조건을 모두 다 만족한다. 이를 **보통거리(usual metric)** 혹은 **유클리드 거리(Euclidean metric)**라고 한다. 따라서 $(\mathbb{R}^n, d_{usual})$은 거리공간이고 이를 **유클리드 공간(Euclidean space)**이라 한다.

정의 2.11. 거리공간 (X, d)의 한 점 $x \in X$와 양수 r에 대하여

$$B_d(x, r) = \{y \in X \mid d(x, y) < r\}$$

을 중심이 x이고 반지름이 r인 **열린구(open ball)**라 한다.

정의 2.12. 거리공간 (X, d)에 대해, 열린구들의 합집합으로 표현될 수 있는 모든 X의 부분집합들의 모임을 $\mathscr{T}_d$라 표현하고 $\mathscr{T}_d$를 X에 정의된 거리함수 d로부터 유도된 **거리위상(metric topology)**이라 한다.

참고 2.13 위 정의를 보다 더 정확하게 풀어서 표현하면 다음과 같다. X의 부분집합 U에 대해, 어떤 첨자집합 I가 존재하고 모든 $i \in I$에 대해 X의 열린구 $B_d(x_i, r_i)$가 존재하여 $U = \bigcup_{i\in I} B_d(x_i, r_i)$이면, U는 $\mathscr{T}_d$의 원소이다. 따라서 $I = \varnothing$인 경우에 해당하는 $U = \varnothing$은 $\mathscr{T}_d$의 원소이고 $I = \mathbb{N}$이고 모든 $i \in \mathbb{N}$에 대해, $x_i = x$, $r_i = i$인 경우에 해당하는 $U = \bigcup_{i=1}^{\infty} B_d(x, i) = X$는 $\mathscr{T}_d$의 원소이다.

참고 2.14 거리공간 (X, d)에 대해, X의 부분집합인 U가 만약 $\mathscr{T}_d$의 원소이면, U를 (X, d)의 열린집합이라 하고, X의 부분집합인 C의 여집합 $X \setminus C$가 $\mathscr{T}_d$의 원소이면, C를 (X, d)의 닫힌집합이라 한다.

정리 2.15

거리공간 (X, d)의 거리위상 $\mathscr{T}_d$는 다음 성질을 만족한다.

(1) $\varnothing, X \in \mathscr{T}_d$이다.

(2) 임의의 $\mathscr{T}_d$의 부분집합족의 합집합은 $\mathscr{T}_d$의 원소가 된다. 즉, $\mathscr{T}_d$는 합집합에 대하여 닫혀있다.

(3) 임의의 $\mathscr{T}_d$의 유한 부분집합족의 교집합은 $\mathscr{T}_d$의 원소가 된다. 즉, $\mathscr{T}_d$는 유한교집합에 대하여 닫혀있다.

| 증명 | (1) 참고 2.13에서 증명하였다.

(2) 임의의 $\mathscr{T}_d$의 부분집합족 $\mathscr{U} = \{U_i\}_{i\in I}$가 주어져 있다고 하자. 참고 2.13에 의해 모든 $i \in I$에 대해, $U_i = \bigcup_{j\in J_i} B_{ij}$인 첨자집합 J_i와 열린구들의 모임 $\{B_{ij}\}_{j\in J_i}$가 존재한다. 따라서

$$\bigcup_{i\in I} U_i = \bigcup_{i\in I} \bigcup_{j\in J_i} B_{ij}$$

이 되므로 $\bigcup_{i\in I} U_i$는 열린구들의 합집합이 되어 $\mathscr{T}_d$의 원소이다.

(3) 두 열린구 $B(x_1, r_1)$, $B(x_2, r_2)$에 대하여 $B(x_1, r_1) \cap B(x_2, r_2)$이 열린구의 합집합으로 표현됨을 보이면 충분하다. 임의의 $x \in B(x_1, r_1) \cap B(x_2, r_2)$에 대해, 양수

$$r_x = \min\{r_1 - d(x_1, x), r_2 - d(x_2, x)\}$$

를 정의하자. 임의의 $y \in B(x, r_x)$에 대하여, $d(x, y) < r_x$이므로

$$d(x_1, y) \le d(x_1, x) + d(x, y) < d(x_1, x) + r_x \le r_1$$
$$d(x_2, y) \le d(x_2, x) + d(x, y) < d(x_2, x) + r_x \le r_2$$

이고 $y \in B(x_1, r_1) \cap B(x_2, r_2)$이다. 즉

$$B(x, r_x) \subset B(x_1, r_1) \cap B(x_2, r_2)$$

이고 따라서

$$B(x_1, r_1) \cap B(x_2, r_2) = \bigcup_{x \in B(x_1, r_1) \cap B(x_2, r_2)} B(x, r_x)$$

이다.

□

정리 2.16

거리공간은 다음과 같은 성질을 갖는다.

(1) 거리공간 (X, d)의 임의의 부분집합 Y에는 d로부터 유도된 거리함수가 정의된다.

(2) 두 개의 거리공간 (X, d_X), (Y, d_Y)의 곱집합 $X \times Y$에는 다음과 같이 정의된 거리함수가 존재한다.

$$d((x_1, y_1), (x_2, y_2)) = \sqrt{d_X(x_1, x_2)^2 + d_Y(y_1, y_2)^2}$$

|증명| (1) 거리공간 (X, d)의 부분집합 Y에 대해, 만약 $d\colon X \times X \to \mathbb{R}$이 X의 거리함수이면, $d|_{Y \times Y}\colon Y \times Y \to \mathbb{R}$은 Y의 거리함수이다.

(2) d가 삼각부등식을 만족함을 보이고 나머지 증명들은 생략한다. 임의의 세 점 $z_1 = (x_1, y_1), z_2 = (x_2, y_2), z_3 = (x_3, y_3) \in X \times Y$이 주어져 있다고 가정하자. 집합 $\{1, 2, 3\}$의 서로 다른 두 원소 i, j에 대해,

$$a_{ij} = d_X(x_i, x_j), \quad b_{ij} = d_Y(y_i, y_j)$$

로 정의하면,

$$d(z_i, z_j) = \sqrt{a_{ij}^2 + b_{ij}^2}$$

이다. 또한 X와 Y의 거리함수 d_X와 d_Y는 삼각부등식을 만족하므로

$$a_{13} + a_{32} \ge a_{12}, \quad b_{13} + b_{32} \ge b_{12}$$

이다. 따라서

$$\begin{aligned}
&(d(z_1, z_3) + d(z_3, z_2))^2 \\
&= a_{13}^2 + a_{32}^2 + b_{13}^2 + b_{32}^2 + 2\sqrt{(a_{13}^2 + b_{13}^2)(a_{32}^2 + b_{32}^2)} \\
&\geq a_{13}^2 + a_{32}^2 + b_{13}^2 + b_{32}^2 + 2(a_{13}a_{32} + b_{13}b_{32}) \\
&= (a_{13} + a_{32})^2 + (b_{13} + b_{32})^2 \\
&\geq a_{12}^2 + b_{12}^2 \\
&= d(z_1, z_2)^2
\end{aligned}$$

이다. (단, 여기서 코시-슈바르츠 부등식에 의해

$$(a_{13}^2 + b_{13}^2)(a_{32}^2 + b_{32}^2) \geq (a_{13}a_{32} + b_{13}b_{32})^2$$

이 성립함을 사용하였다.) 정리하면, 임의의 $z_1, z_2, z_3 \in X \times Y$에 대해, $d(z_1, z_3) + d(z_3, z_2) \geq d(z_1, z_2)$이므로 d는 삼각부등식을 만족한다.

□

예제 2.17 공집합이 아닌 집합 X에 정의된 함수

$$d\colon X \times X \to \mathbb{R},\ \ d(x, y) = \begin{cases} 0 & x = y \\ 1 & x \neq y \end{cases}$$

는 X의 거리함수이다. 이 거리함수를 **이산거리(discrete metric)**라 하고, 이산거리로 부터 유도된 위상을 **이산위상(discrete topology)**, 이산거리가 주어진 집합을 **이산공간(discrete space)**이라 한다.

참고 2.18 집합 X위에 이산거리로부터 주어지는 이산위상은 X의 멱집합 $\mathscr{P}(X)$와 같다. 따라서 이산공간 X의 모든 부분집합은 X의 열린집합이면서 동시에 X의 닫힌집합이다.

예제 2.19 닫힌구간 $[a, b] = \{x \in \mathbb{R} \mid a \leq x \leq b\}$위에 정의된 연속함수들의 집합

$$\mathcal{C}([a, b]) = \{f \mid f\colon [a, b] \to \mathbb{R}, f \text{ 는 연속함수}\}$$

를 생각하자. 다음과 같이 정의된 함수 d_1, $d_2\colon \mathcal{C}([a, b]) \times \mathcal{C}([a, b]) \to \mathbb{R}$은

$\mathcal{C}([a,b])$의 거리함수이다.

$$d_1(f,g) = \int_a^b |f(x) - g(x)|dx, \quad d_2(f,g) = \sup_{x\in[a,b]} \{|f(x) - g(x)|\}$$

하지만 다음과 같이 정의된 함수 $d_3 : \mathcal{C}([a,b]) \times \mathcal{C}([a,b]) \to \mathbb{R}$은 $\mathcal{C}([a,b])$의 거리함수가 아니다.

$$d_3(f,g) = \inf_{x\in[a,b]} \{|f(x) - g(x)|\}$$

예제 2.20 다음과 같이 정의된 함수 $d_1, d_2 : \mathbb{R}^n \times \mathbb{R}^n \to \mathbb{R}$은

$$d_1(x,y) = \max\{|x_i - y_i| \mid i = 1, 2, \ldots, n\}$$
$$d_2(x,y) = \sum_{i=1}^n |x_i - y_i|$$

$\mathbb{R}^n$의 거리함수이다.

예제 2.21 다음과 같이 정의된 함수 $d_i : \mathbb{R}^2 \times \mathbb{R}^2 \to \mathbb{R}$ $(i = 1, 2, 3, 4)$는 $\mathbb{R}^2$의 거리함수가 아니다.

$$d_1((x_1,x_2),(y_1,y_2)) = \min\{|x_i - y_i| \mid i = 1, 2\}$$
$$d_2((x_1,x_2),(y_1,y_2)) = |x_1 - y_1|$$
$$d_3((x_1,x_2),(y_1,y_2)) = |x_1y_1 - x_2y_2|$$
$$d_4((x_1,x_2),(y_1,y_2)) = x_1 + x_2 - y_1 - y_2$$

예제 2.22

(1) 임의의 거리공간 X의 두 거리함수 d_1, d_2에 대하여 함수 $d : X \times X \to \mathbb{R}$을

$$d(x,y) = \max\{d_1(x,y), d_2(x,y)\}$$

로 정의하면 d는 X의 거리함수이다.

(2) 임의의 거리공간 X의 거리함수 d_0에 대하여 함수 $d : X \times X \to \mathbb{R}$을

$$d(x,y) = \min\{1, d_0(x,y)\}$$

로 정의하면 d는 X의 거리함수이다.

| 증명 | (2)의 함수 d가 삼각부등식을 만족하는 것을 보이고 나머지는 생략한다. 즉 임의의 세 점 $x, y, z \in X$에 대해서, $d(x,z) \leq d(x,y) + d(y,z)$임을 보이자. 만약 $d_0(x,y) \geq 1$ 또는 $d_0(y,z) \geq 1$이면, $d(x,y) = 1$ 또는 $d(y,z) = 1$이고 따라서

$$d(x,z) \leq 1 \leq d(x,y) + d(y,z)$$

이다. 반면, $d_0(x,y) < 1$이고 $d_0(y,z) < 1$이면, d_0가 삼각부등식을 만족하므로,

$$d(x,z) \leq d_0(x,z) \leq d_0(x,y) + d_0(y,z) \leq d(x,y) + d(y,z)$$

이다. □

예제 2.23 집합 X의 거리함수 d_1, d_2에 대하여, 다음과 같이 정의된 함수 $d \colon X \times X \to \mathbb{R}$은 일반적으로 거리함수가 될 수 없음을 보여라.

$$d(x,y) = \min\{d_1(x,y), d_2(x,y)\}$$

| 증명 | 평면 $\mathbb{R}^2$에서 정의된 거리 d_1, d_2가 $x = (x_1, x_2), y = (y_1, y_2)$에 대하여

$$d_1(x,y) = |x_1 - x_2| + 2|y_1 - y_2|, \quad d_2(x,y) = 2|x_1 - x_2| + |y_1 - y_2|$$

로 정의된 거리함수들을 생각하고 $d(x,y) = \min\{d_1(x,y), d_2(x,y)\}$으로 정의하면, 세 점 $x = (1,0), y = (0,1), z = (1,1)$에 대해

$$d(x,y) > d(x,z) + d(z,y)$$

이므로 d는 거리함수가 아니다. □

예제 2.24 (힐버트 공간 (Hilbert space)) 각 항들의 제곱의 합이 수렴하는 실수열들의 집합을 $\mathcal{H}$라 하자. 즉 $\mathcal{H}$의 임의의 원소는 급수 $\sum_{n=1}^{\infty} x_n^2$가 수렴하는 실수열 $\{x_n\}_{n=1}^{\infty}$이다. 다음과 같이 정의된 함수 $d \colon \mathcal{H} \times \mathcal{H} \to \mathbb{R}$는

$$d(\{x_n\}_{n=1}^{\infty}, \{y_n\}_{n=1}^{\infty}) = \sqrt{\sum_{n=1}^{\infty} (x_n - y_n)^2}$$

$\mathcal{H}$에 정의된 거리함수이고 거리공간 $(\mathcal{H}, d)$를 **힐버트 공간(Hilbert space)**이라 한다.

| 증명 | 먼저 함수 d가 $\mathcal{H}$에 정의된 함수임을 보이자. 즉 $\mathcal{H}$ 안의 두 실수열 $\{x_n\}_{n=1}^{\infty}$, $\{y_n\}_{n=1}^{\infty}$에 대해, 함수값

$$d(\{x_n\}_{n=1}^{\infty}, \{y_n\}_{n=1}^{\infty}) = \sqrt{\sum_{n=1}^{\infty}(x_n - y_n)^2}$$

이 유한임을 보여야한다. (여기서 정의에 의해 두 급수 $\sum_{n=1}^{\infty} x_n^2$, $\sum_{n=1}^{\infty} y_n^2$는 수렴한다.) 임의의 자연수 N에 대하여 $\mathbb{R}^N$의 두 벡터 $(x_1, x_2, \ldots, x_N)$와 $(y_1, y_2, \ldots, y_N)$에 대해, 코시-슈바르츠 부등식을 적용하면,

$$\left|\sum_{n=1}^{N} x_n y_n\right| \leq \sqrt{\sum_{n=1}^{N} x_n^2 \cdot \sum_{n=1}^{N} y_n^2} \leq \sqrt{\sum_{n=1}^{\infty} x_n^2 \cdot \sum_{n=1}^{\infty} y_n^2}$$

이다. 우변은 자연수 N에 의존하지 않는 실수이므로 급수 $\sum_{n=1}^{\infty} x_n y_n$는 수렴한다. 따라서

$$\lim_{N\to\infty} \sum_{n=1}^{N}(x_n - y_n)^2 = \lim_{N\to\infty}\left(\sum_{n=1}^{N} x_n^2 - 2\sum_{n=1}^{N} x_n y_n + \sum_{n=1}^{n} y_n^2\right)$$

이 수렴하므로 급수 $\sum_{n=1}^{\infty}(x_n - y_n)^2$도 수렴하고 위에 d는 잘 정의된 함수이다.

이제 d가 $\mathcal{H}$에 정의된 거리함수임을 보이자. 함수 d가 삼각부등식을 만족함을 보이고 나머지는 생략한다.

임의의 세 원소 $\{x_n\}_{n=1}^{\infty}, \{y_n\}_{n=1}^{\infty}, \{z_n\}_{n=1}^{\infty} \in \mathcal{H}$에 대하여

$$d(\{x_n\}_{n=1}^{\infty}, \{y_n\}_{n=1}^{\infty}) \leq d(\{x_n\}_{n=1}^{\infty}, \{z_n\}_{n=1}^{\infty}) + d(\{z_n\}_{n=1}^{\infty}, \{y_n\}_{n=1}^{\infty})$$

이 성립함을 보이면 된다. 임의의 자연수 N에 대하여

$$\begin{aligned}\sum_{n=1}^{N}(x_n - y_n)^2 &\leq \sum_{n=1}^{N}(x_n - z_n)^2 + \sum_{n=1}^{N}(z_n - y_n)^2 \\ &\leq \sum_{n=1}^{\infty}(x_n - z_n)^2 + \sum_{n=1}^{\infty}(z_n - y_n)^2 \\ &= d(\{x_n\}_{n=1}^{\infty}, \{z_n\}_{n=1}^{\infty}) + d(\{z_n\}_{n=1}^{\infty}, \{y_n\}_{n=1}^{\infty})\end{aligned}$$

가 성립하고 $\sum_{n=1}^{N}(x_n - y_n)^2$는 N이 커지면 증가하므로

$$d(\{x_n\}_{n=1}^{\infty}, \{y_n\}_{n=1}^{\infty}) \leq d(\{x_n\}_{n=1}^{\infty}, \{z_n\}_{n=1}^{\infty}) + d(\{z_n\}_{n=1}^{\infty}, \{y_n\}_{n=1}^{\infty})$$

가 된다. 따라서 $(\mathcal{H}, d)$는 거리공간이다. □

2.3 거리공간에서의 수열의 극한 및 함수의 연속

정의 2.25. 거리공간 (X, d)에 정의된 수열 $\{a_n\}_{n=1}^{\infty}$에 대해, 임의의 양수 $\varepsilon > 0$에 대하여 $n \geq N$이면 $d(a_n, a) < \varepsilon$이 되는 자연수 N이 존재하면, 수열 $\{a_n\}_{n=1}^{\infty}$은 a로 **수렴한다(converge)**하고 $\lim\limits_{n\to\infty} a_n = a$라 표현한다.

참고 2.26 거리공간 (X, d)의 점 a와 수열 $\{a_n\}_{n=1}^{\infty}$이 주어져 있다. 임의의 양수 $\varepsilon > 0$와 임의의 자연수 N에 대하여 $d(a_n, a) < \varepsilon$이 되는 자연수 $n > N$이 존재하면, a를 수열 $\{a_n\}_{n=1}^{\infty}$의 **접촉점(cluster point)**이라 한다. 수렴하는 수열의 극한은 접촉점이다. 또한 만약 a가 수열 $\{a_n\}_{n=1}^{\infty}$의 접촉점이면, 주어진 수열 $\{a_n\}_{n=1}^{\infty}$의 a로 수렴하는 어떤 부분수열 $\{a_{n_k}\}_{k=1}^{\infty}$가 존재한다.

정의 2.27. 두 거리공간 (X, d_X), (Y, d_Y) 사이에 정의된 함수 $f: X \to Y$에 대해, 임의의 양수 $\varepsilon > 0$에 대하여 $d_X(x_0, x) < \delta$면 $d_Y(f(x_0), f(x)) < \varepsilon$을 만족하는 양수 $\delta > 0$가 존재할 때, 함수 f가 점 $x_0 \in X$에서 **연속(continuous)**이라 한다. 함수 f가 X 위의 모든 점에서 연속일 때, f가 X에서 연속이라고 한다.

정리 2.28

거리공간 (X, d)의 서로 다른 두 점 x, y에 대하여 $x \in U, y \in V$이며 서로소인 X의 열린집합 U, V가 존재한다. (따라서, 임의의 거리공간 (X, d)는 하우스도르프 공간이다.)

|증명| 서로 다른 두 점 $x, y \in X$에 대해, $r = d(x, y) > 0$이므로

$$U = B(x, \tfrac{r}{2}), \quad V = B(y, \tfrac{r}{2})$$

라 하면 U, V는 $x \in U, y \in V$이며 서로소인 X의 열린집합이다. □

따름정리 2.29

거리공간 안에서 수렴하는 수열의 극한은 유일하다.

| 증명 | 수렴하는 수열 $\{a_n\}_{n=1}^{\infty}$ 이 서로 다른 두 극한 x, y를 갖는다고 가정하자. 그러면 위 정리에 의해 $x \in U, y \in V$ 이며 서로소인 X의 열린집합 U, V가 존재한다. $\lim_{n\to\infty} a_n = x$ 이므로 $n \geq N_1$ 이면 $a_n \in U$ 인 자연수 N_1 이 존재하고, $\lim_{n\to\infty} a_n = y$ 이므로 $n \geq N_2$ 이면 $a_n \in V$ 인 자연수 N_2가 존재한다. 두 자연수 N_1, N_2 중 큰 자연수를 $N = \max\{N_1, N_2\}$ 이라 하면, 모든 $n \geq N$ 에 대해, $a_n \in U \cap V$ 이므로 U, V가 서로소라는 것에 모순이다. □

정리 2.30

두 거리공간 $(X, d_X), (Y, d_Y)$ 사이에 정의된 함수 $f: X \to Y$에 대하여 다음이 성립한다.

(1) 함수 f가 x_0에서 연속인 것과 $f(x_0)$를 중심으로 하는 임의의 Y의 열린구 $B_{d_Y}(f(x_0), \varepsilon)$에 대하여

$$f(B_{d_X}(x_0, \delta)) \subset B_{d_Y}(f(x_0), \varepsilon)$$

을 만족하고 x_0를 중심으로 하는 X의 어떤 열린구 $B_{d_X}(x_0, \delta)$가 존재하는 것은 동치이다.

(2) 함수 f가 연속인 것과 Y의 임의의 열린구 $B_{d_Y}(y, \varepsilon)$에 대하여

$$f^{-1}(B_{d_Y}(y, \varepsilon))$$

가 X의 열린집합인 것은 동치이다.

| 증명 | (1) 함수 f가 x_0에서 연속이라 하자. 임의의 주어진 양수 ε에 대하여 $d_X(x_0, x) < \delta$면 $d_Y(f(x_0), f(x)) < \varepsilon$이 되는 양수 δ가 존재하고 이는 $f(B_{d_X}(x_0, \delta)) \subset B_{d_Y}(f(x_0), \varepsilon)$ 임을 의미한다. 따라서 함수 f가 x_0에서 연속이면 $f(x_0)$를 중심으로 하는 임의의 Y의 열린구 $B_{d_Y}(f(x_0), \varepsilon)$에 대하여 $f(B_{d_X}(x_0, \delta)) \subset B_{d_Y}(f(x_0), \varepsilon)$을 만족하고 x_0를 중심으로 하는 어떤 X의 열린구 $B_{d_X}(x_0, \delta)$가 존재한다.

만약 $f(x_0)$를 중심으로 하는 임의의 Y의 열린구 $B_{d_Y}(f(x_0), \varepsilon)$에 대하여 $f(B_{d_X}(x_0, \delta)) \subset B_{d_Y}(f(x_0), \varepsilon)$을 만족하고 x_0를 중심으로 하는 어떤 X의 열린구 $B_{d_X}(x_0, \delta)$가 존재하면, 임의의 양수 $\varepsilon > 0$에

대해 $d_X(x_0, x) < \delta$ 이면 $d_Y(f(x_0), f(x)) < \varepsilon$ 이 되는 양수 $\delta > 0$ 가 존재한다. 따라서 f 는 x_0 에서 연속이다.

(2) 만약 함수 f 가 연속함수이면 $f^{-1}(B_{d_Y}(y, \varepsilon))$ 이 X 의 열린집합임을 보이자. 임의의 $x \in f^{-1}(B_{d_Y}(y, \varepsilon))$ 에 대해 $f(x) \in B_{d_Y}(y, \varepsilon)$ 이므로 $B_{d_Y}(f(x), \varepsilon_x) \subset B_{d_Y}(y, \varepsilon)$ 인 양수

$$\varepsilon_x = \varepsilon - d_Y(f(x), y)$$

를 잡을 수 있다. 또한 f 가 x 에서 연속이므로

$$f(B_{d_X}(x, \delta_x)) \subset B_{d_Y}(f(x), \varepsilon_x)$$

를 만족하는 양수 δ_x 가 존재한다. 따라서

$$B_{d_X}(x, \delta_x) \subset f^{-1}(B_{d_Y}(f(x), \varepsilon_x)) \subset f^{-1}(B_{d_Y}(y, \varepsilon))$$

이고 $f^{-1}(B_{d_Y}(y, \varepsilon)) = \bigcup_{x \in f^{-1}(B_{d_Y}(y,\varepsilon))} B_{d_X}(x, \delta_x)$ 는 X 의 열린집합이다.

임의의 Y 의 열린구 $B_{d_Y}(y, \varepsilon)$ 에 대하여 $f^{-1}(B_{d_Y}(y, \varepsilon))$ 이 X 의 열린집합이면 f 가 임의의 $x \in X$ 에서 연속함수임을 보이자. 임의의 주어진 양수 $\varepsilon > 0$ 에 대해 $f^{-1}(B_{d_Y}(f(x), \varepsilon))$ 는 X 의 열린집합이고 x 를 포함하므로

$$B_{d_X}(x, \delta) \subset f^{-1}(B_{d_Y}(f(x), \varepsilon))$$

를 만족하는 양수 $\delta > 0$ 가 존재하고

$$f(B_{d_X}(x, \delta)) \subset B_{d_Y}(f(x), \varepsilon)$$

이고 (1)에 의해 f 는 x 에서 연속이다.

□

정의 2.31. 거리공간 (X, d) 와 X 의 공집합이 아닌 부분집합 A 에 대하여

(1) $A \subset B(x_0, M)$ 를 만족하는 양의실수 M 과 $x_0 \in X$ 가 존재할 때, A 를 **유계(bounded)**라 한다.

(2) 임의의 양수 $\varepsilon > 0$ 에 대하여 $(B(x, \varepsilon) \setminus \{x\}) \cap A \neq \varnothing$ 일 때, x 를 A 의 **극한점(limit point)** 또는 **집적점(accumulation point)**이라 한다.

(3) 수열 $\{x_n\}_{n=1}^{\infty}$ 가 임의의 양수 $\varepsilon > 0$ 에 대하여 $m, n \geq N$ 이면 $d(x_m, x_n) < \varepsilon$ 을 만족하는 자연수 N 이 존재할 때, 이 수열을 **코시 수열(Cauchy se-**

quence)이라 한다.

해석학에서 실수 전체의 집합 $\mathbb{R}$이 다음 중요한 정리들을 만족하는 것을 다루었다. 우리는 이에 대한 일반적인 정리들을 나중에 학습한다.

정리 2.32

보통거리가 주어진 실수 전체의 집합 $\mathbb{R}$은 다음 성질을 만족한다.

(1) $\mathbb{R}$의 임의의 유계인 무한 부분집합은 적어도 하나의 집적점을 갖는다.
(2) $\mathbb{R}$의 임의의 코시 수열은 수렴한다.
(3) $\mathbb{R}$의 유계인 닫힌집합이 어떤 열린구간들의 합집합에 포함되면, 그 열린구간들 중 어떤 유한 개의 합집합에도 포함된다.

참고 2.33 (1)을 **볼자노-바이에르슈트라스 성질(Bolzano-Weierstrass property)**이라 한다. (2)를 실수 전체의 집합 $\mathbb{R}$의 **완비성(completeness)**이라 한다. (3)을 **하이네-보렐 정리(Heine-Borel theorem)**라 한다.

2.4 연습문제 및 기출문제

2.4.1 연습문제

1. 다음과 같이 정의된 함수 $d\colon \mathbb{R}^n \times \mathbb{R}^n \to \mathbb{R}$는

$$d((x_1, x_2, \ldots, x_n), (y_1, y_2, \ldots, y_n)) = \|(x_1 - y_1, x_2 - y_2, \ldots, x_n - y_n)\|$$

   $\mathbb{R}^n$의 거리함수임을 보이시오.

2. 예제 2.19, 2.20, 2.21에 주어진 함수들이 거리함수이면 거리함수임을 증명하고, 거리함수가 아니면 거리함수가 아닌 이유를 밝히시오.

3. 임의의 양수 $\varepsilon > 0$에 대하여 $0 < \frac{1}{n} < \varepsilon$을 만족하는 자연수 n이 있음을 보이시오. 이를 이용하여 임의의 두 실수 $a < b$에 대하여 $a < \frac{m}{n} < b$를 만족하는 서로소인 정수의 쌍 (m, n)이 존재함을 보이시오.

4. 보통거리가 주어진 실수 전체의 집합 $\mathbb{R}$에서 정수의 집합 $\mathbb{Z}$는 $\mathbb{R}$의 닫힌집합이지만 유리수의 집합 $\mathbb{Q}$는 $\mathbb{R}$의 닫힌집합이 아님을 보이시오. 또한 $K = \{\frac{1}{n} \mid n \in \mathbb{N}\}$가 $\mathbb{R}$의 닫힌집합인지를 논하시오.

5. 이산공간 안의 수열 $\{a_n\}_{n=1}^{\infty}$가 a로 수렴하면, $n \geq N$이면 $a_n = a$가 되는 자연수 N이 존재함을 보이시오.

6. 거리공간 (X, d)의 한 고정된 점 x_0와 보통거리가 주어진 실수 전체의 집합 $\mathbb{R}$에 대하여 다음과 같이 정의된 함수

$$f\colon (X, d) \to \mathbb{R}, \quad f(x) = d(x_0, x)$$

   는 연속함수임을 보이시오.

7. 거리공간 (X, d)에서 보통거리가 주어진 실수 전체의 집합 $\mathbb{R}$로의 함수

$$f\colon (X, d) \to \mathbb{R}, \quad g\colon (X, d) \to \mathbb{R}$$

   이 주어져 있을 때, 모든 $x \in X$에 대해,

$$h(x) = \max\{f(x), g(x)\}$$

   로 정의된 함수 $h\colon (X, d) \to \mathbb{R}$도 연속함수임을 보이시오.

8. 실수 전체의 집합 $\mathbb{R}$의 이산거리를 d_{dis}, 보통거리를 d_{usual}이라 하자. 다음과 같이 정의된 함수

$$f\colon (\mathbb{R}, d_{dis}) \to (\mathbb{R}, d_{usual}), \quad f(x) = \lfloor x \rfloor$$

는 연속함수인가? (단, $\lfloor x \rfloor$는 x보다 크지 않은 최대 정수이다.)

9. 정리 2.32의 명제 중 보통거리가 주어진 실수 전체의 집합을 임의의 거리공간으로 바꾸었을 때 성립하는 명제와 성립하지 않는 명제를 모두 찾으시오.

10. 공집합이 아닌 유한집합 X의 멱집합을 $Y = \mathscr{P}(X)$라 하자. 다음과 같이 정의된 함수 d는 Y의 거리함수임을 보이시오.

$$d\colon Y \times Y \to \mathbb{R} \quad d(A, B) = |A \Delta B|.$$

(단, 여기서 $|A|$는 집합 A의 원소의 개수, $A \Delta B = (A \setminus B) \cup (B \setminus A)$이다.)

2.4.2 기출문제

1. [1999] 거리공간 (X,d)에서 임의의 $x, y \in X$에 대하여, 다음과 같이 d_1이 정의되어 있다. 이 때, (X, d_1)은 유계(bounded)인 거리공간(metric space)이 됨을 증명하시오.

$$d_1(x,y) = \frac{d(x,y)}{1+d(x,y)},\ x, y \in X$$

2. [2020] 좌표평면 $\mathbb{R}^2$의 거리함수 $d((x,y),(a,b)) = |x-a| + |y-b|$와 원점 O에 대하여, $\mathbb{R}^2$의 거리함수 e를 다음과 같이 정의하자.

$$e(P,Q) = \begin{cases} d(O,P) + d(O,Q), & P \neq Q \\ 0, & P = Q \end{cases}$$

거리공간 $(\mathbb{R}^2, e)$에서 두 점 $(1,3)$과 $\left(-1, \frac{1}{2}\right)$ 사이의 거리를 구하시오. 또한 열린집합

$$\{(x,y) \in \mathbb{R}^2 \mid e((x,y),(1,3)) < 9\}$$

에 속하고 각 좌표가 모두 정수인 원소의 개수를 구하시오.

Chapter 3

위상공간

이 장에서는 위상공간의 정의와 다양한 위상공간의 예를 학습한다.

학습목표

1. 위상공간에 대하여 학습한다.
2. 열린집합, 닫힌집합에 대하여 학습한다.
3. 기저와 부분기저에 대하여 학습한다.
4. 위상공간의 예를 학습한다.

핵심어: 위상공간, 열린집합, 닫힌집합, 기저, 부분기저

3.1 위상공간과 기저

3.1.1 위상공간

정의 3.1. 공집합이 아닌 집합 X의 부분집합족 $\mathscr{T}$가 다음 조건을 만족할 때, $\mathscr{T}$를 X의 **위상(topology)**이라 하고, $(X, \mathscr{T})$를 **위상공간(topological space)**이라 한다.

(1) $\varnothing, X \in \mathscr{T}$.

(2) 임의의 $\mathscr{T}$의 부분집합 $\{U_i\}_{i\in I} \subset \mathscr{T}$에 대해, 합집합 $\bigcup_{i\in I} U_i$가 $\mathscr{T}$의 원소이다.

(3) 유한 개의 $\mathscr{T}$의 원소 $U_1, U_2, \ldots, U_k \in \mathscr{T}$에 대해, 교집합 $\bigcap_{i=1}^{k} U_i$가 $\mathscr{T}$의 원소이다.

주어진 위상이 분명한 경우에 간단히 위상공간 X 혹은 공간 X라 한다.

정의 3.2. 위상공간 $(X, \mathscr{T})$에서 위상 $\mathscr{T}$에 속하는 X의 부분집합을 X의 **열린집합(open set)**이라 하며, X의 열린집합의 X의 열린집합의 여집합을 X의 **닫힌집합(closed set)**이라 한다.

예제 3.3

(1) 집합 $X = \{0, 1\}$의 집합족

$$\mathscr{T} = \{\varnothing, \{0\}, X\}$$

는 X의 위상이 되며 집합 $\varnothing, \{0\}, X$은 X의 열린집합이고 집합 $\varnothing, \{1\}, X$은 X의 닫힌집합이다.

(2) 집합 $X = \{a, b, c, d, e\}$의 집합족

$$\mathscr{T} = \{\varnothing, \{a\}, \{c, d\}, \{a, c, d\}, \{b, c, d, e\}, X\}$$

는 X의 위상이 되며, 위상공간 $(X, \mathscr{T})$에서 $\varnothing, \{a\}, \{b, c, d, e\}, X$ 등은 X의 열린집합이며, X의 닫힌집합이다.

드 모르간의 법칙을 이용하면 위 정의로부터 다음 정리를 바로 얻을 수 있다.

정리 3.4

위상공간 X 에 대해 다음이 성립한다.
(1) $\varnothing, X$ 는 X 의 닫힌집합이다.
(2) X 의 닫힌집합의 임의의 교집합은 X 의 닫힌집합이다.
(3) X 의 닫힌집합의 유한 합집합은 X 의 닫힌집합이다.

한 집합의 위상들끼리 다음과 같이 서로 비교할 수 있다.

정의 3.5. 집합 X 의 두 위상 $\mathscr{T}_1, \mathscr{T}_2$ 가 $\mathscr{T}_1 \subset \mathscr{T}_2$ 일 때, $\mathscr{T}_1$ 은 $\mathscr{T}_2$ 보다 **약한 위상**(**weaker topology**) 또는 **거친 위상**(**coarser topology**)이라 하고, $\mathscr{T}_2$ 는 $\mathscr{T}_1$ 보다 **강한 위상**(**stronger topology**) 또는 **섬세한 위상**(**finer topology**)이라 한다.

한 집합의 여러 위상들이 있을 때, 다음 정리로부터 그 위상들보다 약한 위상을 구성할 수 있다.

정리 3.6

집합 X 의 위상들로 이루어진 집합족 $\{\mathscr{T}_i\}_{i\in I}$ 에 대해, $\mathscr{T} = \bigcap_{i\in I} \mathscr{T}_i$ 는 X 의 위상이며 모든 $i \in I$ 에 대해, $\mathscr{T}$ 는 $\mathscr{T}_i$ 보다 약한 위상이다.

예제 3.7

(1) 집합 $X = \{a, b, c\}$ 의 부분집합족 $\mathscr{S} = \{\varnothing, \{a, b\}, \{b, c\}, X\}$ 에 대하여

$$\{a, b\} \cap \{b, c\} = \{b\} \notin \mathscr{S}$$

이므로 $\mathscr{S}$ 는 X 의 위상이 아니다.

(2) $X = \{a, b, c\}$ 의 부분집합족 $\mathscr{B} = \{\varnothing, \{a\}, \{b\}, X\}$ 에 대하여

$$\{a\} \cup \{b\} = \{a, b\} \notin \mathscr{B}$$

이므로 $\mathscr{B}$ 는 X 의 위상이 아니다.

(3) $X = \{a, b, c\}$ 의 부분집합족 $\mathscr{T} = \{\varnothing, \{b\}, \{a, b\}, \{b, c\}, X\}$ 는 X 의 위상이다.

(4) 집합 $X = \{a,b,c\}$의 두 위상

$$\mathscr{T}_1 = \{\varnothing, \{c\}, \{a,b\}, X\},\ \mathscr{T}_2 = \{\varnothing, \{a\}, \{a,b\}, X\}$$

에 대하여 $\mathscr{T}_1 \cap \mathscr{T}_2 = \{\varnothing, \{a,b\}, X\}$는 X의 위상이다. 위상 $\mathscr{T}_1 \cap \mathscr{T}_2$는 $\mathscr{T}_1$보다 약한 위상이며 $\mathscr{T}_2$보다 약한 위상이다.

(5) 두 위상의 합집합은 위상이 아닌 경우도 있으며 두 위상을 모두 포함하는 위상을 구성하려면 이들의 합집합에 집합을 추가해야 한다. 예를 들어, (4)의 집합 $X = \{a,b,c\}$의 두 위상 $\mathscr{T}_1$, $\mathscr{T}_2$의 합집합

$$\mathscr{T}_1 \cup \mathscr{T}_2 = \{\varnothing, \{a\}, \{c\}, \{a,b\}, X\}$$

는 X의 위상이 아니지만, $\mathscr{T}_1 \cup \mathscr{T}_2$에 집합 $\{a,c\}$을 첨가하여 얻어진 X의 부분집합족

$$\mathscr{T}_3 = \{\varnothing, \{a\}, \{c\}, \{a,b\}, \{a,c\}, X\}$$

는 X의 위상이다. 이때, $\mathscr{T}_3$는 $\mathscr{T}_1$보다 강한 위상이며 $\mathscr{T}_2$보다 강한 위상이다.

예제 3.8 자연수 전체의 집합 $\mathbb{N}$의 부분집합 $A_n = \{1,2,3,\ldots,n\}$에 대하여 $\mathbb{N}$의 부분집합족 $\mathscr{T} = \{\varnothing\} \cup \{A_n\}_{n\in\mathbb{N}} \cup \{\mathbb{N}\}$이 $\mathbb{N}$의 위상임을 보여라.

| 풀이 | (1) 정의에 의해 $\varnothing \in \mathscr{T}$, $\mathbb{N} \in \mathscr{T}$ 임은 자명하다.

(2) 임의의 $\mathbb{N}$의 부분집합족 $\mathscr{U} \subset \mathscr{T}$에 대하여 합집합 $\bigcup_{U\in\mathscr{U}} U$가 $\mathscr{T}$의 원소임을 보여야 한다. 만약 $A_n \in \mathscr{U}$인 자연수 n이 유한 개만 존재하면서 $\mathbb{N} \notin \mathscr{U}$인 경우에는, 자연수

$$N = \max\{n \in \mathbb{N} \mid A_n \in \mathscr{U}\}$$

이 잘 정의되고 $\bigcup_{U\in\mathscr{U}} U = A_N$이다. 나머지 경우에는 합집합 $\bigcup_{U\in\mathscr{U}} U$가 $\varnothing$이거나 $\mathbb{N}$이다. 어느 경우에도 합집합 $\bigcup_{U\in\mathscr{U}} U$는 $\mathscr{T}$의 원소이다.

(3) 임의의 $\mathscr{T}$의 유한 부분집합 $\mathscr{U} \subset \mathscr{T}$에 대하여, 교집합 $\bigcap_{U\in\mathscr{U}} U$가 $\mathscr{T}$의 원소임을 보여야 한다. 만약 $\varnothing \in \mathscr{U}$이면 $\bigcap_{U\in\mathscr{U}} U = \varnothing$이다. 만약 $\varnothing \notin \mathscr{U}$이고 $A_n \in \mathscr{U}$인 자연수 n이 존재하면, 자연수

$$N = \min\{n \in \mathbb{N} \mid A_n \in \mathscr{U}\}$$

가 잘 정의되고 $\bigcap_{U\in\mathscr{U}} U = A_N$ 이다. 나머지 경우에는 $\mathscr{U} = \{\mathbb{N}\}$ 이고 이때 $\bigcap_{U\in\mathscr{U}} U = \mathbb{N}$ 이다. 어느 경우에도 교집합 $\bigcap_{U\in\mathscr{U}} U$ 는 $\mathscr{T}$ 의 원소이다.

□

예제 3.9 실수 $r \in \mathbb{R}$ 에 대해, 유리수 전체의 집합 $\mathbb{Q}$ 의 부분집합 $A_r = \{x \in \mathbb{Q} \mid x < r\}$ 을 정의하자. 유리수 전체의 집합 $\mathbb{Q}$ 의 부분집합족 $\mathscr{T} = \{\varnothing\} \cup \{A_r\}_{r\in\mathbb{Q}} \cup \{\mathbb{Q}\}$ 는 $\mathbb{Q}$ 의 위상이 아님을 보여라.

| 풀이 | 무리수 π 로 수렴하는 유리수로 이루어진 증가수열을 $\{r_n\}_{n=1}^{\infty}$ 이라 하면, $\{A_{r_n}\}_{n=1}^{\infty} \subset \mathscr{T}$ 이지만 $\bigcup_{n=1}^{\infty} A_{r_n} = A_\pi \notin \mathscr{T}$ 이다. □

예제 3.10 정수 전체의 집합 $\mathbb{Z}$ 의 위상 $\mathscr{T}$ 가 있다. 정수가 아닌 실수 α 에 대해, 실수 전체의 집합 $\mathbb{R}$ 의 부분집합 $X = \mathbb{Z} \cup \{\alpha\}$ 를 정의하자. X 의 부분집합족

$$\mathscr{T}_X = \mathscr{T} \cup \{V \cup \{\alpha\} \mid V \in \mathscr{T} \text{ 이고 } \mathbb{Z} \setminus V \text{ 는 유한집합}\}$$

이 X 의 위상임을 보여라.

| 풀이 | (1) $\varnothing \in \mathscr{T} \subset \mathscr{T}_X$ 이므로, $\varnothing \in \mathscr{T}_X$ 이다. 또한 $\mathbb{Z} \in \mathscr{T}$ 이며, $\mathbb{Z} \setminus \mathbb{Z} = \varnothing$ 은 유한집합이므로, $X = \mathbb{Z} \cup \{\alpha\} \in \mathscr{T}_X$ 이다.

(2) $\mathscr{T}_X$ 의 임의의 부분집합 $\mathscr{U} = \{U_i\}_{i\in I}$ 에 대해 $\bigcup_{i\in I} U_i \in \mathscr{T}_X$ 임을 보이자. 우선 첨자집합 I 의 두 부분집합 I_1, I_2 를

$$I_1 = \{i \in I \mid U_i \in \mathscr{T}\}, \quad I_2 = \{i \in I \mid U_i \in \mathscr{T}_X \setminus \mathscr{T}\}$$

로 정의하면,

$$\bigcup_{i\in I} U_i = (\bigcup_{i\in I_1} U_i) \cup (\bigcup_{i\in I_2} U_i)$$

이다. 정의에 의해 모든 $i \in I_1$ 에 대해 $U_i \in \mathscr{T}$ 이고 위상 $\mathscr{T}$ 는 합집합에 대해 닫혀 있으므로 $\bigcup_{i\in I_1} U_i$ 는 위상 $\mathscr{T}$ 의 원소이다. 만약 $I_2 = \varnothing$ 이면,

$$\bigcup_{i\in I} U_i = \bigcup_{i\in I_1} U_i \in \mathscr{T} \subset \mathscr{T}_X$$

이다.

만약 $I_2 \neq \varnothing$ 이면, 모든 $i \in I_2$ 에 대해, $U_i = V_i \cup \{\alpha\}$ 이고 $\mathbb{Z} \setminus V_i$ 는 유한집합인 $V_i \in \mathscr{T}$ 가 존재한다. 모든 $i \in I_2$ 에 대해 V_i 는 $\mathscr{T}$ 의

원소이고 $\mathscr{T}$는 합집합에 대해 닫혀있으므로 $\bigcup_{i\in I_2} V_i \in \mathscr{T}$이다. 집합

$$V = (\bigcup_{i\in I_1} U_i) \cup (\bigcup_{i\in I_2} V_i)$$

를 정의하면, 정의에 의해,

$$\bigcup_{i\in I} U_i = (\bigcup_{i\in I_1} U_i) \cup (\bigcup_{i\in I_2} U_i) = V \cup \{\alpha\}$$

이다. 집합 $\bigcup_{i\in I_1} U_i$와 $\bigcup_{i\in I_2} V_i$는 모두 $\mathscr{T}$의 원소이므로 V는 $\mathscr{T}$의 원소이다. 또한 모든 $i \in I_2$에 대해,

$$\mathbb{Z} \setminus V \subset \mathbb{Z} \setminus V_i$$

이고 $\mathbb{Z} \setminus V_i$는 유한집합이므로 $\mathbb{Z} \setminus V$도 유한집합이다. 따라서 $\bigcup_{i\in I} U_i$는 $\mathscr{T}_X$의 원소이다.

(3) 임의의 $U_1, U_2 \in \mathscr{T}_X$에 대해 $U_1 \cap U_2 \in \mathscr{T}_X$ 임을 보이자.

(i) 만약 $U_1, U_2 \in \mathscr{T}$이면 $\mathscr{T}$는 $\mathbb{Z}$의 위상이므로 유한 교집합에 대해 닫혀 있다. 따라서 $U_1 \cap U_2 \in \mathscr{T} \subset \mathscr{T}_X$이다.

(ii) 만약 $U_1 \in \mathscr{T}$이고 $U_2 = V \cup \{\alpha\} \in \mathscr{T}_X$이면 $V \in \mathscr{T}$이고 $\mathbb{Z} \setminus V$는 유한집합이다. 이 경우

$$U_1 \cap U_2 = U_1 \cap V \in \mathscr{T} \subset \mathscr{T}_X$$

이다.

(ii) 만약 $U_1 = V_1 \cup \{\alpha\} \in \mathscr{T}_X$이고 $U_2 = V_2 \cup \{\alpha\} \in \mathscr{T}_X$이면 $V_1 \in \mathscr{T}$이고 $V_2 \in \mathscr{T}$이고 $\mathbb{Z} \setminus V_1$과 $\mathbb{Z} \setminus V_2$는 유한집합이다. 이 경우 $U_1 \cap U_2 = (V_1 \cap V_2) \cup \{\alpha\}$이고 $V_1 \cap V_2 \in \mathscr{T}$이고

$$\mathbb{Z} \setminus (V_1 \cap V_2) = (\mathbb{Z} \setminus V_1) \cup (\mathbb{Z} \setminus V_2)$$

는 유한집합이므로 $U_1 \cap U_2 \in \mathscr{T}_X$이다.

따라서 $\mathscr{T}_X$는 유한 교집합에 대해 닫혀 있다.

□

3.1.2 기저

정의 3.11. 집합 X의 부분집합족 $\mathscr{B} \subset \mathscr{P}(X)$가 다음 두 조건을 만족하면, $\mathscr{B}$를 집합 X의 **기저(base)**라 한다.

(1) $X = \bigcup_{B \in \mathscr{B}} B$이다. 즉, 모든 $x \in X$에 대해, $x \in B$인 $B \in \mathscr{B}$가 존재한다.

(2) 임의의 $B_1, B_2 \in \mathscr{B}$와 점 $x \in B_1 \cap B_2$에 대하여 $x \in B_3 \subset B_1 \cap B_2$인 $B_3 \in \mathscr{B}$가 존재한다.

정의 3.12. 집합 X의 기저 $\mathscr{B}$에 대해, X의 부분집합족

$$\mathscr{T}_{\mathscr{B}} = \{U \subset X \mid U = \textstyle\bigcup_{i \in I} B_i \text{인 } \mathscr{B}\text{의 부분집합 } \{B_i\}_{i \in I} \text{가 존재한다.}\}$$

를 **기저 $\mathscr{B}$에 의해 생성된 X의 위상(topology generated by a basis)**이라 한다.

정리 3.13

집합 X의 기저 $\mathscr{B}$에 대해, $\mathscr{T}_{\mathscr{B}}$는 X의 위상이다.

|증명| $\mathscr{B}$의 부분집합 $\{B_i\}_{i \in I}$의 첨자집합 I가 공집합인 경우, 합집합 $\bigcup_{i \in I} B_i$는 공집합이다. 따라서 $\varnothing \in \mathscr{T}_{\mathscr{B}}$이다. $\mathscr{B}$를 $\mathscr{B}$의 부분집합으로 생각하면, $\mathscr{B}$는 X의 기저이므로 해당하는 합집합 $\bigcup_{B \in \mathscr{B}} B$는 X이다. 따라서 $X \in \mathscr{T}_{\mathscr{B}}$이다.

$\mathscr{T}_{\mathscr{B}}$의 임의의 부분집합 $\mathscr{U} = \{U_i\}_{i \in I}$가 주어져 있으면, 모든 $i \in I$에 대해, $U_i = \bigcup_{j \in J_i} B_{ij}$인 첨자집합 J_i와 $\mathscr{B}$의 부분집합 $\{B_{ij}\}_{j \in J_i}$가 존재한다. 따라서

$$\textstyle\bigcup_{i \in I} U_i = \bigcup \{B_{ij} \mid j \in J_i, i \in I\}$$

이므로 $\bigcup_{i \in I} U_i$는 $\mathscr{T}_{\mathscr{B}}$의 원소이다.

만약 B_1, B_2가 $\mathscr{B}$의 원소이면, 모든 $x \in B_1 \cap B_2$에 대해, $\mathscr{B}$가 기저이므로

$$x \in B_x \subset B_1 \cap B_2$$

인 기저 $\mathscr{B}$의 원소 B_x가 존재한다. 따라서 $B_1 \cap B_2 = \bigcup_{x \in B_1 \cap B_2} B_x$가 되어 $B_1 \cap B_2$는 $\mathscr{T}_{\mathscr{B}}$의 원소이다. 임의의 $\mathscr{T}_{\mathscr{B}}$의 두 원소 $U_1 = \bigcup_{i \in I} B_{1,i}$,

$U_2 = \bigcup_{j \in J} B_{2,j}$ 가 주어져 있으면,

$$U_1 \cap U_2 = \bigcup_{i \in I} \bigcup_{j \in J} (B_{1,i} \cap B_{2,j})$$

이다. 위 논의에 의해, 모든 $i \in I, j \in J$ 에 대해, $B_{1,i} \cap B_{2,j}$ 는 $\mathscr{T}_{\mathscr{B}}$ 의 원소이고 $\mathscr{T}_{\mathscr{B}}$ 는 합집합에 대해 닫혀 있으므로 $U_1 \cap U_2$ 는 $\mathscr{T}_{\mathscr{B}}$ 의 원소이다. □

정의 3.14. 위상공간 $(X, \mathscr{T})$ 에 대해, 집합 X 의 기저 $\mathscr{B}$ 에 의해 생성된 X 의 위상 $\mathscr{T}_{\mathscr{B}}$ 와 $\mathscr{T}$ 가 같은 X 의 위상일 때, $\mathscr{B}$ 를 X 의 위상 $\mathscr{T}$ 의 기저라 한다. 또한 이 경우 정의에 의해 $\mathscr{B} \subset \mathscr{T}$ 이며 기저 $\mathscr{B}$ 의 원소를 **기저 열린집합(basic open set)**이라 한다.

참고 3.15 위상공간 $(X, \mathscr{T})$ 의 위상 $\mathscr{T}$ 의 기저 $\mathscr{B}$ 가 주어져 있을 때, 임의의 $U \in \mathscr{T}$ 에 대하여 $\bigcup_{i \in I} B_i = U$ 인 $\mathscr{B}$ 의 부분집합 $\{B_i\}_{i \in I} \subset \mathscr{B}$ 가 존재한다.

정리 3.16

위상공간 $(X, \mathscr{T})$ 에 대해, $\mathscr{T}$ 의 부분집합 $\mathscr{B} \subset \mathscr{T}$ 가 위상 $\mathscr{T}$ 의 기저인 것과 임의의 X 의 열린집합 U 와 임의의 점 $x \in U$ 에 대해 $x \in B \subset U$ 를 만족하는 $B \in \mathscr{B}$ 가 존재하는 것은 동치이다.

|증명| $\mathscr{T}$ 의 부분집합 $\mathscr{B} \subset \mathscr{T}$ 가 위상 $\mathscr{T}$ 의 기저라고 가정하자. 임의의 X 의 열린집합 U 에 대해, $U = \bigcup_{i \in I} B_i$ 인 부분집합 $\{B_i\}_{i \in I} \subset \mathscr{B}$ 가 존재한다. 따라서 임의의 $x \in U$ 에 대해 $x \in B_i$ 인 어떤 $i \in I$ 가 존재하고 $B = B_i$ 라 하면, $x \in B \subset U, B \in \mathscr{B}$ 가 성립한다.

역으로 임의의 X 의 열린집합 U 와 임의의 점 $x \in U$ 에 대해 $x \in B \subset U$ 를 만족하는 $B \in \mathscr{B}$ 가 존재한다고 가정하자. X 의 열린집합 U 가 $U = X$ 인 경우를 생각하면, 조건에 의해 모든 $x \in X$ 에 대해, $x \in B_x \subset X$ 인 $B_x \in \mathscr{B}$ 가 존재한다. 따라서 $\bigcup_{B \in \mathscr{B}} B = X$ 이다. 만약 $B_1, B_2 \in \mathscr{B}$ 이면, $\mathscr{B} \subset \mathscr{T}$ 이고 $\mathscr{T}$ 는 유한 교집합에 대해 닫혀있으므로 $B_1 \cap B_2 \in \mathscr{T}$ 이다. 즉 $B_1 \cap B_2$ 는 X 의 열린집합이다. 조건을 $U = B_1 \cap B_2$ 에 대해 적용하면, 모든 $x \in B_1 \cap B_2$ 에 대해, $x \in B \subset B_1 \cap B_2$ 인 $B \in \mathscr{B}$ 가 존재한다. 따라서 $\mathscr{B}$ 는 X 의 기저이다. □

참고 3.17 위 정리의 증명에 의해, 위상공간 $(X, \mathscr{T})$의 기저 $\mathscr{B}$가 주어져 있으면, 임의의 X의 열린집합 U는 $U = \bigcup_{x\in U} B_x$ (단, $B_x \in \mathscr{B}$는 $x \in B_x \subset U$인 기저 열린집합)과 같은 형태의 기저 열린집합들의 합집합으로 표현이 가능하다.

정의 3.18. 집합 X의 두 기저 $\mathscr{B}_1$, $\mathscr{B}_2$에 대해, $\mathscr{B}_1$로부터 생성된 위상 $\mathscr{T}_{\mathscr{B}_1}$과 $\mathscr{B}_2$로부터 생성된 위상 $\mathscr{T}_{\mathscr{B}_2}$가 같을 때, 두 기저 $\mathscr{B}_1$, $\mathscr{B}_2$는 **동치인 기저(equivalent bases)**라고 한다.

3.1.3 근방과 국소기저

정의 3.19. 위상공간 X와 점 $p \in X$이 주어져 있다. 점 p를 포함하는 X의 부분집합 N에 대해, $p \in U \subset N$인 X의 열린집합 U가 존재하면, N을 점 p의 **근방(neighborhood)**이라 한다. 점 p의 모든 근방을 모은 집합족을 p의 **근방계(neighborhood system)**라 한다. 점 p를 포함하는 X의 열린집합 N을 p의 **열린근방(open neighborhood)**이라 한다. 점 p의 모든 열린근방을 모은 집합족을 p의 **열린근방계(open neighborhood system)**라 한다.

참고 3.20 정의에 의해, 위상공간 X와 점 $p \in X$에 대해, p의 열린근방은 p의 근방인 X의 열린집합이다.

위상공간의 위상의 임의의 원소는 기저의 원소들의 합집합으로 표현할 수 있다. 기저를 한 점 p를 포함하는 집합으로 제한시켜 국소적으로 생각하는 개념이 다음에 나오는 국소기저이다. 다음 정의에 의해 위상공간의 한 점 p의 열린근방계의 임의의 원소를 국소기저의 합집합으로 표현할 수 있다.

정의 3.21. 위상공간 X의 고정된 점 $p \in X$에 대해, $\mathscr{L}_p$가 p를 포함하는 X의 어떤 열린집합들로 이루어진 X의 부분집합족이라 하자. 점 p를 포함하는 임의의 X의 열린집합 U에 대하여 $p \in L \subset U$인 $L \in \mathscr{L}_p$가 존재할 때, $\mathscr{L}_p$를 점 p의 **국소기저(local base)**라고 한다.

다음 정리에 의해, 위상공간의 기저를 주는 것과 위상공간의 모든 점에서의 국소기저를 주는 것은 동치이다.

정리 3.22

위상공간$(X, \mathscr{T})$의 기저 $\mathscr{B}$에 대하여

(1) $\mathscr{L}_x = \{B \in \mathscr{B} \mid x \in B\}$는 점 x에서의 국소기저이다.

(2) 모든 $x \in X$에 대해 국소기저 $\mathscr{L}_x$가 주어져 있을 때, 합집합 $\mathscr{L} = \bigcup_{x \in X} \mathscr{L}_x$는 X의 기저이다.

| 증명 | (1) 임의의 $x \in U$인 X의 열린집합 U에 대하여 $x \in B \subset U$인 기저 열린집합 $B \in \mathscr{B}$가 존재한다. 정의에 의해 $B \in \mathscr{L}_x$이므로 $\mathscr{L}_x$는 x에서의 국소기저이다.

(2) 임의의 X의 열린집합 U에 대하여 각 점 $x \in U$마다 $x \in L_x \subset U$인 $L_x \in \mathscr{L}_x$인 국소기저 열린집합 L_x가 존재한다. 이때 $U = \bigcup_{x \in U} L_x$이므로 $\mathscr{L} = \bigcup_{x \in X} \mathscr{L}_x$는 X의 기저이다.

□

3.1.4 부분기저와 위상의 생성

정의 3.23. 공집합이 아닌 집합 X의 부분집합족 $\mathscr{S}$에 대해, 다음과 같이 정의된 X의 부분집합족 $\mathscr{B}_{\mathscr{S}}$를, $\mathscr{S}$를 **부분기저로 하여 생성된 X의 기저**라 한다.

$$\mathscr{B}_{\mathscr{S}} = \{\textstyle\bigcap_{i \in I} S_i \mid I\text{는 유한집합}, S_i \in \mathscr{S}\}$$

X의 기저 $\mathscr{B}_{\mathscr{S}}$를 기저로 하여 생성된 위상을 $\mathscr{T}_{\mathscr{S}}$라 하고 $\mathscr{T}_{\mathscr{S}}$를, $\mathscr{S}$를 **부분기저로 하여 생성된 X의 위상**이라 한다.

참고 3.24

(1) $\mathscr{B}_{\mathscr{S}}$의 정의에서 $I = \varnothing$인 경우, 해당하는 $\bigcap_{i \in I} S_i = X$이다. 따라서 항상 $\mathscr{B}_{\mathscr{S}}$ 안에 X가 포함된다.

(2) $\mathscr{T}$는 $\mathscr{S}$를 포함하는 X의 위상들 중에서 가장 약한위상이 된다.

정의 3.25. 위상공간 $(X, \mathscr{T})$에 대해, X의 부분집합족 $\mathscr{S}$을 부분기저로 하여 생성된 위상 $\mathscr{T}_{\mathscr{S}}$와 $\mathscr{T}$가 같은 X의 위상일 때, $\mathscr{S}$를 위상 $\mathscr{T}$의 **부분기저(subbase)**라 한다.

예제 3.26

(1) 집합 $X = \{a, b, c\}$의 부분집합족 $\mathscr{S} = \{\{a, b\}, \{b, c\}\}$을 부분기저로 하여 생성되는 X의 기저와 위상은 각각

$$\mathscr{B}_{\mathscr{S}} = \{\{b\}, \{a, b\}, \{b, c\}, X\}, \quad \mathscr{T}_{\mathscr{S}} = \{\varnothing, \{b\}, \{a, b\}, \{b, c\}, X\}$$

이다.

(2) 집합 $X = \{a, b, c\}$의 부분집합족 $\mathscr{S} = \varnothing$을 부분기저로 하여 생성된 X의 기저와 위상은 각각

$$\mathscr{B}_{\mathscr{S}} = \{\varnothing, X\}, \quad \mathscr{T}_{\mathscr{S}} = \{\varnothing, X\}$$

이다.

(3) 집합 $X = \{a, b, c\}$의 부분집합족 $\mathscr{S} = \{X\}$를 부분기저로 하여 생성된 X의 기저와 위상은 각각

$$\mathscr{B}_{\mathscr{S}} = \{X\}, \quad \mathscr{T}_{\mathscr{S}} = \{\varnothing, X\}$$

이다.

(4) 집합 $X = \{a, b, c\}$의 부분집합족 $\mathscr{S} = \{\{a\}, \{b\}, \{c\}\}$를 부분기저로 하여 생성된 X의 기저와 위상은 각각

$$\mathscr{B}_{\mathscr{S}} = \{\varnothing, \{a\}, \{b\}, \{c\}, X\}, \quad \mathscr{T}_{\mathscr{S}} = \mathscr{P}(X)$$

이다.

3.2 위상공간의 예

3.2.1 비이산공간

정의 3.27. 공집합이 아닌 집합 X의 부분집합족 $\mathscr{T} = \{\varnothing, X\}$는 집합 X의 위상이고 $\mathscr{T}$를 X의 **비이산위상(indiscrete topology)**이라 하고 위상공간 $(X, \mathscr{T})$를 **비이산공간(indiscrete space)**이라 한다.

참고 3.28 집합 X의 가장 단순한 기저인 $\mathscr{B} = \{X\}$로 생성된 비이산위상은 집합 X의 가장 단순한 위상이고, 집합 X의 원소의 개수가 2개 이상이면 거리로부터 유도될 수 없다.

예제 3.29 집합 $X = \{a, b, c\}$의 비이산위상은 $\mathscr{T} = \{\varnothing, X\}$이다.

3.2.2 이산공간

정의 3.30. 공집합이 아닌 집합 X의 멱집합 $\mathscr{T} = \mathscr{P}(X)$는 집합 X의 위상이며, $\mathscr{T}$를 X의 **이산위상(discrete topology)**이라 한다. 그리고 위상공간 $(X, \mathscr{T})$를 **이산공간(discrete space)**이라 한다.

참고 3.31 이산공간 $(X, \mathscr{T})$에 대해, X의 부분집합족 $\mathscr{B} = \{\{x\}\}_{x \in X}$는 이산위상 $\mathscr{T}$의 기저가 되고 이산공간은 다음 이산거리함수로부터 유도되는 위상이므로 항상 거리공간이다.

$$d\colon X \times X \to \mathbb{R}, \quad d(x, y) = \begin{cases} 1 & x \neq y \\ 0 & x = y \end{cases}.$$

예제 3.32 집합 $X = \{a, b, c\}$의 이산위상은

$$\mathscr{T} = \{\varnothing, \{a\}, \{b\}, \{c\}, \{a, b\}, \{a, c\}, \{b, c\}, X\} = \mathscr{P}(X)$$

이다.

3.2.3 여유한공간

정의 3.33. 공집합이 아닌 집합 X의 부분집합들 중 여집합이 유한집합 또는 X인 X의 부분집합족 $\mathscr{T}_f$는 X의 위상이며 위상공간 $(X, \mathscr{T}_f)$를 **여유한공간 (co-finite space)**이라 한다.

참고 3.34 집합 X의 부분집합족

$$\mathscr{S} = \{\{x\}^c \mid x \in X\}$$

는 여유한위상 $\mathscr{T}_f$를 생성하는 부분기저이다. 만약 X가 유한집합이면, $\mathscr{S}$가 생성하는 기저와 위상은 각각

$$\mathscr{B}_{\mathscr{S}} = \mathscr{P}(X), \quad \mathscr{T}_{\mathscr{S}} = \mathscr{P}(X)$$

이므로 유한집합 X의 여유한위상 $\mathscr{T}_f$는 X의 이산위상과 같다.

예제 3.35 자연수 전체의 집합 $\mathbb{N}$에 주어진 여유한위상 $\mathscr{T}_f$에 대해, $\mathbb{N}$의 진부분집합 중 $\mathscr{T}_f$의 원소는 $\mathbb{N}$에서 유한 개의 자연수 $n_1, n_2, \ldots, n_k$를 제거하여 얻어진 $\mathbb{N} \setminus \{n_1, n_2, \ldots, n_k\}$의 형태이다.

3.2.4 여가산공간

정의 3.36. 공집합이 아닌 집합 X의 부분집합들 중 여집합이 가산집합 또는 X인 X의 부분집합족 $\mathscr{T}_c$는 X의 위상이며 위상공간 $(X, \mathscr{T}_c)$를 **여가산공간 (co-countable space)**이라 한다.

참고 3.37 만약 X가 가산집합이면 여가산위상 $\mathscr{T}_c$는 X의 이산위상과 같다.

예제 3.38 실수 전체의 집합 $\mathbb{R}$에 주어진 여가산위상 $\mathscr{T}_c$에 대해, $\mathbb{R}$의 진부분집합 중 $\mathscr{T}_c$의 원소는 $\mathbb{R}$에서 실수열 $\{a_n\}_{n=1}^{\infty}$의 원소들을 제거하여 얻어진 $\mathbb{R} \setminus \{a_n \mid n \in \mathbb{N}\}$의 형태이다.

3.2.5 순서공간

정의 3.39. 완전 순서집합 $(X, <)$의 두 점 $a, b \in X$에 대하여 다음과 같은 세 종류의 구간을 정의하자,

$$(a, \infty) = \{x \mid a < x\},\ (-\infty, b) = \{x \mid x < b\}, (a, b) = \{x \mid y < x < z\}$$

세 종류의 구간들 전체의 집합족

$$\mathscr{B}_< = \{(a, b)\}_{a,b \in X} \cup \{(a, \infty)\}_{a \in X} \cup \{(-\infty, b)\}_{b \in X}$$

를 기저로 하여 생성된 위상을 $(X, <)$의 **순서위상(order topology)**이라 하고 $\mathscr{T}_<$으로 표현한다. 또한 위상공간$(X, \mathscr{T}_<)$를 **순서공간(order space)**이라 한다.

예제 3.40 실수 전체의 집합 $\mathbb{R}$의 순서위상 $\mathscr{T}_<$의 기저는

$$\mathscr{B}_< = \{(a, b) \mid a, b \in \mathbb{R}, a < b\}$$

이고 $\mathscr{B}_<$ 는 $\mathbb{R}$의 보통거리로부터 유도되는 보통위상의 기저와 같다. 따라서 $\mathbb{R}$의 순서위상은 $\mathbb{R}$의 보통위상과 같다.

참고 3.41 평면 $\mathbb{R}^2$에 다음과 같은 사전식 순서 $<$를 $x_1 < x_2$ 또는 $x_1 = x_2$ 이고 $y_1 < y_2$ 일 때, $(x_1, y_1) < (x_2, y_2)$ 라고 정의하면, 이 사전식 순서에 해당하는 순서위상 $\mathscr{T}_<$ 는 유클리드 거리로부터 유도되는 보통위상 $\mathscr{T}_{usual}$ 과 동등하지 않다.

3.2.6 하극한공간, 상극한공간

정의 3.42. 실수 전체의 집합 $\mathbb{R}$에 다음 $\mathbb{R}$의 부분집합족

$$\mathscr{B}_\ell = \{[a, b) \mid a, b \in \mathbb{R}, a < b\}$$

를 기저로 하여 생성된 위상 $\mathscr{T}_\ell$을 **하극한위상(lower limit topology)**이라 하고 위상공간 $(\mathbb{R}, \mathscr{T}_\ell)$를 **하극한공간(lower limit space)**이라 한다.

정의 3.43. 실수 전체의 집합 $\mathbb{R}$에 다음 $\mathbb{R}$의 부분집합족

$$\mathscr{B}_u = \{(a, b] \mid a, b \in \mathbb{R}, a < b\}$$

를 기저로 하여 생성된 위상 $\mathscr{T}_u$를 **상극한위상(upper limit topology)**이라 하고 위상공간 $(\mathbb{R}, \mathscr{T}_u)$를 **상극한공간(upper limit space)**이라 한다.

이와 같이 실수 전체의 집합 $\mathbb{R}$ 위에 다양한 위상을 정의할 수 있고 주어진 위상에 따라 실수들의 위치관계는 다르게 나타난다. 정의에 의해, 모든 실수 $a < b$에 대해,

$$(a, b) = \bigcup_{n=2}^{\infty} \left[a + \tfrac{b-a}{n}, b\right) \in \mathscr{T}_\ell,\ (a, b) = \bigcup_{n=2}^{\infty} (a, b - \tfrac{b-a}{n}] \in \mathscr{T}_u$$

이므로 모든 열린구간이 상극한위상과 하극한위상에 속한다. 따라서 상극한위상과 하극한위상은 보통위상보다 강한 위상이다.

3.2.7 거리공간

거리공간 (X, d)의 한 점 x와 양수 $r > 0$에 대해, $B_d(x, r) = \{y \in X \mid d(x, y) < r\}$을 중심이 x이고, 반지름이 r인 **열린구(open ball)**라 한다. 거리공간에 정의된 거리위상을 다음 정리를 통해 열린구와 기저를 사용하여 이해할 수 있다.

정리 3.44

거리공간 (X, d) 에서 $\mathscr{B}_d = \{B_d(x, r) \mid x \in X, r > 0\}$ 은 X 의 거리위상 $\mathscr{T}_d$ 의 기저이다

|증명| 먼저 $\mathscr{B}_d$ 가 X 의 기저임을 보이자.

(1) 임의의 자연수 n 과 한 점 $x \in X$ 에 대해, $B_d(x, n) \in \mathscr{B}_d$ 이고

$$X = \bigcup_{n=1}^{\infty} B_d(x, n) \subset \bigcup_{B \in \mathscr{B}_d} B \subset X$$

이므로 $\bigcup_{B \in \mathscr{B}_d} B = X$ 이다.

(2) 임의의 $B_d(x_1, r_1)$, $B_d(x_2, r_2) \in \mathscr{B}_d$ 가 주어져 있다고 하자. 임의의 $x_3 \in B_d(x_1, r_1) \cap B_d(x_2, r_2)$ 에 대해,

$$r_3 = \min\{r_1 - d(x_3, x_1), r_2 - d(x_3, x_2)\}$$

로 정의하면 $d(x_3, x_1) < r_1$ 이고 $d(x_3, x_2) < r_2$ 이므로 r_3 는 양수이다. 또한 모든 $x \in B_d(x_3, r_3)$ 에 대해,

$$d(x, x_1) \leq d(x, x_3) + d(x_3, x_1) < r_3 + d(x_3, x_1) \leq r_1$$
$$d(x, x_2) \leq d(x, x_3) + d(x_3, x_2) < r_3 + d(x_3, x_2) \leq r_2$$

이므로 $B_d(x_3, r_3) \subset B_d(x_1, r_1) \cap B_d(x_2, r_2)$ 이 성립한다.

따라서 $\mathscr{B}_d$ 는 X 의 기저이다. 거리위상의 정의에 의해, X 의 기저

$$\mathscr{B}_d = \{B_d(x, r) \mid x \in X, r > 0\}$$

가 생성하는 위상은 거리위상 $\mathscr{T}_d$ 이다. □

예제 3.45 집합 X 에서 정의된 이산거리를 d 라 하면, 모든 $x \in X$ 에 대해 열린구 $B_d(x, 1)$ 는 $\{x\}$ 이며, 이 열린구들로 이루어진 기저는 $\mathscr{B}_d = \{\{x\} \mid x \in X\}$ 이고, 해당하는 거리위상은 $\mathscr{T}_d = \mathscr{P}(X)$ 이다. 따라서 이산공간 $(X, \mathscr{P}(X))$ 는 이산거리 d 에 의해 유도된 거리공간이다.

집합 X 에 주어진 서로 다른 두 거리가 동일한 위상을 생성할 수 있다.

정의 3.46. 집합 X 상에 두 거리 d_1, d_2 로부터 유도한 위상 $\mathscr{T}_{d_1}$, $\mathscr{T}_{d_2}$ 가 같은 위상이면, 두 거리 d_1, d_2 를 **동치거리(equivalent distance)**라 한다.

두 거리가 동치일 조건은 다음과 같다.

정리 3.47

집합 X 위의 두 거리 d_1, d_2 의 열린구를 각각 $B_{d_1}(x,r)$, $B_{d_2}(x,r)$ 이라 하자. 임의의 점 $x \in X$ 와 임의의 양의 실수 r 에 대하여

$$B_{d_2}(x,r') \subset B_{d_1}(x,r), \quad B_{d_1}(x,r'') \subset B_{d_2}(x,r)$$

인 양수 r', r'' 가 존재하면 두 거리 d_1, d_2 는 동치거리이고 해당하는 거리위상 $\mathscr{T}_{d_1}$, $\mathscr{T}_{d_2}$ 는 X 의 같은 위상이다.

|증명| 먼저 $\mathscr{T}_{d_1} \subset \mathscr{T}_{d_2}$ 임을 보이자. 위상 $\mathscr{T}_{d_1}$ 은 합집합에 대해 닫혀있으므로 임의의 $\mathscr{T}_{d_1}$ 의 기저 열린집합인 $B_{d_1}(x,r)$ 에 대해 $B_{d_1}(x,r) \in \mathscr{T}_{d_2}$ 임을 보이면 된다. 점 $x \in X$ 와 양수 r 을 고정하자. 임의의 점 $y \in B_{d_1}(x,r)$ 에 대해 $d_1(x,y) < r$ 이므로 $r - d_1(x,y)$ 는 양수이다. 또한 $B_{d_1}(y, r - d_1(x,y)) \subset B_{d_1}(x,r)$ 이고 조건에 의하여

$$B_{d_2}(y,r_y) \subset B_{d_1}(y, r - d_1(x,y)) \subset B_{d_1}(x,r)$$

인 점 y 에 의존하는 양수 r_y 가 존재한다. 따라서

$$B_{d_1}(x,r) = \bigcup_{y \in B_{d_1}(x,r)} B_{d_2}(y,r_y) \in \mathscr{T}_{d_2}$$

이다.

비슷하게, 임의의 $\mathscr{T}_{d_2}$ 의 기저 열린집합 $B_{d_2}(x,r)$ 에 대해 $B_{d_2}(x,r) \in \mathscr{T}_{d_1}$ 임을 보일 수 있다. 따라서 $\mathscr{T}_{d_2} \subset \mathscr{T}_{d_1}$ 도 성립한다. 따라서 $\mathscr{T}_{d_1} = \mathscr{T}_{d_2}$ 이다. □

3.2.8 보통위상

정의 3.48. 유클리드 공간은 집합 $\mathbb{R}^n$ 에 보통거리

$$d\colon \mathbb{R}^n \times \mathbb{R}^n \to \mathbb{R}, \quad d(x,y) = \|x-y\|$$

가 정의된 거리공간이고 이 거리로부터 유도된 거리위상을 $\mathbb{R}^n$의 **보통위상 (usual topology)**이라 한다.

정리 3.49

실수 전체의 집합 $\mathbb{R}$에 정의된 보통거리 $d(x, y) = |x - y|$로부터 유도된 보통위상의 기저는 열린구간들로 이루어진 $\mathbb{R}$의 부분집합족

$$\mathscr{B} = \{(a, b) \mid a < b,\ a, b \in \mathbb{R}\}$$

이다.

|증명| 실수 전체의 집합 $\mathbb{R}$에 보통거리 d가 주어져 있다고 하자. 이때 임의의 열린구는 $B_d(x, r) = (x - r, x + r)$로 열린구간이다. 역으로 임의의 열린구간 (a, b)는 열린구 $B_d(\frac{a+b}{2}, \frac{b-a}{2})$임을 알 수 있다. 따라서 열린구간들로 이루어진 $\mathbb{R}$의 부분집합족 $\mathscr{B}$는 $\mathbb{R}$의 보통위상의 기저이다. □

참고 3.50 임의의 실수는 유리수들로 이루어진 코시 단조수열의 극한이므로, 임의의 열린구간, 즉, 임의의 $\mathscr{B}$의 원소를 $\mathbb{R}$의 가산 부분집합족

$$\mathscr{B}_{\mathbb{Q}} = \{(a, b) \subset \mathbb{R} \mid a < b, a, b \in \mathbb{Q}\}$$

의 원소들의 합집합으로 나타낼 수 있다. 따라서 $\mathscr{B}_{\mathbb{Q}}$는 $\mathbb{R}$의 보통위상의 가산 기저이다. 따라서 보통위상이 주어진 실수 전체의 집합 $\mathbb{R}$은 가산 기저를 갖는다. 비슷한 논리로 보통위상이 주어진 유클리드 공간 $\mathbb{R}^n$도 가산 기저를 갖는다.

실수 전체의 집합 $\mathbb{R}$에 정의할 수 있는 지금까지 배운 위상들을 정리하면 다음과 같다.

예제 3.51 실수 전체의 집합 $\mathbb{R}$에는 다음과 같은 위상을 정의할 수 있다.

(1) $\mathbb{R}$의 비이산위상 $\mathscr{T}_i$는 $\{\varnothing, \mathbb{R}\}$이다.

(2) $\mathbb{R}$의 여유한위상 $\mathscr{T}_f$는

$$\mathscr{T}_f = \{U \subset \mathbb{R} \mid \mathbb{R} \setminus U\text{는 }\mathbb{R}\text{의 유한 부분집합}\} \cup \{\varnothing\}$$

이다.

(3) $\mathbb{R}$의 보통위상 $\mathscr{T}_{usual}$은 유클리드 거리함수

$$d_{usual}\colon \mathbb{R}\times\mathbb{R}\to\mathbb{R},\quad d_{usual}(x,y)=|x-y|$$

에 해당하는 거리위상이고 $(\mathbb{R},\mathscr{T}_{usual})$의 임의의 열린집합은 열린구간의 합집합으로 표현된다.

(4) $\mathbb{R}$의 여가산위상 $\mathscr{T}_c$는

$$\mathscr{T}_c=\{U\subset\mathbb{R}\mid \mathbb{R}\smallsetminus U\text{는 }\mathbb{R}\text{의 가산 부분집합}\}\cup\{\varnothing\}$$

이다.

(5) $\mathbb{R}$의 하극한위상 $\mathscr{T}_l$과 상극한위상 $\mathscr{T}_u$는 각각

$$\mathscr{B}_l=\{[a,b)\subset\mathbb{R}\mid a<b\},\quad \mathscr{B}_u=\{(a,b]\subset\mathbb{R}\mid a<b\}$$

를 기저로 하여 생성된 위상이다.

(6) $\mathbb{R}$의 이산위상 $\mathscr{T}_{dis}$는 멱집합 $\mathscr{P}(\mathbb{R})$으로 이산거리함수로 부터 유도된 거리위상이다. 또한 $\mathbb{R}$의 임의의 부분집합이 $(\mathbb{R},\mathscr{T}_{dis})$의 열린집합이면서 닫힌집합이다.

이 위상들의 대소관계는

$$\mathscr{T}_i\subsetneq\mathscr{T}_f\subsetneq\mathscr{T}_{usual}\subsetneq\mathscr{T}_l,\mathscr{T}_u\subsetneq\mathscr{T}_{dis},\quad \mathscr{T}_f\subsetneq\mathscr{T}_c\subsetneq\mathscr{T}_{dis}$$

으로 주어진다.

예제 3.52 다음에 주어진 함수들은 모두 $\mathbb{R}^2$의 거리함수들이다.

(1) 유클리드 거리함수 $d_1((x_1,y_1),(x_2,y_2))=\sqrt{(x_1-x_2)^2+(y_1-y_2)^2}$

(2) 택시거리함수 $d_2((x_1,y_1),(x_2,y_2))=|x_1-x_2|+|y_1-y_2|$

(3) 사각 거리함수 $d_3((x_1,y_1),(x_2,y_2))=\max\{|x_1-x_2|,|y_1-y_2|\}$

정리 3.47를 이용하여 세 거리함수 d_1,d_2,d_3가 모두 동치거리임을 보일 수 있고 따라서 이들이 생성하는 거리위상들은 $\mathscr{T}_{d_1}$, $\mathscr{T}_{d_2}$, $\mathscr{T}_{d_3}$은 모두 $\mathbb{R}^2$의 보통위상이다.

3.3 연습문제 및 기출문제

3.3.1 연습문제

1. 다음 중 실수 집합 $\mathbb{R}$의 위상이 될 수 없는 것은?
   ① $\mathscr{T} = \{A \subset \mathbb{R} \mid \mathbb{R} \setminus A$는 유한집합$\} \cup \{\varnothing\}$
   ② $\mathscr{T} = \{A \subset \mathbb{R} \mid \mathbb{R} \setminus A$는 가산집합$\} \cup \{\varnothing\}$
   ③ $\mathscr{T} = \{(a, b] \mid a < b\} \cup \{\varnothing, \mathbb{R}\}$
   ④ $\mathscr{T} = \{A \subset \mathbb{R} \mid \mathbb{R} \setminus A$는 유계$\} \cup \{\varnothing, \mathbb{R}\}$
   ⑤ $\mathscr{T} = \{(-\infty, a) \mid a \in \mathbb{R}\} \cup \{\varnothing, \mathbb{R}\}$

2. 다음 중 위상공간의 성질을 바르게 설명한 것이 아닌 것은?
   ① 위상공간 $(X, \mathscr{T})$의 부분공간 $(A, \mathscr{T}_A)$에 대하여 $A \subset X, \mathscr{T}_A \subset \mathscr{T}$이다. (단, 여기서 $\mathscr{T}_A = \{A \cap U \mid U \in \mathscr{T}\}$이다.)
   ② 위상공간 $(X, \mathscr{T})$에 대하여, 모든 한 점 집합 $\{p\}$이 $(X, \mathscr{T})$의 열린집합이면 위상 $\mathscr{T}$는 이산위상이다.
   ③ 위상공간 $(X, \mathscr{T})$에 대하여, 모든 한 점 집합 $\{p\}$이 $(X, \mathscr{T})$의 닫힌집합이면 여집합이 유한집합인 X의 모든 부분집합은 $\mathscr{T}$에 속한다.
   ④ 위상공간 $(X, \mathscr{T})$와 함수 $f : X \to Y$에 대하여 Y의 부분집합족 $\mathscr{T}_f = \{U \subset Y \mid f^{-1}(U) \in \mathscr{T}\}$는 Y의 위상이다.
   ⑤ 함수 $f : X \to Y$와 위상공간 $(Y, \mathscr{T})$에 대하여 X의 부분집합족 $\mathscr{T}_X = \{f^{-1}(O) \mid O \in \mathscr{T}\}$는 X의 위상이다.

3. $X = \{1, 2, 3\}$일 때, $\mathscr{B} = \{\{1, 2\}, \{2, 3\}, X\}$는 X의 어떤 위상의 기저도 아님을 보이시오.

4. 집합 $X = \{1, 2, 3, 4, 5\}$에 정의된 위상 중 $\mathscr{S} = \{\{1\}, \{1, 2, 3\}, \{2, 3, 4\}\}$를 부분기저로 하여 생성되는 위상을 구하시오.

5. 소수 p에 대하여 $S_p = \{n \in \mathbb{N} \mid n$은 p의 배수$\}$라 할 때

$$\mathscr{S} = \{\{1\}\} \cup \{S_p \mid p\text{는 소수}\}$$

   을 부분기저로 하여 생성되는 자연수 전체의 집합 $\mathbb{N}$의 위상을 $\mathscr{T}_{\mathscr{S}}$라 할 때, 자연수 n을 포함하는 가장 작은 $\mathscr{T}_{\mathscr{S}}$의 원소를 구하시오.

6. $X = \{a, b, c\}$, $\mathscr{T}_1 = \{\varnothing, \{a\}, \{a, b\}, X\}$, $\mathscr{T}_2 = \{\varnothing, \{a\}, \{b, c\}, X\}$ 일 때, $\mathscr{T}_1$ 과 $\mathscr{T}_2$ 를 포함하는 가장 작은 위상 $\mathscr{T}_3$ 와 $\mathscr{T}_1$ 과 $\mathscr{T}_2$ 에 포함되는 가장 큰 위상 $\mathscr{T}_4$ 를 구하시오.

7. 함수 $f\colon X \to (Y, \mathscr{T}_Y)$ 에 대하여 $\mathscr{T}_X = \{f^{-1}(V) \subset X \mid V \in \mathscr{T}_Y\}$ 라 정의하면 $\mathscr{T}_X$ 는 X 에 정의된 위상임을 보이시오.

8. 전사함수 $f\colon (X, \mathscr{T}_X) \to Y$ 에 대하여 $\mathscr{T}_Y = \{U \subset Y \mid f^{-1}(U) \in \mathscr{T}_X\}$ 라 정의하면 $\mathscr{T}$ 는 Y 에 정의된 위상임을 보이시오.

9. $\mathbb{R}^2$ 의 다음과 같이 정의된 거리함수를 생각하자.

$$\begin{aligned} d_1((x_1, x_2), (y_1, y_2)) &= \sqrt{(x_1 - y_1)^2 + (x_2 - y_2)^2}, \\ d_2((x_1, x_2), (y_1, y_2)) &= |x_1 - x_2| + |y_1 - y_2| \end{aligned}$$

중심이 원점이고 반지름이 1 인 열린구 $B_{d_1}((0,0), 1)$, $B_{d_2}((0,0), 1)$ 을 구하고, 이 두 거리함수로 부터 유도된 $\mathbb{R}^2$ 의 위상은 서로 동등함을 보이시오.

3.3.2 기출문제

1. [1996] 다음 네 집합 $A = \{1, 2, 3, \ldots, 50\}$, $B = \{n \mid n\text{은 정수}\}$, $C = \{\frac{1}{n} \mid n\text{은 } 0\text{이 아닌 정수}\}$, $D = \{z \mid z\text{는 복소수}\}$에 대하여 다음 표에 O, X를 채워 넣으시오. (단, A, B, C는 보통거리가 주어진 실수 전체의 집합 $\mathbb{R}$의 부분집합이고 D는 보통거리가 주어진 복소수 전체의 집합 $\mathbb{C}$의 부분집합이라고 가정한다.)

	닫힌집합	열린집합	유계집합
A			
B			
C			
D			

2. [2009] 집합 $X = \{a, b, c, d\}$에 대하여 $(X, \mathscr{T})$를 위상공간이라 하고, 임의의 $x \in X$에 대하여 $N(x) = \{V \subset X \mid V\text{는 } (X, \mathscr{T})\text{에서의 } x\text{의 근방}\}$이라 할 때, 다음이 성립한다고 하자.

$$N(a) = \{V \subset X \mid \{a, c\} \subset V\}$$
$$N(b) = \{V \subset X \mid \{b, c\} \subset V\}$$
$$N(c) = \{V \subset X \mid \{c\} \subset V\}$$
$$N(d) = \{X\}$$

단, 'V는 $(X, \mathscr{T})$에서 x의 근방'이란 $x \in U \subset V$를 만족시키는 $U \in \mathscr{T}$가 존재함을 의미한다. 이때, $\mathscr{T}$를 구하시오.

3. [2023] 좌표평면 $\mathbb{R}^2$에서 거리함수 $d \colon \mathbb{R}^2 \times \mathbb{R}^2 \to \mathbb{R}$를 다음과 같이 정의하자.

$$d(z, w) = \begin{cases} \|z\| + \|w\|, & \text{if } \|z\| \neq \|w\|, \\ \|z - w\|, & \text{if } \|z\| = \|w\|, \end{cases}$$

거리공간 $(\mathbb{R}^2, d)$에서 열린집합(open set)

$$A = \{z \in \mathbb{R}^2 \mid d(z, (2, 0)) < 4\},$$

$$B = \{z \in \mathbb{R}^2 \mid d(z, (2, 0)) < 1\}$$

을 좌표평면에 그림으로 순서대로 나타내시오. (단, $\|(x, y)\| = \sqrt{x^2 + y^2}$이다.)

Chapter 4

위상공간의 기본 개념

이 장에서는 위상공간의 부분집합에 대한 기본적인 개념들을 학습한다.

학습목표

1. 내부에 대하여 학습한다.
2. 외부에 대하여 학습한다.
3. 경계에 대하여 학습한다.
4. 닫음에 대하여 학습한다.
5. 유도집합에 대하여 학습한다.
6. 수열의 수렴성에 대하여 학습한다.

핵심어: 내부, 외부, 경계, 닫음, 유도집합, 수렴성

4.1 내부와 외부

4.1.1 내부

정의 4.1. 위상공간 X의 부분집합 A가 주어져 있다.

(1) 만약 $x \in U \subset A$인 X의 열린집합 U가 존재할 때, 점 x를 A의 **내부점 (interior point)**이라 한다.

(2) A의 내부점 전체의 집합을 A의 **내부(interior)**라 하고, $\text{int}(A)$로 표시한다. 즉, A에 포함되는 모든 X의 열린집합들로 이루어진 부분집합족 $\mathscr{U}_A$를 생각하면, $\text{int}(A) = \bigcup_{U \in \mathscr{U}_A} U$ 이다.

내부점을 판단하기 위하여 기저 열린집합, 국소기저 열린집합, 근방 등을 사용할 수 있다.

정리 4.2

위상공간 X의 부분집합 A의 내부점에 대한 다음 명제는 서로 동치이다.

(1) 점 x는 A의 내부점이다.

(2) $x \in B \subset A$인 기저 열린집합 B가 존재한다.

(3) $x \in L \subset A$인 x의 국소기저 열린집합 L가 존재한다.

(4) $x \in N \subset A$인 x의 근방 N이 존재한다.

| 증명 | (1) $\Rightarrow$ (2) $\Rightarrow$ (3) $\Rightarrow$ (4)는 자명하다.

(4) $\Rightarrow$ (1) 임을 보이자. 만약 $x \in N \subset A$인 x의 근방 N이 존재하면, 근방의 정의에 의해 $x \in U \subset N$인 열린집합 U가 존재한다. 따라서

$$x \in U \subset N \subset A$$

이므로 x는 A의 내부점이다. □

참고 4.3 위 정리의 조건을 부분기저 열린집합 S로 바꿀 수 없다. 보통위상이 주어진 실수 전체의 집합 $\mathbb{R}$의 부분기저

$$\mathscr{S} = \{(a, \infty)\}_{a \in \mathbb{R}} \cup \{(-\infty, b)\}_{b \in \mathbb{R}}$$

에 대해, $\mathbb{R}$의 부분집합 $[0, 2]$의 내부점 1에 대하여 $1 \in S \subset [0, 2]$인 부분기저 열린집합 $S \in \mathscr{S}$는 존재하지 않는다.

정리 4.4

위상공간 $(X, \mathscr{T})$의 부분집합 A, B에 대해 다음이 성립한다.

(1) A가 X의 열린집합인 것과 $\text{int}(A) = A$인 것은 동치이다.

(2) $\text{int}(A) \subset A$이고 $\text{int}(\text{int}(A)) = \text{int}(A)$이다.

(3) 만약 $A \subset B$이면, $\text{int}(A) \subset \text{int}(B)$이다.

(4) $\text{int}(A) \cap \text{int}(B) = \text{int}(A \cap B)$이다.

(5) $\text{int}(A) \cup \text{int}(B) \subset \text{int}(A \cup B)$이다.

(6) $\text{int}(A \setminus B) \subset \text{int}(A) \setminus \text{int}(B)$이다.

|증명| (1) A가 X의 열린집합이라고 가정하면, 임의의 $x \in A$에 대해 $x \in U \subset A$를 만족하는 X의 열린집합 U가 존재하므로 $A \subset \text{int}(A)$이다. $\text{int}(A) \subset A$인 것은 정의로부터 자명하므로 $\text{int}(A) = A$이다. 반대로 $A = \text{int}(A)$이라 하면 A는 X의 열린집합이다.

(2) 정의에 의해 $\text{int}(A)$는 X의 열린집합이며 A의 부분집합이다. $\text{int}(A)$가 X의 열린집합이므로 (1)에 의하여 $\text{int}(\text{int}(A)) = \text{int}(A)$이다.

(3) 임의의 점 $x \in \text{int}(A)$에 대해, $x \in U \subset A$인 X의 열린집합 U가 존재하고 $A \subset B$이므로 $x \in U \subset B$이고 $x \in \text{int}(B)$이다. 따라서 $\text{int}(A) \subset \text{int}(B)$이다.

(4) (3)에 의해 $A \cap B \subset A$이고, $A \cap B \subset B$이므로 $\text{int}(A \cap B) \subset \text{int}(A)$이고 $\text{int}(A \cap B) \subset \text{int}(B)$이다. 따라서 $\text{int}(A \cap B) \subset \text{int}(A) \cap \text{int}(B)$이 성립한다. $\text{int}(A) \subset A$, $\text{int}(B) \subset B$이므로 $\text{int}(A) \cap \text{int}(B) \subset A \cap B$이고 $\text{int}(A) \cap \text{int}(B)$는 X의 열린집합이므로 $\text{int}(A) \cap \text{int}(B) \subset \text{int}(A \cap B)$이다.

(5) (3)에 의해 $\text{int}(A) \subset A \subset A \cup B$, $\text{int}(B) \subset B \subset A \cup B$이고 $\text{int}(A) \cup \text{int}(B)$는 X의 열린집합이므로 $\text{int}(A) \cup \text{int}(B) \subset \text{int}(A \cup B)$이다.

(6) (3)에 의해 $A \setminus B \subset A$이므로 $\text{int}(A \setminus B) \subset \text{int}(A)$이다. 또한 (4)에 의해 $\text{int}(A \setminus B) \cap \text{int}(B) = \text{int}((A \setminus B) \cap B) = \varnothing$이다. 이로부터 $\text{int}(A \setminus B) \subset \text{int}(A) \setminus \text{int}(B)$가 성립한다.

□

참고 4.5 위 정리의 (5)에서 등호는 일반적으로 성립하지 않는다. 일반적으로 위상공간 X의 두 부분집합 A, B에 대해 $\text{int}(A \cup B) = \text{int}(A) \cup \text{int}(B)$가 성립하지 않기 때문이다. 실제로 보통위상이 주어진 실수 전체의 집합 $X = \mathbb{R}$에 대해, 유리수 전체의 집합을 $A = \mathbb{Q}$

로 무리수 전체의 집합을 $B = \mathbb{Q}^c$ 라 하면 $\text{int}(A) = \varnothing$, $\text{int}(B) = \varnothing$ 이지만, $A \cup B = \mathbb{R}$ 이므로 $\text{int}(A \cup B) = \mathbb{R}$ 이므로

$$\text{int}(A) \cup \text{int}(B) = \varnothing \neq \mathbb{R} = \text{int}(A \cup B)$$

이다.

위상공간의 일반적인 부분집합족이 주어진 경우는 다음과 같다.

정리 4.6

위상공간 X 의 부분집합족 $\{A_i\}_{i \in I}$ 에 대해 다음이 성립한다.

(1) $\text{int}\left(\bigcap_{i \in I} A_i\right) \subset \bigcap_{i \in I} \text{int}(A_i)$ 이다.

(2) $\bigcup_{i \in I} \text{int}(A_i) \subset \text{int}\left(\bigcup_{i \in I} A_i\right)$ 이다.

|증명| (1) 모든 $i \in I$ 에 대해, $\bigcap_{i \in I} A_i \subset A_i$ 이므로 $\text{int}\left(\bigcap_{i \in I} A_i\right) \subset \text{int}(A_i)$ 이다. 따라서 $\text{int}\left(\bigcap_{i \in I} A_i\right) \subset \bigcap_{i \in I} \text{int}(A_i)$ 이다.

(2) 모든 $i \in I$ 에 대해, $A_i \subset \bigcup_{i \in I} A_i$ 이므로 $\text{int}(A_i) \subset \text{int}\left(\bigcup_{i \in I} A_i\right)$ 이다. 따라서 $\bigcup_{i \in I} \text{int}(A_i) \subset \text{int}\left(\bigcup_{i \in I} A_i\right)$ 이다.

□

참고 4.7 위 정리에서 포함관계의 등호는 일반적으로 성립하지 않는다.

4.1.2 외부

정의 4.8. 위상공간 X 의 부분집합 A 가 주어져 있을 때, A 의 여집합의 내부점을 A 의 **외부점(exterior point)**, A 의 외부점의 집합을 A 의 **외부(exterior)**라 하고 기호로는 $\text{ext}(A)$ 로 표시한다. 즉, A 의 여집합의 내부가 A 의 외부이고 다음이 성립한다.

(1) $\text{ext}(A) = \text{int}(A^c)$ 이다.

(2) $x \in U \subset A^c$ 를 만족하는 열린집합 U 가 존재하면 x 는 A 의 외부점이다.

외부에 대한 성질을 정리하면 다음과 같다.

정리 4.9

위상공간 X 의 부분집합 A, B 에 대해 다음이 성립한다.

(1) $\text{ext}(A) \subset A^c$ 이다.
(2) $\text{int}(A) \cap \text{ext}(A) = \varnothing$ 이다.
(3) $\text{ext}(A \cup B) = \text{ext}(A) \cap \text{ext}(B)$ 이다.

| 증명 | (1) 정의에 의해 $\text{ext}(A) = \text{int}(A^c) \subset A^c$ 이다.

(2) 정의에 의해 $\text{int}(A) \cap \text{ext}(A) = \text{int}(A) \cap \text{int}(A^c) = \text{int}(A \cap A^c) = \varnothing$ 이다.

(3) 정의에 의해 $\text{ext}(A \cup B) = \text{int}((A \cup B)^c)$ 이고 $\text{ext}(A) \cap \text{ext}(B) = \text{int}(A^c) \cap \text{int}(B^c)$ 이다. 두 부분집합의 교집합의 내부는 내부의 교집합과 같으므로

$$\text{int}((A \cup B)^c) = \text{int}(A^c \cap B^c) = \text{int}(A^c) \cap \text{int}(B^c)$$

가 되어 $\text{ext}(A \cup B) = \text{ext}(A) \cap \text{ext}(B)$ 이다.

□

4.1.3 경계

정의 4.10. 위상공간 X 의 부분집합 A 가 주어져 있을 때, A 의 내부점도 외부점도 아닌 X 의 점을 A 의 **경계점(boundary point)**이라 한다. A 의 경계점의 집합을 A 의 **경계(boundary)**라 하고, $\partial(A)$ 로 표기한다. 정의에 의해

$$\partial(A) = X \setminus (\text{int}(A) \cup \text{ext}(A))$$

이다.

경계의 정의에 따라 다음과 같은 성질이 있다.

정리 4.11

위상공간 X 의 부분집합 A, B 에 대해 다음이 성립한다.
(1) $\partial(A) = \partial(A^c)$
(2) $\partial(A)$ 는 X 의 닫힌집합이다.
(3) $\partial(A) = \varnothing$ 인 것과 A 는 X 의 열린집합이며 X 의 닫힌집합인 것은 동치이다.
(4) $\partial(A \cup B) \subset \partial(A) \cup \partial(B)$ 이다.

| 증명 | (1) $\operatorname{int}(A^c) = \operatorname{ext}(A)$ 이고 $\operatorname{ext}(A^c) = \operatorname{int}(A)$ 이므로

$$\operatorname{int}(A) \cup \operatorname{ext}(A) = \operatorname{int}(A^c) \cup \operatorname{ext}(A^c)$$

이다. 따라서

$$\partial(A) = X \setminus (\operatorname{int}(A) \cup \operatorname{ext}(A)) = X \setminus (\operatorname{int}(A^c) \cup \operatorname{ext}(A^c)) = \partial(A^c)$$

이다.

(2) $\operatorname{int}(A)$는 X의 열린집합이다. 또한 $\operatorname{ext}(A) = \operatorname{int}(A^c)$도 X의 열린집합이다. 따라서 $\operatorname{int}(A) \cup \operatorname{ext}(A)$는 X의 열린집합이고 여집합

$$\partial(A) = X \setminus (\operatorname{int}(A) \cup \operatorname{ext}(A))$$

은 X의 닫힌집합이다.

(3) $\partial(A) = \varnothing$이라 가정하면, $X = \operatorname{int}(A) \cup \operatorname{ext}(A)$이고 $\operatorname{int}(A)$와 $\operatorname{ext}(A)$은 서로 여집합 관계이다. 정리 4.9의 (1)에 의해 $\operatorname{ext}(A) \subset A^c$이므로 $A \subset (\operatorname{ext}(A))^c = \operatorname{int}(A)$이다. $\operatorname{int}(A) \subset A$은 항상 성립하므로 $A = \operatorname{int}(A)$가 되어 A는 X의 열린집합이다. $\partial(A^c) = \partial(A) = \varnothing$이므로 비슷한 논리에 의해 A^c는 X의 열린집합이다. 따라서 A는 X의 닫힌집합이다.

이제 역을 보이기 위해 A를 X의 열린집합이면서 닫힌집합이라고 가정하자. A가 X의 열린집합이므로 $\operatorname{int}(A) = A$이고 A가 X의 닫힌집합이므로 A^c는 X의 열린집합이고 $\operatorname{ext}(A) = \operatorname{int}(A^c) = A^c$이다. 따라서

$$\partial(A) = X \setminus (\operatorname{int}(A) \cup \operatorname{ext}(A)) = X \setminus (A \cup A^c) = X \setminus X = \varnothing$$

이다.

(4) $X \setminus (\partial(A) \cup \partial(B)) \subset X \setminus (\partial(A \cup B))$임을 보이면 충분하다. 먼저

$$X \setminus (\partial(A) \cup \partial(B)) = (\operatorname{int}(A) \cup \operatorname{ext}(A)) \cap (\operatorname{int}(B) \cup \operatorname{ext}(B))$$

이므로 $X \setminus (\partial(A) \cup \partial(B))$는

$$\operatorname{int}(A) \cap \operatorname{int}(B),\ \operatorname{int}(A) \cap \operatorname{ext}(B),\ \operatorname{ext}(A) \cap \operatorname{int}(B),\ \operatorname{ext}(A) \cap \operatorname{ext}(B)$$

의 합집합으로 표현된다. 이 중 앞의 세 집합은 모두 $\operatorname{int}(A) \cup \operatorname{int}(B)$의 부분집합이므로 $\operatorname{int}(A \cup B)$의 부분집합이다. 또한,

$$\operatorname{ext}(A) \cap \operatorname{ext}(B) = \operatorname{int}(A^c) \cap \operatorname{int}(B^c) = \operatorname{int}(A^c \cap B^c) = \operatorname{ext}(A \cup B)$$

이다. 따라서

$$X \setminus (\partial(A) \cup \partial(B)) \subset \mathrm{int}(A \cup B) \cup \mathrm{ext}(A \cup B) = X \setminus (\partial(A \cup B))$$

이고 $\partial(A \cup B) \subset \partial(A) \cup \partial(B)$ 이다.

□

4.2 닫음, 유도집합, 수렴성

4.2.1 닫음

정의 4.12. 위상공간 X의 부분집합 A에 대해, A의 **닫음(closure)**은 A를 포함하는 가장 작은 X의 닫힌집합으로 정의하고 $\overline{A}$로 표현한다. 즉, A를 포함하는 모든 X의 닫힌집합들로 이루어진 부분집합족 $\mathscr{F}_A$를 생각하면, $\overline{A} = \bigcap_{F \in \mathscr{F}_A} F$ 이다.

정의에 따라 위상공간 X의 부분집합 A의 닫음은 X의 닫힌집합이다. 부분집합의 닫음과 그 부분집합의 여집합의 내부 사이에 다음과 같은 관련성이 있다.

정리 4.13

위상공간 X의 임의의 부분집합 A에 대해 $\mathrm{int}(A^c) = (\overline{A})^c$ 이다. 즉, A의 닫음의 여집합은 A의 여집합의 내부이다.

| 증명 | (1) 만약 $x \in \mathrm{int}(A^c)$ 이면, $x \in U \subset A^c$ 인 X의 열린집합 U가 존재한다. 이때, $A \cap U = \varnothing$ 이므로 $A \subset U^c$ 이고 U^c는 X의 닫힌집합이므로 닫음의 정의에 의해 $\overline{A} \subset U^c$ 이다. 따라서 $x \in U \subset (\overline{A})^c$ 이고 $\mathrm{int}(A^c) \subset (\overline{A})^c$ 이다.

(2) 만약 $x \in (\overline{A})^c$ 이면, $\overline{A}$는 X의 닫힌집합이므로 $x \in U \subset (\overline{A})^c$ 인 X의 열린집합 U가 존재한다. 닫음의 정의에 의해, $A \subset \overline{A}$ 이므로 $(\overline{A})^c \subset A^c$ 이고 따라서 $x \in \mathrm{int}(A^c)$ 이다.

□

위 정리로부터 내부, 외부, 경계에 관한 다음 정리를 얻을 수 있다.

정리 4.14

위상공간 X의 부분집합 A에 대해 다음이 성립한다.

(1) $(\mathrm{int}(A^c))^c = \overline{A}$ (2) $(\mathrm{int}(A))^c = \overline{A^c}$

(3) $\mathrm{int}(A) = \left(\overline{A^c}\right)^c$ (4) $(\mathrm{ext}(A))^c = \overline{A}$

(5) $\overline{A} = \mathrm{int}(A) \cup \partial(A)$ (6) $\partial(A) = \overline{A} \cap \overline{A^c} = \overline{A} \setminus \mathrm{int}(A)$

|증명| 위 정리에 의해, 위상공간 X의 임의의 부분집합 A에 대해 $\mathrm{int}(A^c) = (\overline{A})^c$이다.

(1) $\mathrm{int}(A^c) = (\overline{A})^c$에서 양변의 여집합을 취하면, $\mathrm{int}(A^c)^c = \overline{A}$이다.

(2) (1)에 의해 $\mathrm{int}(A^c)^c = \overline{A}$이다. 여기서 A대신 A^c을 생각하면, $\mathrm{int}(A)^c = \overline{A^c}$이다.

(3) (2)에 의해 $(\mathrm{int}(A))^c = \overline{A^c}$이다. 양변의 여집합을 취하면, $\mathrm{int}(A) = \left(\overline{A^c}\right)^c$이다.

(4) (2)에 의해 $(\mathrm{int}(A))^c = \overline{A^c}$이다. 여기서 A대신 A^c를 생각하면, $\mathrm{int}(A^c) = \mathrm{ext}(A)$이므로 $(\mathrm{ext}(A))^c = \overline{A}$이다.

(5) (4)와 경계의 정의에 의해, $\overline{A} = X \setminus \mathrm{ext}(A) = \mathrm{int}(A) \cup \partial(A)$ 이다.

(6) $\partial(A) = X \setminus (\mathrm{int}(A) \cup \mathrm{ext}(A))$이므로 $\partial(A) \cap \mathrm{int}(A) = \varnothing$이다. 따라서 (5)에 의해 $\overline{A} \setminus \partial(A) = \mathrm{int}(A)$이다. 또한 (5)에 의해

$$\overline{A} \cap \overline{A^c} = (\mathrm{int}(A) \cup \partial(A)) \cap (\mathrm{int}(A^c) \cup \partial(A^c)) = \partial(A)$$

이다. 여기서 $\mathrm{int}(A)$, $\mathrm{ext}(A) = \mathrm{int}(A^c)$와 $\partial(A)$는 서로소이고 $\partial(A) = \partial(A^c)$임을 사용하였다.

□

정리 4.15

위상공간 X의 부분집합 A과 한 점 $x \in X$에 대해 다음은 동치이다.

(1) $x \in \overline{A}$이다.

(2) 임의의 x를 포함하는 X의 열린집합 U에 대하여 $U \cap A \neq \varnothing$이다.

|증명| 위 정리에 의해, $(\overline{A})^c = \mathrm{ext}(A)$이다. 따라서 $x \notin \overline{A}$인 것과 $x \in \mathrm{ext}(A)$인 것은 동치이고 $\mathrm{ext}(A) = \mathrm{int}(A^c)$이므로 $x \in \mathrm{ext}(A)$인 것은 $x \in U \subset A^c$인 즉 $U \cap A = \varnothing$인 X의 열린집합 U가 존재하는 것과 동치이다. 대우를 생각하면 $x \in \overline{A}$인 것과 임의의 x를 포함하는 X의 열린집합 U에 대하여 $U \cap A \neq \varnothing$인 것은 동치이다. □

정의 4.16. 위상공간 X의 부분집합 A에 대해, A의 닫음 $\overline{A}$의 임의의 원소를 A의 **밀착점(adherent point)**이라 한다.

참고 4.17 즉, A의 닫음은 A의 모든 밀착점들을 모은 집합이다.

닫음의 성질을 정리하면 다음과 같다.

정리 4.18

위상공간 X의 두 부분집합 A, B에 대하여, 다음이 성립한다.

(1) $A \subset \overline{A}$이다.

(2) A가 X의 닫힌집합인 것과 $\overline{A} = A$인 것은 동치이다.

(3) $\overline{\varnothing} = \varnothing$이고 $\overline{\overline{A}} = \overline{A}$이다.

(4) 만약 $A \subset B$이면, $\overline{A} \subset \overline{B}$이다.

(5) $\overline{A \cap B} \subset \overline{A} \cap \overline{B}$이다.

(6) $\overline{A} \setminus \overline{B} \subset \overline{A \setminus B}$이다.

(7) $\overline{A \cup B} = \overline{A} \cup \overline{B}$이다.

|증명| (1) 정의에 의해, $\overline{A}$는 A를 포함하는 X의 닫힌집합들의 교집합이므로 $A \subset \overline{A}$이다.

(2) 만약 A가 X의 닫힌집합이면, $X \setminus A$는 X의 열린집합이고 $U = X \setminus A$라 하면 임의의 $x \notin A$에 대해 $x \in U$이고 $U \cap A = \varnothing$이다. 따라서 $x \notin \overline{A}$이다. 즉 $\overline{A} \subset A$이다. 항상 $A \subset \overline{A}$은 성립하므로 $A = \overline{A}$이다. 만약 $\overline{A} = A$이면, 닫음의 정의에 의해 $A = \overline{A}$는 X의 닫힌집합이다. 따라서 $X \setminus A$는 X의 열린집합이다.

(3) 위상공간의 정의에 의해, $\varnothing$과 X는 X의 닫힌집합이다. 따라서 (2)에 의해 $\overline{\varnothing} = \varnothing$이고 $\overline{\overline{A}} = \overline{A}$이다.

(4) $A \subset B$라고 가정하자. $\mathscr{F}_A$를 A를 포함하는 모든 X의 닫힌집합들의 족, $\mathscr{F}_B$를 B를 포함하는 모든 X의 닫힌집합들의 족이라 하면, $\mathscr{F}_B \subset \mathscr{F}_A$이다. 따라서

$$\overline{A} = \bigcap_{F \in \mathscr{F}_A} F \subset \bigcap_{F \in \mathscr{F}_B} F = \overline{B}$$

이다.

(5) $A \cap B \subset A$이고 $A \cap B \subset B$이므로 (4)에 의해

$$\overline{A \cap B} \subset \overline{A}, \quad \overline{A \cap B} \subset \overline{B}$$

이다. 따라서 $\overline{A \cap B} \subset \overline{A} \cap \overline{B}$ 이다.

(6) 만약 $x \in \overline{A} \setminus \overline{B}$ 이면, x를 포함하는 임의의 X의 열린집합 U에 대해, $x \notin \overline{B}$ 이므로 $x \in U \setminus \overline{B}$ 이고 $U \setminus \overline{B}$는 X의 열린집합이다. 또한 $x \in \overline{A}$ 이므로

$$\varnothing \neq (U \setminus \overline{B}) \cap A \subset (U \setminus B) \cap A = U \cap (A \setminus B)$$

이고 $x \in \overline{A \setminus B}$ 이다. 따라서 $\overline{A} \setminus \overline{B} \subset \overline{A \setminus B}$ 이다.

(7) $A \subset A \cup B$ 이고 $B \subset A \cup B$ 이므로 (4)에 의해 $\overline{A} \subset \overline{A \cup B}$ 이고 $\overline{B} \subset \overline{A \cup B}$ 이다. 따라서 $\overline{A} \cup \overline{B} \subset \overline{A \cup B}$ 이다. 또한, $A \subset \overline{A}$ 이고 $B \subset \overline{B}$ 이므로, $A \cup B \subset \overline{A} \cup \overline{B}$ 가 성립한다. $\overline{A} \cup \overline{B}$는 $A \cup B$를 포함하는 X의 닫힌집합이므로 $\overline{A \cup B} \subset \overline{A} \cup \overline{B}$ 이다.

□

4.2.2 유도집합

위상공간 X의 부분집합인 A의 유도집합은 다음과 같이 정의된다.

정의 4.19. (1) 한 점 $x \in X$에 대하여 x를 포함하는 임의의 X의 열린집합 U가 x가 아닌 A의 점을 포함할 때, 즉, $(U \setminus \{x\}) \cap A \neq \varnothing$ 일 때, x를 A의 **극한점(limit point)** 또는 **집적점(accumulation point)** 이라 한다.

(2) A의 극한점 전체의 집합을 A의 **유도집합(derived set)** 이라 하고, A'으로 표시한다.

(3) 위상공간 X의 부분집합 A의 점 중에서 극한점이 아닌 점을 **고립점(isolated point)** 이라 한다. 즉, 집합 $A \setminus A'$의 원소를 A의 고립점이라 한다.

다음과 같은 성질들이 성립한다.

기초정리 4.20

위상공간 X의 두 부분집합 A, B에 대하여, 다음이 성립한다.

(1) $A' \subset \overline{A}$ 이다.

(2) A가 X의 닫힌집합인 것과 $A' \subset A$인 것은 동치이다.

(3) 만약 $A \subset B$ 이면 $A' \subset B'$ 이다.

(4) $(A \cap B)' \subset A' \cap B'$ 이다.
(5) $A' \cup B' = (A \cup B)'$ 이다.
(6) 점 $x \in X$ 에 대해, $x \in A'$ 인 것과 $x \in (A \setminus \{x\})'$ 인 것은 동치이다.
(7) A 가 X 의 닫힌집합이면 A' 도 X 의 닫힌집합이다.

| 증명 | (1) 만약 $x \notin \overline{A}$ 이면 $x \in \operatorname{ext}(A)$ 이고 따라서 $x \in U \subset A^c$ 인 X 의 열린집합 U 가 존재한다. 따라서 $(U \setminus \{x\}) \cap A = \varnothing$ 이고 $x \notin A'$ 이다.

(2) 만약 A 가 X 의 닫힌집합이면 $A = \overline{A}$ 이고 $A' \subset A$ 이다. 만약 $A' \subset A$ 이면 임의의 $x \in A^c$ 에 대해 $x \notin A'$ 이므로 극한점의 정의에 의해 $(U \setminus \{x\}) \cap A = \varnothing$ 인 x 를 포함하는 X 의 열린집합 U 가 존재한다. 따라서 $x \in U \subset A^c$ 인 X 의 열린집합 U 가 존재하므로 A^c 는 X 의 열린집합이고 A 는 X 의 닫힌집합이다.

(3) 만약 $A \subset B$ 이고 $x \in A'$ 이면 x 를 포함하는 임의의 X 의 열린집합 U 에 대해

$$\varnothing \neq (U \setminus \{x\}) \cap A \subset (U \setminus \{x\}) \cap B$$

이므로 $x \in B'$ 이다. 따라서 $A \subset B$ 이면, $A' \subset B'$ 이다.

(4) $A \cap B \subset A$ 이고 $A \cap B \subset B$ 이므로 (3)에 의해 $(A \cap B)' \subset A'$ 이고 $(A \cap B)' \cap B'$ 이므로 $(A \cap B)' \subset A' \cap B'$ 이다.

(5) $A \subset A \cup B$ 이고 $B \subset A \cup B$ 이므로 (3)에 의해 $A' \subset (A \cup B)'$ 이고 $B' \subset (A \cup B)'$ 이다. 따라서 $A' \cup B' \subset (A \cup B)'$ 이다.

이제 $(A \cup B)' \subset A' \cup B'$ 임을 보이자. 만약 $x \notin A' \cup B'$ 이면 $x \notin A'$ 이고 $x \notin B'$ 이므로 $(U_1 \setminus \{x\}) \cap A = \varnothing$ 인 x 를 포함하는 X 의 열린집합 U_1 과 $(U_2 \setminus \{x\}) \cap B = \varnothing$ 인 x 를 포함하는 X 의 열린집합 U_2 가 존재한다. $U = U_1 \cap U_2$ 라 하면 U 는 x 를 포함하는 X 의 열린집합이고

$$(U \setminus \{x\}) \cap (A \cup B) = ((U \setminus \{x\}) \cap A) \cup ((U \setminus \{x\}) \cap B) = \varnothing$$

이다. 따라서 $x \notin (A \cup B)'$ 이다. 정리하면, $x \notin A' \cup B'$ 이면, $x \notin (A \cup B)'$ 이다. 대우를 생각하면, $(A \cup B)' \subset A' \cup B'$ 이다.

(6) 점 x 를 포함하는 임의의 X 의 열린집합 U 에 대하여

$$(U \setminus \{x\}) \cap A = (U \setminus \{x\}) \cap (A \setminus \{x\})$$

이 성립하고 이로부터 $x \in A'$ 와 $x \in (A \setminus \{x\})'$ 가 동치임은 자명하다.

(7) A가 X의 닫힌집합이면, $\overline{A} = A$이고 $A' \subset \overline{A} = A$이다. 임의의 $x \in X \setminus A'$에 대해 $x \in U$이고

$$(U \setminus \{x\}) \cap \overline{A} = \varnothing$$

인 X의 열린집합 U가 존재하고 $U \subset X \setminus A'$이다. 즉 $X \setminus A'$의 임의의 점 x는 내부점이므로 $X \setminus A'$는 X의 열린집합이고 A'는 X의 닫힌집합이다.

□

참고 4.21 위 정리의 (4)에서 등호는 일반적으로 성립하지 않는다. 보통위상이 정의된 실수 전체의 집합을 X라 하고 유리수 전체의 집합 $\mathbb{Q}$를 A, 무리수 전체의 집합 $\mathbb{R} \setminus \mathbb{Q}$를 B라 하면 $A' = \mathbb{R}$, $B' = \mathbb{R}$이므로 $A' \cap B' = \mathbb{R}$이지만 $A \cap B = \varnothing$이므로 $(A \cap B)' = \varnothing$이다.

정리 4.22

위상공간 X의 부분집합 A에 대해, $\overline{A} = A \cup A'$이다.

|증명| 정의에 의해 $A \subset \overline{A}$이고 $A' \subset \overline{A}$이므로 $A \cup A' \subset \overline{A}$이다. 이제 $A \cup A' \supset \overline{A}$이 성립함을 보이자. 이를 위해 만약 $\overline{A} \setminus A \neq \varnothing$이면 임의의 $x \in \overline{A} \setminus A$에 대해 $x \in A'$임을 보이면 충분하다. 점 x를 포함하는 임의의 X의 열린집합 U에 대해 $x \in \overline{A}$이므로 $U \cap A \neq \varnothing$이고 $x \notin A$이므로 $(U \setminus \{x\}) \cap A \neq \varnothing$이다. 따라서 $x \in A'$이다. □

4.2.3 조밀성

정의 4.23. 위상공간 X의 부분집합 A가 $\overline{A} = X$을 만족하면, A를 X의 **조밀한 부분집합(dense subset)**이라고 한다. 혹은 A는 X에서 **조밀하다(dense)**고 한다.

위상공간의 주어진 부분집합이 조밀한 부분집합임을 판정하는 유용한 성질이 있다.

정리 4.24

위상공간 X의 부분집합 A에 대하여 $\overline{A} = X$인 것과 공집합이 아닌 모든 X의

열린집합 U 에 대하여 $U \cap A \neq \varnothing$ 인 것은 동치이다.

증명 ($\Rightarrow$) 공집합이 아닌 임의의 X 의 열린집합 U 에 대하여 $x \in U$ 라 하면 $x \in X = \overline{A}$ 이므로 $U \cap A \neq \varnothing$ 이다.

($\Leftarrow$) 임의의 점 $x \in X$ 와 $x \in U$ 인 X 의 열린집합 U 에 대하여 $U \cap A \neq \varnothing$ 이므로 $x \in \overline{A}$ 이다. 따라서 $\overline{A} = X$ 이다. □

정리 4.25

유리수 전체의 집합 $\mathbb{Q}$ 는 보통위상이 주어진 실수 전체의 집합 $\mathbb{R}$ 의 조밀한 부분집합이다.

증명 $\mathbb{R}$ 의 임의의 기저 열린집합인 열린구간 (a, b) 에 대하여 $b - a > 0$ 이므로, 아르키메데스의 성질에 의하여 $n(b-a) > 1$ 인 자연수 n 이 존재한다. 따라서 $bn - an > 1$ 이므로 an 보다 큰 정수 중에서 최소의 정수를 택하여 m 이라 하면 $an < m < bn$ 이 성립한다. 이때 $\frac{m}{n}$ 은 유리수이고 $a < \frac{m}{n} < b$ 가 성립한다. 따라서 $(a, b) \cap \mathbb{Q} \neq \varnothing$ 이며 $\overline{\mathbb{Q}} = \mathbb{R}$ 이다. □

참고 4.26 위 정리를 유리수의 조밀성이라고 한다.

4.2.4 수열의 수렴성

이 절에서는 일반적인 위상공간의 점들로 이루어진 수열의 수렴성과 극한에 대해 다룬다.

정의 4.27. 위상공간 $(X, \mathscr{T})$ 의 수열 $\{x_n\}_{n=1}^{\infty}$ 가 주어져 있다고 하자. 만약 한 점 x 를 포함하는 임의의 X 의 열린집합 U 에 대하여, 어떤 자연수 N 이 존재하여 $N < n$ 이면 $x_n \in U$ 를 만족하면, 수열 $\{x_n\}_{n=1}^{\infty}$ 가 x 로 **수렴(converge)** 한다고 하고, x 를 수열 $\{x_n\}_{n=1}^{\infty}$ 의 **극한(limit)** 이라 한다.

참고 4.28 위 정의는 실수열의 수렴성의 정의를 자연스럽게 일반적인 위상공간으로 확장시킨 것이다.

정리 4.29

위상공간 X의 부분집합 A에 대해, A 안의 수열 $\{x_n\}_{n=1}^{\infty}$의 극한 x는 닫음 $\overline{A}$의 원소이다.

|증명| 임의의 $x \in U$인 X의 열린집합 U에 대하여, 수열 $\{x_n\}_{n=1}^{\infty}$이 x로 수렴하므로, $n > N$이면 $x_n \in U$이 성립하는 자연수 N이 존재한다. 따라서, $U \cap A \neq \varnothing$이고 $x \in \overline{A}$이다. □

예제 4.30 집합 $X = \{a, b, c, d, e\}$에 부분집합족

$$\mathscr{B} = \{\{b\}, \{a, b\}, \{b, c\}, \{d, e\}\}$$

를 기저로 하여 생성된 위상이 주어져 있는 위상공간에 대하여 X의 부분집합 $A = \{a, c, d\}$의 내부, 경계, 닫음, 유도집합, 고립점을 구하시오.

|풀이| 기저 $\mathscr{B} = \{\{b\}, \{a, b\}, \{b, c\}, \{d, e\}\}$에 의하여 생성되는 위상 $\mathscr{T}_{\mathscr{B}}$는 다음 부분집합족

$$\{\varnothing, \{b\}, \{a, b\}, \{b, c\}, \{d, e\}, \{a, b, c\}, \{b, d, e\}, \{a, b, d, e\}, \{b, c, d, e\}, X\}$$

이다.

(1) A의 내부는 A에 포함되는 모든 X의 열린집합의 합집합이다. $\mathscr{T}_{\mathscr{B}}$의 원소 중 A의 부분집합이 되는 것은 $\varnothing$뿐이므로 $\text{int}(A) = \varnothing$이다.

(2) A의 외부는 $A^c = \{b, e\}$의 내부이므로 A^c에 포함되는 모든 X의 열린집합의 합집합이다. $\mathscr{T}_{\mathscr{B}}$의 원소 중 A^c의 부분집합이 되는 것은 $\varnothing, \{b\}$뿐이므로 $\text{ext}(A) = \{b\}$이다.

(3) A의 닫음은 $\overline{A} = X \setminus \text{ext}(A)$이므로 $\overline{A} = \{a, c, d, e\}$이다. 혹은 다른 방법으로 A를 포함하는 X의 닫힌집합은 $\{a, c, d, e\}$와 X이고 닫음의 정의에 의해, $\overline{A}$는 이들의 교집합이므로 $\overline{A} = \{a, c, d, e\}$이다.

(4) A의 경계는 $\partial(A) = \overline{A} \setminus \text{int}(A) = \{a, c, d, e\} \setminus \varnothing = \{a, c, d, e\}$이다.

(5) A'의 유도집합은 $A' \subset \overline{A}$을 만족하므로 $\overline{A}$의 각각의 원소에 대해, 그 원소가 극한점인지의 여부를 확인하면 된다. $a \in \{a, b\}$이고

$$(\{a, b\} \setminus \{a\}) \cap A = \varnothing$$

이므로 $a \notin A'$ 이다. $c \in \{b,c\}$ 이고

$$(\{b,c\} \setminus \{c\}) \cap A = \varnothing$$

이므로 $c \notin A'$ 이다. $d \in \{d,e\}$ 이고

$$(\{d,e\} \setminus \{d\}) \cap A = \varnothing$$

이므로 $d \notin A'$ 이다. e를 포함하는 임의의 X의 열린집합은 d를 포함하므로 $e \in A'$ 이다. 정리하면 $A' = \{e\}$ 이다.

(6) A의 고립점은 $A \setminus A'$의 원소들이므로 A의 고립점들은 a, c, d이다.

□

예제 4.31 집합 $X = \{1,2,3,4,5,6\}$에 X의 부분집합족

$$\mathscr{S} = \{\{3\},\{3,6\},\{4,5\},\{1,3,4\},\{2,3,4\}\}$$

를 부분기저로 하여 생성된 위상이 주어져 있다.

(1) 집합 $A = \{1,3,5,6\}$의 내부를 구하여라.

(2) 집합 $B = \{2,4,6\}$의 경계를 구하여라.

(3) 집합 $C = \{1,2,3\}$의 유도집합를 구하여라.

(4) 집합 $D = \{4,5,6\}$의 닫음을 구하여라.

(5) 수열 $1,2,3,4,3,4,3,4,3,4,\ldots$의 극한을 구하시오.

|풀이| 먼저 $\mathscr{S}$로 부터 생성되는 위상을 구하자.

$$\begin{aligned}\mathscr{T}_{\mathscr{S}} = \{&\varnothing,\{3\},\{4\},\{3,4\},\{3,6\},\{4,5\},\{1,3,4\},\{2,3,4\},\{3,4,5\},\\ &\{3,4,6\},\{1,2,3,4\},\{1,3,4,5\},\{1,3,4,6\},\{2,3,4,5\},\{2,3,4,6\},\\ &\{3,4,5,6\},\{1,2,3,4,5\},\{1,2,3,4,6\},\{2,3,4,5,6\},X\}\end{aligned}$$

(1) $A = \{1,3,5,6\}$에 포함되는 $(X,\mathscr{T}_{\mathscr{S}})$의 열린집합은 $\varnothing, \{3\}, \{3,6\}$이므로 $\operatorname{int}(A) = \{3,6\}$이다.

(2) $B = \{2,4,6\}$에 포함되는 $(X,\mathscr{T}_{\mathscr{S}})$의 열린집합은 $\varnothing, \{4\}$이므로 $\operatorname{int}(B) = \{4\}$이다. $B^c = \{1,3,5\}$에 포함되는 $(X,\mathscr{T}_{\mathscr{S}})$의 열린집합은 $\varnothing, \{3\}$이므로 $\operatorname{ext}(B) = \operatorname{int}(B^c) = \{3\}$이다. 따라서 $\overline{B} = X \setminus \operatorname{ext}(B) = \{1,2,4,5,6\}$이고 $\partial(B) = \overline{B} \setminus \operatorname{int}(B) = \{1,2,5,6\}$이다.

(3) 먼저 C의 외부 $\mathrm{ext}(C)$를 구하자. C의 여집합 $C^c = \{4,5,6\}$이고 C^c에 포함되는 $(X, \mathscr{T}_{\mathscr{S}})$의 열린집합은 $\varnothing$, $\{4\}$, $\{4,5\}$이므로 $\mathrm{ext}(C) = \mathrm{int}(C^c) = \{4,5\}$이다. 따라서 $\overline{C} = X \setminus \mathrm{ext}(C) = \{1,2,3,6\}$이다. 정의에 의해 $C' \subset \overline{C}$이므로 $\overline{C}$의 각 원소에 대해 그 원소가 C'에 포함되는지를 결정하자.

  (i) 1을 포함하는 임의의 열린집합은 1 이외에 C의 원소 3을 포함하므로 $1 \in C'$이다.

  (ii) 2를 포함하는 임의의 열린집합은 2 이외에 C의 원소 3을 포함하므로 $2 \in C'$이다.

  (iii) 3을 포함하는 열린집합 $\{3\}$는 $(\{3\} \setminus \{3\}) \cap C = \varnothing$이므로 $3 \notin C'$이다.

  (iv) 6을 포함하는 임의의 열린집합은 6 이외에 C의 원소 3을 포함하므로 $6 \in C'$이다. 따라서 $C' = \{1,2,6\}$이다.

(4) $D^c = \{1,2,3\}$에 포함되는 $(X, \mathscr{T}_{\mathscr{S}})$의 열린집합은 $\varnothing$, $\{3\}$뿐이므로 $\mathrm{ext}(D) = \mathrm{int}(D^c) = \{3\}$이다. 따라서 $\overline{D} = X \setminus \mathrm{ext}(D) = \{1,2,4,5,6\}$이다.

(5) (i) 1을 포함하는 임의의 $(X, \mathscr{T}_{\mathscr{S}})$의 열린집합 U는 3, 4를 포함하므로 $n \geq 3$이면 $x_n \in U$이다. 따라서 수열 $\{x_n\}_{n=1}^{\infty}$은 1로 수렴한다.

  (ii) 2를 포함하는 임의의 $(X, \mathscr{T}_{\mathscr{S}})$의 열린집합 U는 3, 4를 포함하므로 $n \geq 3$이면 $x_n \in U$이다. 따라서 수열 $\{x_n\}_{n=1}^{\infty}$은 2로 수렴한다.

  (iii) 3을 포함하는 $(X, \mathscr{T}_{\mathscr{S}})$의 열린집합 $\{3\}$은 4를 포함하지 않으므로 수열 $\{x_n\}_{n=1}^{\infty}$은 3으로 수렴하지 않는다.

  (iv) 4를 포함하는 $(X, \mathscr{T}_{\mathscr{S}})$의 열린집합 $\{4\}$는 3을 포함하지 않으므로 수열 $\{x_n\}_{n=1}^{\infty}$은 4로 수렴하지 않는다.

  (v) 5를 포함하는 $(X, \mathscr{T}_{\mathscr{S}})$의 열린집합 $\{4,5\}$은 3을 포함하지 않으므로 수열 $\{x_n\}_{n=1}^{\infty}$은 5로 수렴하지 않는다.

  (vi) 6을 포함하는$(X, \mathscr{T}_{\mathscr{S}})$의 열린집합 $\{3,6\}$은 4를 포함하지 않으므로 수열 $\{x_n\}_{n=1}^{\infty}$은 6으로 수렴하지 않는다.

□

예제 4.32 보통위상이 주어진 실수 전체의 집합 $\mathbb{R}$의 다음 부분집합의 내부와 닫음을 구하여라.

(1) $A = [0,1)$　　　　(2) $B = \mathbb{Z}$

(3) $C = \mathbb{Q}$ (4) $D = \{\frac{1}{n} \mid n \in \mathbb{N}\}$

| 풀이 | (1) $\text{int}(A) = (0,1)$ 이고 $\overline{A} = [0,1]$ 이다.

(2) $\text{int}(B) = \varnothing$ 이고 $\overline{B} = \mathbb{Z}$ 이다.

(3) $\text{int}(C) = \varnothing$ 이고 $\overline{C} = \mathbb{R}$ 이다.

(4) $\text{int}(D) = \varnothing$ 이고 $\overline{D} = \{0\} \cup \{\frac{1}{n} \mid n \in \mathbb{N}\}$ 이다.

□

예제 4.33 보통위상이 주어진 실수 전체의 집합 $\mathbb{R}$의 열린구간 U와 임의의 부분집합 A에 대하여 $U \subset A \subset \overline{U}$이면 A의 내부와 닫음이 각각 $U, \overline{U}$ 임을 보여라.

| 풀이 | $\mathbb{R}$의 열린구간 U를 $U = (a,b)$라 하면, $\overline{U} = [a,b]$ 이고 $\text{int}(\overline{U}) = (a,b)$ 이다. 또한 조건에 의해 $U \subset A \subset \overline{U}$ 이므로

$$(a,b) = \text{int}(U) \subset \text{int}(A) \subset \text{int}(\overline{U}) = (a,b)$$

이므로 $\text{int}(A) = (a,b) = U$ 이다. 또한, $\overline{U}$는 $\mathbb{R}$의 닫힌집합이므로 $\overline{\overline{U}} = \overline{U} = [a,b]$ 이다. 조건에 의해 $U \subset A \subset \overline{U}$ 이므로

$$[a,b] = \overline{U} \subset \overline{A} \subset \overline{\overline{U}} = [a,b]$$

로부터 $\overline{A} = [a,b] = \overline{U}$ 이다. □

예제 4.34 위상공간 X의 두 부분집합 A, B가 $A \subset B, \overline{B} \subset \text{int}(A)$을 만족하면, $A = B$이고, A, B는 X의 열린집합이자 닫힌집합임을 보여라.

| 풀이 | 부분집합의 내부와 닫음의 성질에 의해, $\text{int}(A) \subset A$ 이고 $B \subset \overline{B}$ 이다. 이와 조건을 합치면,

$$\overline{B} \subset \text{int}(A) \subset A \subset B \subset \overline{B}$$

이다. 따라서 $A = B$ 이고 $A = \text{int}(A)$ 이고 $B = \overline{B}$ 이므로 $A = B$는 X의 열린집합이면서 닫힌집합이다. □

예제 4.35 정수 전체의 집합 $\mathbb{Z}$ 위에 여유한위상 $\mathscr{T}_f$ 가 주어져 있다. 서로 다른 정수로 이루어진 임의의 수열 $\{x_n\}_{n=1}^{\infty}$ 는 임의의 정수 m 으로 수렴함을 보이시오.

| 풀이 | 임의의 정수 m 의 열린 근방 U 에 대하여, U 는 m 을 포함하므로 공집합이 아니고 U 의 여집합은 유한집합이다. 따라서 교집합 $U^c \cap \{x_n\}_{n=1}^{\infty}$ 도 유한집합이며 조건에 의해 수열 $\{x_n\}_{n=1}^{\infty}$ 이 서로 다른 정수로 구성된 수열이므로 x_n 중에 유한 개를 제외한 나머지는 U 에 포함된다. 즉 어떤 자연수 N 가 존재하여 모든 자연수 $n > N$ 에 대하여 $x_n \in U$ 이다. 즉, 수열 $\{x_n\}_{n=1}^{\infty}$ 는 임의의 정수 m 으로 수렴한다. □

참고 4.36 일반적으로 무한집합 X 에 여유한위상 $\mathscr{T}_f$ 가 주어져 있을 때, 서로 다른 점으로 이루어진 수열 $\{x_n\}_{n=1}^{\infty}$ 은 임의의 $x \in X$ 로 수렴한다. 반면 무한집합 X 에 여가산위상이 정의되어 있으면 서로 다른 점으로 이루어진 수열 $\{x_n\}_{n=1}^{\infty}$ 은 어떤 $x \in X$ 로도 수렴하지 않는다.

예제 4.37 집합 $X = \{a, b, c, d, e\}$ 에 X 의 부분집합족

$$\mathscr{B} = \{\{a\}, \{a, c, d\}, \{b, c, d, e\}, \{c, d\}\}$$

을 기저로 하여 생성된 위상 $\mathscr{T}_{\mathscr{B}}$ 가 주어져 있는 위상공간 $(X, \mathscr{T}_{\mathscr{B}})$ 을 생각하자. 모든 자연수 n 에 대해, n 이 홀수이면 $x_n = c$ 로 n 이 짝수이면 $x_n = d$ 로 정의된 X 안의 수열 $\{x_n\}_{n=1}^{\infty}$ 이 수렴하는지 판단하고 수렴하면 극한을 구하시오.

| 풀이 | 정의에 의해,

$$\mathscr{B} = \{\{a\}, \{a, c, d\}, \{b, c, d, e\}, \{c, d\}\}$$

를 기저로 하여 생성된 위상은

$$\mathscr{T}_{\mathscr{B}} = \{\varnothing, \{a\}, \{c, d\}, \{a, c, d\}, \{b, c, d, e\}, X\}$$

이다. 따라서 점 b 를 포함하는 임의의 $(X, \mathscr{T}_{\mathscr{B}})$ 의 열린집합은 c, d 를 포함한다. 따라서 수열 $\{x_n\}_{n=1}^{\infty}$ 은 b 로 수렴한다. 비슷한 논리로 수열 $\{x_n\}_{n=1}^{\infty}$ 은 c, d, e 로도 수렴함을 보일 수 있다. □

예제 4.38 실수 전체의 집합 $\mathbb{R}$에 $\mathbb{R}$의 부분집합족 $\mathscr{B}_l = \{(a, b] \subset \mathbb{R} \mid a < b\}$를 기저로 하여 생성된 상극한위상이 주어졌을 때, 다음 $\mathbb{R}$ 안의 두 수열이 수렴하는지 논하시오.

(1) $\left\{\frac{1}{n}\right\}_{n=1}^{\infty}$ (2) $\left\{-\frac{1}{n}\right\}_{n=1}^{\infty}$

|풀이| (1) 수열 $\{\frac{1}{n}\}_{n=1}^{\infty}$는 어떤 실수로도 수렴하지 않는다.

(2) 수열 $\{-\frac{1}{n}\}_{n=1}^{\infty}$는 0으로 수렴한다.

□

4.3 연습문제 및 기출문제

4.3.1 연습문제

1. 위상공간 $(X, \mathscr{T})$의 부분집합 A, B에 관하여 다음 중 옳지 않은 것은?
   ① $\text{int}(A \cap B) = \text{int}(A) \cap \text{int}(B)$
   ② $\overline{A \cup B} = \overline{A} \cup \overline{B}$
   ③ $(A \cup B)' = A' \cup B'$
   ④ A, B가 X에서 조밀하고, B가 X의 열린집합이면 교집합 $A \cap B$도 X에서 조밀하다.
   ⑤ $\partial(A \cup B) = \partial(A) \cup \partial(B)$

2. 집합 $X = \{1, 2, 3, 4, 5, 6, 7\}$에

$$\mathscr{B} = \{\{1, 4, 7\}, \{2, 4, 5, 6\}, \{4\}, \{5, 6\}, \{3, 4\}, \{4, 5, 6, 7\}, \{7\}\}$$

   를 기저로 갖는 위상을 주었을 때, $A = \{1, 3, 5, 7\}$의 내부, 외부, 경계, 닫음, 유도집합, 고립점을 각각 구하시오.

3. 집합 $X = \{a, b, c, d, e\}$에 $\mathscr{B} = \{\{a, c\}, \{a, c, d\}, \{a, b, c, e\}, \{d\}\}$를 기저로 갖는 위상을 주었을 때, $A = \{a, b, c\}$의 내부, 외부, 경계, 닫음, 유도집합, 고립점을 각각 구하시오.

4. 집합 $X = \{a, b, c, d, e\}$에 $\mathscr{B} = \{\{a, e\}, \{c, e\}, \{e\}, \{b, d\}\}$를 기저로 갖는 위상이 주어졌을 때, $A = \{a, c\}$의 내부, 외부, 경계, 닫음, 유도집합, 고립점을 각각 구하시오.

5. 집합 $X = \{1, 2, 3, 4, 5\}$에 $\mathscr{B} = \{\{1, 3, 5\}, \{3\}, \{3, 4, 5\}, \{5\}, \{2, 5\}\}$를 기저로 갖는 위상이 주어졌을 때, $A = \{1, 3, 5\}$의 내부, 외부, 경계, 닫음, 유도집합, 고립점을 각각 구하시오.

6. 집합 $X = \{n \in \mathbb{Z} \mid n \geq 0\}$에

$$\mathscr{S} = \{\mathbb{N}, X \setminus \mathbb{N}_k \mid k = 1, 2, 3, \ldots\}, \quad \mathbb{N}_k = \{n \in \mathbb{N} \mid 1 \leq n \leq k\}$$

   를 부분기저로 갖는 위상이 주어졌을 때, $A = \{0, 1, 2, 3\}$의 내부, 외부, 경계, 닫음, 유도집합, 고립점을 각각 구하시오.

7. 유리수 전체의 집합 $\mathbb{Q}$에 실수 전체의 집합에 정의된 보통위상 $\mathscr{U}$로 부터 유도된 부분위상 $\mathscr{T} = \{\mathbb{Q} \cap G \mid G \in \mathscr{U}\}$이 정의되었을 때, $A = \{\frac{1}{n} \mid n \in \mathbb{N}\}$의 내부, 외부, 경계, 닫음, 유도집합, 고립점을 각각 구하시오.

8. 실수 전체의 집합 $\mathbb{R}$에 $\mathscr{B} = \{[a, b) \mid a < b\}$를 기저로 갖는 하극한위상이 정의되었을 때, $A = \{x \in \mathbb{R} \mid 0 < x \leq 1\}$의 내부, 외부, 경계, 닫음, 유도집합, 고립점을 각각 구하시오.

9. 복소수집합 $\mathbb{C}$에 정의된 노름 $|x + iy| = \sqrt{x^2 + y^2}$으로부터 유도된 거리위상이 주어져 있을 때, $A = \{a + bi \mid 0 < a \leq 1, b = 0\}$의 내부, 외부, 경계, 닫음, 유도집합, 고립점을 각각 구하시오.

10. 집합 $X = \{1, 2, 3, 4, 5, 6, 7\}$에

$$\mathscr{B} = \{\{1, 4, 7\}, \{2, 4, 5, 6\}, \{4\}, \{5, 6\}, \{3, 4\}, \{4, 5, 6, 7\}, \{7\}\}$$

를 기저로 갖는 위상이 정의되었을 때, $4, 7, 4, 7, \ldots$로 주어지는 수열 $\{a_n\}_{n=1}^{\infty}$의 극한을 모두 구하시오.

11. 집합 $X = \{a, b, c, d, e\}$에 $\mathscr{B} = \{\{a, c\}, \{a, c, d\}, \{a, b, c, e\}, \{d\}\}$를 기저로 갖는 위상이 정의되었을 때, $a, c, a, c, \ldots$로 정의된 수열 $\{a_n\}_{n=1}^{\infty}$의 극한을 모두 구하시오.

12. 집합 $X = \{a, b, c, d, e\}$에 $\mathscr{B} = \{\{a, e\}, \{c, e\}, \{e\}, \{b, d\}\}$를 기저로 갖는 부분위상이 정의되었을 때, $a, b, a, b, \ldots$로 주어진 수열 $\{a_n\}_{n=1}^{\infty}$의 극한을 모두 구하시오.

13. 집합 $X = \{n \in \mathbb{Z} \mid n \geq 0\}$에

$$\mathscr{S} = \{\mathbb{N}\} \cup \{X \setminus \mathbb{N}_k \mid k \in \mathbb{N}\}, \quad \mathbb{N}_k = \{n \in \mathbb{N} \mid 1 \leq n \leq k\}$$

를 부분기저로 갖는 위상이 주어졌을 때, $a_n = 2n$으로 정의된 수열 a_n의 극한을 모두 구하시오.

14. 하극한위상이 정의된 실수 전체의 집합 $\mathbb{R}$에서 $a_n = \frac{1}{n}$으로 정의된 수열 $\{a_n\}_{n=1}^{\infty}$의 극한을 모두 구하시오.

15. 하극한위상이 정의된 실수 전체의 집합 $\mathbb{R}$에서 $a_n = -\frac{1}{n}$로 주어진 수열 $\{a_n\}_{n=1}^{\infty}$의 극한을 모두 구하시오.

16. 실수 전체의 집합 $\mathbb{R}$의 부분집합 $A = [0,1] = \{x \in \mathbb{R} \mid 0 \le x \le 1\}$의 내부, 외부, 경계, 닫음, 유도집합을 (1) 비이산위상 (2) 여유한위상 (3) 보통위상 (4) 여가산위상 (5) 하극한위상 (6) 이산위상에 대해 각각 구하시오.

17. $X = [0,1] \times [0,1] = \{(x_1, x_2) \in \mathbb{R} \times \mathbb{R} \mid 0 \le x_1, x_2 \le 1\}$에 다음과 같은 사전식 순서관계를 정의하자.

X의 임의의 두 원소 $p = (p_1, p_2)$, $q = (q_1, q_2)$에 대하여 다음 두 조건 중 하나가 만족될 때, $p < q$라 한다. a) $p_1 < q_1$이다. b) $p_1 = q_1$이고 $p_2 < q_2$이다.

이 순서관계를 이용하여 임의의 $p, q \in X$에 대해, 다음 X의 부분집합들

$$[(0,0), q\rangle = \{x \in X \mid x < q\}, \quad \langle p, (1,1)] = \{x \in X \mid p < x\}$$

을 정의하고 만약 $p < q$이면 추가로 X의 부분집합

$$\langle p, q\rangle = \{x \in X \mid p < x < q\}$$

을 정의하자. 위와 같이 정의된 X의 부분집합들을 모두 모은 집합족 $\mathscr{B}$를 기저로 갖는 위상 $\mathscr{T}$를 X 위에 주었을 때, 다음 질문에 답하시오.

(1) $A = \{(x, y) \in X \mid 0 \le y \le x\}$일 때, $\text{int}(A)$, $\text{ext}(A)$, $\partial(A)$, A', $\overline{A}$를 좌표평면에 그래프로 표시하시오.

(2) $B = \{(x_1, x_2) \in X \mid x_1 \in \mathbb{Q}\}$와 $C = \{(x_1, x_2) \in X \mid x_2 \in \mathbb{Q}\}$의 닫음을 각각 구하고 이 중 어느 것이 X의 조밀한 부분집합인지를 판정하시오.

18. 임의의 정수 a와 자연수 b에 대하여, 정수전체의 집합 $\mathbb{Z}$의 부분집합 $N_{a,b} = \{a + kb \mid k \in \mathbb{Z}\}$를 정의하자. 다음 명제들을 증명하여 소수 전체의 집합이 무한집합임을 보이시오.

(1) $\mathscr{B} = \{N_{a,b} \mid a \in \mathbb{Z}, b \in \mathbb{N}\}$은 $\mathbb{Z}$의 기저이다.

(2) $\mathscr{B}$을 기저로 하여 생성된 $\mathbb{Z}$의 위상을 $\mathscr{T}$라 하면, $N_{a,b}$는 $(\mathbb{Z}, \mathscr{T})$의 열린집합이면서 닫힌집합이다.

(3) $P = \{2, 3, 5, \ldots\}$를 소수 전체의 집합이라고 하자. 만일 P가 유한집합이면 $\mathbb{Z} \setminus \{-1, 1\} = \bigcup_{p \in P} N_{0,p}$이므로 $\{-1, 1\} \in \mathscr{T}$이다. 이는 모순이므로 P는 무한집합이다.

4.3.2 기출문제

1. [1993] 위상공간 X의 부분집합 S에 대하여, S를 부분집합으로 갖는 모든 닫힌집합(closed set)들의 교집합을 $\overline{S}$로 나타낸다. A와 B가 위상공간 X의 부분집합일 때, 옳지 **않은** 것은?

   ① $\overline{\overline{A}} = \overline{A}$ ② $\overline{A \cap B} = \overline{A} \cap \overline{B}$ ③ $A \setminus \overline{B} \subset \overline{A \setminus B}$ ④ $\overline{\varnothing} = \varnothing$

2. [1997] 정수 전체의 집합 $\mathbb{Z}$의 위상(topology) $\mathscr{T}$를 다음과 같이 정의한다.

$$\mathscr{T} = \{U \subset \mathbb{Z} \mid U = \varnothing \text{ 또는 } U^c \text{는 유한집합}\}$$

   이때 서로 다른 정수 a_n들로 이루어진 수열 $\{a_n\}$은 위상공간 $(\mathbb{Z}, \mathscr{T})$에서 각각의 정수 m에 수렴함을 증명하시오.

3. [1998] 위상공간 X의 부분집합 A의 내부(interior)와 경계(boundary)를 각각 $\text{int}(A)$, $\partial(A)$라고 할 때, 다음은 희수가 $\text{int}(A) = A \setminus \partial(A)$임을 증명한 답안이다.

   (경우 1) A가 열린집합(open set)일 때: 집합 A의 외부(exterior)를 $\text{ext}(A)$라 하면 $\text{int}(A) = A$이므로 $\partial(A) \subset \text{ext}(A)$이다. 따라서 $A \setminus \partial(A) = A \setminus \text{int}(A)$이다.

   (경우 2) A가 닫힌집합(closed set)일 때: 이 경우 집합 A의 닫음(closure) $\overline{A}$은 A와 같으므로 $A = \overline{A} = \text{int}(A) \cup \partial(A)$이다. 그런데 일반적으로 집합 B, C에 대하여 $D = B \cup C$이면 $B = D \setminus C$이므로 $\text{int}(A) = A \setminus \partial(A)$이다.

   희수의 답안을 보고 옳게 말한 학생을 <보기>에서 모두 고른 것은? [2.5점]

   <보 기>

   (현정) 희수가 맞게 풀었네.
   (기태) 위와 같이 (경우 1)과 (경우 2)로 나누어 증명하는 것은 옳지 않아.
   (수연) '$D = B \cup C$이면 $B = D \setminus C$'는 일반적으로 성립하지 않아.
   (영호) $\text{int}(A) = A$인 경우는 $\partial(A) \subset \text{ext}(A)$이 아니라 $\partial(A) = \varnothing$이야.

   ① 현정 ② 기태, 수연 ③ 기태, 영호
   ④ 수연, 영호 ⑤ 기태, 수연, 영호

4. [1998] 집합 $X = \{x_1, x_2, x_3, x_4, x_5\}$ 상에 다음과 같은 위상이 주어졌다.

$$\mathscr{T} = \{\varnothing, \{x_1\}, \{x_1, x_2\}, \{x_1, x_3, x_4\}, \{x_1, x_2, x_3, x_4\}, \{x_1, x_2, x_5\}, X\}$$

이때, 집합 $\{x_2\}$의 닫음(closure)을 구하시오.

5. [2000] 집합 $X = \{a, b, c, d, e\}$ 위에 위상(topology) $\mathscr{T}$가 다음과 같이 주어졌다.

$$\mathscr{T} = \{\varnothing, \{a\}, \{b\}, \{a, b\}, \{a, c, d\}, \{a, b, e\}, \{a, b, c, d\}, X\}$$

이때, 집합 $A = \{b, c\}$의 유도집합(derived set) A'을 구하시오.

6. [2004] 실수 전체 집합 $\mathbb{R}$의 멱집합(power set)의 부분집합

$$\mathscr{S} = \{\mathbb{R} \setminus \{p\}\}_{p \in \mathbb{R}}$$

에 대하여 다음 물음에 답하시오.
(1) $\mathscr{S}$를 부분기저(subbase)로 갖는 위상(topology) $\mathscr{T}$를 구하시오.
(2) 위상공간 $(\mathbb{R}, \mathscr{T})$에서 자연수 전체의 집합 $\mathbb{N}$의 유도집합(derived set)을 구하시오.

7. [2008] $\mathbb{R}$을 실수 전체의 집합이라 하고 $\mathscr{T}$를 $\mathbb{R}$위에서의 여가산위상(cocountable topology)이라 하자. 즉,

$$\mathscr{T} = \{U \subset \mathbb{R} \mid \mathbb{R} \setminus U \text{는 가산집합(countable set)}\} \cup \{\varnothing\}$$

이다. $\mathbb{Q}$를 유리수 전체의 집합이라 하고 $A = \mathbb{R} \setminus \mathbb{Q}$를 무리수 전체의 집합이라 할 때 A의 내부(interior), 유도집합(derived set), 닫음(closure), 경계(boundary)를 증명 없이 각각 구하시오.

8. [2008] 공집합이 아닌 위상공간 X의 두 부분집합 A와 B가 각각 X에서 조밀(dense)하다고 하자. 이때, B가 X에서 열린집합이면 $A \cap B$가 X에서 조밀함을 증명하시오.

9. [2010] 자연수 전체의 집합을 $\mathbb{N}$이라 하자. 집합 $X = \{n \in \mathbb{N} \mid n \geq 2\}$의 각 원소 n에 대하여 $B_n = \{k \in X \mid k\text{는 } n\text{의 약수}\}$라 하고, $\{B_n \mid n \in X\}$를 기저로 하는 X 위에서의 위상을 $\mathscr{T}$라 하자. 다음 명제의 참, 거짓을 판정하고 설명하시오.

<조 건>

① 집합 $\{2, 4, 6, 8, 10\}$은 열린집합이다.
② 소수 전체의 집합은 열린집합이다.
③ 소수 전체의 집합은 X에서 조밀(dense)하다.
④ 집합 X의 모든 원소 x에 대하여 $\{x\}$의 닫음(closure)은 $\{nx \mid n \in \mathbb{N}\}$이다.

10. [2011] 실수 전체의 집합 $\mathbb{R}$의 임의의 부분집합 A에 대하여

$$c(A) = \begin{cases} A, & A\text{는 가산(countable)집합} \\ \mathbb{R}, & A\text{는 비가산(uncountable)집합} \end{cases}.$$

로 정의할 때, 다음 조건을 만족시키는 $\mathbb{R}$ 위의 위상(topology)을 $\mathscr{T}$라 하자.

<조 건>

임의의 $A \subset \mathbb{R}$에 대하여 위상공간 $(\mathbb{R}, \mathscr{T})$에서 A의 닫음(closure)은 $c(A)$이다.

$\operatorname{int}(\mathbb{Z}), \operatorname{int}([0,1]), \operatorname{int}(\mathbb{R} \setminus \mathbb{Z})$를 구하시오. (단, $\operatorname{int}(A)$는 $(\mathbb{R}, \mathscr{T})$에서 A의 내부(interior), $\mathbb{Z}$는 정수 전체의 집합, $[0,1] = \{x \in \mathbb{R} \mid 0 \le x \le 1\}$이다.)

11. [2012] 실수 전체의 집합 $\mathbb{R}$에서 함수 $f : \mathbb{R} \to \mathbb{R}$를

$$f(x) = \begin{cases} x, & x \in \mathbb{Q} \\ 0, & x \in \mathbb{R} \setminus \mathbb{Q} \end{cases}$$

로 정의하자. $\mathbb{R}$ 위의 보통위상(usual topology) $\mathscr{T}$에 대하여

$$\{f^{-1}(V) \mid V \in \mathscr{T}\}$$

로 정의된 $\mathbb{R}$ 위의 위상을 $\mathscr{T}_0$이라 하자. 위상공간 $(\mathbb{R}, \mathscr{T}_0)$에 대하여 옳지 않은 것은? (단, $\mathbb{Q}$는 유리수 전체의 집합이다.)

① $(\mathbb{R}, \mathscr{T}_0)$에서 $\sqrt{2}$는 $\mathbb{R} \setminus \mathbb{Q}$의 내부점(interior point)이다.
② $(\mathbb{R}, \mathscr{T}_0)$에서 $\mathbb{Q}$의 경계(boundary)는 $(\mathbb{R} \setminus \mathbb{Q}) \cup \{0\}$이다.
③ 구간 $(-1, 1)$에 대하여 $(-1, 1) \cup (\mathbb{R} \setminus \mathbb{Q})$는 $(\mathbb{R}, \mathscr{T}_0)$에서 열린집합(open set)이다.

④ 구간 $[-1,1]$에 대하여 $[-1,1]\cup(\mathbb{R}\setminus\mathbb{Q})$는 $(\mathbb{R},\mathscr{T}_0)$에서 닫힌집합(closed set)이다.

⑤ $(\mathbb{R},\mathscr{T}_0)$에서 0은 $\mathbb{R}\setminus\mathbb{Q}$의 극한점이다.

12. [2012] 위상공간 X에서 부분집합 A의 내부(interior)와 닫음(closure)을 각각 $\text{int}(A)$, $\overline{A}$로 나타낼 때, 옳은 것만을 <보기>에서 있는 대로 고른 것은?

<보 기>

ㄱ. $\text{int}(X\setminus A)=X\setminus\overline{A}$
ㄴ. $\overline{\text{int}(\overline{A})}=\overline{A}$
ㄷ. $X\setminus\overline{A\cap B}=(X\setminus\overline{A})\cup(X\setminus\overline{B})$

① ㄱ ② ㄴ ③ ㄷ
④ ㄱ, ㄴ ⑤ ㄱ, ㄷ

13. [2013] 실수 전체의 집합 $\mathbb{R}$에 대하여 $\{[a,b)\mid a,b\in\mathbb{R}\}$를 기저(base)로 하는 $\mathbb{R}$ 위의 위상을 $\mathscr{T}$라 하자. 함수 $f:\mathbb{R}\to\mathbb{R}$를 $f(x)=|x|$로 정의하고,

$$\mathscr{T}_1=\{f^{-1}(V)\mid V\in\mathscr{T}\}$$

라 하자. 위상공간 $(\mathbb{R},\mathscr{T}_1)$에서 집합 $(-2,1)$의 내부(interior) A와 집합 $[1,2)$의 내부(interior) B를 구하시오. (단, $|x|$는 x의 절댓값이고, $(a,b)=\{x\in\mathbb{R}\mid a<x<b\}$, $[a,b)=\{x\in\mathbb{R}\mid a\le x<b\}$이다.)

14. [2015] 실수 전체의 집합에 다음 조건 ①, ②에 의해 정의되는 부분집합족(family of subsets) $\mathscr{B}$를 기저로 하는 위상 $\mathscr{T}$가 주어졌다고 하자.

<조 건>

① 모든 정수 m에 대하여 $\{m\}\in\mathscr{B}$이다.
② 모든 정수 n과 음이 아닌 모든 정수 k에 대하여 $(n,n+2^{-k})\in\mathscr{B}$

위상공간 $(\mathbb{R},\mathscr{T})$에서 집합 $A=\left\{\frac{1}{2}\right\}$의 유도집합(derived set) A'을 구하시오.

15. [2022] 집합 $X=\{a,b,c\}$ 위에 $\mathscr{B}=\{\{a\},\{a,b\},\{c\}\}$를 기저(base, basis)로 갖는 위상 $\mathscr{T}_{\mathscr{B}}$가 있다. 위상공간 $(X,\mathscr{T}_{\mathscr{B}})$ 위에서 정의된 점열(sequence of points)

$$x_n=\begin{cases}a & (n\text{은 홀수})\\ b & (n\text{은 짝수})\end{cases}$$

의 극한(limit)을 쓰시오. 또한, 위상공간 $(X, \mathscr{T}_{\mathscr{B}})$에서 공집합이 아닌 임의의 서로소인 두 닫힌집합(closed set) F_1, F_2에 대하여

$$F_1 \subset G_1, \quad F_2 \subset G_2, \quad G_1 \cap G_2 = \varnothing$$

을 만족하는 열린집합(open set) G_1, G_2가 존재함을 보이시오.

Chapter 5

연속함수

이 장에서는 연속함수에 대하여 학습한다. 구체적으로 연속함수의 정의와 성질, 닫힌함수, 열린함수와 위상동형함수 및 위상적 성질, 위상적 불변량에 대하여 학습한다.

학습목표

1. 연속함수의 정의에 대하여 학습한다.
2. 연속함수의 성질에 대하여 학습한다.
3. 닫힌함수에 대하여 학습한다.
4. 열린함수에 대하여 학습한다.
5. 위상동형함수에 대하여 학습한다
6. 위상적 성질, 위상적 불변량에 대하여 학습한다.

핵심어: 연속함수, 닫힌함수, 열린함수, 위상동형함수, 위상적 성질, 위상적 불변량

5.1 연속함수

두 집합 X, Y 사이의 함수 $f\colon X \to Y$ 가 주어져 있을 때, 임의의 Y 의 부분집합 B 의 역상 $f^{-1}(B) = \{x \in X \mid f(x) \in B\}$ 는 X 의 부분집합이다. 따라서 함수 f 는 멱집합들 사이의 역상함수

$$f^*\colon \mathscr{P}(Y) \to \mathscr{P}(X), \quad f^*(B) = f^{-1}(B)$$

를 자연스럽게 유도한다. 역상에 관한 다음 정리는 쉽게 증명할 수 있으므로 증명을 생략한다. 이는 교집합과 합집합을 멱집합 위에 정의된 대수적인 연산으로 생각하면, 역상함수 $f^*\colon \mathscr{P}(Y) \to \mathscr{P}(X)$ 가 이 연산들을 보존한다는 의미이다.

정리 5.1

함수 $f\colon X \to Y$ 와 Y 의 임의의 부분집합족 $\{B_i\}_{i\in I}$ 에 대해, 다음이 성립한다.
(1) $f^{-1}\left(\bigcup_{i\in I} B_i\right) = \bigcup_{i\in I} f^{-1}(B_i)$ (2) $f^{-1}\left(\bigcap_{i\in I} B_i\right) = \bigcap_{i\in I} f^{-1}(B_i)$

위상공간의 정의를 이러한 관점으로 재해석 할 수 있고 이는 위상수학에서의 연속함수의 정의를 이해하는데 도움을 준다. 정의에 의해 위상공간 $(X, \mathscr{T}_X)$ 의 위상 $\mathscr{T}_X$ 는 멱집합 $\mathscr{P}(X)$ 의 부분집합이며 합집합에 대한 항등원 $\varnothing$, 유한 교집합에 대한 항등원 X 을 가지고 있고 합집합 연산과 유한 교집합 연산에 대해서 닫혀있는 집합 X 위에 주어진 대수적 구조로 볼 수 있다.

반면, 위상공간들 $(X, \mathscr{T}_X)$ 와 $(Y, \mathscr{T}_Y)$ 사이의 함수 $f\colon (X, \mathscr{T}_X) \to (Y, \mathscr{T}_Y)$ 가 주어져 있을 때, 해당하는 역상함수 $f^*\colon \mathscr{P}(Y) \to \mathscr{P}(X)$ 는 일반적으로 이 대수적 구조인 위상을 보존하지 않는다. 보다 정확하게는, f^* 는 일반적으로 $\mathscr{T}_Y$ 의 원소를 $\mathscr{T}_X$ 의 원소로 보내지 않는다. 만약 함수 f 의 역상함수 $f^*\colon \mathscr{P}(Y) \to \mathscr{P}(X)$ 가 위상이라는 대수적 구조인 위상을 보존하는 특별한 성질을 가지면, 함수 f 를 연속함수라 한다.

정의 5.2. 두 위상공간 $(X, \mathscr{T}_X), (Y, \mathscr{T}_Y)$ 사이의 함수 $f\colon X \to Y$ 에 대해, 임의의 Y 의 열린집합의 역상이 X 의 열린집합으로 보낼 때, 즉, 모든 $O \in \mathscr{T}_Y$ 에 대해, $f^{-1}(O) \in \mathscr{T}_X$ 일 때, 함수 f 를 **연속함수(continuous function)**라 한다.

참고 5.3 함수 $f\colon X \to Y$ 가 연속함수라는 것과 역상함수 $f^*\colon \mathscr{P}(Y) \to \mathscr{P}(X)$ 의 정의역과 치역을 제한시켜서 함수 $f^*|\colon \mathscr{T}_Y \to \mathscr{T}_X$ 를 얻을 수 있다는 것은 동치이다.

정리 5.4

함수 $f\colon (X, \mathscr{T}_X) \to (Y, \mathscr{T}_Y)$에 대해, 다음 조건은 모두 함수 f가 연속인 것과 동치이다.

(1) 임의의 Y의 열린집합의 역상이 X의 열린집합이다.

(2) 임의의 Y의 기저 열린집합의 역상이 X의 열린집합이다.

(3) 임의의 Y의 부분기저 열린집합의 역상이 X의 열린집합이다.

| 증명 | 정의에 의해 조건 (1)은 함수 f가 연속인 것과 동치이다. 만약 Y의 위상 $\mathscr{T}_Y$가 기저 $\mathscr{B}$로 생성되면, $\mathscr{B} \subset \mathscr{T}_{\mathscr{B}} = \mathscr{T}_X$이므로 (1) $\Rightarrow$ (2)는 자명하다. 비슷하게 만약 Y의 위상 $\mathscr{T}_Y$가 부분기저 $\mathscr{S}$로 생성되면, $\mathscr{S} \subset \mathscr{B}_{\mathscr{S}}$이므로 (2) $\Rightarrow$ (3)은 자명하다.

(3) $\Rightarrow$ (1)을 보이자.

만약 Y의 위상 $\mathscr{T}_Y$를 생성하는 부분기저 $\mathscr{S}$가 있다고 하면 Y의 임의의 열린집합 O는 $\mathscr{S}$의 원소들인 부분기저 열린집합들의 유한교집합의 형태인 집합들의 합집합으로 나타낼 수 있다. 즉, 유한집합들로 이루어진 집합족 $\{J_i\}_{i\in I}$와 $\{V_{ij} \mid i \in I, j \in J_i\} \subset \mathscr{S}$가 존재하여 $O = \bigcup_{i\in I} \left(\bigcap_{j\in J_i} V_{ij}\right)$이다. 따라서

$$f^{-1}(O) = f^{-1}\left(\bigcup_{i\in I}\left(\bigcap_{i\in J_i} V_{ij}\right)\right) = \bigcup_{i\in I}\left(\bigcap_{j\in J_i} f^{-1}(V_{ij})\right)$$

이고 조건 (3)에 의해 각각의 $f^{-1}(V_{ij})$는 X의 열린집합이다. 모든 $i \in I$에 대해, J_i는 유한집합이므로 위상의 정의에 의하여 $\bigcap_{j\in J_i} f^{-1}(V_{ij})$는 X의 열린집합이다. 따라서 이들의 합집합인 $f^{-1}(O)$도 열린집합이다. 따라서 f는 연속이다. □

참고 5.5 정리에 의해 함수가 연속임을 증명할 때, 기저 열린집합 또는 부분기저 열린집합의 역상이 열린집합임을 보이면 충분하다. 위상수학의 조건 중에는 부분기저 열린집합에 대하여 확인하는 것만으로 충분하지 않은 경우가 많지만, 연속성과 수렴성은 부분기저 열린집합에 대해서만 확인하면 충분하다. 이 성질은 뒤에 나오는 위상수학의 여러 명제를 증명하는데 언급 없이 자주 사용되므로 숙지하고 있어야 한다.

다음은 연속함수의 기초적인 예들이다.

정리 5.6

(1) 위상공간 사이의 함수 $f\colon X \to Y$가 고정된 $c \in Y$에 대해, 모든 $x \in X$가

$f(x) = c$로 주어진 상수함수이면, 이 상수함수 f는 항상 연속이다.

(2) 집합 X에 두 위상 $\mathscr{T}_1$, $\mathscr{T}_2$가 주어져 있을 때, 항등함수 $\mathrm{Id}_X : (X, \mathscr{T}_1) \to (X, \mathscr{T}_2)$가 연속인 것과 $\mathscr{T}_2 \subset \mathscr{T}_1$인 것은동치이다.

(3) 두 주어진 위상공간 $(X, \mathscr{T}_X)$와 $(Y, \mathscr{T}_Y)$ 사이의 모든 함수 $f\colon X \to Y$가 연속인 것과 X의 위상 $\mathscr{T}_X$가 이산위상이거나 Y의 위상 $\mathscr{T}_Y$가 비이산위상인 것은 동치이다.

|증명| (1) 임의의 Y의 열린집합 U에 대하여 $c \in U$이면 $f^{-1}(U) = X$이고 $c \notin U$이면 $f^{-1}(U) = \varnothing$이다. 모든 경우에 $f^{-1}(U)$는 X의 열린집합이므로 상수함수 f는 연속이다.

(2) ($\Rightarrow$) $\mathrm{Id}_X : (X, \mathscr{T}_1) \to (X, \mathscr{T}_2)$이 연속이라고 가정하자. 모든 $(X, \mathscr{T}_2)$의 열린집합 $U \in \mathscr{T}_2$에 대하여 $\mathrm{Id}_X^{-1}(U) = U$는 $(X, \mathscr{T}_1)$의 열린집합이다. 즉 $U \in \mathscr{T}_1$. 따라서 $\mathscr{T}_2 \subset \mathscr{T}_1$이다.

($\Leftarrow$) $\mathscr{T}_2 \subset \mathscr{T}_1$이라고 가정하자. 모든 $(X, \mathscr{T}_2)$의 열린집합 $U \in \mathscr{T}_2$에 대하여, $\mathscr{T}_2 \subset \mathscr{T}_1$이므로 $U \in \mathscr{T}_1$이다. 따라서 $\mathrm{Id}_X^{-1}(U) = U \in \mathscr{T}_1$이므로 $\mathrm{Id}_X^{-1}(U)$은 $(X, \mathscr{T}_1)$의 열린집합이다. 따라서 Id_X는 연속이다.

(3) ($\Rightarrow$) 두 주어진 위상공간 $(X, \mathscr{T}_X)$와 $(Y, \mathscr{T}_Y)$ 사이의 모든 함수 $f\colon X \to Y$가 연속이라고 가정하자. X의 위상 $\mathscr{T}_X$가 이산위상이거나 Y의 위상 $\mathscr{T}_Y$가 비이산위상임을 보여야 한다. 이를 위해, Y의 위상이 비이산위상이 아니라고 가정하고 X의 위상이 이산위상임을 보이자. Y의 위상이 비이산위상이 아니므로 Y의 열린집합 중 Y의 진부분집합인 U가 존재한다. U가 Y의 진부분집합이므로 $a \in U, b \in Y \setminus U$인 Y의 두 원소 a, b가 존재한다. 임의의 X의 부분집합 A에 대하여 함수

$$f_A(x) = \begin{cases} a & x \in A \\ b & x \notin A \end{cases}$$

를 생각하면, $(X, \mathscr{T}_X)$와 $(Y, \mathscr{T}_Y)$ 사이의 모든 함수가 연속이므로 f_A도 연속이고 U는 Y의 열린집합이므로 $f_A^{-1}(U) = A$는 X의 열린집합이다. 따라서 $\mathscr{T}_X$는 X의 모든 부분집합으로 이루어진 멱집합이 되어 $\mathscr{T}_X$는 X의 이산위상이다.

($\Leftarrow$) 만약 $\mathscr{T}_X$가 이산위상이면 X의 모든 부분집합은 X의 열린집합이다. 따라서 임의의 함수 $f\colon X \to Y$와 Y의 임의의 열린집합 U에 대해 $f^{-1}(U)$는 X의 열린집합이므로 모든 함수 $f\colon (X, \mathscr{T}_X) \to (Y, \mathscr{T}_Y)$는 연속이다. 만약 $\mathscr{T}_Y$가 비이산위상이면 Y의 열린집합은 $\varnothing$과 X 뿐이다. 모든 함수 $f\colon (X, \mathscr{T}_X) \to (Y, \mathscr{T}_Y)$에 대하여 $f^{-1}(\varnothing) = \varnothing$, $f^{-1}(Y) = X$

는 항상 만족되고 이들은 항상 X의 열린집합이므로 함수 f는 연속이다.

□

5.1.1 한 점에서의 연속성

해석학에서 실수 전체의 집합 $\mathbb{R}$에서 $\mathbb{R}$로의 함수 $f: \mathbb{R} \to \mathbb{R}$과 고정된 한 점 $x \in \mathbb{R}$에 대해, 모든 양수 $\varepsilon > 0$에 대해, 어떤 양수 $\delta > 0$이 존재하여 $|x - a| < \delta$이면 $|f(x) - f(a)| < \varepsilon$을 만족하면, 이 함수 f는 점 x에서 연속이라고 정의하였다. 이와 같은 정의역의 한 점에서의 함수의 연속성을 일반적인 위상공간들 사이의 함수들로 다음과 같이 확장시켜서 정의할 수 있다.

정의 5.7. 함수 $f: X \to Y$와 한 점 $x \in X$에 대해, 임의의 $f(x)$의 근방 N에 대해 역상 $f^{-1}(N)$이 x의 근방이면, 함수 f가 점 x에서 **연속(continuous)**이라고 정의한다.

한 점에서의 연속성에 관한 여러 가지 동치명제를 정리하면 다음과 같다.

정리 5.8

$f: X \to Y$와 점 $x \in X$가 주어질 때, 다음 명제는 서로 동치이다.

(1) f가 x에서 연속이다.
(2) 임의의 $f(x) \in U$인 Y의 열린집합 U에 대하여 $f^{-1}(U)$는 x의 근방이다.
(3) 임의의 $f(x) \in U$인 Y의 기저 열린집합 U에 대하여 $f^{-1}(U)$는 x의 근방이다.
(4) 임의의 $f(x) \in U$인 Y의 부분기저 열린집합 U에 대하여 $f^{-1}(U)$는 x의 근방이다.
(5) 임의의 $f(x)$의 국소기저 열린집합 U에 대하여 $f^{-1}(U)$는 x의 근방이다.

| 증명 | (1) $\Rightarrow$ (2) $\Rightarrow$ (3) $\Rightarrow$ (4), (1) $\Rightarrow$ (5)는 자명하다.

(4) $\Rightarrow$ (1) 임의의 $f(x)$의 근방 N에 대하여

$$f(x) \in S_1 \cap \cdots \cap S_n \subset N$$

인 X의 유한 개의 부분기저 열린집합 $\{S_i\}_{i=1}^{n}$들이 존재한다. 따라서

$$x \in f^{-1}(S_1) \cap \cdots \cap f^{-1}(S_n) \subset f^{-1}(N)$$

이고 각각의 $f^{-1}(S_i)$가 x의 근방이므로 $x \in U_i \subset f^{-1}(S_i)$를 만족하는 X의 열린집합 U_i가 존재한다. $U = U_1 \cap \cdots \cap U_n$는 X의 열린집합이고 $x \in U \subset f^{-1}(N)$이므로 $f^{-1}(N)$는 x의 근방이다. 따라서 f는 x에서 연속이다.

(5) ⇒ (1) $f(x)$의 근방 N에 대하여 $f(x) \in V \subset N$인 $f(x)$의 국소기저 열린집합 V가 존재한다. $x \in f^{-1}(V) \subset f^{-1}(N)$이고 $f^{-1}(V)$는 x의 근방이므로 $f^{-1}(N)$는 x의 근방이다. 따라서 f는 x에서 연속이다. □

참고 5.9 두 위상공간 X, Y가 모두 실수 전체의 집합 $\mathbb{R}$에 보통위상이 주어진 경우를 생각하자. 이 경우 열린구간들은 기저 열린집합이 되고 해석학에서 사용한 정의에 나오던 $|x-a| < \delta, |f(x)-f(a)| < \varepsilon$과 같은 조건들은 $x \in (a-\delta, a+\delta), f(x) \in (f(a)-\varepsilon, f(a)+\varepsilon)$으로 $x, f(x)$가 기저 열린집합인 $(a-\delta, a+\delta), (f(a)-\varepsilon, f(a)+\varepsilon)$에 포함되는 조건으로 바꾸어서 생각할 수 있고 이 경우 해석학에서 ε-δ논법으로 정의하였던 한 점에서의 연속성과 같음을 알 수 있다.

예제 5.10 함수 $f(x) = x^2$가 점 a에서 연속임을 증명할 때, 해석학에서의 정의를 사용하면 모든 양의 실수 ε에 대해서, $|x-a| < \delta$이면 $|x^2 - a^2| < \varepsilon$을 만족하는 구체적인 양수 δ를 구해야 한다. 이를 위해 $|x-a| \le 1$이면 부등식

$$|x^2 - a^2| \le (2|a|+1)|x-a|$$

이 성립함을 관찰하여 $\delta = \min(1, \frac{\varepsilon}{2|a|+1})$으로 잡을 수 있다. 이 과정은 다소 인위적이므로 이 내용을 처음 배우는 학생들에게는 어렵게 느껴질 수 있다.

위 정리를 사용하면 위상수학에서 다루는 기저의 개념을 활용하여 보다 다음과 같이 자연스럽게 증명할 수 있다. 임의의 $\mathbb{R}$의 기저 열린집합인 열린구간 (a, b)에 대해

$$f^{-1}(a,b) = \begin{cases} (-\sqrt{b}, -\sqrt{a}) \cup (\sqrt{a}, \sqrt{b}) & 0 \le a < b \\ (-\sqrt{b}, \sqrt{b}) & a < 0 < b \\ \varnothing & a < b \le 0 \end{cases}$$

이고 이들은 항상 $\mathbb{R}$의 열린집합이므로 함수 $f\colon \mathbb{R} \to \mathbb{R}$은 연속이다.

다음 정리에 의해 위상공간 사이의 함수가 연속인 것과 정의역의 모든 점에서 연속인 것은 동치이다.

정리 5.11

두 위상공간 X와 Y 사이의 함수 $f\colon X \to Y$가 연속함수일 필요충분조건은 f가 모든 점에서 연속인 것이다.

|증명| (1) 함수 $f\colon X \to Y$가 연속이라 하고 $x \in X$를 임의의 점이라 하자. $f(x) \in V$인 임의의 Y의 열린집합 V에 대하여 $x \in f^{-1}(V)$이며 f가 연속이므로 $f^{-1}(V)$는 X의 열린집합이다. 따라서 $f^{-1}(V)$는 x의 근방이다. 그러므로 f는 점 x에서 연속이다.

(2) f가 모든 점에서 연속이라 하고, V가 Y의 임의의 열린집합이라 하자. $x \in f^{-1}(V)$라 하면, f가 x에서 연속이므로 $f^{-1}(V)$는 x의 근방이며 $x \in V \subset f^{-1}(V)$인 열린집합 V가 존재한다. 따라서, x는 $f^{-1}(V)$의 내점이다. 즉, $f^{-1}(V) \subset \operatorname{int}(f^{-1}(V))$.따라서 $f^{-1}(V) = \operatorname{int}(f^{-1}(V))$이며 $f^{-1}(V)$는 열린집합이다. 그러므로 f는 연속함수이다.

□

예제 5.12 위상공간 X의 부분집합 A에 대해, 다음과 같이 정의된 특성함수

$$\chi_A\colon X \to \mathbb{R} \quad \chi_A(x) = \begin{cases} 1 & x \in A \\ 0 & x \notin A \end{cases}$$

가 점 $p \in X$에서 연속인 것과 $p \notin \partial(A)$가 동치임을 보이시오.

|풀이| ($\Rightarrow$) 특성함수 χ_A가 점 $p \in X$에서 연속이라고 가정하자. 만약 $\chi_A(p) = 1$이면, χ_A는 p에서 연속이고 χ_A의 함숫값은 0 또는 1이므로

$$p \in U \subset \chi_A^{-1}((0,2)) = \chi_A^{-1}(0) = A$$

인 X의 열린집합 U가 존재한다. 따라서 $p \in \operatorname{int}(A)$이다. 만약 $\chi_A(p) = 0$이면, χ_A는 p에서 연속이고 χ_A의 함숫값은 0 또는 1이므로

$$p \in U \subset \chi_A^{-1}((-1,1)) = \chi_A(0) = A^{-1}$$

인 X의 열린집합 U가 존재한다. 따라서 $p \in \operatorname{ext}(A)$이다. 어느 경우에도 $p \in \operatorname{int}(A) \cup \operatorname{ext}(A) = X \setminus \partial(A)$이다.

($\Leftarrow$) 역방향을 보이기 위해 $p \notin \partial(A)$이라 가정하면 $p \in \operatorname{int}(A)$ 또는 $p \in \operatorname{ext}(A)$이다. 만약 $p \in \operatorname{int}(A)$이면, $\operatorname{int}(A) \subset A$이므로 $p \in A$이 되어

$\chi_A(p) = 1$ 이다. 또한 $p \in \text{int}(A)$ 이므로 $p \in U \subset A$ 인 X 의 열린집합 U 가 존재한다. $1 \in (a, b)$ 인 임의의 $\mathbb{R}$ 의 열린구간 (a, b) 에 대해,

$$U \subset A = \chi_A^{-1}(1) \subset \chi_A^{-1}((a, b))$$

이므로 χ_A 는 p 에서 연속이다.

만약 $p \in \text{ext}(A)$ 이면, $\text{ext}(A) \subset A^c$ 이므로 $p \in A^c$ 이 되어 $\chi_A(p) = 0$ 이다. 또한 $p \in \text{ext}(A)$ 이므로 $p \in U \subset A^c$ 인 X 의 열린집합 U 가 존재한다. $0 \in (a, b)$ 인 임의의 $\mathbb{R}$ 의 열린구간 (a, b) 에 대해,

$$U \subset A^c = \chi_A^{-1}(0) \subset \chi_A^{-1}((a, b))$$

이므로 χ_A 는 p 에서 연속이다.

□

5.1.2 수열연속

정의 5.13. 위상공간 X 에서 위상공간 Y 로의 함수 $f: X \to Y$ 가 주어져 있다. 만약 한 점 $p \in X$ 에 대해, 점 p 로 수렴하는 임의의 X 안의 수열 $\{x_n\}_{n=1}^{\infty}$ 에 대하여 Y 안의 수열 $\{f(x_n)\}_{n=1}^{\infty}$ 가 $f(p)$ 로 수렴하면 이 함수 f 를 **수열연속 (sequentially continuous)** 이라 한다.

함수 $f: X \to Y$ 가 점 $p \in X$ 에서 연속이면 점 p 에서 수열연속이지만 그 역은 일반적으로 성립하지 않는다. 반면, 보통위상을 갖는 실수공간에서 정의된 함수는 수열연속이면 연속이다.

정리 5.14

연속함수는 수열연속이다.

| 증명 | 함수 $f: X \to Y$ 가 $x \in X$ 에서 연속이고, X 안의 수열 $\{a_n\}_{n=1}^{\infty}$ 이 x 로 수렴한다고 가정하자. 함수 f 가 x 에서 연속이므로 $f(x) \in U$ 인 임의의 Y 의 열린집합 U 에 대하여 $f^{-1}(U)$ 는 x 를 포함하는 X 의 열린집합이다. 수열 $\{a_n\}_{n=1}^{\infty}$ 이 x 로 수렴하므로 수렴성의 정의에 의해 어떤 양의 정수 N 이 존재하여 $n > N$ 이면 $a_n \in f^{-1}(U)$ 가 성립하고 이러한 n 들에 대해 $f(a_n) \in U$ 이다. 즉, 수열 $\{f(a_n)\}_{n=1}^{\infty}$ 은 $f(x)$ 로 수렴한다. 따라서 f 는 x 에서 수열연속이다. □

5.2 연속함수의 성질

다음은 함수가 연속함수일 동치조건들이다.

정리 5.15

두 위상공간 X와 Y 사이의 함수 $f\colon X \to Y$에 대하여 다음 명제는 서로 동치이다

(1) f는 연속함수이다.

(2) 임의의 Y의 닫힌집합 C에 대하여 $f^{-1}(C)$는 X의 닫힌집합이다.

(3) 임의의 X의 부분집합 A에 대하여 $f(\overline{A}) \subset \overline{f(A)}$이다.

(4) 임의의 Y의 부분집합 B에 대하여 $\overline{f^{-1}(B)} \subset f^{-1}(\overline{B})$이다.

| 증명 | (1) $\Rightarrow$ (2) C가 Y의 임의의 닫힌집합이면 $Y \setminus C$는 Y의 열린집합이고 f가 연속함수이므로 $f^{-1}(Y \setminus C) = X \setminus f^{-1}(C)$는 X의 열린집합이다. 따라서 $f^{-1}(C)$는 X의 닫힌집합이다.

(2) $\Rightarrow$ (3) X의 임의의 부분집합 A에 대하여 $\overline{f(A)}$는 Y의 닫힌집합이다. 조건에 의해 $f^{-1}(\overline{f(A)})$는 X의 닫힌집합이다. 또한 $A \subset f^{-1}(f(A))$이 항상 성립하므로 $f(A) \subset \overline{f(A)}$이다. 이 사실과 $f^{-1}(\overline{f(A)})$는 X의 닫힌집합인 것을 이용하면,

$$\overline{A} \subset \overline{f^{-1}(f(A))} \subset \overline{f^{-1}(\overline{f(A)})} = f^{-1}(\overline{f(A)})$$

을 얻는다. 따라서 $f(\overline{A}) \subset \overline{f(A)}$이다.

(3) $\Rightarrow$ (4) 임의의 Y의 부분집합 B에 대하여 $f(f^{-1}(B) \subset B$는 항상 성립하므로 $\overline{f(f^{-1}(B)} \subset \overline{B}$이다. 이 사실과 X의 부분집합 $A = f^{-1}(B)$에 대해, (3)을 적용하면

$$f(\overline{f^{-1}(B)}) \subset \overline{f(f^{-1}(B)} \subset \overline{B}$$

을 얻는다. 따라서 $\overline{f^{-1}(B)} \subset f^{-1}(\overline{B})$이다.

(4) $\Rightarrow$ (1) 임의의 Y의 열린집합 U에 대하여 $B = X \setminus U$라 하면, B는 Y의 닫힌집합이므로 $\overline{B} = B$이다. 이 사실과 (4)에 의하여

$$f^{-1}(B) \subset \overline{f^{-1}(B)} \subset f^{-1}(\overline{B}) = f^{-1}(B)$$

이고 따라서 $f^{-1}(B) = X \setminus f^{-1}(U)$는 X의 닫힌집합이다. 그러므로 $f^{-1}(U)$는 X의 열린집합이다.

□

정리 5.16

위상공간 X, Y, Z에 대하여 함수 $f\colon X \to Y$와 $g\colon Y \to Z$가 연속함수이면 합성함수 $g \circ f\colon X \to Z$는 연속이다.

|증명| 임의의 Z의 열린집합 W에 대하여 g는 연속이므로 $g^{-1}(W)$는 Y의 열린집합이다. 함수 f는 연속이므로 $f^{-1}(g^{-1}(W))$는 X의 열린집합이다. 또한 $f^{-1}(g^{-1}(W)) = (g \circ f)^{-1}(W)$이므로 $g \circ f$는 연속이다. □

예제 5.17 집합 $X = \{1, 2, 3, 4, 5\}$에서 집합 $Y = \{a, b, c, d, e\}$로의 함수 $f\colon X \to Y$가 $f(1) = c$, $f(2) = b$, $f(3) = a$, $f(4) = e$, $f(5) = b$으로 정의되어 있다. 이 때, X에는 다음 부분집합족 $\mathscr{B}_1$을 기저로 한 위상이, Y에는 다음 부분집합족 $\mathscr{B}_2$를 기저로 한 위상이 주어져 있을 때,

$$\mathscr{B}_1 = \{\{1\}, \{1,3\}, \{1,2,3\}, \{1,4,5\}\}$$
$$\mathscr{B}_2 = \{\{c\}, \{b,c\}, \{c,d\}, \{b,c,d\}, \{a,c,d,e\}\}$$

함수 f가 연속이 되는 점을 모두 구하시오.

|풀이| 먼저 X와 Y에 주어진 위상은 다음과 같다.

$$\mathscr{T}_{\mathscr{B}_1} = \{\varnothing, \{1\}, \{1,3\}, \{1,2,3\}, \{1,4,5\}, \{1,3,4,5\}, \{1,2,3,4,5\}\}$$
$$\mathscr{T}_{\mathscr{B}_2} = \{\varnothing, \{c\}, \{b,c\}, \{c,d\}, \{b,c,d\}, \{a,c,d,e\}, \{a,b,c,d,e\}\}$$

(1) $f(1) = c$를 포함하는 기저 열린집합은 $\{c\}, \{b,c\}, \{c,d\}, \{b,c,d\}, \{a,c,d,e\}$이며,

$$1 \in \{1\} \subset f^{-1}(\{c\}) = \{1\}$$
$$1 \in \{1\} \subset f^{-1}(\{b,c\}) = \{1,2,5\}$$
$$1 \in \{1\} \subset f^{-1}(\{c,d\}) = \{1\}$$
$$1 \in \{1\} \subset f^{-1}(\{b,c,d\}) = \{1,2,5\}$$
$$1 \in \{1\} \subset f^{-1}(\{a,c,d,e\}) = \{1,3,4\}$$

이고, $\{1\}$이 열린집합이므로, 역상이 모두 1의 근방이다. 따라서 f는 1에서 연속이다.

(2) $f(2) = b$를 포함하는 열린집합 중에 $\{b, c\}$가 있으며,

$$2 \in f^{-1}(\{b, c\}) = \{1, 2, 5\}$$

이다. 그런데 $2 \in U \subset \{1, 2, 5\}$가 성립하는 열린집합 U가 존재하지 않으므로 f는 2에서 불연속이다.

(3) $f(3) = a$를 포함하는 기저 열린집합은 $\{a, c, d, e\}$뿐이며,

$$3 \in \{1, 3\} \subset f^{-1}(\{a, c, d, e\}) = \{1, 3, 4\}$$

가 성립하는 열린집합 $\{1, 3\}$이 있다. 따라서, f는 3에서 연속이다.

(4) $f(4) = c$를 포함하는 열린집합 중에 $\{a, c, d, e\}$가 있으며,

$$4 \in f^{-1}(\{a, c, d, e\}) = \{1, 3, 4\}$$

이다. 그런데 $4 \in U \subset \{1, 3, 4\}$가 성립하는 열린집합 U가 존재하지 않으므로 f는 4에서 불연속이다.

(5) $f(5) = b$를 포함하는 열린집합 중에 $\{b, c\}$가 있으며,

$$5 \in f^{-1}(\{b, c\}) = \{1, 2, 5\}$$

이다. 그런데 $5 \in U \subset \{1, 2, 5\}$가 성립하는 열린집합 U가 존재하지 않으므로 f는 5에서 불연속이다.

그러므로, (1)–(5)로부터 함수 f는 점 $1, 3$에서 연속이다. □

예제 5.18 자연수 전체의 집합 $\mathbb{N}$에 이산위상이 주어진 위상공간을 $\mathbb{N}_d$, 비이산위상이 주어진 위상공간을 $\mathbb{N}_i$, 여유한위상이 주어진 위상공간을 $\mathbb{N}_f$라 정의할 때, 함수 $f\colon \mathbb{N} \to \mathbb{N}$, $f(x) = x$의 연속 여부를 다음의 각 경우에 조사하여라.

(1) $f\colon \mathbb{N}_i \to \mathbb{N}_d$ (2) $f\colon \mathbb{N}_d \to \mathbb{N}_f$ (3) $f\colon \mathbb{N}_f \to \mathbb{N}_d$ (4) $f\colon \mathbb{N}_f \to \mathbb{N}_i$

| 풀이 | (2)와 (4)만 연속함수이다. □

예제 5.19 실수 전체의 집합 $\mathbb{R}$에 보통위상이 주어져 있다고 하고 $\mathbb{R} \setminus \{0\}$을 $\mathbb{R}$의 부분공간으로 생각하자. 이 때, $f\colon \mathbb{R} \setminus \{0\} \to \mathbb{R}$을 $f(x) = \frac{1}{x}$로 정의하면, 함수 f가 연속함수임을 증명하시오.

| 풀이 | 임의의 구간 (a, b)의 함수 f에 의한 역상을 그래프나 부등식을 통해 f가 연속임을 쉽게 확인할 수 있다. □

예제 5.20 위상공간 X에서 정의된 연속함수 $f: X \to \mathbb{R}$가 X의 조밀한 부분집합 A에서 함숫값이 0이면 f는 항등적으로 0임을 보여라. (여기서 $\mathbb{R}$에는 보통위상이 정의되었다고 가정한다.)

| 풀이 | X의 부분집합

$$U = \{x \in X \mid f(x) \neq 0\} = f^{-1}(\mathbb{R} \setminus \{0\})$$

을 생각하고 귀류법을 적용하기 위해 U가 공집합이 아니라고 가정하자. 함수 f가 연속이고 $\mathbb{R} \setminus \{0\}$은 $\mathbb{R}$의 열린집합이므로 U는 X에서 열린집합이다. 임의의 $x \in U$에 대해, A가 X에 조밀하므로 $x \in X = \overline{A}$이다. 따라서 $A \cap U \neq \varnothing$이어야 하는데 이는 A에서 f의 함숫값이 0이라는 조건에 모순이다. 즉 U는 공집합이고 이는 함수 f가 항등적으로 0이라는 것이다. □

정의 5.21. 위상공간 X와 보통위상공간 $\mathbb{R}$ 사이의 두 함수 $f, g: (X, \mathscr{T}) \to \mathbb{R}$에 대하여
(덧셈) $(f+g)(x) = f(x) + g(x)$
(곱셈) $(fg)(x) = f(x)g(x)$
(몫) $\frac{f}{g}(x) = \frac{f(x)}{g(x)}$ (단, 모든 x에서 $g(x) \neq 0$인 경우)
으로 정의한다.

정리 5.22

위상공간 X와 보통위상이 주어진 실수 전체의 집합 $\mathbb{R}$ 사이의 두 연속함수 $f, g: (X, \mathscr{T}) \to \mathbb{R}$에 대하여 다음이 성립한다.
(1) 함수 $f+g$는 연속함수이다.
(2) 실수 c에 대하여 함수 cf는 연속함수이다.
(3) 함수 fg는 연속함수이다.
(4) 모든 $x \in X$에 대하여 $g(x) \neq 0$일 때, 함수 $\frac{f}{g}$는 연속함수이다.

| 증명 | (1) 임의의 $\mathbb{R}$의 열린구간을 (a, b)라 하자. 이 열린구간 (a, b)의 함수 $f+g$에 대한 역상 $U = (f+g)^{-1}((a, b))$가 X의 열린집합임을 보이자. 정의에 의해,

$$U = \{x \in X \mid a < f(x) + g(x)\} \cap \{x \in X \mid f(x) + g(x) < b\}$$

이다. 이때,

$$\{x \in X \mid a < f(x) + g(x)\} = \bigcup_{r\in\mathbb{R}}\{x \in X \mid a - f(x) < r < g(x)\}$$

여기서 모든 r에 대해,

$$\{x \in X \mid a - f(x) < r < g(x)\} = f^{-1}((a-r,\infty)) \cap g^{-1}((r,\infty))$$

이고 함수 f, g가 연속이므로 $\{x \mid a < f(x)+g(x)\}$은 X의 열린집합이다. 비슷한 방법으로

$$\{x \in X \mid f(x) + g(x) < b\} = \bigcup_{r\in\mathbb{R}}\{x \in X \mid f(x) < r < b - g(x)\}$$

이다. 이때,

$$\{x \in X \mid f(x) < r < b - g(x)\} = f^{-1}(-\infty, r) \cap g^{-1}(-\infty, b-r)$$

이고 함수 f, g가 연속이므로 $\{x \in X \mid f(x) + g(x) < b\}$는 X의 열린집합이다. 따라서 U는 열린집합이고 $f+g$는 연속함수이다.

(2) 만약 $c = 0$이면, cf는 상수함수이므로 연속이다. 만약 $c \neq 0$이면,

$$(cf)^{-1}((a,b)) = \begin{cases} f^{-1}\left(\left(\frac{a}{c}, \frac{b}{c}\right)\right) & c > 0 \\ f^{-1}\left(\left(\frac{b}{c}, \frac{a}{c}\right)\right) & c < 0 \end{cases}$$

이며 f는 연속이므로 $(cf)^{-1}((a,b))$는 열린집합이다. 따라서 cf는 연속이다.

(3) 함수 $sq\colon \mathbb{R} \to \mathbb{R},\ sq(x) = x^2$에 대하여

$$sq^{-1}((a,b)) = \begin{cases} (-\sqrt{b}, -\sqrt{a}) \cup (\sqrt{a}, \sqrt{b}) & 0 \le a < b \\ (-\sqrt{b}, \sqrt{b}) & a < 0 < b \\ \varnothing, & a < b \le 0 \end{cases}$$

이므로 함수 $sq(x) = x^2$는 연속함수이다. f, g가 연속이면 (1)에 의하여 $f+g$는 연속이며 합성함수 $sq(f) = f^2$, $sq(g) = g^2$, $sq(f+g) = (f+g)^2$는 연속함수이다. 또한 $f^2 + g^2$도 연속함수이다. 상수배하고 더한 함수 $fg = \frac{1}{2}((f+g)^2 - f^2 - g^2)$는 (1), (2)에 의해 연속함수이다. 따라서 fg는 연속함수이다.

(4) $r\colon \mathbb{R} \setminus \{0\} \to \mathbb{R}, r(x) = \frac{1}{x}$는 연속함수이다. g는 연속함수이고 모든 $x \in X$에 대해, $g(x) \neq 0$이므로 g의 공역을 제한한 제한함수 $g|\colon X \to$

$\mathbb{R} \setminus \{0\}$ 도 연속이다. 합성함수 $(r \circ g|)(x) = \frac{1}{g(x)}$ 는 연속함수이다. $f, \frac{1}{g}$ 는 연속이므로 (3)에 의하여 $\frac{f}{g}$ 는 연속함수이다.

□

정리 5.22의 응용으로 두 실수 사이에 정의되는 연산인 덧셈, 곱셈, 나눗셈 연산이 연속함수임을 다음과 같이 알 수 있다.

정리 5.23

(1) 함수 $h\colon \mathbb{R} \times \mathbb{R} \to \mathbb{R}$을 $h(x, y) = x + y$로 정의하면, h는 연속함수이다.
(2) 임의의 실수 c에 대해, 함수 $h\colon \mathbb{R} \to \mathbb{R}$을 $h(x) = cx$로 정의하면, h는 연속함수이다.
(3) 함수 $h\colon \mathbb{R} \times \mathbb{R} \to \mathbb{R}$을 $h(x, y) = xy$로 정의하면, h는 연속함수이다.
(4) 함수 $h\colon \mathbb{R} \times (\mathbb{R} \setminus \{0\}) \to \mathbb{R}$을 $h(x, y) = \frac{x}{y}$으로 정의하면, 함수 h는 연속함수이다.
(단, $\mathbb{R} \times \mathbb{R}$, $\mathbb{R} \times (\mathbb{R} \setminus \{0\})$, $\mathbb{R}$에는 모두 보통위상이 주어져 있다.)

|증명| 정리 5.22의 두 함수 $f\colon \mathbb{R} \to \mathbb{R}$, $g\colon \mathbb{R} \to \mathbb{R}$이 모두 항등함수인 특별한 경우이므로 자명하다. □

5.3 열린함수, 닫힌함수, 위상동형함수

5.3.1 열린함수와 닫힌함수

정의 5.24. 두 위상공간 X, Y 사이의 함수 $f\colon X \to Y$가 주어져 있다.
(1) 만약 임의의 X의 열린집합 U에 대해, U의 상 $f(U)$가 Y의 열린집합이면, 함수 f를 **열린함수(open map)**라 한다.
(2) 만약 임의의 X의 닫힌집합 C에 대해, U의 상 $f(C)$가 Y의 닫힌집합이면, 함수 f를 **닫힌함수(closed map)**라 한다.

참고 5.25 일반적으로 $f(A)^c \neq f(A^c)$이므로 열린함수와 닫힌함수는 동치인 개념이 아니다.

참고 5.26 위상 $\mathscr{T}_X$의 기저 $\mathscr{B}_X$가 주어진 경우에, 모든 $O \in \mathscr{B}_X$에 대해, $f(O) \in \mathscr{T}_Y$을 만족한다고 가정하자. 이 경우 $f\left(\bigcup_i A_i\right) = \bigcup_i f(A_i)$이 성립함을 이용하여 함수 f는 열린

함수임을 알 수 있다. 따라서 열린함수임을 증명하기 위하여 기저를 이용할 수 있다. 그러나 일반적으로 $f\left(\bigcap_i A_i\right) \neq \bigcap_i f(A_i)$이므로 부분기저 $\mathscr{S}_X$의 각 원소를 열린집합으로 보내는 함수 f는 열린함수일 필요는 없다.

정리 5.27

함수 $f\colon X \to Y$가 열린함수일 필요충분조건은 모든 기저열린집합 O에 대하여 $f(O)$가 열린집합인 것이다.

예제 5.28 실수 전체의 집합 $\mathbb{R}$에 보통위상이 주어져 있다고 하자. 함수 $f\colon \mathbb{R} \to \mathbb{R}$이 만약 모든 열린구간 (a,b)에 대하여 $f((a,b))$가 $\mathbb{R}$의 열린집합이면 f는 열린함수이다. 하지만 함수 $f\colon \mathbb{R} \to \mathbb{R}$이 모든 닫힌구간 $[a,b]$에 대하여 $f([a,b])$가 $\mathbb{R}$의 닫힌집합이 되더라도 f는 닫힌함수가 아닌 예가 존재한다. 예를 들어,

$$f\colon \mathbb{R} \to \mathbb{R}, \quad f(x) = \sin x$$

를 생각하면 $\mathbb{R}$의 닫힌집합 $\mathbb{N}$의 상은 $[-1,1]$의 조밀한 가산부분집합이 되어 $\mathbb{R}$의 닫힌집합이 아니다.

5.3.2 열린함수 또는 닫힌함수가 될 조건들

두 위상공간 사이의 함수가 열린함수 또는 닫힌함수가 될 필요충분조건은 다음과 같다.

정리 5.29

두 위상공간 X, Y 사이의 함수 $f\colon X \to Y$에 대해서 다음이 성립한다.

(1) f가 닫힌함수인 것과 임의의 X의 부분집합 A에 대하여

$$\overline{f(A)} \subset f(\overline{A})$$

인 것은 동치이다.

(2) f가 열린함수인 것과 임의의 X의 부분집합 A에 대하여

$$f(\mathrm{int}(A)) \subset \mathrm{int}(f(A))$$

인 것은 동치이다.

| 증명 | (1) (⇒) f는 닫힌함수이므로 $f(\overline{A})$는 Y의 닫힌집합이다. $f(A) \subset f(\overline{A})$이므로 $\overline{f(A)} \subset f(\overline{A})$이다.

(⇐) X의 임의의 닫힌집합 F를 A에 대입하면 $\overline{f(F)} \subset f(\overline{F})$. F는 X의 닫힌집합이므로 $\overline{F} = F$이다. $\overline{f(F)} \subset f(F)$이므로 $f(F)$는 Y의 닫힌집합이다. 따라서 f는 닫힌함수이다.

(2) (⇒) f는 열린함수이므로 $f(\text{int}(A))$는 Y의 열린집합이다. $f(\text{int}(A)) \subset f(A)$이므로 $f(\text{int}(A)) \subset \text{int}(f(A))$이다.

(⇐) 임의의 X의 열린집합 U를 A에 대입하면 $f(\text{int}(U)) \subset \text{int}(f(U))$이다. U는 X의 열린집합이므로 $\text{int}(U) = U$이다. $f(U) \subset \text{int}(f(U))$이므로 $f(U)$는 Y의 열린집합이다. 따라서 f는 열린함수이다.

□

참고 5.30 함수 f가 연속일 필요충분조건 중에 $f(\overline{A}) \subset \overline{f(A)}$가 있다. 닫힌함수일 필요충분조건과 포함관계가 반대로 되어있는 것을 알 수 있다. 그런데 이러한 특징을 열린함수일 필요충분조건에 유추하여 적용하는 것은 옳지 않다. 열린함수일 필요충분조건 $f(\text{int}(A)) \subset \text{int}(f(A))$의 포함관계를 반대로 놓은 조건 $f(\text{int}(A)) \supset \text{int}(f(A))$은 f의 연속성과 관계가 없음을 주의해야 한다. 또한 연속의 필요충분조건인 $f^{-1}(\text{int}(B)) \subset \text{int}(f^{-1}(B))$의 포함관계를 반대로 놓은 조건 $f^{-1}(\text{int}(B)) \supset \text{int}(f^{-1}(B))$도 f가 열린함수인 것과 관계가 없다.

5.3.3 위상동형함수

정의 5.31. 두 위상공간 X, Y 사이의 전단사 함수 $f\colon X \to Y$가 연속함수이고, 그 역함수도 연속이면 $f\colon X \to Y$를 **위상동형함수(homeomorphism)**라 한다. 이때, 두 위상공간 X, Y는 **위상동형(homeomorphic)**이라 하고 $X \cong Y$로 표기한다.

참고 5.32 위상동형함수 $f\colon X \to Y$가 있을때, 임의의 부분집합 $A \subset X$에 대하여 $f|_A\colon A \to f(A)$가 위상동형함수이므로 A와 $f(A)$도 위상동형이다.

정리 5.33

전단사함수 $f\colon X \to Y$가 주어져 있을 때, 다음 명제는 서로 동치이다.

(1) f는 위상동형함수이다.

(2) f는 연속이며 열린함수이다.

(3) f는 연속이며 닫힌함수이다.
(4) 모든 X의 부분집합 A에 대하여 $f(\overline{A}) = \overline{f(A)}$이다.

|증명| 임의의 X의 부분집합 A에 대해, $(f^{-1})^{-1}(A) = A$이므로 (1), (2), (3)이 동치임은 자명하다.

(1)⇒(4) 임의의 X의 부분집합 A에 대해, f가 연속이므로 $f(\overline{A}) \subset \overline{f(A)}$이다. 또한 f가 닫힌함수이므로 $f(\overline{A})$는 $f(A)$를 포함하는 Y의 닫힌집합이다. 따라서 $\overline{f(A)} \subset f(\overline{A})$이다.

(4)⇒(1) 임의의 X의 부분집합 A에 대해, $f(\overline{A}) \subset \overline{f(A)}$이므로 f는 연속이다. 또한 $f(\overline{A}) \supset \overline{f(A)}$이므로 f는 닫힌함수이다. 따라서 f는 위상동형함수이다.

□

정리 5.34

단사인 연속함수 $f\colon X \to Y$가 주어져 있을 때,
(1) 함수 f가 열린함수이면 X와 $f(X)$는 위상동형이다.
(2) 함수 f가 닫힌함수이면 X와 $f(X)$는 위상동형이다.

|증명| f는 단사인 연속함수이므로 임의의 X의 부분집합 A에 대해, $f\colon A \to f(A)$는 전단사인 연속함수이다. 따라서 f가 열린함수이거나 닫힌함수이면 f는 위상동형함수이다. □

예제 5.35 전단사함수 $f\colon X \to Y$와 임의의 X의 부분집합 A에 대해, A와 $f(A)$ 사이에도 전단사함수가 존재하므로 A와 $f(A)$의 원소의 수가 같다. 따라서, A가 유한집합인 것과 $f(A)$가 유한집합인 것은 동치이고 비슷하게 A가 가산집합인 것과 $f(A)$가 가산집합인 것은 동치이다. 여유한공간 또는 여가산공간의 닫힌집합 사이에 전단사함수가 있다. 따라서 비이산공간, 이산공간, 여유한공간, 여가산공간은 해당하는 집합의 기수만 같으면 위상동형이다.

예제 5.36 실수전체의 집합 $\mathbb{R}$에 대해, 상극한위상이 주어진 상극한공간 $(\mathbb{R}, \mathscr{T}_u)$에서 하극한위상이 주어진 하극한공간 $(\mathbb{R}, \mathscr{T}_l)$로의 함수

$$f\colon (\mathbb{R}, \mathscr{T}_u) \to (\mathbb{R}, \mathscr{T}_l), \quad f(x) = -x$$

는 위상동형함수임을 보이시오.

|풀이| 임의의 실수 x에 대하여 $f(-x) = x$이므로 f는 전사함수이다. 만약 두 실수 x, y에 대해, $f(x) = f(y)$이면 $-x = -y$가 되어 $x = y$이므로 f는 단사함수이다. 임의의 두 실수 $x < y$에 대해, $f^{-1}([x, y)) = (-y, -x] \in \mathscr{T}_u$ 이므로 f는 연속함수이다. 또한 $f((x, y]) = [-y, -x) \in \mathscr{T}_l$ 이므로 f는 열린함수이다. 따라서 f는 위상동형함수이다. □

예제 5.37 실수 전체의 집합 $\mathbb{R}$에 대해, 상극한위상이 주어진 상극한공간 $(\mathbb{R}, \mathscr{T}_u)$에서 보통위상이 주어진 보통공간 $(\mathbb{R}, \mathscr{T}_{usual})$로의 함수

$$f\colon (\mathbb{R}, \mathscr{T}_u) \to (\mathbb{R}, \mathscr{T}_{usual}), \quad f(x) = x$$

는 전단사함수이고 임의의 실수 $x < y$에 대해, $f^{-1}((x, y)) = (x, y) \in \mathscr{T}_u$ 이므로 f는 연속함수이다. 하지만 $f((0, 1]) = (0, 1] \notin \mathscr{T}_{usual}$ 이므로 f는 위상동형함수가 아니다.

참고 5.38 함수 f가 위상동형함수가 아니긴 하지만, $(\mathbb{R}, \mathscr{T}_u)$와 $(\mathbb{R}, \mathscr{T}_{usual})$ 사이에 함수 f가 아닌 다른 위상동형함수가 존재할 수 있기 때문에 $(\mathbb{R}, \mathscr{T}_u)$와 $(\mathbb{R}, \mathscr{T}_{usual})$이 위상동형이 아니라고 결론내릴 수는 없다. 주어진 두 공간이 위상동형이 아님을 보이기 위해서는 두 공간이 공통적으로 가지지 않지만, 위상동형에 의해서는 보존되는 성질 혹은 대수적인 값을 찾아야 한다. 이를 위상적 성질 또는 위상적 불변량이라 하고 이들을 연구하여 위상동형인 위상공간들을 분류하는 문제는 위상수학의 궁극적 과제이다.

5.3.4 위상동형함수의 예

예제 5.39

(1) 보통위상이 주어진 실수 전체의 집합 $\mathbb{R}$과 열린 구간$(-1, 1)$은 위상동형이다. 함수 $f(x) = \frac{x}{1-x^2}$는 구간 $(-1, 1)$에서 $\mathbb{R}$로 대응하는 전단사함수이고 연속이며 역함수도 연속이므로 f는 $(-1, 1)$에서 $\mathbb{R}$로의 위상동형함수이다. 혹은 $g(x) = \tan(\frac{\pi x}{2})$도 $(-1, 1)$에서 $\mathbb{R}$로의 위상동형함수이다.

(2) 보통위상이 주어진 실수 전체의 집합 $\mathbb{R}$과 닫힌구간 $[0, 1]$은 위상동형이 아니다. 만약 $f\colon [0, 1] \to \mathbb{R}$이 위상동형함수이면, f가 연속이므로 최대-최소 정리에 의하여 f의 치역이 유계이다. 따라서 f는 전사가 아니어서 f는 위상동형함수가 될 수 없다. 그러므로 $\mathbb{R}$과 닫힌구간 $[0, 1]$는 위상동형이

아니다.

예제 5.40 집합 $X = \{a, b, c, d\}$ 에 위상

$$\mathscr{T}_X = \{\varnothing, \{a\}, \{a, b\}, \{a, c, d\}, X\}$$

가 주어져 있고 집합 $Y = \{1, 2, 3, 4\}$ 에는

$$\mathscr{S} = \{\{3, 4\}, \{1, 2, 3\}\}$$

을 부분기저로하여 생성된 위상 $\mathscr{T}_Y$ 가 주어져 있다. $(X, \mathscr{T}_X)$ 에서 $(Y, \mathscr{T}_Y)$ 로의 모든 위상동형함수를 구하여라.

| 풀이 | 만약 $f\colon (X, \mathscr{T}_X) \to (Y, \mathscr{T}_Y)$ 가 위상동형함수이면, $f(\{a\}) = \{3\}$ 이면서 $f(\{a, b\}) = \{3, 4\}$ 이어야 한다. 따라서 $f(a) = 3$, $f(b) = 4$ 이고 이를 통해 함수 f 가 위상동형함수가 되는 경우는

$$(f(a), f(b), f(c), f(d)) = (3, 4, 1, 2), \quad (f(a), f(b), f(c), f(d)) = (3, 4, 2, 1)$$

으로 총 두 개의 위상동형함수가 존재함을 알 수 있다. □

예제 5.41 집합 $X = \{1, 2, 3, 4, 5\}$ 에 X 의 기저

$$\mathscr{B} = \{\{3\}, \{5\}, \{3, 5\}, \{1, 3, 5\}, \{3, 4, 5\}, X\}$$

에 의해 생성된 위상 $\mathscr{T}$ 가 주어져 있다. $(X, \mathscr{T})$ 에서 $(X, \mathscr{T})$ 로의 모든 위상동형함수를 구하여라.

| 풀이 | 항등함수 $\mathrm{Id}_X\colon (X, \mathscr{T}) \to (X, \mathscr{T})$ 와

$$(\sigma_{14}(1), \sigma_{14}(2), \sigma_{14}(3), \sigma_{14}(4), \sigma_{14}(5)) = (4, 2, 3, 1, 5)$$

으로 정의된 함수 $\sigma_{14}\colon X \to X$ 가 $(X, \mathscr{T})$ 에서 $(X, \mathscr{T})$ 로의 모든 위상동형함수이다. □

5.4 위상적 성질과 불변량

5.4.1 위상적 성질과 불변량의 정의

정의 5.42. 위상공간에 관한 성질 P가 위상동형인 위상공간들 사이에서 동일하게 나타날 때, 성질 P를 **위상적 성질(topological property)**이라 하고, 위상동형인 위상공간들이 공통적으로 가지는 대수적인 대상을 **위상적 불변량 (topological invariant)**이라고 부른다.

즉, 위상동형함수에 의하여 위상적 성질과 위상적 불변량들은 변하지 않는다. 위상수학은 이러한 위상적 성질과 위상적 불변량을 연구하고 위상공간을 분류하는 학문이다.

5.4.2 위상적 성질과 불변량의 예

(1) 위상공간의 콤팩트성은 위상적 성질이다.

(2) 위상공간의 연결성분의 수와 경로연결 성분의 수는 위상적 불변량이다.

(3) 두 위상공간 X, Y가 위상동형함수 $f\colon X \to Y$에 의하여 위상동형이면, X의 부분공간 A와 A에 대응하는 Y의 부분공간 $f(A)$도 f의 정의역을 A로 제한한 함수 $f|_A\colon A \to f(A)$에 의하여 위상동형이다.

(4) 도형의 오일러 표수는 위상적 불변량이다.

참고 5.43 거리공간의 완비성과 유계성은 위상적 성질이아니다.

정리 5.44

두 위상공간 X, Y 사이의 위상동형함수 $f\colon X \to Y$에 대해서, 다음이 성립한다.

(1) $\mathrm{int}(f(A)) = f(\mathrm{int}(A))$이다.

(2) X 안의 수열 $\{x_n\}_{n=1}^{\infty}$이 x로 수렴하면 Y 안의 수열 $\{f(x_n)\}_{n=1}^{\infty}$은 $f(x)$로 수렴한다.

(3) x가 A의 극한점이면 $f(x)$는 $f(A)$의 극한점이다.

즉, 내부, 수열의 수렴성, 극한점은 위상동형함수에 의해 보존된다.

| 증명 | (1) 함수 f는 열린함수이므로 $f(\mathrm{int}(A)) \subset \mathrm{int}(f(A))$이다. 만약 $y \in \mathrm{int}(f(A))$이면 $y \in U \subset f(A)$인 Y의 열린집합 V가 존재하고 f는 위상동형함수

이므로 $V = f(U)$, $U \subset A$인 X의 열린집합 U와 $y = f(x)$, $x \in U \subset A$을 만족하는 x가 존재한다. $x \in \mathrm{int}(A)$이므로 $y = f(x) \in f(\mathrm{int}(A))$이다. 따라서 $\mathrm{int}(f(A)) \subset f(\mathrm{int}(A))$이고 $\mathrm{int}(f(A)) = f(\mathrm{int}(A))$이다.

(2) 위상동형함수은 연속이므로 수열연속이다.

(3) 만약 $f(x) \in V$인 Y의 열린집합 V가 존재하면, f는 위상동형함수이므로 $V = f(U)$인 X의 열린집합 U가 존재하고 $x \in U$이다. 점 x는 A의 극한점이므로

$$(U \setminus \{x\}) \cap A \neq \varnothing$$

이다. 함수 f는 위상동형함수이므로

$$f((U \setminus \{x\}) \cap A) = (f(U) \setminus \{f(x)\}) \cap f(A) \neq \varnothing$$

이다. 따라서 $f(x)$는 $f(A)$의 극한점이다.

□

예제 5.45 보통위상이 주어진 $\mathbb{R}^3$의 부분공간으로서, 다음에 주어진 위상공간들이 위상동형인지를 직관적으로 판단하고, 위상동형이면 위상동형함수를 제시하시오.

(1) 평면 $P = \{(x, y, z) \in \mathbb{R}^3 \mid z = 0\}$과 원뿔 $A = \{(x, y, z) \in \mathbb{R}^3 \mid z = \sqrt{x^2 + y^2}\}$.

(2) 원기둥면 $C = \{(x, y, z \in \mathbb{R}^3 \mid x^2 + y^2 = 1\}$과 쌍곡면 $H = \{(x, y, z) \in \mathbb{R}^3 \mid x^2 + y^2 - z^2 = 1\}$.

(3) 구면 $S = \{(x, y, z) \in \mathbb{R}^3 \mid x^2 + y^2 + z^2 = 1\}$과 원환면 $T = \{(x, y, z) \in \mathbb{R}^3 \mid (x^2 + y^2 - 4)^2 + z^2 = 1\}$.

(4) 뫼비우스 띠 M과 두 개 붙인 띠 W (아래 그림 참고).

|풀이| (1) 위상동형이다. 함수 $h(x, y, 0) = (x, y, \sqrt{x^2 + y^2})$는 위상동형함수이다.

(2) 위상동형이다. 함수 $h(x, y, z) = (x\sqrt{z^2 + 1}, y\sqrt{z^2 + 1}, z)$는 위상동형함수이다.

(3) 위상동형이 아니다.

(4) 위상동형이 아니다.

□

예제 5.46 사각형 X는 삼각형 Y와 위상동형임을 보이시오.

|풀이| 사각형 $X = \{(x, y) \mid 0 \le x \le 1, 0 \le y \le 1\}$에서 삼각형 $Y = \{(x, y) \mid 0 \le x \le 1, 0 \le y \le 1 - x\}$로의 위상동형함수 $f \colon X \to Y$를

$$f(x, y) = \begin{cases} \left(x - \frac{y}{2}, \frac{y}{2}\right), & y \le x \\ \left(\frac{x}{2}, y - \frac{x}{2}\right), & y > x \end{cases}$$

으로 줄 수 있다. 따라서 변의 개수는 위상적 성질이 아니다. □

예제 5.47 부채꼴 X와 삼각형 Y는 위상동형임을 보이시오.

|풀이| 부채꼴 $X = \{(x, y) \mid 0 \le x, 0 \le y, x^2 + y^2 \le 1\}$에서 삼각형 $Y = \{(x, y) \mid 0 \le x, y, x + y \le 1\}$로의 위상동형함수 $f \colon X \to Y$는

$$f(x, y) = (x^2, y^2)$$

으로 줄 수 있다. 따라서 변이 직선이거나 휜 것은 위상적 성질이 아니다. □

예제 5.48 내부가 찬 사각형 에서 한 변을 제외한 공간 X는 내부가 찬 삼각형에서 한 꼭지점을 뺀 공간 Y와 위상동형임을 보이시오.

|풀이| 내부가 찬 사각형 에서 한 변을 제외한 공간 $X = \{(x, y) \mid 0 < x \le 1, 0 \le y \le 1\}$에서 내부가 찬 삼각형에서 한 꼭지점을 뺀 공간 $Y = \{(x, y) \mid 0 < x \le 1, 0 \le y \le x\}$로의 위상동형함수 $f \colon X \to Y$는

$$f(x, y) = (x, xy)$$

으로 줄 수 있다. 따라서 겉모양만으로는 위상동형을 판단할 수 없다. □

예제 5.49 내부가 찬 사각형에서 인접한 두 변을 제외한 공간 X와 사분면 Y는 위상동형임을 보이시오.

| 풀이 | 내부가 찬 사각형에서 인접한 두 변을 제외한 공간 X 에서 사분면 Y 로의 위상동형함수 $f\colon X \to Y$ 는

$$f(x,y) = \left(\tfrac{x}{1-x}, \tfrac{y}{1-y}\right)$$

으로 줄 수 있다. 따라서 겉모양만으로는 위상동형을 판단할 수 없다는 것을 알 수 있다. □

예제 5.50 열린 원판에서 한 점을 제거한 공간 X 와 열린 띠 Y 는 위상동형임을 보이시오.

| 풀이 | 열린 원판에서 한 점을 제거한 공간 $X = \{(x,y) \mid 0 < x^2 + y^2 < 4\}$ 에서 열린 띠 $Y = \{(x,y) \mid 1 < x^2 + y^2 < 4\}$ 로의 위상동형함수 $f\colon X \to Y$ 는

$$f(x,y) = \left(\tfrac{x}{2} + \tfrac{x}{\sqrt{x^2+y^2}}, \tfrac{y}{2} + \tfrac{y}{\sqrt{x^2+y^2}}\right)$$

으로 줄 수 있다. 따라서 겉모양만으로는 위상동형을 판단할 수 없다. □

예제 5.51 평면 X 와 한 점 빠진 구면 Y 는 위상동형임을 보이시오.

| 풀이 | 평면 $X = \mathbb{R}^2$ 에서 한 점 빠진 구면 $Y = \{(x,y,z) \mid x^2 + y^2 + z^2 = 1\} \setminus \{(0,0,1)\}$ 로의 위상동형함수 $f\colon X \to Y$ 는

$$f(x,y) = \left(\tfrac{2x}{x^2+y^2+1}, \tfrac{2y}{x^2+y^2+1}, \tfrac{x^2+y^2-1}{x^2+y^2+1}\right)$$

으로 줄 수 있다. 따라서 평평함, 굽음은 위상적 성질이 아니다. □

예제 5.52 열린원판 X 와 한 점 빠진 구면 Y 는 위상동형임을 보이시오.

| 풀이 | 열린원판 $X = \{(x,y) \mid x^2 + y^2 < 1\}$ 에서 한 점 빠진 구면 $Y = S^2 \setminus \{(0,0,1)\}$ 로의 위상동형함수 $f\colon X \to Y$ 는

$$f(x,y) = \left(2x\sqrt{1-x^2-y^2}, 2y\sqrt{1-x^2-y^2}, 2x^2+2y^2-1\right)$$

으로 줄 수 있다. □

5.5 연습문제 및 기출문제

5.5.1 연습문제

1. 연속성에 관한 다음 설명 중 옳지 않은 것은?

   ① 함수 $f\colon X \to Y$가 연속이면 X의 부분집합 A로 제한한 함수 $f|_A$도 연속이다.

   ② X가 이산공간이고 Y가 임의의 위상공간이면 임의의 함수 $f\colon X \to Y$가 연속이다.

   ③ 위상공간 $(X, \mathscr{T})$의 공집합이 아닌 부분집합 A에서 정의된 함수 $f\colon A \to (Y, \mathscr{T}_Y)$는 A의 고립점 p에서 연속이다. (단, A에 위상은 부분위상이 주어져 있다.)

   ④ 위상공간 $(X, \mathscr{T})$의 부분집합 O_1, O_2에 대하여 $X = O_1 \cup O_2$이고 함수 $f\colon X \to Y$의 두 제한함수 $f|_{O_1}\colon O_1 \to Y$, $f|_{O_2}\colon O_2 \to Y$가 연속이면 f도 연속함수이다.

   ⑤ Y가 비이산위상공간이고 X가 임의의 위상공간이면 모든 함수 $f\colon X \to Y$가 연속이다.

2. 집합 $X = \{a, b, c, d, e\}$, $Y = \{1, 2, 3, 4, 5, 6\}$이라 하자. 위상공간 $(X, \mathscr{T})$와 $(Y, \mathscr{T}')$의 위상 $\mathscr{T}$, $\mathscr{T}'$의 기저 $\mathscr{B}$, $\mathscr{B}'$가 각각 다음과 같다.

$$\mathscr{B} = \{\{a\}, \{d, e\}, \{a, b, c\}\}, \quad \mathscr{B}' = \{\{4\}, \{5\}, \{5, 6\}, \{1, 2, 4\}, \{3, 4, 5\}\}$$

   함수 $g\colon X \to Y$를 $g(a) = g(b) = g(c) = 4$, $g(d) = 3$, $g(2) = k$로 정의할 때, 함수 g가 연속이 되도록 하는 k의 값은?

3. 집합 $X = \{1, 2, 3, 4, 5\}$, $Y = \{a, b, c, d, e\}$라 하자. 집합 X, Y의 위상 $\mathscr{T}$, $\mathscr{T}'$를 생성하는 기저 $\mathscr{B}$, $\mathscr{B}'$이 각각 다음과 같다.

$$\mathscr{B} = \{\{1\}, \{2\}, \{1, 2, 5\}, \{2, 3, 4\}\}, \quad \mathscr{B}' = \{\{a, b\}, \{b, e\}, \{b\}, \{c, d\}\}$$

   함수 $f\colon X \to Y$를 $f(1) = a$, $f(2) = b$, $f(3) = c$, $f(4) = d$, $f(5) = e$로 정의하였을 때, 함수 f는 어느 점에서 연속인가?

4. 집합 $X = \{1, 2, 3, 4, 5\}$, $Y = \{a, b, c, d, e\}$라 하자. 집합 X, Y의 위상 $\mathscr{T}$, $\mathscr{T}'$를 생성하는 기저 $\mathscr{B}$, $\mathscr{B}'$이 각각 다음과 같다.

$$\mathscr{B} = \{\{1\}, \{2\}, \{1, 2, 5\}, \{2, 3, 4\}\}, \quad \mathscr{B}' = \{\{a, b\}, \{b, e\}, \{b\}, \{c, d\}\}$$

함수 $g\colon X \to Y$ 를 $g(1) = b$, $g(2) = e$, $g(3) = c$, $g(4) = d$, $g(5) = a$ 로 정의하였을 때, 함수 g 는 어느 점에서 연속인가?

(1) 1 에서 연속　　(2) 2 에서 연속

(3) 1, 2, 3 에서 연속　　(4) 1, 2 에서 연속

(5) 2, 3 에서 연속.

5. 집합 $X = \{a, b, c\}$ 에 기저 $\mathscr{B} = \{\{a\}, \{a, b\}, \{c\}\}$ 로 생성된 위상 $\mathscr{T}$ 가 주어져 있을 때, 연속함수 $f\colon (X, \mathscr{T}) \to (X, \mathscr{T})$ 는 모두 몇개인가?

   (1) 8 개　(2) 9 개　(3) 10 개　(4) 11 개　(5) 12 개

6. 집합 $X = \{1, 2, 3, 4\}$ 에 기저 $\mathscr{B} = \{\{1\}, \{1, 2\}, \{1, 2, 3, 4\}\}$ 로 생성된 위상 $\mathscr{T}$ 가 주어져 있을 때, 연속함수 $f\colon (X, \mathscr{T}) \to (X, \mathscr{T})$ 는 모두 몇개인가?

   (1) 46 개　(2) 47 개　(3) 48 개　(4) 49 개　(5) 50 개

7. 집합 $X = \{1, 2, 3, 4, 5\}$ 에 기저 $\mathscr{B} = \{\{1, 3, 5\}, \{2, 3, 4\}, \{3\}, \{4\}, \{3, 4, 5\}, \{5\}\}$ 로 생성된 위상 $\mathscr{T}$ 가 주어져 있을 때, 위상동형함수 $f\colon (X, \mathscr{T}) \to (X, \mathscr{T})$ 는 모두 몇개인가?

   (1) 1 개　(2) 2 개　(3) 3 개　(4) 4 개　(5) 5 개

8. 집합 $X = \{1, 2, 3, 4, 5\}$ 에 기저 $\mathscr{B} = \{\{2\}, \{3\}, \{4\}, \{5\}, \{1, 3, 5\}, \{3, 4, 5\}\}$ 로 생성된 위상 $\mathscr{T}$ 가 주어져 있을 때, 위상동형함수 $f\colon (X, \mathscr{T}) \to (X, \mathscr{T})$ 는 모두 몇개인가?

   (1) 2 개　(2) 3 개　(3) 4 개　(4) 5 개　(5) 6 개

9. 두 위상공간 $(X, \mathscr{T}_X)$, $(Y, \mathscr{T}_Y)$ 사이의 연속인 전사함수 $f\colon (X, \mathscr{T}_X) \to (Y, \mathscr{T}_Y)$ 가 정의되어 있다. 만약 A 가 X 의 조밀한 부분집합이면 $f(A)$ 는 Y 의 조밀한 부분집합임을 보이시오.

10. 실수 전체의 집합 $\mathbb{R}$ 의 보통위상을 $\mathscr{T}_{usual}$ 이라 하자. 거리공간 (X, d) 의 공집합이 아닌 부분집합 A 에 대하여, 함수 $f\colon (X, d) \to (\mathbb{R}, \mathscr{T}_{usual})$ 을 $f(x) = d(A, x) = \inf\{d(a, x) \mid a \in A\}$ 로 정의하였을 때, 함수 f 가 연속함수임을 보이시오.

11. 실수 전체의 집합 $\mathbb{R}$ 의 여유한위상을 $\mathscr{T}_f$ 라 하고 보통위상을 $\mathscr{T}_{usual}$ 이라 하자. $f\colon (\mathbb{R}, \mathscr{T}_f) \to (\mathbb{R}, \mathscr{T}_{usual})$ 이 연속이면 f 는 상수함수임을 보이시오.

12. 보통위상이 주어진 실수 전체의 집합 $\mathbb{R}$의 부분공간 $[0,1]$에서 정의된 함수

$$f(x) = \begin{cases} x, & x \in \mathbb{Q} \\ 0, & x \notin \mathbb{Q} \end{cases}$$

는 0에서 연속이고 $x \in (0,1]$에서 불연속임을 보이시오.

13. 유리수 전체의 집합 $\mathbb{Q}$와 자연수 전체의 집합 $\mathbb{N}$ 사이에는 전단사함수 $\phi\colon \mathbb{Q} \to \mathbb{N}$이 존재한다. 실수 전체의 집합 $\mathbb{R}$의 보통위상을 $\mathscr{T}_{usual}$이라 할 때, 함수 $f\colon (\mathbb{R}, \mathscr{T}_{usual}) \to (\mathbb{R}, \mathscr{T}_{usual})$을

$$f(x) = \begin{cases} \frac{1}{\phi(x)} & x \in \mathbb{Q} \\ 0 & x \notin \mathbb{Q} \end{cases}$$

로 정의하면 이 함수는 모든 $x \in \mathbb{Q}$에서 불연속이고 모든 $x \in \mathbb{R} \setminus \mathbb{Q}$에서 연속임을 보이시오.

5.5.2 기출문제

1. [1994] 임의의 위상공간의 부분집합 S에 대하여, S를 부분집합으로 갖는 모든 닫힌집합들의 교집합을 $\overline{S}$로 나타낸다. X와 Y가 위상공간이고 f가 X에서 Y로의 함수일 때, f의 연속성과 동치가 아닌 것은?

   ① Y의 각 부분집합 B에 대하여 $\overline{f^{-1}(B)} \subset f^{-1}(\overline{B})$이다.

   ② X의 각 부분집합 A에 대하여 $f(\overline{A}) \subset \overline{f(A)}$이다.

   ③ Y의 각 닫힌집합 B에 대하여 $f^{-1}(B)$는 X에서 닫힌집합이다.

   ④ X의 각 열린집합 A에 대하여 $f(A)$는 열린집합이다.

2. [1995] 집합 $X = \{p, q, r, s\}$ 위에서 정의된 위상(topology)을

$$\mathscr{T} = \{\varnothing, \{p\}, \{q\}, \{p, q\}, \{q, r, s\}, X\}$$

   이라 하자. 함수 $f\colon (X, \mathscr{T}) \to (X, \mathscr{T})$가 그림과 같이 정의될 때, 함수 f가 연속이 아닌 점을 구하시오.

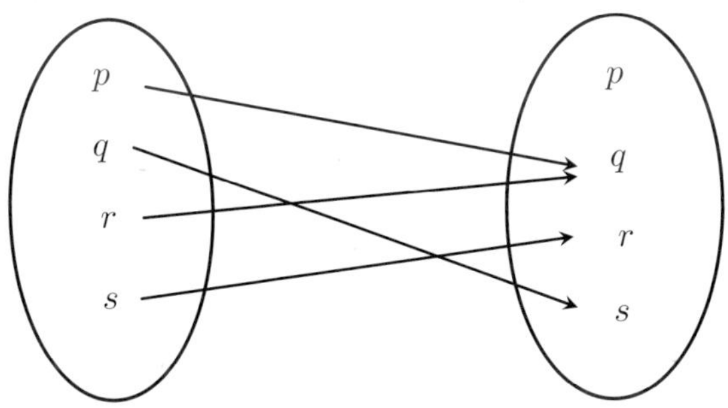

3. [2001] 평면 $\mathbb{R}^2$ 상의 두 점 $x = (x_1, x_2)$와 $y = (y_1, y_2)$ 사이의 거리(metric)를 $d(x, y) = |x_1 - y_1| + |x_2 - y_2|$으로 정의할 때, 행렬 $A = \begin{bmatrix} \frac{\sqrt{3}}{4} & -\frac{1}{4} \\ \frac{1}{4} & \frac{\sqrt{3}}{4} \end{bmatrix}$에 의하여 표현되는 함수 $f\colon \mathbb{R}^2 \to \mathbb{R}^2$가 거리공간 $\mathbb{R}^2$에서 연속함수임을 밝히시오.

4. [2001] 다음 각 물음에 답하시오.

   (1) 주어진 두 위상공간 X, Y에 대하여 X에서 Y로의 위상동형함수(homeomorphism)의 정의를 쓰시오.

   (2) $X = \{a, b, c, d\}$ 위에 위상(topology) $\mathscr{T} = \{\varnothing, \{a, b\}, \{c, d\}, X\}$가 주어져 있을 때, X에서 X로의 위상동형함수의 개수를 구하시오.

5. [2002] 집합 $X = \{1,2,3,4,5\}$ 의 위상 $\mathscr{T} = \{\varnothing, \{2\}, \{4\}, \{1,2\}, \{2,4\}, \{1,2,4\}, \{3,4,5\}, \{2,3,4,5\}, X\}$ 이 있다. 함수 $f\colon X \to X$ 를 아래와 같이 정의할 때,

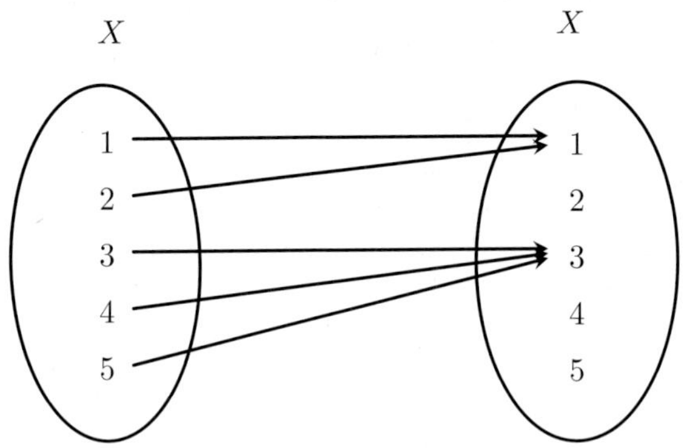

다음 물음에 답하시오.

(1) $f\colon (X, \mathscr{T}) \to (X, \mathscr{P}(X))$ 가 연속임을 보이시오.

(2) $(X, \mathscr{T})$ 에서 $\{2\}$ 와 $\{4\}$ 의 닫음(closure)를 각각 구하시오.

(3) 집합 $\{h \mid h\colon (X, \mathscr{T}) \to (X, \mathscr{P}(X))$ 는 연속이고 $h(2) = 1, h(4) = 3$ 이다.$\}$ 의 원소의 개수를 구하고, 그 이유를 설명하시오.

6. [2006] 위상공간 X, Y 에 대하여 함수 $f\colon X \to Y$ 가 다음 조건을 만족할 때, f 를 닫힌함수(closed map)이라 한다.

<조 건>

> 임의의 X 의 닫힌집합(closed set) A 에 대하여, $f(A)$ 는 Y 의 닫힌집합이다.

보통위상(usual topology)이 주어진 실수 전체의 집합 $\mathbb{R}$ 에 대하여 함수 $f\colon \mathbb{R}\times\mathbb{R} \to \mathbb{R}$ 를 $f(x,y) = x$ 로 정의할 때, f 는 연속함수임을 보이고 닫힌함수는 아님을 보이시오.

7. [2007] 위상공간 X 를 $\mathscr{B} = \{V \subset X \mid V$ 와 V^c 는 모두 X 의 열린집합(open set)$\}$ 을 기저(basis)로 갖는 위상공간이라 하자. 그리고 F 를 닫힌집합(closed set), p 를 F 에 속하지 않는 X 의 점이라고 할 때, $f(p) = 0$ 이고 $f(F) = \{1\}$ 인 연속함수 $f\colon X \to \mathbb{R}$ 가 존재함을 보이시오. (단, $\mathbb{R}$ 은 실수 전체의 집합이다.)

8. [2009] 실수 전체의 집합을 $\mathbb{R}$, 유리수 전체의 집합을 $\mathbb{Q}$ 라 하자. $\mathscr{T}$ 를 $\mathbb{R}$ 위의 보통위상(usual topology)이라 하고 $(\mathbb{Q}, \mathscr{T}_{\mathbb{Q}})$ 를 $(\mathbb{R}, \mathscr{T})$ 의 부분공간이라 하자.

함수 $j\colon \mathbb{Q} \to \mathbb{R}$를 임의의 $r \in \mathbb{Q}$에 대하여 $j(r) = r$로 정의할 때, 다음 명제의 참, 거짓을 판정하고 설명하시오.

<명 제>

ㄱ. 함수 $j\colon (\mathbb{Q}, \mathscr{T}_{\mathbb{Q}}) \to (\mathbb{R}, \mathscr{T})$는 연속이다.
ㄴ. 임의의 위상공간 X와 함수 $f\colon X \to (\mathbb{Q}, \mathscr{T}_{\mathbb{Q}})$에 대하여 $j \circ f\colon X \to (\mathbb{R}, \mathscr{T})$가 연속이면 $f\colon X \to (\mathbb{Q}, \mathscr{T}_{\mathbb{Q}})$가 연속이다.

9. [2010] 자연수 전체의 집합을 $\mathbb{N}$이라 하자. 집합 $X = \{n \in \mathbb{N} \mid n \geq 2\}$의 각 원소 n에 대하여 $B_n = \{k \in X \mid k\text{는 } n\text{의 약수}\}$라 하고, $\mathscr{B} = \{B_n\}_{n \in X}$를 기저로 하는 X 위에서의 위상을 $\mathscr{T}$라 하자. 다음 명제의 참, 거짓을 판정하고 설명하시오.

<명 제>

함수 $f\colon (X, \mathscr{T}) \to (X, \mathscr{T}')$을 $f(x) = x$로 정의할 때, f는 $x = 2$에서 연속이다. 여기서 $\mathscr{T}'$은 X 위에서의 이산위상(discrete topology)이다.

10. [2011] 실수 전체의 집합 $\mathbb{R}$ 위의 보통위상(usual topology)를 $\mathscr{T}$라 하고, 함수 $f\colon \mathbb{R} \to [0,1)$을 $f(x) = x - \lfloor x \rfloor$로 정의하자. 집합 $[0,1)$위의 위상 $\mathscr{T}_0$을

$$\mathscr{T}_0 = \{V \subset [0,1) \mid f^{-1}(V) \in \mathscr{T}\}$$

로 정의하자. 다음 명제의 참, 거짓을 판정하고 이유를 설명하시오. (단, $\lfloor x \rfloor$는 x를 넘지 않는 최대 정수이고, $[a,b) = \{x \in \mathbb{R} \mid a \leq x < b\}$이다.)

<명 제>

(1) $\left[0, \frac{1}{2}\right) \in \mathscr{T}_0$이다.
(2) 함수 $h\colon ([0,1), \mathscr{T}_0) \to (\mathbb{R}, \mathscr{T})$를 $h(x) = 1 - x$로 정의하면 h는 연속이다.

11. [2014] 자연수 전체의 집합 $\mathbb{N}$에서 위상 $\mathscr{T}$를

$$\mathscr{T} = \{G \subset \mathbb{N} \mid \mathbb{N} \setminus G\text{는 유한집합}\} \cup \{\varnothing\}$$

으로, 함수 $f\colon \mathbb{N} \to \mathbb{N}$을

$$f(n) = \begin{cases} 1 & 1 \le n < 5 \\ 2 & 5 \le n < 10 \\ 3 & 10 \le n \end{cases}$$

으로 정의하자. $\mathscr{T}_d$를 $\mathbb{N}$에서 이산위상(discrete topology)이라 하고, 집합 A를

$$A = \{n \in \mathbb{N} \mid f\colon (\mathbb{N}, \mathscr{T}) \to (\mathbb{N}, \mathscr{T}_d)\text{는 } n\text{에서 불연속}\}$$

이라 할 때, 집합 A의 원소의 개수를 구하시오.

Chapter 6

부분공간, 곱공간과 상공간

이 장에서는 주어진 위상공간으로부터 새로운 위상공간을 얻는 방법에 대하여 공부한다. 구체적으로 부분공간과 부분위상, 곱공간과 곱위상, 함수족의 약위상 및 상공간과 상함수에 대하여 학습한다.

학습목표

1. 부분공간과 부분위상에 대하여 알아본다.
2. 곱공간과 곱위상에 대하여 알아본다.
3. 함수족의 약위상에 대하여 알아본다.
4. 상공간과 상함수에 대하여 알아본다.

핵심어: 부분공간, 부분위상, 곱공간, 곱위상, 함수족의 약위상, 상공간, 상함수

6.1 부분공간과 부분위상

6.1.1 부분공간의 정의

위상공간 $(X, \mathscr{T})$의 공집합이 아닌 부분집합 Y이 주어져 있을 때, X의 위상 $\mathscr{T}$로부터 Y를 새로운 위상공간으로 만드는 방법을 살펴보자.

정의 6.1. 위상공간 $(X, \mathscr{T})$의 공집합이 아닌 부분집합 Y에 대해, Y의 부분집합족

$$\mathscr{T}_Y = \{V \subset Y \mid V = Y \cap U, U \in \mathscr{T}\}$$

를 Y의 **부분위상(relative topology)**이라 한다. 이때, 위상공간 $(Y, \mathscr{T}_Y)$을 $(X, \mathscr{T})$의 **부분공간(subspace)**이라 한다.

만약 $\mathscr{B}$가 위상공간$(X, \mathscr{T})$의 위상 $\mathscr{T}$의 기저이면 $\mathscr{B}_Y = \{Y \cap B \mid B \in \mathscr{B}\}$는 부분위상 $\mathscr{T}_Y$의 기저가 된다. $\mathscr{S}$가 위상공간 $(X, \mathscr{T})$의 위상 $\mathscr{T}$의 부분기저이면 $\mathscr{S}_Y = \{Y \cap S \mid S \in \mathscr{S}\}$는 부분위상 $\mathscr{T}_Y$의 부분기저가 된다.

예제 6.2

(1) 비이산공간 $(X, \mathscr{T})$의 부분공간 Y는 비이산공간이다.
(2) 이산공간 $(X, \mathscr{T})$의 부분공간 Y는 이산공간이다.
(3) 여유한공간 $(X, \mathscr{T})$의 부분공간 Y는 여유한공간이다.
(4) 여가산공간 $(X, \mathscr{T})$의 부분공간 Y는 여가산공간이다.
(5) 거리공간의 부분공간은 거리공간이다.

정리 6.3

거리공간 (X, d)의 공집합이 아닌 부분집합 A에 주어진 부분위상 $\mathscr{T}_A$는 d의 제한함수인 거리함수

$$d_A \colon A \times A \to \mathbb{R}$$

에 대한 거리위상 $\mathscr{T}_{d_A}$와 같다.

| 증명 | A에 주어진 부분위상은 $\mathscr{B}_A = \{B_d(x, r) \cap A \mid x \in X, r > 0, r \in \mathbb{R}\}$로 생성된다. X의 거리함수 d를 제한한 거리함수 $d_A \colon A \times A \to \mathbb{R}$는 A의 거리함수이고 해당하는 열린구 $B_{d_A}(x, r)$는 정의에 의해

$$B_{d_A}(x,r) = \{y \in A \mid d_A(x,y) < r\} = B_d(x,r) \cap A$$

를 만족한다. 따라서 부분위상 $\mathscr{T}_A$의 기저 $\mathscr{B}_A$와 제한된 거리함수 d_A로부터 유도된 거리위상 $\mathscr{T}_{d_A}$의 기저 $\mathscr{B}_{d_A}$는 같은 A의 부분집합족이고 해당하는 위상 $\mathscr{T}_A$와 $\mathscr{T}_{d_A}$도 같다. □

정리 6.4

위상공간 X의 부분공간 Y와 Y의 부분집합 A가 있다.

(1) A가 Y의 닫힌집합인 것과 $A = Y \cap F$인 X의 닫힌집합 F가 존재하는 것은 동치이다.

(2) A가 Y의 닫힌집합, Y가 X의 닫힌집합이면 A는 X의 닫힌집합이다.

(3) A가 Y의 부분공간이면 A는 X의 부분공간이다.

| 증명 | (1) ($\Rightarrow$) A가 Y의 닫힌집합이면, 부분위상의 정의에 의해 $A = Y \setminus (Y \cap U)$인 X의 열린집합 U가 있다. $A = Y \setminus (Y \cap U) = Y \cap (X \setminus U)$이므로 $F = X \setminus U$라 두면 F는 X의 닫힌집합이고 $A = Y \cap F$이다.

($\Leftarrow$) $A = Y \cap F$인 X의 닫힌집합 F가 존재한다고 가정하자. 따라서 $F = X \setminus U$인 X의 열린집합 U가 있다. $A = Y \cap (X \setminus U) = Y \setminus (Y \cap U)$이므로 A는 Y의 닫힌집합이다.

(2) A가 Y의 닫힌집합이면 (1)에 의해 $A = Y \cap F$인 X의 닫힌집합 F가 존재한다. Y도 X의 닫힌집합이므로 $A = Y \cap F$는 X의 닫힌집합이다.

(3) Y의 부분공간 A의 열린집합 U에 대해, $U = A \cap V$인 Y의 열린집합 V가 존재한다. Y는 X의 부분공간이므로 Y의 열린집합 V는 $V = Y \cap U$인 X의 열린집합 U가 존재하고

$$U = A \cap V = A \cap (Y \cap U) = (A \cap Y) \cap U = A \cap U$$

이다. 따라서 A는 X의 부분공간이다.

□

정의 6.5. 위상공간 X의 부분공간 Y에 대하여 X가 갖는 위상적 성질을 모든 부분공간 Y도 가지면 그러한 성질을 **유전적 성질(hereditary property)**이라 한다.

앞에서 증명한 성질에 따르면 거리공간은 유전적 성질이다. 반면 순서공간은 유전적 성질이 아니다.

예제 6.6 $\mathbb{R}$의 순서위상은 보통위상 $\mathscr{T}_{usual}$와 같다. 하지만 $(\mathbb{R}, \mathscr{T}_{usual})$의 부분집합 $Y = (0,1] \cup (2,3)$에 관하여 순서집합 $(Y, <)$의 순서위상 $\mathscr{T}_<$와 부분위상 $\mathscr{T}_Y$는 서로 다르다. 실제로 $(0,1] \in \mathscr{T}_Y$이지만 $(0,1] \notin \mathscr{T}_<$이다.

6.1.2 부분공간의 위상동형

임의의 위상동형함수는 부분집합들 사이의 위상동형함수를 다음과 같이 유도한다.

정리 6.7

$f\colon X \to Y$가 위상동형함수이며 A가 X의 공집합이 아닌 부분집합이면 제한함수 $f|_A\colon A \to f(A)$는 위상동형함수이다.

| 증명 | 위상동형함수 f는 단사이므로 $f|_A$도 단사함수이고 정의에 의해 $f|_A(A) = f(A)$이므로 $f|_A$는 전사함수이다. 따라서 $f|_A$는 전단사함수이다.

반면 $f(A)$의 임의의 열린집합을 $f(A) \cap V$(단, V는 Y의 열린집합)이라 하자. 함수 f는 전단사이므로 $f|_A^{-1}(f(A) \cap V) = A \cap f^{-1}(V)$이다. f는 연속이므로 $f^{-1}(V)$는 X의 열린집합이고, $A \cap f^{-1}(V)$는 A의 열린집합이다. 따라서 $f|_A$는 연속이다.

임의의 A의 열린집합을 $A \cap U$(단, U는 X의 열린집합)이라 하자. 함수 f는 열린함수이므로 $f(U)$는 Y의 열린집합이다. 또한 함수 f는 전단사함수이므로 $f|_A(A \cap U) = f(A) \cap f(U)$으로 $f(A)$의 열린집합이고, $f|_A$는 열린함수이다.

정리하면, 전단사함수 $f|_A$는 연속인 열린함수이므로 위상동형함수이다. □

예제 6.8 보통위상이 주어져 있는 집합 $\mathbb{R}^2$ 사이의 함수 $f\colon \mathbb{R}^2 \to \mathbb{R}^2$, $f(x,y) = (2x, 3y)$는 위상동형함수이다. 위 정리에 의해 다음 명제들이 성립한다.

(1) $\mathbb{R}^2$의 부분공간 $A = \{(x,y) \mid x^2 + y^2 \le 1\}$와 f에 의하여 대응하는 $f(A) = \{(x,y) \mid \frac{x^2}{4} + \frac{y^2}{9} \le 1\}$는 위상동형이다.

(2) $A^c = \{(x,y) \mid x^2 + y^2 > 1\}$와 대응하는 $f(A^c) = \{(x,y) \mid \frac{x^2}{4} + \frac{y^2}{9} > 1\}$도 위상동형이다.

참고 6.9 예와 같이 정리의 내용은 전체공간 사이의 위상동형함수가 있으면 부분공간의 위상동형함수를 얻을 수 있다. 그러나 부분공간은 전체공간과 독립된 별개의 위상공간일 뿐이므로 부분공간의 위상동형함수를 전체공간 사이의 위상동형함수를 제한하여 얻을 수 있다고 위 정리를 확대 해석하지 말아야 한다.

예제 6.10 보통위상이 주어진 실수 전체의 집합 $\mathbb{R}$의 두 부분공간 A, B가 서로 위상동형이지만 $f(A) = B$가 되는 위상동형함수 $f\colon \mathbb{R} \to \mathbb{R}$이 존재하지 않는 예를 제시하라.

| 풀이 | $\mathbb{R}$의 부분공간 $A = (0,1) \cup (1,2)$와 $B = (0,1) \cup (2,3)$를 생각하면 A에서 B로의 위상동형함수 $f_0\colon A \to B$를 모든 $x \in (0,1)$에 대해서는 $f_0(x) = x$, 모든 $x \in (1,2)$에 대해서는 $f_0(x) = x + 1$로 찾을 수 있다. 하지만 이 위상동형함수 f_0를 $\mathbb{R}$에서 $\mathbb{R}$로의 위상동형함수 $f\colon \mathbb{R} \to \mathbb{R}$로 확장시키는 것은 불가능하다. 만약 f_0를 확장하는 위상동형함수 $f\colon \mathbb{R} \to \mathbb{R}$가 만약 존재한다면, $\overline{A} = [0,2]$이고 f가 닫힌함수이므로

$$f([0,2]) = f(\overline{A}) = \overline{f(A)} = \overline{B} = [0,1] \cup [2,3]$$

이 되어야 한다. 반면 $f\colon \mathbb{R} \to \mathbb{R}$는 연속이므로 구간 $[0,2]$에서 중간값 정리를 만족해야 하는데 $f(x) = \frac{3}{2}$인 x는 구간 $[0,2]$에 있을 수 없으므로 모순이다. □

다음 예제는 위상동형인 전체 공간에서 위상동형이 아닌 공간을 제거해서 얻어진 여공간들이 위상동형일 수 있음을 보여준다.

예제 6.11 보통위상이 주어진 $\mathbb{R}$과 $\mathbb{R}^2$의 부분공간들에 대한 다음 명제를 보이시오.

(1) 위상공간 $X = \mathbb{R} \setminus \{0\}$와 $Y = \{x \in \mathbb{R} \mid |x| > 1\}$는 위상동형이다.

(2) 위상공간 $X = \mathbb{R}^2 \setminus \{0\}$와 $Y = \{(x,y) \mid x^2 + y^2 > 1\}$는 위상동형이다.

| 풀이 | (1) 함수 $f\colon X \to Y$를 모든 $x > 0$에 대해 $f(x) = x + 1$로 모든 $x < 0$에 대해, $f(x) = x - 1$로 정의하면, 함수 f는 X와 Y 사이의 위상동형함수이다.

(2) 함수 $f\colon X \to Y$를 $f(r\cos\theta, r\sin\theta) = ((1+r)\cos\theta, (1+r)\sin\theta)$로 정의하면 (단, r은 양수, $\theta \in [0, 2\pi]$), 함수 f는 X와 Y 사이의 위상동형함수이다.

□

참고 6.12 위 예제의 (2)에 관하여「위상공간 X는 평면 $\mathbb{R}^2$에서 한 점을 제거한 것이고, 위상공간 Y는 $\mathbb{R}^2$에서 원판을 제거한 것이며, 한 점과 원판은 위상동형이 아니니까 X와 Y도 위상동형이 아닐 거야」라고 생각하지 않도록 주의해야 한다.「위상공간 X와 Y를 부드러운 고무판이나 밀가루반죽처럼 보고 X를 늘려서 Y를 만들 수 있으니까 X와 Y는 위상동형일 거야」라고 생각해야 한다.

6.1.3 부분공간의 닫음과 내부

위상공간 $(X, \mathscr{T})$의 한 부분공간을 $(Y, \mathscr{T}_Y)$라 하자. Y의 부분공간을 A에 대해, A의 Y에서의 내부와 닫음을 각각 $\mathrm{int}_Y(A)$와 $\overline{A}_Y$라 하고 A의 X에서의 내부와 닫음을 각각 $\mathrm{int}_X(A)$와 $\overline{A}_X$라 하자. 즉 아래첨자를 이용해서 어느 위상공간에서 내부와 닫음을 택하는지를 강조하자.

정리 6.13

위상공간 X의 부분집합 A, Y가 $A \subset Y \subset X$를 만족할 때, 다음이 성립한다.
(1) $A'_Y = A'_X \cap Y$이다.
(2) $\overline{A}_Y = \overline{A}_X \cap Y$이다.
(3) $\mathrm{int}_Y(A) = \mathrm{int}_X(A \cup (X \setminus Y)) \cap Y$이고 $\mathrm{ext}_Y(A) = \mathrm{ext}_X(A) \cap Y$이다.
(4) $\mathrm{int}_X(A) = \mathrm{int}_X(Y) \cap \mathrm{int}_Y(A)$이다.

|증명| (1) 점 $p \in A'_Y$을 고정하자. 임의의 $p \in U \cap Y$인 X의 열린집합 U에 대하여 $((U \cap Y) \setminus \{p\}) \cap A \neq \varnothing$이고 $A \subset Y$이므로 $(U \setminus \{p\}) \cap A \neq \varnothing$이다. 따라서 $p \in A'_X \cap Y$이고 이로부터 $A'_Y \subset A'_X \cap Y$이 성립한다.

이제 점 $p \in A'_X \cap Y$을 고정하면 $p \in Y$이다. 임의의 $p \in U$인 X의 열린집합 U에 대하여 $(U \setminus \{p\}) \cap A \neq \varnothing$이다. 임의의 p를 포함하는 Y의 열린집합은 $U \cap Y$ (단, U는 p를 포함하는 X의 열린집합)의 형태이다. 이 경우 $p \in U \cap Y$이고

$$((U \cap Y) \setminus \{p\}) \cap A = (U \setminus \{p\}) \cap A \neq \varnothing$$

이므로 $p \in A'_Y$이다. 이로부터 $A'_X \cap Y \subset A'_Y$이다.

(2) (1)에 의해 다음

$$\overline{A}_Y = A \cup A'_Y = A \cup (A'_X \cap Y) = (A \cup A'_X) \cap Y = \overline{A}_X \cap Y$$

가 성립하여, (2)가 증명된다.

(3) 점 $p \in \text{int}_Y(A)$ 에 대해, $p \in U \cap Y \subset A$ 인 X 의 열린집합 U 가 존재한다.

$$U = (U \cap Y) \cup (U \cap (X \smallsetminus Y)) \subset A \cup (X \smallsetminus Y)$$

이므로 $p \in \text{int}_X(A \cup (X \smallsetminus Y)) \cap Y$ 이다. 따라서 $\text{int}_Y(A) \subset \text{int}_X(A \cup (X \smallsetminus Y)) \cap Y$ 가 성립한다.

점 $p \in \text{int}_X(A \cup (X \smallsetminus Y)) \cap Y$ 에 대해, $p \in Y$ 이고 $p \in \text{int}_X(A \cup (X \smallsetminus Y))$ 이므로 $p \in U \subset A \cup (X \smallsetminus Y)$ 인 X 의 열린집합 U 가 존재한다. 따라서 $p \in U \cap Y \subset (A \cup (X \smallsetminus Y)) \cap Y = A$ 이므로 $p \in \text{int}_Y(A)$ 이다. 따라서 $\text{int}_X(A \cup (X \smallsetminus Y)) \cap Y \subset \text{int}_Y(A)$ 가 성립한다.

위상공간의 부분공간의 외부는 그 부분공간의 여집합의 내부이므로, 위 결과에 의해

$$\begin{aligned} \text{ext}_Y(A) &= \text{int}_Y(Y \smallsetminus A) = \text{int}_X((Y \smallsetminus A) \cup (X \smallsetminus Y)) \cap Y \\ &= \text{int}_X(X \smallsetminus A) \cap Y = \text{ext}_X(A) \cap Y \end{aligned}$$

가 성립한다.

(4) (3)에 의해 다음

$$\begin{aligned} &\text{int}_X(Y) \cap \text{int}_Y(A) = \text{int}_X(Y) \cap (\text{int}_X(A \cup (X \smallsetminus Y)) \cap Y) \\ &= \text{int}_X(Y \cap (A \cup (X \smallsetminus Y))) = \text{int}_X(Y \cap A) = \text{int}_X(A) \end{aligned}$$

가 성립하므로 (4)가 증명된다.

□

6.1.4 부분공간에 대한 정리

정의 6.14. 집합 X 의 부분집합 Y 가 주어져 있다. 만약 모든 $y \in Y$ 에 대해, $i(y) = y$ 로 함수 $i\colon Y \to X$ 를 **포함함수(inclusion map)**라 한다.

정리 6.15

위상공간 $(X, \mathscr{T})$ 의 부분집합 Y 에 주어진 부분위상을 $\mathscr{T}_Y$ 라 하자.

(1) 포함함수 $i\colon Y \to X$ 는 연속이다.

(2) 부분위상은 포함함수가 연속이 되도록 하는 가장 약한 위상이다.

|증명| (1) 만약 U가 X의 열린집합이면 $i^{-1}(U) = U \cap Y$는 부분공간 $(Y, \mathscr{T}_Y)$의 열린집합이므로 포함함수 i는 연속함수이다.

(2) 집합 Y의 포함함수 $i\colon Y \to X$가 연속이 되도록 하는 Y의 위상 $\mathscr{T}'$이 주어져 있다고 하자. 임의의 X의 열린집합 U에 대해, $i^{-1}(U) = U \cap Y$는 $\mathscr{T}'$의 원소이다. 따라서 부분위상 $\mathscr{T}_Y$는 위상 $\mathscr{T}'$에 포함된다. 따라서 부분위상은 포함함수가 연속이 되도록 하는 가장 약한 위상이다. □

또한 $(X, \mathscr{T})$의 부분공간 $(Y, \mathscr{T}_Y)$에 관한 함수 $f\colon Z \to Y$가 연속인지 판단하기 위하여 다음과 같은 정리가 성립한다.

정리 6.16

위상공간 X의 부분공간 Y와 포함함수 $i\colon Y \to X$가 주어져 있다. 함수 $f\colon Z \to Y$가 연속함수인 것과 합성함수 $i \circ f\colon Z \to X$가 연속함수인 것은 동치이다.

|증명| $(\Rightarrow)$ f와 포함함수 i는 연속이므로 합성 $i \circ f$는 연속이다.

$(\Leftarrow)$ Y의 임의의 열린집합 $Y \cap U$ (단, U는 X의 열린집합)에 대하여

$$f^{-1}(Y \cap U) = f^{-1}(i^{-1}(U)) = (i \circ f)^{-1}(U)$$

이며 $i \circ f$는 연속이므로 $f^{-1}(Y \cap U)$는 열린집합이다. 따라서 f는 연속함수이다. □

정의 6.17. 집합 X에서 집합 Y로의 함수 $f\colon X \to Y$가 주어져 있고 X의 부분공간 A와 Y의 부분공간 B가 $f(A) \subset B$를 만족할 때, 모든 $a \in A$에 대해, $f|_A(a) = f(a)$로 정의된 함수 $f|_A\colon A \to B$를 함수 f의 **제한함수(restriction map)**라 한다.

위 정리부터 제한함수에 관한 다음 정리를 증명할 수 있다.

정리 6.18

함수 $f\colon X \to Y$ 가 연속함수이며 X 의 부분공간 A 와 Y 의 부분공간 B 에 대하여 $f(A) \subset B$ 이면 해당하는 제한함수 $f|_A\colon A \to B$ 는 연속함수이다.

| 증명 | 포함함수 $i_A\colon A \to X$ 와 $i_B\colon B \to Y$ 에 대하여 $f \circ i_A = i_B \circ f|_A$ 이고 f, i_A 는 연속이므로 $f \circ i_A$ 는 연속이다. 따라서 $i_B \circ f|_A$ 는 연속이며 위의 정리로부터 $f|_A$ 는 연속함수이다. □

정리 6.19

두 위상공간 X, Y 사이의 함수 $f\colon X \to Y$ 에 대해, 함수 $f\colon X \to Y$ 가 연속함수인 것과 임의의 X 의 열린덮개 $\{O_i\}_{i\in I}$ 에 대하여 각각의 열린집합 O_i 으로 정의역을 제한한 함수 $f|_{O_i}$ 들이 연속인 것은 동치이다.

| 증명 | ($\Rightarrow$) 임의의 Y 의 열린집합 V 에 대하여 f 는 연속함수이므로 $f^{-1}(V)$ 는 X 의 열린집합이다. O_i 도 X 의 열린집합이므로 $f|_{O_i}^{-1}(V) = O_i \cap f^{-1}(V)$ 는 X 의 열린집합이다. 따라서 정의역을 제한한 함수 $f|_{O_i}$ 는 연속이다.

($\Leftarrow$) 임의의 Y 의 열린집합 V 에 대하여 $f|_{O_i}$ 는 연속이므로 $f|_{O_i}^{-1}(V)$ 는 (O_i 를 X 의 부분공간으로 생각했을 때) O_i 의 열린집합이다. O_i 는 X 의 열린집합이므로 $f|_{O_i}^{-1}(V)$ 는 X 의 열린집합이다. 그리고 $X = \bigcup_{i\in I} O_i$ 이므로

$$\bigcup_{i\in I} f|_{O_i}^{-1}(V) = \bigcup_{i\in I}(O_i \cap f^{-1}(V)) = f^{-1}(V) \cap \bigcup_{i\in I} O_i = f^{-1}(V)$$

이다. 따라서 $f^{-1}(V)$ 는 X 의 열린집합이며 f 는 연속함수이다. □

정리 6.20

위상공간 X 의 공집합이 아닌 두 부분공간 A, B 가 $A \cup B = X$ 이고 두 함수 $f\colon A \to Y$, $g\colon B \to Y$ 가 모든 $a \in A \cap B$ 에 대해, $f(a) = g(a)$ 를 만족할 때, 함수 $h = f \cup g\colon X \to Y$ 로 정의하자.

(1) 만약 A, B 가 모두 X 의 열린집합이고 f, g 는 연속이면, h 는 연속이다.

(2) 만약 A, B 가 모두 X 의 닫힌집합이고 f, g 는 연속이면, h 는 연속이다.

|증명| (1) 임의의 Y의 열린집합 U에 대하여

$$h^{-1}(U) = (h^{-1}(U) \cap A) \cup (h^{-1}(U) \cap B) = f^{-1}(U) \cup g^{-1}(U)$$

이고 f, g가 연속이므로 $f^{-1}(U)$는 A의 열린집합이며 $g^{-1}(U)$는 B의 열린집합이다. A, B는 X의 열린집합이므로 $f^{-1}(U), g^{-1}(U)$는 X의 열린집합이며 합집합 $f^{-1}(U) \cup g^{-1}(U)$도 X의 열린집합이다. 따라서 h는 연속이다.

(2) 임의의 Y의 닫힌집합 C에 대하여

$$h^{-1}(C) = (h^{-1}(C) \cap A) \cup (h^{-1}(C) \cap B) = f^{-1}(C) \cup g^{-1}(C)$$

이고 f, g가 연속이므로 $f^{-1}(C)$는 A의 닫힌집합이며 $g^{-1}(C)$는 B의 닫힌집합이다. A, B는 X의 닫힌집합이므로 $f^{-1}(C), g^{-1}(C)$는 X의 닫힌집합이며 합집합 $f^{-1}(C) \cup g^{-1}(C)$도 X의 닫힌집합이다. 따라서 h는 연속이다.

□

정리 6.21

위상공간 $(X, \mathscr{T})$의 공집합이 아닌 부분공간 A에서 정의된 함수 $f\colon A \to (Y, \mathscr{T}_Y)$는 A의 고립점 p에서 연속이다.

|증명| p는 A의 고립점이므로 $A \cap U = \{p\}$인 X의 열린집합 U가 존재한다. A의 부분위상의 정의에 의해 $A \cap U = \{p\}$는 A의 열린집합이므로 $f(p) \in V$인 Y의 임의의 열린집합 V에 대하여 $p \in \{p\} \subset f^{-1}(V)$이므로 $f^{-1}(V)$는 p의 열린근방이다. 따라서 f는 p에서 연속이다. □

6.2 곱공간과 곱위상

6.2.1 곱공간의 정의

위상공간족 $\{(X_i, \mathscr{T}_i)\}_{i \in I}$의 곱집합

$$X = \prod_{i \in I} X_i = \{x\colon I \to \bigcup_{i \in I} X_i \mid \text{모든 } i \in I \text{ 에 대해 } x(i) \in X_i\}$$

와 사영함수 $\pi_i\colon X \to X_i$, $\pi_i(x) = x(i)$에 대하여 다음과 같이 X의 위상을 정의할 수 있다.

정의 6.22. 위상공간족 $\{(X_i, \mathscr{T}_i)\}_{i\in I}$에 대하여 곱집합 $X = \prod_{i\in I} X_i$의 부분집합족

$$\mathscr{S} = \bigcup_{i\in I}\{\pi_i^{-1}(U) \mid U \in \mathscr{T}_i\}$$

을 부분기저로 하여 생성되는 위상 $\mathscr{T}$를 X의 **곱위상(product topology)**이라 하고, 위상공간 $(X, \mathscr{T})$를 **곱공간(product space)**이라 한다.

기초정리 6.23

유한 개의 위상공간족 $\{(X_i, \mathscr{T}_i)\}_{i=1}^n$의 곱집합 $X = \prod_{i=1}^n X_i$와 곱위상의 기저는 다음과 같다. 곱집합 X의 임의의 원소는 $(x_1, x_2, \ldots, x_n)$ (단, $x_i \in X_i$)으로 표현되고 곱위상의 임의의 기저 열린집합은 $\prod_{i=1}^n U_i$ (단, U_i는 X_i의 열린집합)의 형태이다.

기초정리 6.24

가산 무한 개의 위상공간족 $\{(X_i, \mathscr{T}_i)\}_{i=1}^\infty$의 곱집합 $X = \prod_{i=1}^\infty X_i$와 곱위상의 기저는 다음과 같다. 곱집합 X의 임의의 원소는 $\{x_i\}_{i=1}^\infty$ (단, $x_i \in X_i$)으로 표현되고 곱위상의 임의의 기저 열린집합은 $\bigcap_{k=1}^n \pi_{i_k}^{-1}(U_{i_k})$ (단, U_{i_k}는 X_{i_k}의 열린집합, $i_1, i_2, \ldots, i_n$은 유한 개의 자연수)의 형태이다.

참고 6.25 위상공간족 $\{(X_i, \mathscr{T}_i)_{i\in I}\}$의 곱공간 $X = \prod_{i\in I} X_i$의 기저 열린집합은

$$B = \bigcap_{k=1}^n \pi_{i_k}^{-1}(U_{i_k}) = \{x \in \prod_{i\in I} X_i \mid x(i_k) \in U_{i_k}, k = 1, 2, \ldots, n\}$$

형태이고 이는 유한 개의 좌표를 제외한 나머지 모든 좌표에 아무런 제약이 없는 것이다. 가산 무한 개의 위상공간의 곱집합의 원소는 수열로 나타낼 수 있지만 일반적인 곱집합의 원소는 순서쌍으로 표현할 수 없고 함수 $x\colon I \to \prod_{i\in I} X_i$ (단, $x(i) \in X_i$)로 표현해야 한다.

6.2.2 곱공간에 대한 정리

두 위상공간의 곱공간의 부분집합의 성질을 살펴보자.

정리 6.26

위상공간 X의 부분공간 A와 위상공간 Y의 부분공간 B에 대해 다음이 성립

한다.
(1) $\mathrm{int}(A\times B)=\mathrm{int}(A)\times\mathrm{int}(B)$ 이다.
(2) $\overline{A\times B}=\overline{A}\times\overline{B}$ 이다.
(3) $\partial(A\times B)=(\partial(A)\times\overline{B})\cup(\overline{A}\times\partial(B))$ 이다.
(4) $(A\times B)'=(A'\times\overline{B})\cup(\overline{A}\times B')$ 이다.

|증명| (1) $\mathrm{int}(A)\subset A$ 이고 $\mathrm{int}(B)\subset B$ 이므로 $\mathrm{int}(A)\times\mathrm{int}(B)\subset A\times B$ 이고 $\mathrm{int}(A)\times\mathrm{int}(B)$ 는 곱위상의 정의에 의해 $X\times Y$ 의 열린집합이므로 $\mathrm{int}(A)\times\mathrm{int}(B)\subset\mathrm{int}(A\times B)$ 이다. 만약 $(a,b)\in\mathrm{int}(A\times B)$ 이면 $(a,b)\in W\subset A\times B$ 인 $X\times Y$ 의 열린집합 W 가 존재하며 $(a,b)\in U_a\times V_b\subset W$ 인 기저 열린집합 $U_a\times V_b$ 가 존재하므로 $a\in U_a\subset A$, $b\in V_b\subset B$ 이다. 따라서 $(a,b)\in\mathrm{int}(A)\times\mathrm{int}(B)$ 이다. 그러므로 $\mathrm{int}(A\times B)\subset\mathrm{int}(A)\times\mathrm{int}(B)$ 이다.

(2) $A\subset\overline{A}$ 이고 $B\subset\overline{B}$ 이므로 $A\times B\subset\overline{A}\times\overline{B}$ 이고

$$X\times Y\setminus\overline{A}\times\overline{B}=((X\setminus\overline{A})\times Y)\cup(X\times(Y\setminus\overline{B}))$$

이므로 $\overline{A}\times\overline{B}$ 는 $X\times Y$ 의 닫힌집합이다. 따라서 $\overline{A\times B}\subset\overline{A}\times\overline{B}$ 이다. 만약 $(a,b)\in\overline{A}\times\overline{B}$ 이면 $(a,b)\in W$ 인 임의의 $X\times Y$ 의 열린집합 W 에 대하여 $(a,b)\in U_a\times V_b\subset W$ 인 기저 열린집합 $U_a\times V_b$ 가 존재한다. (여기서 U_a 는 X 의 열린집합이고 V_b 는 Y 의 열린집합이다.) 가정에 의해 $a\in\overline{A}, b\in\overline{B}$ 이므로 $U_a\cap A$ 와 $V_b\cap B$ 모두 공집합이 아니다. 또한

$$(A\cap U_a)\times(B\cap V_b)\subset(A\times B)\cap(U_a\times V_b)\subset(A\times B)\cap W$$

이므로 $(A\times B)\cap W$ 는 공집합이 아니므로 $(a,b)\in\overline{A\times B}$ 이다. 따라서 $\overline{A}\times\overline{B}\subset\overline{A\times B}$ 이다.

(3) 부분집합의 경계는 닫음과 내부의 차집합이다. 따라서 (1), (2)에 의해

$$\begin{aligned}\partial(A\times B)&=\overline{A\times B}\setminus\mathrm{int}(A\times B)=\overline{A}\times\overline{B}\setminus\mathrm{int}(A)\times\mathrm{int}(B)\\&=((\overline{A}\setminus\mathrm{int}(A))\times\overline{B})\cup(\overline{A}\times(\overline{B}\setminus\mathrm{int}(B)))\\&=(\partial(A)\times\overline{B})\cup(\overline{A}\times\partial(B))\end{aligned}$$

이 성립한다.

(4) 만약 $(a,b)\in\overline{A\times B}\setminus(A\times B)'$ 이면 $(U\times V)\cap(A\times B)=\{(a,b)\}$ 인 X 의 열린집합 U 와 Y 의 열린집합 V 가 존재한다. 따라서 $U\cap A=\{a\}$ 이고 $V\cap B=\{b\}$ 이므로 $a\in\overline{A}\setminus A'$ 이고 $b\in\overline{B}\setminus B'$ 이다. 반면 a 가

A의 고립점이고 b가 B의 고립점이면 (a, b)는 $A \times B$의 고립점이다. 그러므로 $\overline{A \times B} \setminus (A \times B)' = (\overline{A} \setminus A') \times (\overline{B} \setminus B')$ 이고

$$\begin{aligned}(A \times B)' &= \overline{A \times B} \setminus (\overline{A \times B} \setminus (A \times B)') \\ &= \overline{A} \times \overline{B} \setminus ((\overline{A} \setminus A') \times (\overline{B} \setminus B')) \\ &= ((\overline{A} \setminus (\overline{A} \setminus A')) \times \overline{B}) \cup (\overline{A} \times (\overline{B} \setminus (\overline{B} \setminus B'))) \\ &= (A' \times \overline{B}) \cup (\overline{A} \times B').\end{aligned}$$

□

부분집합들의 곱공간의 내부와 닫음에 관하여 일반적으로 다음 정리가 성립한다. 증명은 생략한다.

정리 6.27

위상공간족 $\{X_i\}_{i \in I}$가 주어져 있을 때, 모든 $i \in I$에 대해, A_i가 X_i의 부분집합이라 하면, 다음이 성립한다.

(1) $\operatorname{int}\left(\prod_{i \in I} A_i\right) \subset \prod_{i \in I} \operatorname{int}(A_i)$ 이다.

(2) $\overline{\prod_{i \in I} A_i} = \prod_{i \in I} \overline{A_i}$ 이다.

정의 6.28. 가산 개의 거리공간들의 족 $\{(X_n, d_n)\}_{n=1}^{\infty}$의 곱집합 $X = \prod_{n=1}^{\infty} X_n$에 대해, 함수 $d \colon X \times X \to \mathbb{R}$을

$$d(\{a_n\}_{n=1}^{\infty}, \{b_n\}_{n=1}^{\infty}) = \sum_{n=1}^{\infty} \frac{1}{2^n} \frac{d_n(a_n, b_n)}{1 + d_n(a_n, b_n)}$$

으로 정의하면, 함수 d는 X의 거리함수이다.

참고 6.29 함수 $d \colon X \times X \to \mathbb{R}$이 거리함수의 정의를 만족함의 증명 중 삼각부등식만 보이자. 임의의 $X = \prod_{n=1}^{\infty} X_n$의 세 점 $a = \{a_n\}_{n=1}^{\infty}, b = \{b_n\}_{n=1}^{\infty}, c = \{c_n\}_{n=1}^{\infty}$이 주어져 있다고 하자. 모든 자연수 n에 대해서,

$$\alpha_n = \frac{1}{2^n} \frac{d_n(a_n, b_n)}{1 + d_n(a_n, b_n)}, \beta_n = \frac{1}{2^n} \frac{d_n(a_n, c_n)}{1 + d_n(a_n, c_n)}, \quad \gamma_n = \frac{1}{2^n} \frac{d_n(c_n, b_n)}{1 + d_n(c_n, b_n)},$$

이라 하면, $0 \le \alpha_n, \beta_n, \gamma_n \le \frac{1}{2^n}$ 이므로 급수 $\sum_{n=1}^{\infty} \alpha_n$, $\sum_{n=1}^{\infty} \beta_n$, $\sum_{n=1}^{\infty} \gamma_n$은 모두 수렴한다. 또한 모든 자연수 n에 대해서,

$$\alpha_n = \frac{1}{2^n} \frac{d_n(a_n, b_n)}{1 + d_n(a_n, b_n)} \le \frac{1}{2^n} \frac{d_n(a_n, c_n)}{1 + d_n(a_n, c_n)} + \frac{1}{2^n} \frac{d_n(c_n, b_n)}{1 + d_n(c_n, b_n)} = \beta_n + \gamma_n$$

이 성립하고 급수 $\sum_{n=1}^{\infty}\alpha_n$, $\sum_{n=1}^{\infty}\beta_n$, $\sum_{n=1}^{\infty}\gamma_n$은 수렴하므로,

$$d(x,y)=\sum_{n=1}^{\infty}\alpha_n\le\sum_{n=1}^{\infty}(\beta_n+\gamma_n)\le\sum_{n=1}^{\infty}\beta_n+\sum_{n=1}^{\infty}\gamma_n=d(x,z)+d(z,y)$$

이다. 따라서 함수 d는 삼각부등식을 만족한다.

정리 6.30

가산 개의 거리위상이 주어진 거리공간들의 족 $\{(X_n,d_n)\}_{n=1}^{\infty}$의 곱집합 $X=\prod_{n=1}^{\infty}X_n$의 다음과 같이 정의된 거리함수 $d\colon X\times X\to\mathbb{R}$

$$d((a_n)_{n=1}^{\infty},(b_n)_{n=1}^{\infty})=\sum_{n=1}^{\infty}\frac{1}{2^n}\frac{d_n(a_n,b_n)}{1+d_n(a_n,b_n)}$$

에 의해 주어진 거리위상 $\mathscr{T}_d$과 곱위상 $\mathscr{T}$는 X의 같은 위상이다.

|증명| (1) 먼저 $\mathscr{T}_d\subset\mathscr{T}$임을 보이자.

곱집합 X를 거리함수 d가 주어진 거리공간으로 보고 임의의 점 $a=(a_n)_{n=1}^{\infty}$을 중심으로 하고 반지름이 양수 r인 열린 구를 $B_d(a,r)$을 잡자. 부등식 $\frac{1}{2^N}<r$을 만족시키는 양의 정수 N와 $r_N\in(0,r-\frac{1}{2^N})$인 양수 r_N을 고정하자. 이제 X의 곱위상의 기저 열린집합

$$U=\prod_{n=1}^{N}B_{d_n}(a_n,r_N)\times\prod_{n=N+1}^{\infty}X_n$$

을 생각하자. 임의의 점 $x=(x_n)_{n=1}^{\infty}\in U$에 대하여 $n\le N$이면 $x_n\in B_{d_n}(a_n,r_N)$이므로 $d_n(a_n,x_n)<r_N$이 되어 해당하는 합은

$$\sum_{n=1}^{N}\frac{1}{2^n}\frac{d_n(a_n,x_n)}{1+d_n(a_n,x_n)}<\sum_{n=1}^{N}\frac{r_N}{2^n}<r_N$$

을 만족한다. 만약 $n>N$이면 $x_n\in X_n$이고 이 경우에 해당하는 합은

$$\sum_{n=N+1}^{\infty}\frac{1}{2^n}\frac{d_n(a_n,x_n)}{1+d_n(a_n,x_n)}<\sum_{n=N+1}^{\infty}\frac{1}{2^n}=\frac{1}{2^N}$$

임을 알 수 있다. 위의 선택에 의해, $r_N+\frac{1}{2^N}<r$이므로

$$d(a,x)=\sum_{n=1}^{N}\frac{1}{2^n}\frac{d_n(a_n,x_n)}{1+d_n(a_n,x_n)}+\sum_{n=N+1}^{\infty}\frac{1}{2^n}\frac{d_k(a_n,x_n)}{1+d_n(a_n,x_n)}<r$$

임을 알 수 있고 $x\in B_d(a,r)$이다. 정리하면, 주어진 임의의 X 안의 열린 구 $B_d(a,r)$에 대해, X의 곱위상의 기저 열린집합 U가 존재하여 $U\subset B(x,r)$을 만족한다. 따라서 $\mathscr{T}_d\subset\mathscr{T}$이다.

(2) 이제 $\mathscr{T} \subset \mathscr{T}_d$ 임을 보이자.

곱공간 X의 임의의 점 $a = (a_n)_{n=1}^{\infty}$를 포함하는 곱위상의 기저 열린집합 $B = \prod_{n=1}^{\infty} B_n$을 하나 고정하자. 논의의 편의를 위해 $B \neq X$인 경우만 증명하자. 곱위상의 정의에 의해 B는 유한 개의 n에 대해, B_n은 거리공간 (X_n, d_n) 안의 열린 구, 나머지 모든 n들에 대해, $B_n = X_n$의 형태로 주어진다. 이 기저 열린집합 B에 대해, $B_n \neq X_n$을 만족하는 자연수 n 중 가장 큰 값을 N이라 하고,

$$a \in U = \prod_{n=1}^{N} B_{d_n}(a_n, r_n) \times \prod_{n=N+1}^{\infty} X_n \subset B$$

을 만족하는 양수 $r_1, r_2, \ldots, r_N$을 잡자. 양수

$$r = \min_{n=1,2,\ldots,N} \frac{r_n}{2^n(1+r_n)}$$

을 정의하고 $x = (x_n)_{n=1}^{\infty} \in B_d(a, r)$인 임의의 점 x를 잡자. 그러면 $d(a, x) < r$이므로, 모든 $n = 1, 2, \ldots, N$에 대해서, 양수 r의 정의에 의해,

$$\frac{d_n(a_n, x_n)}{2^n(1+d_n(a_n, x_n))} < \sum_{n=1}^{\infty} \frac{d_n(a_n, x_n)}{2^n(1+d_n(a_n, x_n))} < r \leq \frac{r_n}{2^n(1+r_n)}$$

이다. 함수 $f\colon (0, \infty) \to (0, 1)$, $f(x) = \frac{x}{1+x}$는 단조증가함수이므로, 모든 $n = 1, 2, \ldots, N$에 대해, $d_n(a_n, x_n) < r_n$이고 즉 $x_n \in B_{d_n}(a_n, r_n)$이다. 따라서

$$x = (x_n)_{n=1}^{\infty} \in U = \prod_{n=1}^{N} B_{d_n}(a_n, r_n) \times \prod_{n=N+1}^{\infty} X_n \subset B$$

이다. 정리하면, 곱공간 X의 임의의 점 a를 포함하는 곱위상의 기저 열린집합 B에 대해, 양수 r이 존재하여, $B_d(a, r) \subset B$가 성립한다. 따라서 $\mathscr{T} \subset \mathscr{T}_d$이다.

□

6.2.3 곱위상과 사영함수의 성질

정리 6.31

위상공간족 $\{X_i\}_{i\in I}$ 의 곱공간 $X = \prod_{i\in I} X_i$ 과 사영함수 $\pi_i\colon X \to X_i$ 에 대해, 다음이 성립한다.

(1) 모든 $i \in I$ 에 대해, 사영함수 $\pi_i\colon X \to X_i$ 는 연속인 열린함수이다.

(2) X 안의 수열 $\{p_n\}_{n=1}^{\infty}$ 이 q 로 수렴하는 것과 모든 $i \in I$ 에 대해, X_i 안의 수열 $\{\pi_i(p_n)\}_{n=1}^{\infty}$ 이 $\pi_i(q)$ 로 수렴하는 것은 동치이다.

|증명| (1) 곱위상의 정의에 의하여 모든 사영함수는 연속함수이다. 곱위상의 정의에 의하여 곱공간 X 의 기저 열린집합 B 는 유한교집합

$$B = \bigcap_{k=1}^{m} \pi_{i_k}^{-1}(U_{i_k})$$

의 형태이며 (단, 모든 $k = 1, \ldots, m$ 에 대해 U_{i_k} 는 X_{i_k} 의 열린집합)으로 쓸 수 있으며 모든 $i \in I$ 에 대해

$$\pi_i(B) = \pi_i\left(\bigcap_{k=1}^{m} \pi_{i_k}^{-1}(U_{i_k})\right) = \begin{cases} U_i & i \in \{i_1, \cdots, i_m\} \\ X_i & i \notin \{i_1, \cdots, i_m\} \end{cases}$$

이 되어 $\pi_i(B)$ 는 X_i 의 열린집합이다. 따라서 모든 사영함수은 열린함수이다.

(2) ($\Rightarrow$) 모든 사영함수는 연속이므로 수열연속이다.

($\Leftarrow$) 임의의 $q \in U$ 인 X 의 열린집합 U 에 대하여 $q \in B \subset U$ 인 기저 열린집합 B 가 존재하고 곱위상의 정의에 의해

$$B = \bigcap_{k=1}^{m} \pi_{i_k}^{-1}(U_{i_k})$$

의 형태이다. (단, U_{i_k} 는 X_{i_k} 의 열린집합이다.) 모든 $k = 1, 2, \ldots, m$ 에 대해, 조건에 의해 수열 $\{\pi_{i_k}(p_n)\}_{n=1}^{\infty}$ 는 $\pi_{i_k}(q)$ 으로 수렴하고 $\pi_{i_k}(q) \in U_{i_k}$ 이므로 자연수 N_k 가 존재하여 $N_k < n$ 이면 $\pi_{i_k}(p_n) \in U_{i_k}$ 가 성립한다. 자연수 $N = \max\{N_1, \ldots, N_m\}$ 을 잡자.

만약 $N < n$ 이면, 모든 $k = 1, 2, \ldots, m$ 에 대해, $\pi_{i_k}(p_n) \in U_{i_k}$ 이 되고 $p_n \in \pi_{i_k}^{-1}(U_{i_k})$ 이므로

$$p_n \in \bigcap_{k=1}^{m} \pi_{i_k}^{-1}(U_{i_k}) \subset U$$

이다. 따라서 수열 $\{p_n\}_{n=1}^{\infty}$ 은 q 로 수렴한다.

□

참고 6.32

(1) 사영함수가 닫힌함수일 필요는 없다. 보통위상이 주어져 있는 실수 전체의 집합을 $\mathbb{R}$이라 하고 곱공간 $\mathbb{R} \times \mathbb{R}$을 생각하자. 사영함수 $\pi_1 : \mathbb{R}^2 \to \mathbb{R}$, $\pi_1(x, y) = x$에 대하여 $A = \{(x, y) \in \mathbb{R}^2 \mid xy \geq 1\}$는 $\mathbb{R}^2$의 닫힌집합이다. 반면 $\pi_1(A) = \mathbb{R} \setminus \{0\}$는 $\mathbb{R}$의 닫힌집합이 아니다.

(2) 위 정리의 (2)의 특별한 경우로 곱공간 $X \times Y$ 안의 수열 $p_n = \{(x_n, y_n)\}_{n=1}^{\infty}$이 수렴하는 것과 X 안의 수열 $\{x_n\}_{n=1}^{\infty}$과 Y 안의 수열 $\{y_n\}_{n=1}^{\infty}$이 모두 수렴하는 것은 동치이다. 즉, 각 성분 수열들이 수렴함을 보이면 곱공간 안의 수열이 수렴함을 알 수 있다.

이와 비슷한 논법을 함수에 적용할 수 있다. 다음 정리는 곱공간으로의 함수가 연속인 조건을 제시해 준다.

정리 6.33

위상공간족 $\{X_i\}_{i \in I}$의 곱공간 $X = \prod_{i \in I} X_i$와 사영함수 $\pi_i : X \to X_i$가 주어져 있다. 함수 $f : Y \to X$가 연속함수인 것과 모든 $i \in I$에 대해 합성함수 $\pi_i \circ f : Y \to X_i$가 연속함수인 것은 동치이다.

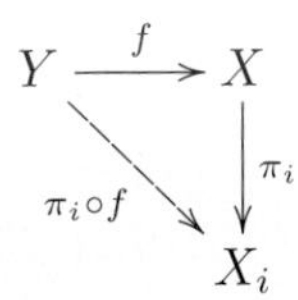

|증명| (⇒) 함수 f가 연속이고 모든 $i \in I$에 대해 사영함수 π_i는 연속이므로 합성 $\pi_i \circ f$는 연속함수이다.

(⇐) 모든 $i \in I$에 대해, 합성함수 $\pi_i \circ f : Y \to X_i$가 연속이라고 가정하자. 곱공간 X의 임의의 부분기저 열린집합 $\pi_i^{-1}(U_i)$ (단, U_i는 X_i의 열린집합)에 대하여 $f^{-1}(\pi_i^{-1}(U_i)) = (\pi_i \circ f)^{-1}(U_i)$이며, $\pi_i \circ f$는 연속이므로 $(\pi_i \circ f)^{-1}(U_i)$는 Y의 열린집합이다. 따라서 $f^{-1}(\pi_i^{-1}(U_i))$는 Y의 열린집합이며 f는 연속함수이다. □

곱공간 $X \times Y$의 임의의 한 점 (a, b)에 대하여 $X \times \{b\}$, $\{a\} \times Y$는 각각 X, Y와 위상동형이다. 다음 정리는 이 사실의 일반화이다.

정리 6.34

위상공간족 $\{X_i\}_{i \in I}$의 곱공간 $X = \prod_{i \in I} X_i$의 한 점 p와 $j \in I$에 대하여 X의

부분공간 $Z_j = \{x \in X \mid i \neq j$ 이면 $x(i) = p(i)\}$ 와 X_j 는 위상동형이다.

|증명| 사영함수 $\pi_j\colon X \to X_j$ 는 연속함수이므로 정의역을 Z_j 로 제한한 제한함수 $\pi_j|_{Z_j}\colon Z_j \to X_j$ 도 연속함수이다. 모든 $x \in Z_j$ 에 대하여 $i \neq j$ 이면 $x(i) = p(i)$ 이며 $\pi_j|_{Z_j}(x) = x(j)$ 이므로 $\pi_j|_{Z_j}$ 는 전단사함수이다.

곱공간 X 의 임의의 기저 열린집합을 $B = \prod_{k=1}^{n} \pi_{i_k}^{-1}(U_{i_k})$ (단, U_{i_k} 는 X_{i_k} 의 열린집합)라 하면,

$$\pi_j|_{Z_j}(B \cap Z_j) = \begin{cases} U_j & j \in \{i_1, \ldots, i_n\} \\ X_j & j \notin \{i_1, \ldots, i_n\} \text{ 이고 } p \in B \\ \varnothing & j \notin \{i_1, \ldots, i_n\} \text{ 이고 } p \notin B \end{cases}$$

이므로 $\pi_j|_{Z_j}$ 는 열린함수이다. 따라서 $\pi_j|_{Z_j}$ 는 위상동형함수이며 Z_j 와 X_j 는 위상동형이다. □

정리 6.35

두 위상공간 X, Y 사이의 함수 $f\colon X \to Y$ 에 대하여 곱공간 $X \times Y$ 의 부분공간 $\Gamma_f = \{(x, f(x)) \in X \times Y \mid x \in X\}$ 을 생각하자. 함수 f 가 연속인 것과 포함함수 $i\colon X \to \Gamma_f, i(x) = (x, f(x))$ 가 위상동형함수인 것과 동치이다.

|증명| ($\Rightarrow$) 사영함수 $\pi_1\colon X \times Y \to X$ 와 $\pi_2\colon X \times Y \to Y$ 의 제한함수

$$\pi_1|_{\Gamma_f}\colon \Gamma_f \to X, \quad \pi_2|_{\Gamma_f}\colon \Gamma_f \to Y$$

를 생각하자. 정의에 의해 모든 $x \in X$ 에 대하여

$$(\pi_1|_{\Gamma_f} \circ i)(x) = \pi_1(x, f(x)) = x, \quad (\pi_2|_{\Gamma_f} \circ i)(x) = \pi_2(x, f(x)) = f(x)$$

이므로 $\pi_1|_{\Gamma_f} \circ i = \mathrm{Id}_X$, $\pi_2|_{\Gamma_f} \circ i = f$ 이다. 각 성분함수들이 연속이므로 $i\colon X \to \Gamma_f$ 는 연속함수이다.

모든 $(x, f(x)) \in \Gamma_f$ 에 대하여

$$(i \circ \pi_1|_{\Gamma_f})(x, f(x)) = i(x) = (x, f(x))$$

이므로 $i \circ \pi_1|_{\Gamma_f} = \mathrm{Id}_{\Gamma_f}$ 이다. 따라서 i 는 연속인 전단사함수이며 역함수 $i^{-1} = \pi_1|_{\Gamma_f}$ 도 연속이므로 i 는 위상동형함수이다.

($\Leftarrow$) 포함함수 $i\colon X \to \Gamma_f$ 가 위상동형함수라고 가정하면, i는 연속이고 사영함수의 제한함수 $\pi_2|_{\Gamma_f}: \Gamma_f \to Y$ 도 연속이므로 합성 $\pi_2|_{\Gamma_f} \circ i = f$ 는 연속이다.

□

예제 6.36 보통위상이 주어진 실수 전체의 집합 $\mathbb{R}$의 부분공간 $\mathbb{R} \setminus \mathbb{Q}$와 곱공간 $\prod_{k=1}^{\infty} \mathbb{N}$ (단, $\mathbb{N}$는 이산위상공간)와 위상동형임을 보이시오.

|풀이| 이산위상이 주어진 자연수 전체의 집합 $\mathbb{N}$과 이산위상이 주어진 정수 전체의 집합 $\mathbb{Z}$는 서로 위상동형이므로, $\mathbb{R} \setminus \mathbb{Q}$와 $\mathbb{Z} \times \prod_{n=1}^{\infty} \mathbb{N}$이 서로 위상동형임을 보이면 충분하다.

임의의 정수 x_0와 유한 개의 자연수 $x_1, x_2, \ldots, x_n$에 대해, 유한 연분수 $[x_0; x_1, \ldots, x_n]$을

$$[x_0; x_1, \ldots, x_n] = x_0 + \cfrac{1}{x_1 + \cfrac{1}{\cfrac{\cdots}{\cdots \cfrac{}{x_{n-1} + \cfrac{1}{x_n}}}}} = \frac{p_n}{q_n}$$

으로 정의하고 임의의 수열 $(x_n)_{n=0}^{\infty} \in \mathbb{Z} \times \prod_{n=1}^{\infty} \mathbb{N}$에 대해, 해당하는 무한 연분수를

$$\lim_{n\to\infty} [x_0; x_1, \ldots, x_n] = \lim_{n\to\infty} \frac{p_n}{q_n}$$

으로 정의하자. 연분수에 대하여 다음 성질이 성립함이 알려져 있다.

(1) 모든 유리수는 유한 연분수로 유일하게 표현할 수 있다.

(2) 모든 무리수는 무한 연분수로 유일하게 표현할 수 있다.

(3) 모든 자연수열 $(x_n)_{n=1}^{\infty}$에 대하여 극한 $\lim_{n\to\infty}[0; x_1, \ldots, x_n]$는 항상 수렴하고 그 극한값은 0과 1 사이의 무리수이다.

(4) 무한연분수 $[x_0; x_1, x_2, \ldots]$에 대해

$$\begin{aligned} p_{-2} &= 0, \quad p_{-1} = 1, \quad p_k = x_k p_{k-1} + p_{k-2} (k \geq 0) \\ q_{-2} &= 1, \quad q_{-1} = 0, \quad q_k = x_k q_{k-1} + q_{k-2} (k \geq 0) \end{aligned}$$

이라 두면 $\frac{p_k}{q_k} = [x_0; x_1, \ldots, x_k]$ 이고 $m > 0$ 일 때,

$$[x_0; x_1, \ldots, x_n, m] = \frac{mp_n + p_{n-1}}{mq_n + q_{n-1}}$$

이고 $\alpha_n = [x_n, x_{n+1}, \ldots] > x_n \geq 1$라 두면

$$x = \lim_{n\to\infty}[x_0; x_1, \ldots x_n] = \frac{\alpha_n p_{n-1} + p_{n-2}}{\alpha_n q_{n-1} + q_{n-2}}$$

이다. 임의의 양수 a, b, c, d에 대해 $\frac{a+c}{b+d}$는 $\frac{a}{b}$와 $\frac{c}{d}$ 사이에 있으므로

$$\frac{p_0}{q_0} < \frac{p_2}{q_2} < \frac{p_4}{q_4} < \cdots < \frac{p_5}{q_5} < \frac{p_3}{q_3} < \frac{p_1}{q_1}$$

이고 x는 $\frac{p_{n-1}}{q_{n-1}}$과 $\frac{p_{n-1}+p_{n-2}}{q_{n-1}+q_{n-2}}$ 사이에 놓여 있다.

정수 전체의 집합 $\mathbb{Z}$와 자연수 전체의 집합 $\mathbb{N}$에 이산위상이 주어져 있다고 가정하고 무한 곱공간 $X = \mathbb{Z} \times \mathbb{N}^\infty$를 생각하고, 보통위상이 주어진 실수 전체의 집합 $\mathbb{R}$의 부분공간 $Y = \mathbb{R} \setminus \mathbb{Q}$를 생각하자. 위에서 언급한 연분수를 이용하여 함수 $\psi\colon X \to Y$를

$$\psi((x_0, x_1, \ldots, x_n, \ldots)) = [x_0; x_1, \ldots, x_n, \ldots]$$

이라 정의하면, 다음에 의해 ψ는 위상동형함수이다.

(1) 임의의 무리수 x는 무한 연분수 $x = [x_0, x_1, \ldots, x_n, \ldots]$ (단, x_0는 정수, 그 외의 x_k는 자연수)로 유일하게 표현할 수 있으므로 함수 ψ는 전단사함수이다.

(2) 임의의 무리수 $x = [a_0; a_1, a_2, a_3, \ldots]$에 대하여

$$r_n = [a_0; a_1, \ldots, a_n], \quad s_n = [a_0; a_1, \ldots, a_n + 1] = [a_0; a_1, \ldots, a_n, 1]$$

이라 놓으면

$$r_{2n} < s_{2n} < r_{2n-1}, \quad r_{2n-2} < s_{2n-1} < r_{2n-1}$$

이고 $\lim_{n\to\infty} r_n = x$이므로 $\lim_{n\to\infty} s_n = x$이고 x는 r_n과 s_n 사이에 놓여 있다. 그러므로 $x \in (r, s)$인 임의의 개구간 (r, s)에 대하여 $x \in (r_{2n}, s_{2n}) \subset (r, s)$인 자연수 n이 존재하고 이 자연수 n에 대해

$$x \in (r_{2n}, s_{2n}) \cap Y \subset (r, s) \cap Y$$

이다. 따라서 집합족

$$\mathscr{L}_x = \{(r_{2k}, s_{2k}) \cap Y \mid k = 1, 2, \ldots\}$$

는 Y에서 무리수 x의 국소기저이다.

$$\psi^{-1}((r_{2n}, s_{2n}) \cap Y) = \{(a_0, a_1, \ldots, a_{2n})\} \times \prod_{k=2n+1}^{\infty} \mathbb{N}$$

이며 $\{(a_0, a_1, \ldots, a_{2n})\} \times \prod_{k=2n+1}^{\infty} \mathbb{N}$는 곱공간 $X = \mathbb{Z} \times \mathbb{N}^\infty$에서 점$(a_0, a_1, a_2, a_3, \ldots)$의 열린근방이다. 따라서 ψ는 연속이다.

(3) $X = \mathbb{Z}\times\mathbb{N}^\infty$ 의 기저열린집합 $\{(a_0, a_1, \ldots, a_n)\}\times\mathbb{N}^\infty$ 에 대하여 유리수 $r_n = [a_0; a_1, \ldots, a_n]$, $s_n = [a_0; a_1, \ldots, a_n + 1]$ 이라 놓으면

$$\psi(\{(a_0, a_1, \ldots, a_n)\} \times \mathbb{N}^\infty) = \begin{cases} (r_n, s_n) \cap Y & n = \text{짝수} \\ (s_n, r_n) \cap Y & n = \text{홀수} \end{cases}$$

이다. 따라서 ψ 는 열린함수이다. 그러므로 ψ 는 위상동형함수이며 곱공간 $X = \mathbb{Z} \times \mathbb{N}^\infty$ 와 무리수 부분공간 $Y = \mathbb{R} \setminus \mathbb{Q}$ 는 위상동형이다.

□

6.2.4 곱집합의 상자위상

정의 6.37. 위상공간족 $\{(X_i, \mathscr{T}_i)\}_{i\in I}$ 의 곱집합 $X = \prod_{i\in I} X_i$ 의 부분집합족

$$\mathscr{B}_{box} := \{\prod_{i\in I} U_i \mid U_i \in \mathscr{T}_i\}$$

을 기저로 하여 생성된 위상 $\mathscr{T}_{box}$ 를 X 의 **상자위상(box topology)** 이라 정의한다.

참고 6.38 첨자집합 I 가 유한집합인 경우, 즉 유한 개의 위상공간 $\{(X_i, \mathscr{T}_i)\}_{i=1}^n$ 의 곱집합 $X = \prod_{i=1}^n X_i$ 에 대해서는 상자위상과 곱위상은 서로 같다. 하지만 첨자집합 I 가 무한인 경우 곱집합 $X = \prod_{i\in I} X_i$ 에 주어진 상자위상은 곱위상보다 강한 위상이다. 따라서 상자위상이 곱집합 $X = \prod_{i\in I} X_i$ 에 주어져 있어도 모든 $i \in I$ 에 대해, 사영함수 $\pi_i \colon X \to X_i$ 는 연속이다. 하지만 상자위상이 모든 사영함수들이 연속인 가장 약한 위상임에 주의하자.

예제 6.39 보통위상이 주어진 실수 전체의 집합 $\mathbb{R}$ 의 가산 무한 곱집합 $X = \prod_{i=1}^\infty \mathbb{R}$ 을 생각하자.

(1) 부분집합 $\prod_{i=1}^\infty (0,1)$ 은 X 에 상자위상이 주어져 있을 때는 열린집합이 되지만 X 에 곱위상이 주어져 있을 때는 열린집합은 아니다.

(2) 부분집합 $(0,1) \times (0,1) \times \prod_{i=3}^\infty \mathbb{R} \subset X$ 은 X 에 곱위상이 주어져 있을 때도, 상자위상이 주어져 있을 때도 모두 열린집합이 된다.

6.3 함수족의 약위상 (유도위상)

6.3.1 함수족의 약위상 (유도위상)

한 집합에서 한 위상공간으로 가는 함수족의 모든 원소들이 연속이 되도록 하는 최소의 위상을 공역의 위상에서 유도하여 정의역에 주는 방법을 살펴보자. 이는 한 위상공간에서 한 집합으로 가는 함수족의 모든 원소들이 연속이 되도록 하는 최대의 위상을 정의역의 위상에서 유도하여 공역에 주는 상위상과 비교하여 생각하여야 한다.

정의 6.40. 집합 X 에서 위상공간 $(Y, \mathscr{T}_Y)$ 로의 함수족 $\mathscr{F} = \{f_i\colon X \to Y\}_{i\in I}$ 가 주어져 있다. X 의 부분집합족

$$\mathscr{S}_{\mathscr{F}} = \{f_i^{-1}(V) \mid V \in \mathscr{T}_Y,\ i \in I\}$$

를 부분기저로 하여 생성된 위상 $\mathscr{T}_{\mathscr{F}}$ 를 함수족 $\mathscr{F}$ 로부터 유도된 X 의 **약위상 (weak topology)** 또는 **유도위상(induced topology)** 이라 한다.

참고 6.41

(1) 함수족 $\mathscr{F} = \{f\colon X \to Y\}$ 가 단 하나의 함수 $f\colon X \to Y$ 로 이루어진 한 점 집합인 경우에는 X 의 부분집합족

$$\mathscr{S}_{\mathscr{F}} = \{f^{-1}(V) \mid V \in \mathscr{T}_Y\}$$

는 위상의 공리를 모두 만족하므로

$$\mathscr{T}_{\mathscr{F}} = \mathscr{S}_{\mathscr{F}} = \{f^{-1}(V) \mid V \in \mathscr{T}_Y\}$$

는 X 의 함수족 $\mathscr{F}$ 로부터 유도된 약위상이고 이 경우 약위상 $\mathscr{T}_{\mathscr{F}}$ 을 함수 f 로부터 유도된 X 의 약위상이라 한다.

(2) 함수족 $\mathscr{F} = \{f_i\colon X \to Y\}_{i\in I}$ 가 여러 개의 함수가 주어진 일반적인 경우에는 X 의 부분집합족

$$\mathscr{S}_{\mathscr{F}} = \{f_i^{-1}(V) \mid V \in \mathscr{T}_Y,\ i \in I\}$$

는 X 의 위상의 공리를 만족하지 못하고 심지어 위상의 기저의 공리도 만족하지 못하는 경우가 존재한다.

정리 6.42

집합 X 에서 위상공간 $(Y, \mathscr{T}_Y)$ 로의 함수족 $\mathscr{F} = \{f_i\colon X \to Y\}_{i\in I}$ 로부터 유도된 X 의 약위상을 $\mathscr{T}_{\mathscr{F}}$ 라 하면, 다음이 성립한다.

(1) 모든 $i \in I$ 에 대해, 함수 $f_i\colon (X, \mathscr{T}_{\mathscr{F}}) \to (Y, \mathscr{T}_Y)$ 가 연속함수이다.

(2) 집합 X 의 위상 $\mathscr{T}_X$ 와 모든 $i \in I$ 에 대해, 함수 $f_i\colon (X, \mathscr{T}_X) \to (Y, \mathscr{T}_Y)$ 가 연속이면, $\mathscr{T}_{\mathscr{F}} \subset \mathscr{T}_X$ 이다.

|증명| (1) 약위상의 정의에 의하여 자명하다.

(2) 임의의 Y 의 열린집합을 V 라 하자. 모든 $i \in I$ 에 대하여, f_i 는 연속이므로 $f_i^{-1}(V)$ 는 위상 $\mathscr{T}_X$ 의 원소이다. 따라서 약위상의 부분기저

$$\mathscr{S}_{\mathscr{F}} = \{f_i^{-1}(V) \mid V \in \mathscr{T}_Y,\ i \in I\}$$

는 $\mathscr{T}_X$ 의 부분집합이다. 따라서 $\mathscr{S}_{\mathscr{F}}$ 로부터 생성된 약위상 $\mathscr{T}_{\mathscr{F}}$ 은 $\mathscr{T}_{\mathscr{F}} \subset \mathscr{T}_X$ 을 만족한다.

□

참고 6.43

(1) 정리에 의해 함수족 $\mathscr{F} = \{f_i\colon X \to Y\}_{i\in I}$ 의 약위상은 모든 $i \in I$ 에 대해 함수 f_i 가 연속이 되도록 하는 가장 작은 X 의 위상이다.

(2) 부분위상은 약위상의 특별한 경우이다. 실제로 X 가 위상공간이고 A 가 X 의 부분집합일 때, A 의 부분위상은 포함함수 $i\colon A \to X$ 로부터 유도된 약위상이다.

6.3.2 약위상의 성질

정리 6.44

위상공간 X, Y, Z 가 주어져 있다. 만약 위상공간 X 의 위상이 함수 $f\colon X \to Y$ 로부터 유도된 약위상이고 함수 $g\colon Z \to X$, $h\colon Z \to Y$ 가 $h = f \circ g$ 을 만족할 때, 다음 명제들이 성립한다.

(1) g 가 연속인 것과 h 가 연속인 것은 동치이다.

(2) f 가 전사함수이면 f 는 열린함수이다.

(3) f 가 전단사함수이면 f 는 위상동형함수이다.

|증명| (1) $(\Rightarrow)$ 함수 f, g 는 연속이므로 합성함수 $h = f \circ g$ 는 연속이다.

(⇐) 임의의 X의 열린집합 U에 대해, X의 위상이 함수 f로부터 유도된 약위상이므로 $U = f^{-1}(V)$인 Y의 열린집합 V가 존재한다. h가 연속이므로 $h^{-1}(V)$는 Z의 열린집합이다.

$$h^{-1}(V) = (f \circ g)^{-1}(V) = g^{-1}(f^{-1}(V)) = g^{-1}(U)$$

이므로 $g^{-1}(U)$는 Z의 열린집합이다. 따라서 g는 연속이다.

(2) 임의의 X의 열린집합 U에 대해, X의 위상이 함수 f로부터 유도된 약위상이므로 $U = f^{-1}(V)$인 Y의 열린집합 V가 존재한다. 함수 f가 전사이므로

$$f(U) = f(f^{-1}(V)) = V$$

이고 V가 Y의 열린집합이므로 $f(U)$는 열린집합이다. 그러므로 f는 열린함수이다.

(3) 조건에 의해 X의 위상이 함수 f로부터 유도된 약위상이므로 함수 f는 연속이다. 함수 f가 전단사함수이므로, (2)에 의해 열린함수이다. 정리하면 함수 f는 연속이며 열린함수인 전단사함수이므로 위상동형함수이다.

□

예제 6.45 실수 전체의 집합 $\mathbb{R}$과 평면 $\mathbb{R}^2$ 사이에 전단사함수 $f\colon \mathbb{R} \to \mathbb{R}^2$가 존재한다. 평면 $\mathbb{R}^2$의 보통위상을 $\mathscr{T}_{usual}$라 할 때, 전단사함수 $f\colon \mathbb{R} \to (\mathbb{R}^2, \mathscr{T}_{usual})$에 의한 약위상을 $\mathscr{T}$라 놓으면 위의 정리에 의해

$$f\colon (\mathbb{R}, \mathscr{T}) \to (\mathbb{R}^2, \mathscr{T}_{usual})$$

은 위상동형함수이다. 따라서 보통거리공간 $(\mathbb{R}^2, \mathscr{T}_{usual})$과 위상동형이 되는 위상공간 $(\mathbb{R}, \mathscr{T})$인 $\mathbb{R}$의 위상 $\mathscr{T}$가 존재하고 이는 $\mathbb{R}$의 보통위상과는 다른 위상이다.

6.4 상공간과 상함수

6.4.1 상위상과 상함수

정의 6.46. 임의의 위상공간 $(X, \mathscr{T}_X)$와 집합 Y 사이의 전사함수 $q\colon X \to Y$

가 주어졌을 때, $q^{-1}(V)$가 X의 열린집합이 되는 Y의 부분집합 V들의 집합족

$$\mathscr{T}_q = \{V \subset Y \mid q^{-1}(V) \in \mathscr{T}_X\}$$

은 Y의 위상을 이루며, 이 Y의 위상 $\mathscr{T}_q$를 함수 q의 **상위상(quotient topology)**이라 한다. 그리고 상위상 $\mathscr{T}_q$에 대한 위상공간 $(Y, \mathscr{T}_q)$를 함수 q의 **상공간(quotient space)**이라 한다.

예제 6.47 임의의 위상공간 $(X, \mathscr{T}_X)$와 집합 Y 사이의 전사함수 $q\colon X \to Y$의 상위상

$$\mathscr{T}_q = \{V \subset Y \mid q^{-1}(V) \in \mathscr{T}_X\}$$

는 Y의 위상임을 보이시오.

| 풀이 | 정의에 의해 $\mathscr{T}_q$는 X의 부분집합족이다.

(1) $q^{-1}(\varnothing) = \varnothing \in \mathscr{T}_X$ 이고 $q^{-1}(Y) = X \in \mathscr{T}_X$ 이므로 $\varnothing, Y \in \mathscr{T}_q$ 이다.

(2) 만약 $\{V_i\}_{i\in I} \subset \mathscr{T}_q$ 이면, 모든 i에 대해, $q^{-1}(V_i) \in \mathscr{T}_X$ 이며, $\mathscr{T}_X$가 X의 위상이므로

$$q^{-1}(\textstyle\bigcup_{i\in I} V_i) = \bigcup_{i\in I} f^{-1}(V_i) \in \mathscr{T}_X$$

이다. 따라서 $\bigcup_{i\in I} V_i \in \mathscr{T}_q$ 이다.

(3) 만약 $\{V_i\}_{i=1}^n \subset \mathscr{T}_q$ 이면, 모든 i에 대해, $q^{-1}(V_i) \in \mathscr{T}_X$ 이며, $\mathscr{T}_X$가 X의 위상이므로

$$q^{-1}(\textstyle\bigcap_{i=1}^n V_i) = \bigcap_{i=1}^n q^{-1}(V_i) \in \mathscr{T}_X$$

이다. 따라서 $\bigcap_{i=1}^n V_i \in \mathscr{T}_q$ 이다.

그러므로 (1), (2), (3) 에 의하여, $\mathscr{T}_q$는 Y의 위상이다. □

참고 6.48 Y의 어떤 위상 $\mathscr{T}_Y$에 대해 전사함수 $q\colon (X, \mathscr{T}_X) \to (Y, \mathscr{T}_Y)$가 연속이면 임의의 $V \in \mathscr{T}_Y$에 대하여 $q^{-1}(V) \in \mathscr{T}_X$ 이므로 $V \in \mathscr{T}_q$ 이다. 즉, $\mathscr{T}_Y \subset \mathscr{T}_q$ 따라서 q의 상위상 $\mathscr{T}_q$은 함수 q가 연속이 되게 하는 가장 강한 위상이다.

정의 6.49. 두 위상공간 $(X, \mathscr{T}_X)$와 $(Y, \mathscr{T}_Y)$ 사이의 전사함수 $q\colon X \to Y$가 $\mathscr{T}_q = \mathscr{T}_Y$를 만족할 때 전사함수 q를 **상함수(quotient map)**라 한다.

다음 정리는 상함수의 정의로부터 자연스럽게 얻어진다.

정리 6.50

두 위상공간 $(X, \mathscr{T}_X)$, $(Y, \mathscr{T}_Y)$ 사이의 함수 $q\colon X \to Y$에 대해서, 다음이 성립한다.

(1) 전사함수 $q\colon (X, \mathscr{T}_X) \to (Y, \mathscr{T}_Y)$가 상함수이면 q의 상위상 $\mathscr{T}_q$가 $\mathscr{T}_Y$와 같은 Y의 위상이다.

(2) 전사함수 $q\colon (X, \mathscr{T}_X) \to Y$의 상위상을 $\mathscr{T}_q$라 하고 집합 Y에 이 상위상을 주었을 때, 전사함수 $q\colon (X, \mathscr{T}_X) \to (Y, \mathscr{T}_q)$는 상함수이다.

6.4.2 동치관계로 정의하는 상공간

집합 X 위의 동치관계 $\sim$이 주어져 있다 하자. 임의의 원소 $x \in X$에 대하여 x와 동치인 모든 원소들의 집합을 x의 동치류라 하며, 이를

$$\overline{x} = \{y \in X \mid x \sim y\}$$

로 표기한다. 동치관계 $\sim$에 의한 동치류들 전체의 집합을

$$X/{\sim} = \{\overline{x} \mid x \in X\}$$

로 표기하고 이를 동치관계 $\sim$에 해당하는 상집합이라 한다. 이때 $X = \bigcup_{x\in X} \overline{x}$이며 서로 다른 동치류 $\overline{x}$들은 서로소이다. 즉, 동치류 $\overline{x}\ (x \in X)$들은 X를 분할한다.

함수 $q\colon X \to X/{\sim}$를 $q(x) = \overline{x}$라 정의하면 함수 q는 전사함수이다. 만약 집합 X에 위상 $\mathscr{T}_X$이 추가적으로 주어져 있을 때, 위상공간 $(X, \mathscr{T}_X)$로 생각하면, 전사함수 $q\colon (X, \mathscr{T}_X) \to X/{\sim}$의 상위상 $\mathscr{T}_q$는 상집합 $X/{\sim}$의 위상이 된다. 이 상위상 $\mathscr{T}_q$를 동치관계 $\sim$에 대한 상위상이라 하며, $\mathscr{T}_\sim$이라 표기하자.

상집합 $X/{\sim}$의 임의의 부분집합 O에 대하여

$$q^{-1}(O) = \{x \in X \mid q(x) \in O\} = \{x \in X \mid \overline{x} \in O\} = \textstyle\bigcup_{\overline{x}\in O} \overline{x}$$

이다. 따라서 $X/{\sim}$의 임의의 부분집합 O에 대해, O가 상위상 $\mathscr{T}_\sim$의 원소인 것과 $\bigcup_{\overline{x}\in O} \overline{x}$가 X의 열린집합 혹은 $\mathscr{T}_X$의 원소인 것과 동치이다. 위상공간 $(X/{\sim}, \mathscr{T}_\sim)$을 위상공간 $(X, \mathscr{T}_X)$의 동치관계 $\sim$에 의해 유도된 상공간이라 한다. 앞 절의 논의에 따라 함수 $q\colon (X, \mathscr{T}_X) \to (X/{\sim}, \mathscr{T}_\sim)$는 상함수가 된다.

지금까지의 논의를 정리하면 다음과 같다.

정의 6.51. 집합 X에 동치관계 $\sim$과 위상 $\mathscr{T}_X$가 주어져 있을 때, 상집합 $X/\sim$의 상위상 $\mathscr{T}_\sim$을

$$\mathscr{T}_\sim = \{O \subset X/\sim \mid \bigcup_{\overline{x}\in O} \overline{x} \in \mathscr{T}_X\}$$

로 정의하고, $(X/\sim, \mathscr{T}_\sim)$을 **동치관계 $\sim$에 의해 유도된 상공간**이라 한다.

동치관계를 이용하여 상공간을 구성하는 두 가지 구체적인 경우를 살펴보자.

(경우 1) 위상공간 $(X, \mathscr{T})$와 부분집합 A에 관하여 X의 동치관계를

$$\sim_A = \{(x,x) \mid x \in X \setminus A\} \cup \{(a,b) \mid a,b \in A\}$$

으로 정의할 수 있다. 이 동치관계 $\sim_A$에 대한 상집합을 X/A로 표기하면

$$X/A = \{\overline{x} \mid x \in X \setminus A\} \cup \{A\}$$

이다. 이 동치관계 $\sim_A$에 관한 X/A의 상위상을 $\mathscr{T}_A$라 두면, X/A의 한 부분집합 O에 대하여 $\bigcup_{\overline{x}\in O} \overline{x}$는 A를 포함하거나 A와 서로소인 X의 부분집합이다.

따라서 $O \in \mathscr{T}_A$인 것과 $\bigcup_{\overline{x}\in O} \overline{x}$이 A를 포함하는 X의 열린집합이거나 A와 서로소인 X의 열린집합인 것이 동치이다. 이때, 함수

$$q\colon X \to X/A, \quad q(x) = \begin{cases} \overline{x}, & x \in X \setminus A \\ A, & x \in A \end{cases}$$

는 상함수가 된다. 함수 $q\colon X \to X/A$의 제한함수

$$q|_{X\setminus A}\colon X \setminus A \to (X/A) \setminus \{A\},\ \varphi|_{X\setminus A}(x) = \overline{x}$$

는 연속인 전단사함수이고 만약 A가 X의 닫힌집합이거나 A가 X의 열린집합이면 $q|_{X\setminus A}$는 위상동형함수가 된다.

참고 6.52 만약 A가 X의 닫힌집합도 열린집합도 아니면 $q|_{X\setminus A}$가 위상동형함수가 아닐 수 있다.

또한 $a \in A$이면 $q(a) = A$이므로 X의 부분집합 A는 X/A의 한 점 집합 $\{A\}$로 대응된다. 즉, A가 X의 열린집합이거나 X의 닫힌집합일 때, X를 두 부분집합 $X \setminus A$와 A로 쪼갠 후 $X \setminus A$는 그대로 두고, A는 한 점으로 축약시키는 함수가 바로 상함수 $q\colon X \to X/A$이다. 즉, 상공간 X/A는 X의 부분집합 A를 한 점으로 축약하여 얻어진 위상공간이다.

예제 6.53 집합 $X = \{a, b, c\}$의 위상 $\mathscr{T} = \{\varnothing, \{a, b\}, \{c\}, X\}$가 주어져 있을 때, X의 부분집합 $A = \{a, b\}$에 대하여 상집합 $X/A = \{\overline{c}, A\}$이며 상위상은 $\mathscr{T}_A = \{\varnothing, \{\overline{c}\}, \{A\}, X/A\}$이다. 즉 X의 두점 a, b를 X/A의 한 점 A로 축약한 위상공간이 상공간 $(X/A, \mathscr{T}_A)$이다.

예제 6.54 보통위상이 주어진 실수 전체의 집합 $\mathbb{R}$의 부분집합 $A = \{0, 1\}$에 대하여 상집합 $\mathbb{R}/A = \{\{c\} \mid c \in \mathbb{R} \setminus \{0, 1\}\} \cup \{A\}$이다. 열린구간 (a, b)에 대해, $\overline{(a, b)} = \{\overline{x} \mid x \in (a, b)\}$으로 정의하면 해당하는 $\mathbb{R}/A$의 상위상은 $\mathbb{R}/A$의 부분집합족

$$\mathscr{B} = \{\overline{(a, b)} \mid 0, 1 \notin (a, b)\} \cup \{\overline{(-r, r)} \cup \overline{(1 - s, 1 + s)} \mid r, s > 0\}$$

을 기저로 하여 생성된 위상이다.

(경우 2) 위상공간이 군인 경우 부분군이 유도하는 동치관계와 해당하는 상위상을 보자. 집합 G가 군이고 H가 G의 부분군이라 하자. 부분군 H에 관하여 G의 동치관계 $\sim_H$를 임의의 $g_1, g_2 \in G$에 대해, $g_1 g_2^{-1} \in H$이면 $g_1 \sim_H g_2$로 정의하자. 임의의 원소 $g \in G$에 대해 동치관계 $\sim_H$에 해당하는 동치류는 우잉여류 $Hg = \{hg \in G \mid h \in H\}$와 같다. 따라서 동치관계 $\sim_H$에 해당하는 상집합 $G/\sim_H$은

$$G/\sim_H = \{Hg \mid g \in G\}$$

이다. 만약 군 G의 위상 $\mathscr{T}_G$가 추가적으로 주어진 경우, 위상공간 $(G, \mathscr{T}_G)$위의 동치관계 $\sim_H$에 관한 $G/\sim_H$의 상위상을 $\mathscr{T}_{\sim_H}$라 두면, 상공간 $(G/\sim_H, \mathscr{T}_{\sim_H})$를 구성할 수 있다. 이 경우 $G/\sim_H$의 한 부분집합 O에 대하여 $O \in \mathscr{T}_{\sim_H}$인 것과 $\bigcup_{g \in O} Hg$가 G의 열린집합 혹은 $\mathscr{T}_G$의 원소인 것은 동치이다.

6.4.3 동치관계의 상공간과 상함수의 관계

함수 $f \colon X \to Y$로부터 집합 X 위의 동치관계 $\sim_f$를 다음과 같이 정의하자. 모든 $a, b \in X$에 대하여 $f(a) = f(b)$일 때 $a \sim_f b$ 또는 $(a, b) \in \sim_f$로 정의하자. 즉,

$$\sim_f = \{(a, b) \in X \times X \mid f(a) = f(b)\} \subset X \times X$$

이고 다음 성질들을 만족한다.

(반사성) 모든 $a \in X$에 대해, $f(a) = f(a)$이므로 $a \sim_f a$이다.

(대칭성) 만약 $a \sim_f b$이면 $f(a) = f(b)$이므로 $b \sim_f a$이다.

(추이성) 만약 $a \sim_f b$이고 $b \sim_f c$이면 $f(a) = f(b) = f(c)$이므로 $a \sim_f c$이다. 따라서 $\sim_f$는 X 위의 동치관계이며 원소 a의 동치류는

$$\overline{a} = \{x \in X \mid f(x) = f(a)\} = f^{-1}(f(a))$$

이다. 함수 f로부터 위와 같이 정의한 동치관계 $\sim_f$를 f의 **핵(kernel)**이라 한다.

참고 6.55 대수학의 군 이론, 환이론에서 정의하는 핵은 정규부분군이나 아이디얼이 되지만 위상수학에서 정의하는 핵은 동치관계임에 유의해야 한다.

전사함수에 의한 상위상과 동치관계에 관한 상위상을 비교해보자.

함수 $q\colon (X, \mathscr{T}_X) \to (Y, \mathscr{T}_Y)$가 상함수이라 하자. 즉 q는 전사인 연속함수이고 $\mathscr{T}_Y$는 함수 q에 의해 유도된 상위상이라 하자. 함수 q에서 유도된 동치관계인 핵 $\sim_q$에 관한 상집합 $X/\sim_q$와 상위상 $\mathscr{T}_{\sim_q}$로부터 상공간 $(X/\sim_q, \mathscr{T}_{\sim_q})$를 만들 수 있다. 이때 함수 $p\colon (X, \mathscr{T}_X) \to (X/\sim_q, \mathscr{T}_{\sim_q})$를 $p(x) = \overline{x}$라 정의하면 p는 상함수이다. 다음 정리에 의해 이 상함수 p는 처음에 주어진 상함수 $q\colon (X, \mathscr{T}_X) \to (Y, \mathscr{T}_Y)$와 본질적으로 같은 함수이다.

정리 6.56

함수 $q\colon (X, \mathscr{T}_X) \to (Y, \mathscr{T}_Y)$는 상함수이고 이 상함수 q가 유도하는 동치관계인 핵을 $\sim_q$라 할 때, 함수 $i\colon (X/\sim_q, \mathscr{T}_{\sim_q}) \to (Y, \mathscr{T}_Y)$를 $i(\overline{x}) = q(x)$로 정의하면 함수 i는 위상동형함수이다. 즉, 동치관계와 전사함수에 관한 각각의 상공간은 위상동형이다.

| 증명 | (1) 먼저 함수 i가 잘 정의된 함수임을 보이자. 만약 $\overline{x}_1 = \overline{x}_2$인 $x_1, x_2 \in X$가 존재하면 $x_1 \sim_q x_2$, 즉 $q(x_1) = q(x_2)$이므로

$$i(\overline{x}_1) = q(x_1) = q(x_2) = i(\overline{x}_2)$$

이 되어 함수 i는 잘 정의된 함수이다.

(2) 함수 i가 전단사함수임을 보이자. 만약 $i(\overline{x}_1) = i(\overline{x}_2)$인 $x_1, x_2 \in X$가 존재하면, $q(x_1) = q(x_2)$이므로 $x_1 \sim_q x_2$, 즉 $\overline{x}_1 = \overline{x}_2$이다. 따라서 i는 단사이다. 또한 q는 상함수이므로 전사이다. 따라서 임의의 $y \in Y$에 대하여 $q(x) = y$인 $x \in X$가 존재하고 $i(\overline{x}) = q(x) = y$이므로 i는 전사이다.

(3) 함수 i가 연속함수임을 보이자. 임의의 Y의 열린집합 V에 대하여 $i^{-1}(V) = U$라 하면, q는 연속함수이므로

$$\bigcup_{\overline{x}\in U} \overline{x} = \bigcup_{\overline{x}\in i^{-1}(V)} \overline{x} = q^{-1}(V)$$

는 X의 열린집합이다. 따라서 $i^{-1}(V)$는 상위상 $\mathscr{T}_{\sim_q}$의 원소, 상공간 $(X/{\sim_q}, \mathscr{T}_{\sim_q})$의 열린집합이다. 즉 함수 i는 연속이다.

(4) 함수 i가 열린함수임을 보이자. 임의의 $(X/{\sim_q}, \mathscr{T}_{\sim_q})$의 열린집합 $U \in \mathscr{T}_{\sim_q}$에 대하여 $i(U) = V$라 하자. 정의에 의해

$$q^{-1}(V) = q^{-1}(i(U)) = \{x \in X \mid q(x) \in i(U)\} = \bigcup_{\overline{x}\in U} \overline{x}$$

이고 U는 $(X/{\sim_q}, \mathscr{T}_{\sim_q})$의 열린집합이므로 $q^{-1}(V) = \bigcup_{\overline{x}\in U} \overline{x}$는 X의 열린집합이다. 함수 $q\colon (X, \mathscr{T}_X) \to (Y, \mathscr{T}_Y)$가 상함수이므로, 상위상의 정의에 의해 V는 $\mathscr{T}_Y$의 열린집합이다.

따라서 함수 i는 위상동형함수이다.

□

참고 6.57 위 정리는 대수학의 군과 환에 관한 제 1 동형정리와 유사한 위상수학의 정리이다. 이러한 연관성은 상함수 q의 핵을 $\mathrm{Ker}(q)$로 나타내면 더 명확해진다. 이 표현으로 위 정리에서 보인 위상동형사상은

$$i\colon X/\mathrm{Ker}(q) \to \mathrm{Im}(q)$$

로 다시 쓸 수 있다. (여기서 q는 상함수이므로 전사가 되어 $\mathrm{Im}(q) = Y$이다.) 대수학의 제 1 동형정리와는 주어진 함수가 주어질 때부터 전사함수이라는 점과 그 함수의 핵이 정의역의 부분집합이 아니라 정의역 위에 정의된 동치관계라는 점에서 차이를 가진다.

참고 6.58 위상공간 X에 동치관계 $\sim$이 주어져 있을 때, 해당하는 상공간 $X/{\sim}$과 어떤 위상공간 Y가 위상동형임을 증명해야 하는 경우, 위 정리에 의해, 적당한 상함수 $q\colon X \to Y$가 존재하여 $\sim_q$와 $\sim$가 같은 동치관계임을 보이면 충분하다.

6.4.4 상공간의 성질

다음 정리는 주어진 함수가 상함수가 될 조건을 제시해 준다.

정리 6.59

함수 $q\colon X \to Y$가 전사인 연속함수이면, 다음이 성립한다.
(1) q가 열린함수이면 q는 상함수이다.
(2) q가 닫힌함수이면 q는 상함수이다.
(3) $q \circ p = \mathrm{Id}_Y$ 인 연속함수 $p\colon Y \to X$가 존재하면 q는 상함수이다.

|증명| 함수 q는 전사인 연속함수이므로 임의의 Y의 부분집합 V에 대해, 만약 $q^{-1}(V)$가 X의 열린집합이면 V는 Y의 열린집합임을 증명하면 충분하다.
(1) q가 열린함수이면 $V = q(q^{-1}(V))$는 Y의 열린집합이다.
(2) q가 닫힌함수이면 $V^c = q(q^{-1}(V)^c)$는 Y의 닫힌집합이므로 V는 Y의 열린집합이다.
(3) p는 연속이므로 $p^{-1}(q^{-1}(V))$는 Y의 열린집합이며 $q \circ p = \mathrm{Id}_Y$ 이므로 $p^{-1}(q^{-1}(V)) = (q \circ p)^{-1}(V) = V$ 이다.

따라서 (1), (2), (3)의 모든 경우에 V는 Y의 열린집합이며 q는 상함수이다. □

예제 6.60 보통위상공간 $(\mathbb{R}, \mathscr{T}_{usual})$의 두 부분공간 $X = [0,2] \cup [3,4) \cup [5,6]$와 $Y = [0,2]$에 대해, X에서 Y로의 함수

$$q\colon X \to Y, \quad q(x) = \begin{cases} x & x \in [0,2] \\ x-3 & x \in [3,4) \\ x-4 & x \in [5,6] \end{cases}$$

에 대하여 함수 $f\colon Y \to X$를 $f(y) = y$로 정의하면 $q \circ f = \mathrm{Id}_Y$ 이고 f는 연속이므로 q는 상함수이다. $q([3,4)) = [0,1)$ 이므로 q는 닫힌함수가 아니며, $q([5,6]) = [1,2]$ 이므로 q는 열린함수가 아니다. 따라서 q는 닫힌함수도 열린함수도 아니지만 상함수이다.

다음은 상공간에서 정의된 함수의 연속성을 판단할 수 있는 유용한 조건을 준다.

정리 6.61

위상공간 X, Y, Z와 상함수 $p\colon X \to Y$가 주어져 있다. 함수 $q\colon Y \to Z$가

연속함수일 필요충분조건은 합성함수 $q \circ p\colon X \to Z$가 연속함수인 것이다.

$$\begin{array}{ccc} X & & \\ {\scriptstyle p}\downarrow & \searrow^{q\circ p} & \\ Y & \xrightarrow{q} & Z \end{array}$$

|증명| ($\Rightarrow$) 두 함수 p와 q가 연속이므로 합성함수 $q \circ p$는 연속이다.

($\Leftarrow$) 임의의 Z의 열린집합 W에 대하여 $q^{-1}(W)$는 Y의 부분집합이다. $p^{-1}(q^{-1}(W)) = (q \circ p)^{-1}(W)$이며 $q \circ p$는 연속이므로 $p^{-1}(q^{-1}(W))$는 X의 열린집합이다. p는 상함수이고 $p^{-1}(q^{-1}(W))$가 X의 열린집합이므로 $q^{-1}(W)$는 Y의 열린집합이다. 따라서 함수 q는 연속이다. □

정리 6.62

위상공간 X, Y, Z와 함수 $p\colon X \to Y, q\colon Y \to Z, r\colon X \to Z$가 $q \circ p = r$을 만족한다고 하자. 만약 $p\colon X \to Y$가 전사함수이면, 다음 명제들이 성립한다.

$$\begin{array}{ccc} X & & \\ {\scriptstyle p}\downarrow & \searrow^{q\circ p=r} & \\ Y & \xrightarrow{q} & Z \end{array}$$

(1) 함수 q가 전사인 것과 함수 r이 전사인 것은 동치이다.
(2) 함수 r이 단사이면, 함수 q는 단사이다.

위의 두 정리로부터 다음 정리를 얻을 수 있다.

정리 6.63

위상공간 X, Y, Z와 함수 $p\colon X \to Y, q\colon Y \to Z, r\colon X \to Z$가 $q \circ p = r$을 만족한다고 하자. 만약 $p\colon X \to Y$가 상함수이면, 다음 명제들이 성립한다.

$$\begin{array}{ccc} X & & \\ {\scriptstyle p}\downarrow & \searrow^{q\circ p=r} & \\ Y & \xrightarrow{q} & Z \end{array}$$

(1) 함수 q가 상함수이면 함수 r도 상함수이다.

(2) 함수 r이 상함수이면 함수 q도 상함수이다.

|증명| (1) ① 함수 p, q는 전사이므로 함수 r은 전사이다.

② 함수 p, q는 연속이므로 함수 r은 연속이다.

③ 만약 Z의 부분집합 B에 대해, $r^{-1}(B)$가 X의 열린집합이라고 가정하자. 조건에 의해 $q \circ p = r$이므로

$$p^{-1}(q^{-1}(B)) = (q \circ p)^{-1}(B) = r^{-1}(B)$$

는 X의 열린집합이며 p는 상함수이므로 $q^{-1}(B)$는 Y의 열린집합이다. 또한 함수 q가 상함수이므로, B는 Z의 열린집합이다. 따라서 함수 r은 상함수이다.

(2) ① 함수 q는 전사임을 보이자.
임의의 $z \in Z$에 대하여 함수 r은 전사이므로 $r(x) = z$인 원소 $x \in X$가 있다. $r(x) = q(p(x)) = z$이므로 q는 전사이다.

② 함수 q는 연속임을 보이자.
임의의 Z의 열린집합 W에 대하여 r은 연속이므로 $r^{-1}(W)$는 X의 열린집합이다.

$$p^{-1}(q^{-1}(W)) = (q \circ p)^{-1}(W) = r^{-1}(W)$$

는 X의 열린집합이며 p는 상함수이므로 $q^{-1}(W)$는 Y의 열린집합이다. 따라서 q는 연속함수이다.

③ 함수 q가 상함수임을 보이자.
만약 Z의 부분집합 B에대해, $q^{-1}(B)$가 Y의 열린집합이면 p는 연속이므로 $p^{-1}(q^{-1}(B))$는 X의 열린집합이다.

$$p^{-1}(q^{-1}(B)) = (q \circ p)^{-1}(B) = r^{-1}(B)$$

는 X의 열린집합이며 r은 상함수이므로 B는 Z의 열린집합이다. 따라서 함수 q는 상함수이다.

□

정리 6.64

상함수 $q\colon X \to Y$와 연속함수 $g\colon X \to Z$가 주어져 있다. 만약 $q(x_1) = q(x_2)$

을 만족하는 모든 $x_1, x_2 \in X$ 에 대해, $g(x_1) = g(x_2)$ 가 성립하면, $f \circ q = g$ 인 연속함수 $f\colon Y \to Z$ 가 존재한다.

즉, 상함수 $q\colon X \to Y$ 와 연속함수 $g\colon X \to Z$ 에 대해서, $f \circ q = g$ 을 만족하는 함수 $f\colon Y \to Z$ 가 잘 정의되면 f 는 연속이라는 것이다.

정리 6.65

위상공간 X 의 두 동치관계 $\mathcal{R}_1, \mathcal{R}_2$ 에 관한 상위상공간을 각각 $X/\mathcal{R}_1$, $X/\mathcal{R}_2$ 이라 하자. $\mathcal{R}_1 \subset \mathcal{R}_2$ 이면 함수 $q\colon X/\mathcal{R}_1 \to X/\mathcal{R}_2$ 를 $q([x]_1) = [x]_2$ 로 정의하면, q 는 잘 정의된 상함수이다. (단, $[x]_1$ 과 $[x]_2$ 는 각각 동치관계 $\mathcal{R}_1$ 과 $\mathcal{R}_2$ 에 관한 x 의 동치류이다.)

|증명| q 는 잘 정의된 함수임을 보이자. 만약 $x, y \in X$ 가 $[x]_1 = [y]_1$ 을 만족하면, $(x, y) \in \mathcal{R}_1 \subset \mathcal{R}_2$ 이므로 $[x]_2 = [y]_2$ 이다. 따라서

$$q([x]_1) = [x]_2 = [y]_2 = q([y]_1)$$

이므로 q 는 잘 정의된 함수이다.

두 상함수 $q_1\colon X \to X/\mathcal{R}_1$, $q_2\colon X \to X/\mathcal{R}_2$ 에 대하여 $q \circ q_1 = q_2$ 임을 보이자. 모든 $x \in X$ 에 대하여

$$(q \circ q_1)(x) = q(q_1(x)) = q([x]_1) = [x]_2 = q_2(x)$$

이다. 따라서 $q \circ q_1 = q_2$ 이고 q 는 상함수이다. □

예제 6.66 집합 $X = \{a, b, c, d, e\}$ 의 위상이

$$\mathscr{T} = \{\varnothing, \{a\}, \{d\}, \{a, b\}, \{a, d\}, \{a, b, d\}, \{c, d, e\}, \{a, c, d, e\}, X\}$$

로 주어져 있고 집합 X 에 동치관계 $\sim$ 에 의하여 정해진 동치류가 $\overline{a} = \{a, c, e\}$, $\overline{b} = \{b\}$, $\overline{d} = \{d\}$ 일 때, 다음 질문에 답하시오.

(1) 상집합 $X/\sim$ 의 상위상 $\mathscr{T}_\sim$ 을 구하시오.

(2) 함수 $f\colon (X, \mathscr{T}) \to (X/\sim, \mathscr{T}_\sim)$ 을 $f(x) = \overline{x}$ 으로 정의하면, 함수 f 는 연속함수임을 보이시오.

|풀이| (1) 상집합 $X/\sim = \{\overline{a}, \overline{b}, \overline{d}\}$ 의 멱집합은

$$\mathscr{P}(X/\sim) = \{\varnothing, \{\overline{a}\}, \{\overline{b}\}, \{\overline{d}\}, \{\overline{a}, \overline{b}\}, \{\overline{a}, \overline{d}\}, \{\overline{b}, \overline{d}\}, X/\sim\}$$

이다. 이 멱집합의 각 원소에 대해서, 상위상의 원소가 되는지를 확인하기 위해, 각 원소의 함수 f에 대한 역상이 X의 위상인 $\mathscr{T}$의 원소인지를 다음과 같이 확인하면 된다.

$$\begin{aligned}
&f^{-1}(\varnothing) = \varnothing \\
&f^{-1}(\{\overline{a}\}) = \{a, c, e\} \notin \mathscr{T} \\
&f^{-1}(\{\overline{b}\}) = \{b\} \notin \mathscr{T} \\
&f^{-1}(\{\overline{d}\}) = \{d\} \in \mathscr{T} \\
&f^{-1}(\{\overline{a}, \overline{b}\}) = \overline{a} \cup \overline{b} = \{a, b, c, e\} \notin \mathscr{T} \\
&f^{-1}(\{\overline{a}, \overline{d}\}) = \overline{a} \cup \overline{d} = \{a, c, d, e\} \in \mathscr{T} \\
&f^{-1}(\{\overline{b}, \overline{d}\}) = \overline{b} \cup \overline{d} = \{b, d\} \notin \mathscr{T} \\
&f^{-1}(X/\sim) = X \in \mathscr{T}.
\end{aligned}$$

따라서 $X/\sim$의 상위상 $\mathscr{T}_\sim$은 $\mathscr{T}_\sim = \{\varnothing, \{\overline{d}\}, \{\overline{a}, \overline{d}\}, X/\sim\}$이다.

(2) (1)의 풀이에 의해 $\mathscr{T}_\sim = \{\varnothing, \{\overline{d}\}, \{\overline{a}, \overline{d}\}, X/\sim\}$의 각 원소에 대해, 그 원소의 함수 f에 의한 역상이 X의 위상 $\mathscr{T}$의 원소이다. 따라서 함수 f는 연속이다.

□

예제 6.67 집합 $X = \{1, 2, 3, 4, 5\}$에서 집합 $Y = \{a, b, c\}$로의 전사함수 $f\colon X \to Y$가 $f(1) = a$, $f(2) = f(3) = f(4) = b$, $f(5) = c$로 정의되어 있다. 집합 X에 위상이 $\mathscr{T} = \{\varnothing, \{2\}, \{1, 2\}, \{2, 3, 4\}, \{1, 2, 3, 4\}, X\}$로 주어져 있을 때, 다음 질문에 답하시오.

(1) 전사함수 f에 의해 유도된 Y의 상위상을 구하시오.

(2) f에 관한 동치관계 $\sim_f$와 상집합 $X/\sim_f$를 구하시오.

(3) 동치관계 $\sim_f$에 의해 유도된 상집합 $X/\sim_f$의 상위상 $\mathscr{T}_{\sim_f}$를 구하시오.

|풀이| (1) Y의 모든 부분집합들로 이루어진 멱집합은

$$\mathscr{P}(Y) = \{\varnothing, \{a\}, \{b\}, \{c\}, \{a, b\}, \{a, c\}, \{b, c\}, Y\}$$

이다. 이 멱집합 $\mathscr{P}(Y)$의 각 원소에 대해, 그 원소의 f에 대한 역상이 $\mathscr{T}_X$의 원소인지를 확인하여 전사함수 f에 의해 유도된 Y의 상위상 $\mathscr{T}_f$를 구하자.

$$f^{-1}(\varnothing) = \varnothing$$

$$\begin{aligned}
&f^{-1}(\{a\}) = \{1\} \notin \mathscr{T}_X \\
&f^{-1}(\{b\}) = \{2,3,4\} \in \mathscr{T}_X \\
&f^{-1}(\{c\}) = \{5\} \notin \mathscr{T}_X \\
&f^{-1}(\{a,b\}) = \{1,2,3,4\} \in \mathscr{T}_X \\
&f^{-1}(\{a,c\}) = \{1,5\} \notin \mathscr{T}_X \\
&f^{-1}(\{b,c\}) = \{2,3,4,5\} \notin \mathscr{T}_X \\
&f^{-1}(Y) = X \in \mathscr{T}_X
\end{aligned}$$

이다. 따라서 전사함수 f에 의해 유도된 Y의 상위상은 $\mathscr{T}_f = \{\varnothing, \{b\}, \{a,b\}, Y\}$ 이다.

(2) 전사함수 f가 유도하는 동치관계인 f의 핵 $\sim_f$은 다음과 같다

$$\begin{aligned}
\sim_f &= \{(x_1, x_2) \in X \times X \mid f(x_1) = f(x_2)\} \\
&= \{(1,1),(2,2),(3,3),(4,4),(5,5),(2,3),(2,4),(3,2),(3,4),(4,2),(4,3)\}
\end{aligned}$$

이다. 해당하는 동치류들을 모두 구하면 $\overline{1} = \{1\}, \overline{2} = \{2,3,4\}, \overline{5} = \{5\}$ 이다. 따라서 상집합 $X/{\sim_f} = \{\overline{1}, \overline{2}, \overline{5}\}$ 이다.

(3) $X/{\sim_f}$의 모든 부분집합들로 이루어진 멱집합은

$$\mathscr{P}(X/{\sim_f}) = \{\overline{1}\}, \{\overline{2}\}, \{\overline{5}\}, \{\overline{1}, \overline{2}\}, \{\overline{1}, \overline{5}\}, \{\overline{2}, \overline{5}\}$$

이다. 함수 $q\colon X \to X/{\sim_f}$를 $q(x) = \overline{x}$에 대해서, $\mathscr{P}(X/{\sim_f})$의 각 원소의 q에 대한 역상이 X의 위상인 $\mathscr{T}_X$의 원소인지를 다음과 같이 확인하자.

$$\begin{aligned}
&q^{-1}(\varnothing) = \varnothing \\
&q^{-1}(\{\overline{1}\}) = \overline{1} = \{1\} \notin \mathscr{T}_X \\
&q^{-1}(\{\overline{2}\}) = \overline{2} = \{2,3,4\} \in \mathscr{T}_X \\
&q^{-1}(\{\overline{5}\}) = \overline{5} = \{5\} \notin \mathscr{T}_X \\
&q^{-1}(\{\overline{1}, \overline{2}\}) = \overline{1} \cup \overline{2} = \{1,2,3,4\} \in \mathscr{T}_X \\
&q^{-1}(\{\overline{1}, \overline{5}\}) = \overline{1} \cup \overline{5} = \{1,5\} \notin \mathscr{T}_X \\
&q^{-1}(\{\overline{2}, \overline{5}\}) = \overline{2} \cup \overline{5} = \{2,3,4,5\} \notin \mathscr{T}_X \\
&q^{-1}(X/{\sim_f}) = X
\end{aligned}$$

이다. 따라서 상위상 $\mathscr{T}_{\sim_f} = \{\varnothing, \{\overline{2}\}, \{\overline{1}, \overline{2}\}, X/{\sim_f}\}$ 이다.

□

예제 6.68 전사함수 $q\colon X \to Y$가 모든 Y의 부분집합 B 대하여 $q^{-1}(\overline{B}) = \overline{q^{-1}(B)}$을 만족하면, q는 상함수이다.

|풀이| 임의의 Y의 닫힌집합 F에 대하여 $F = \overline{F}$이므로 $q^{-1}(F) = q^{-1}(\overline{F})$이다. 조건을 $B = F$에 대해 적용하면, $q^{-1}(\overline{F}) = \overline{q^{-1}(F)}$이므로

$$q^{-1}(F) = q^{-1}(\overline{F}) = \overline{q^{-1}(F)}$$

을 얻는다. 즉, 임의의 Y의 닫힌집합 F에 대하여 $q^{-1}(F)$는 X의 닫힌집합이되므로 q는 연속함수이다.

임의의 Y의 부분집합 V에 대해, $q^{-1}(V)$가 X의 열린집합이라고 가정하고 V가 Y의 열린집합임을 보이면 충분하다. 이제 $F = V^c$라 하면, $q^{-1}(V)^c = q^{-1}(V^c) = q^{-1}(F)$는 X의 닫힌집합이므로

$$\overline{q^{-1}(F)} = q^{-1}(F)$$

이다. 조건을 $B = F$에 적용하면 $q^{-1}(\overline{F}) = \overline{q^{-1}(F)} = q^{-1}(F)$를 얻는다. q는 전사함수이므로

$$\overline{F} = q(q^{-1}(\overline{F})) = q(q^{-1}(F)) = F$$

가 되어 F는 Y의 닫힌집합이며 $F = V^c$이므로 V는 Y의 열린집합이다. 따라서 q는 상함수이다. □

예제 6.69 두 위상공간 사이의 상함수 $f\colon X \to Y$와 Y의 부분공간 B가 주어져 있다. X의 부분공간 $A = f^{-1}(B)$일 때, 정의역과 공역을 제한시켜 얻은 제한함수 $g = f|_A\colon A \to B$를 생각하자.

(1) g는 전사이며 연속함수임을 보이시오.

(2) f가 열린함수이면 g는 상함수임을 보이시오.

(3) f가 닫힌함수이면 g는 상함수임을 보이시오.

(4) A가 X의 열린집합이면 g는 상함수임을 보이시오.

(5) B가 Y의 닫힌집합이면 g는 상함수임을 보이시오.

|풀이| (1) 함수 f는 전사이므로 $g(A) = f(A) = f(f^{-1}(B)) = B$. 따라서 g는 전사이다. 임의의 B의 열린집합 V에 대해, $V = B \cap U$인 Y의 열린집합 U가 존재한다. 그러면,

$$g^{-1}(V) = A \cap f^{-1}(B \cap U) = A \cap f^{-1}(B) \cap f^{-1}(U) = A \cap f^{-1}(U)$$

이다. f는 연속이므로 $f^{-1}(U)$는 X의 열린집합이고 $A \cap f^{-1}(U)$는 A의 열린집합이다. 따라서 g는 연속함수이다.

(2) B의 부분집합 V에 대하여 $g^{-1}(V)$가 A의 열린집합이라고 하자. A는 X의 부분공간이므로 $g^{-1}(V) = A \cap U$인 X의 열린집합 U가 존재한다. g는 전사이므로 $V = g(g^{-1}(V))$이다. 따라서

$$\begin{aligned} V &= g(g^{-1}(V)) = g(A \cap U) \\ &= f(A \cap U) = f(f^{-1}(B) \cap U) \\ &= \{f(x) \in Y \mid x \in f^{-1}(B) \cap U\} \\ &= \{f(x) \in Y \mid x \in f^{-1}(B),\ x \in U\} \\ &= \{f(x) \in Y \mid f(x) \in B,\ x \in U\} \\ &= B \cap f(U) \end{aligned}$$

이다. f는 열린함수이므로 $V = B \cap f(U)$는 B의 열린집합이다. 따라서 g는 상함수이다.

(3) B의 부분집합 V에 대하여 $g^{-1}(V)$가 A의 열린집합이라고 하자. $A \setminus g^{-1}(V)$가 A의 닫힌집합이므로 $A \setminus g^{-1}(V) = A \cap F$인 X의 닫힌집합 F가 존재한다. f는 닫힌함수이므로 $f(F)$는 Y의 닫힌집합이며 $B \cap f(F)$는 B의 닫힌집합이다.

$$g^{-1}(V) = f^{-1}(V) \cap A = f^{-1}(V) \cap f^{-1}(B) = f^{-1}(V)$$

이므로 $A \setminus f^{-1}(V) = A \cap F$이고

$$\begin{aligned} B \setminus V &= f(f^{-1}(B \setminus V)) = f(A \setminus f^{-1}(V)) \\ &= f(A \cap F) = f(f^{-1}(B) \cap F) = B \cap f(F) \end{aligned}$$

이므로 $B \setminus V$는 B의 닫힌집합이며 V는 B의 열린집합이다. 따라서 g는 상함수이다.

(4) B의 부분집합 V에 대하여 $g^{-1}(V)$는 A의 열린집합이라 하자.

$$g^{-1}(V) = f^{-1}(V) \cap A = f^{-1}(V) \cap f^{-1}(B) = f^{-1}(V)$$

이고 $g^{-1}(V)$는 A의 열린집합이므로 $f^{-1}(V)$는 A의 열린집합이다. A는 X의 열린집합이므로 $f^{-1}(V)$는 X의 열린집합이다. f는 상함수이므로 V는 Y의 열린집합이다. $V = B \cap V$이므로 V는 B의 열린집합이다. 따라서 g는 상함수이다.

(5) B의 부분집합 V에 대하여 $g^{-1}(V)$는 A의 열린집합이라 하자. B는 Y의 닫힌집합이며 f는 연속이므로 $A = f^{-1}(B)$는 X의 닫힌집합이다. $A \setminus g^{-1}(V)$는 A의 닫힌집합이며 A는 X의 닫힌집합이므로 $A \setminus g^{-1}(V)$는 X의 닫힌집합이며 $X \setminus (A \setminus g^{-1}(V))$는 X의 열린집합이다. $A = f^{-1}(B)$이므로 $X \setminus A = f^{-1}(Y \setminus B)$이며,

$$\begin{aligned} X \setminus (A \setminus g^{-1}(V)) &= (X \setminus A) \cup g^{-1}(V) \\ &= f^{-1}(Y \setminus B) \cup f^{-1}(V) = f^{-1}((Y \setminus B) \cup V) \end{aligned}$$

는 X의 열린집합이다. f는 상함수이므로 $(Y \setminus B) \cup V$는 Y의 열린집합이다. 또한 V는 B의 부분집합이므로 $V = B \cap ((Y \setminus B) \cup V)$가 되어 V는 B의 열린집합이다. 따라서 g는 상함수이다.

□

예제 6.70 두 위상공간 사이의 상함수 $f\colon X \to Y$와 Y의 부분공간 B가 주어져 있다. 만약 X의 부분공간 $A = f^{-1}(B)$가 X의 열린집합이고, f의 정의역과 공역을 모두 제한하여 얻어진 제한함수 $g = f|_A\colon A \to B$가 단사이면, g는 위상동형함수임을 보이시오.

$$\begin{array}{ccc} A & \xrightarrow{g=f|_A} & B \\ {\scriptstyle i_A}\downarrow & & \downarrow{\scriptstyle i_B} \\ X & \xrightarrow{f} & Y \end{array}$$

|풀이| 함수 f는 전사이므로 $g(A) = f(A) = f(f^{-1}(B)) = B$이다. 따라서 g는 전사이다. 문제의 조건에서 g는 단사이므로 g는 전단사함수이다. A는 X의 열린집합이므로 위의 예제의 (4)에 의해 g는 상함수이다. 임의의 A의 열린집합 U에 대하여 $g(U) \subset B$, $g^{-1}(g(U)) = U$는 A의 열린집합이며 g는 상함수이므로 $g(U)$는 B의 열린집합이다. 따라서 역함수 g^{-1}는 연속이며 g는 위상동형함수이다. □

참고 6.71 위의 예제에서 A가 X의 열린집합임을 가정하는 대신 B가 Y의 닫힌집합임을 가정하여도 g는 위상동형함수가 된다.

예제 6.72 보통위상이 주어진 실수 전체의 집합 $\mathbb{R}$에 대하여 임의의 전사인 연속함수 $f: \mathbb{R} \to \mathbb{R}$는 상함수이다.

| 풀이 | $\mathbb{R}$의 부분집합 F에 대해, $f^{-1}(F)$가 $\mathbb{R}$의 닫힌집합이면 F는 $\mathbb{R}$의 닫힌집합임을 보이면 충분하다. $y \in \overline{F}$라 하면, $\lim_{n\to\infty} y_n = y$인 F 안의 수열 $\{y_n\}_{n=1}^{\infty}$이 존재한다. $\{y_n\}_{n=1}^{\infty}$이 수렴하는 수열이므로 유계이며 모든 자연수 n에 대해, $y_n \in [c, d]$인 유계구간 $[c, d]$가 존재한다. f는 전사이므로 $f(a) = c$, $f(b) = d$인 실수 a, b를 잡을 수 있다. f는 연속이므로 중간값정리에 의해 $[c, d] \subset f([a, b])$이다.

모든 자연수 n에 대해, $y_n \in [c, d]$이므로 $y_n = f(x_n)$인 $[a, b]$ 안의 수열 $\{x_n\}_{n=1}^{\infty}$이 있다. 수열 $\{x_n\}_{n=1}^{\infty}$은 유계수열이므로 볼자노-바이어슈트라스 정리에 의하여 수렴하는 부분수열 $\{x_{n_k}\}_{k=1}^{\infty}$가 존재한다. 부분수열 $\{x_{n_k}\}_{k=1}^{\infty}$의 극한을 x라 두면 f의 연속성에 의하여 $\lim_{k\to\infty} f(x_{n_k}) = f(x)$이다. 또한 모든 자연수 k에 대해, $f(x_{n_k}) = y_{n_k}$이므로 $\lim_{k\to\infty} y_{n_k} = f(x)$이다. 또한, $\lim_{n\to\infty} y_n = y$이므로 $\lim_{k\to\infty} y_{n_k} = y$이고 $f(x) = y$이다.

모든 자연수 n에 대해, $y_n \in F$이므로 $x_{n_k} \in f^{-1}(y_{n_k}) \subset f^{-1}(F)$이다. $f^{-1}(F)$가 $\mathbb{R}$의 닫힌집합이므로 $x \in f^{-1}(F)$이며 $f(x) \in F$이다. 따라서 $y \in F$가 되어 $\overline{F} \subset F$이므로 $\overline{F} = F$이며 F는 $\mathbb{R}$의 닫힌집합이다. 그러므로 $f: \mathbb{R} \to \mathbb{R}$는 상함수이다. □

6.5 연습문제 및 기출문제

6.5.1 연습문제

1. 집합 $X = \{a, b, c, d, e\}$ 에 $\mathscr{S} = \{\{a, b, c\}, \{b, c, d\}, \{c, d, e\}\}$ 를 부분기저(subbase)로 갖는 위상이 정의되어 있다.
   (1) $\mathscr{S}$ 로부터 생성된 위상 $\mathscr{T}_{\mathscr{S}}$ 를 구하고 $A = \{a, c, e\}$ 의 내부, 외부, 경계, 닫음, 유도집합을 구하시오.
   (2) $A = \{a, c, e\}$ 일 때 $\mathscr{T}$ 로부터 얻어지는 A 의 부분위상 $\mathscr{T}_A$ 를 구하시오.

2. 실수 전체의 집합 $\mathbb{R}$ 에 보통위상 $\mathscr{T}_{usual}$ 이 주어져 있고 유리수의 집합 $\mathbb{Q}$ 와 정수의 집합 $\mathbb{Z}$ 에는 $\mathbb{R}$ 에서 유도된 부분위상이 주어져 있을 때, 다음을 증명하시오.
   (1) 임의의 함수 $f\colon \mathbb{Z} \to \mathbb{Q}$ 는 연속함수이다.
   (2) $\mathbb{Z}$ 와 $\mathbb{Q}$ 는 위상동형이 아니다.

3. 실수 전체의 집합 $\mathbb{R}$ 에 보통위상 $\mathscr{T}_{usual}$ 이 주어져 있다고 가정하자. 두 연속함수 $f, g\colon \mathbb{R} \to \mathbb{R}$ 이 모든 유리수 $x \in \mathbb{Q}$ 에 대하여 $f(x) = g(x)$ 이면, 두 함수는 같은 함수임을 보이시오. (힌트: $\Delta = \{(x, x) \in \mathbb{R}^2 \mid x \in \mathbb{R}\}$ 는 보통위상이 주어진 $\mathbb{R}^2$ 의 닫힌집합이다.)

4. 실수 전체의 집합 $\mathbb{R}$ 의 여유한위상과 하극한위상을 각각 $\mathscr{T}_f$ 와 $\mathscr{T}_\ell$ 라 하자. 두 함수 $g, h\colon (\mathbb{R}, \mathscr{T}_f) \to (\mathbb{R}, \mathscr{T}_\ell)$ 이 연속함수이고 모든 자연수 $n \in \mathbb{N}$ 에 대하여 $g(\frac{1}{n}) = h(\frac{1}{n})$ 을 만족하면, 두 함수는 같은 함수임을 보이시오.

6.5.2 기출문제

1. [2005] 위상공간 X와 전사함수 $g: X \to Y$에 의한 집합 Y의 상위상(quotient topology)은 $g^{-1}(V)$가 X에서 열린집합(open set)이 되는 Y의 부분집합 V들을 모아서 만들어진 Y의 위상이다. 실수 전체의 집합 $X = \mathbb{R}$에 보통위상이 주어져 있다고 가정하자. 정수 전체의 집합 $Y = \mathbb{Z}$에 대하여 전사함수 $f: X \to Y$를 $f(x) = \lfloor x \rfloor$로 정의할 때, 전사함수 f에 의한 Y의 상위상을 구하시오. (단, $\lfloor x \rfloor$는 x를 넘지 않는 최대의 정수이다.)

2. [2007] 실수 전체의 집합 $\mathbb{R}$에 대하여

$$X_1 = (\mathbb{R}, \mathscr{T}_{usual}), X_2 = (\mathbb{R}, \mathscr{T}_{dis})$$

라고 하자. 여기서 $\mathscr{T}_{usual}$은 보통위상(usual topology)이고 $\mathscr{T}_{dis}$는 이산위상(discrete topology)이다. $X = X_1 \times X_2$를 X_1과 X_2의 곱공간이라 하자. X의 부분집합

$$A = (-1, 1) \times (-1, 1)$$

에 대하여 A의 닫음(closure)과 경계(boundary)를 (증명 없이) 각각 그림으로 나타내시오.

3. [2009 모의평가] 정수 전체의 집합 $\mathbb{Z}$에서 실수 전체의 집합 $\mathbb{R}$로의 함수 $f: \mathbb{Z} \to \mathbb{R}$가 다음과 같이 정의되어 있다.

$$f(x) = \begin{cases} 1 & x\text{가 } 0\text{이 아닌 짝수인 경우} \\ 0 & x\text{가 } 0\text{인 경우} \\ -1 & x\text{가 홀수인 경우} \end{cases}$$

$\mathbb{R}$에 보통위상(usual topology)이 주어져 있을 때, 함수 f가 연속이 되도록 하는 $\mathbb{Z}$의 최소의 위상 $\mathscr{T}$를 구하시오. (단, 최소의 위상은 조건을 만족하는 위상들 중 원소의 개수가 가장 작은 위상을 뜻한다.)

4. [2010] 실수 전체의 집합 $\mathbb{R}$ 위에서 $\{[a, b) \mid a, b \in \mathbb{R}\}$를 기저(base)로 하는 위상을 $\mathscr{T}_1$이라 하자. 집합 $A = \{1, 2, 3, 4\}$에 대하여 다음과 같이 정의된 함수 $f: (\mathbb{R}, \mathscr{T}_1) \to A$를 생각하자.

$$f(x) = \begin{cases} 1 & x < 0 \\ 2 & x = 0 \\ 3 & 0 < x \le 1 \\ 4 & x > 1 \end{cases}$$

함수 f에 의해서 만들어진 집합 A의 상위상(quotient topology)을 $\mathscr{T}$라 할 때, 위상공간 $(A, \mathscr{T})$의 열린집합 (open set)의 총 개수를 구하시오. (단, $[a, b) = \{x \in \mathbb{R} \mid a \leq x < b\}$ 이다.)

5. [2011] 실수 전체의 집합을 $\mathbb{R}$ 위의 두 위상 $\mathscr{T}_1, \mathscr{T}_2$를

$$\mathscr{T}_1 = \{\varnothing, \mathbb{Q}, \mathbb{R} \setminus \mathbb{Q}, \mathbb{R}\}, \quad \mathscr{T}_2 = \{\varnothing, \mathbb{N}, \mathbb{R} \setminus \mathbb{N}, \mathbb{R}\}$$

으로 정의하자. $(\mathbb{R}, \mathscr{T}_1)$과 $(\mathbb{R}, \mathscr{T}_2)$의 적공간(곱공간, product space) $(\mathbb{R}, \mathscr{T}_1) \times (\mathbb{R}, \mathscr{T}_2)$에 대하여 다음 명제의 참, 거짓을 판정하고 설명하시오. (단, $\mathbb{Q}$는 유리수 전체의 집합, $\mathbb{N}$은 자연수 전체의 집합이다.)

<명 제>

(1) 함수 $f: \mathbb{R} \to \mathbb{R} \times \mathbb{R}$를

$$f(x) = \begin{cases} (x, 1) & x \in \mathbb{Q} \\ (x, -1) & x \in \mathbb{R} \setminus \mathbb{Q} \end{cases}$$

로 정의하면 $f: (\mathbb{R}, \mathscr{T}_1) \to (\mathbb{R}, \mathscr{T}_1) \times (\mathbb{R}, \mathscr{T}_2)$는 연속함수이다.

(2) $[0, 1] \times [0, 1]$은 $(\mathbb{R}, \mathscr{T}_1) \times (\mathbb{R}, \mathscr{T}_2)$에서 조밀(dense)하다.

6. [2013] 자연수 전체의 집합을 $\mathbb{N}$과 자연수 n에 대하여 $A_n = \{k \in \mathbb{N} \mid k \geq n\}$이라 하고, $\{A_n \mid n \in \mathbb{N}\}$을 기저(base)로 하는 $\mathbb{N}$ 위의 위상을 $\mathscr{T}$라 하자. $X = (\mathbb{N}, \mathscr{T})$라 하고 $Y = [0, 1]$을 $(\mathbb{R}, \mathscr{T}_{usual})$의 부분공간(subspace)이라 할 때, 다음 명제의 참, 거짓을 판정하고 설명하시오. (단, $[0, 1] = \{x \in \mathbb{R} \mid 0 \leq x \leq 1\}$이고, $\mathscr{T}_{usual}$은 실수 전체의 집합 $\mathbb{R}$ 위의 보통 위상(usual topology)이다.)

<명 제>

(1) 함수 $f: X \to X \times Y$를 $f(n) = \left(2n, \frac{1}{n}\right)$로 정의하면 f는 연속함수이다.

(2) 집합 $\{2n \mid n \in \mathbb{N}\} \times (Y \cap \mathbb{Q})$는 $X \times Y$에서 조밀(dense)하다.
(단, $\mathbb{Q}$는 유리수 전체의 집합이다.)

7. [2014] 실수 전체의 집합 $\mathbb{R}$의 보통위상(usual topology)을 $\mathscr{T}_{usual}$ 이라 하고 함수 $f: \mathbb{Z} \to \mathbb{R}$를 $f(n) = n^2$라 하자. 정수 전체의 집합 $\mathbb{Z}$의 위상 $\mathscr{T}_1$을

$$\mathscr{T}_1 = \{f^{-1}(V) \mid V \in \mathscr{T}_{usual}\}$$

로 정의하자. $A = \{0\} \cup \mathbb{N}$, $B = \{-1, 1\}$이라 할 때, 적공간(product space) $(\mathbb{Z}, \mathscr{T}_1) \times (\mathbb{Z}, \mathscr{T}_1)$에서 $A \times B$의 닫음(closure) $\overline{A \times B}$과 $A \times B$의 내부(interior) $\text{int}(A \times B)$를 구하시오. 이를 이용하여 $(\mathbb{Z}, \mathscr{T}_1) \times (\mathbb{Z}, \mathscr{T}_1)$에서 $A \times B$의 경계(boundary) $\partial(A \times B)$를 구하는 과정을 쓰시오. (단, $\mathbb{N}$은 자연수 전체의 집합이다.)

8. [2016] 실수 전체 집합 $\mathbb{R}$에서 $\{[a, b) \mid a, b \in \mathbb{R}\}$를 기저로 하는 위상을 $\mathscr{T}_l$이라 하고, $\{(a, b] \mid a, b \in \mathbb{R}\}$를 기저로 하는 위상을 $\mathscr{T}_u$라 하자. 적공간(곱공간) $(\mathbb{R}, \mathscr{T}_l) \times (\mathbb{R}, \mathscr{T}_u)$에서 집합

$$A = \{(x, y) \in \mathbb{R} \times \mathbb{R} \mid x^2 + y^2 \leq 1\}$$

의 내부 $\text{int}(A)$를 풀이과정과 함께 쓰시오. 또한 A의 닫음 $\overline{A}$와 A의 경계 $\partial(A)$를 구하시오.
(단, $[a, b) = \{x \in \mathbb{R} \mid a \leq x < b\}$, $(a, b] = \{x \in \mathbb{R} \mid a < x \leq b\}$이다.)

9. [2018] 보통위상이 주어진 위상공간 $(\mathbb{R}^2, \mathscr{T}_{usual})$의 부분공간(subspace) $A = \{(x, y) \in \mathbb{R}^2 \mid x^2 + y^2 < 4\}$와 집합 $X = \{-3, -2, -1, 0, 1, 2, 3\}$에 대하여 함수 $f: A \to X$를

$$f(x, y) = \lfloor x^2 + y^2 \rfloor$$

으로 정의하자. 집합 X 위의 위상 $\mathscr{T}$를

$$\mathscr{T} = \{U \subset X \mid f^{-1}(U) \in \mathscr{T}_u\}$$

로 정의할 때, 3을 원소로 갖는 X의 모든 열린집합(open set)의 개수를 풀이과정과 함께 쓰시오. 또 위상공간 $(X, \mathscr{T})$에서 집합 $B = \{1, 2\}$의 유도집합(derived set) B'을 구하시오. (단, $\lfloor x \rfloor$는 x를 넘지 않는 최대 정수이다.)

10. [2025] 실수 전체의 집합 $\mathbb{R}$ 위의 여가산위상(countable topology, countable complement topology) $\mathscr{T}_1$을

$$\mathscr{T}_1 = \{U \subset \mathbb{R} \mid \mathbb{R} \setminus U \text{는 가산집합(countable set)}\} \cup \{\varnothing\}$$

이라 하고, 좌표평면 $\mathbb{R}^2$ 위의 보통위상(usual topology)을 $\mathscr{T}_2$라고 하자. 적공간(곱공간, product space) $(\mathbb{R}, \mathscr{T}_1) \times (\mathbb{R}^2, \mathscr{T}_2)$에서 집합

$$S = \{x \in \mathbb{R} \mid 0 < x < 1\} \times \{(x, y) \in \mathbb{R}^2 \mid x > 0,\ y = \sin \tfrac{1}{x}\}$$

의 내부(interior) $\operatorname{int} S$와 폐포(closure) $\overline{S}$를 각각 풀이 과정과 함께 쓰시오.

Chapter 7

연결성과 콤팩트성

이 장에서는 연결성, 경로연결성, 콤팩트성에 대하여 학습한다. 구체적으로 위상공간의 연결성과 경로연결성, 콤팩트공간, 가산콤팩트, 수열콤팩트, 국소콤팩트공간들에 대해서 다룬다.

학습목표

1. 연결성, 경로연결성에 대하여 학습한다.
2. 콤팩트공간에 대하여 학습한다.
3. 가산콤팩트, 수열콤팩트, 국소콤팩트공간들에 대하여 학습한다.

핵심어: 연결성, 경로연결성, 콤팩트성, 가산콤팩트성, 수열콤팩트성, 국소콤팩트성

7.1 연결성

7.1.1 연결성의 정의

정의 7.1. 위상공간 $(X, \mathscr{T})$에 대하여 $X = A \cup B$인 X의 공집합이 아닌 두 열린집합 A, B가 존재하면 $(A, B \in \mathscr{T} \setminus \{\varnothing\})$, X를 **비연결공간(disconnected space)**이라 하고 이때 A, B를 X의 **분리(separation)**라 한다. 위상공간 $(X, \mathscr{T})$의 분리가 존재하지 않으면, **연결공간(connected space)**이라 한다.

참고 7.2 위상공간 X가 비연결공간이고 A, B가 X의 분리이면, A, B는 $\varnothing, X$가 아닌 X의 열린집합이며 닫힌집합이다. 역으로 $\varnothing, X$가 아닌 X의 열린집합이며 닫힌집합인 A가 존재할 때, $B = A^c$라 하면, A, B는 X의 분리가 되어 X는 비연결공간이다.

정리 7.3

위상공간 X에 대한 다음 명제들은 모두 동치이다.

(1) X는 연결공간이다.

(2) X의 열린집합이며, 닫힌집합은 $\varnothing, X$ 뿐이다.

(3) $\partial(A) = \varnothing$인 부분집합 A는 $\varnothing, X$ 뿐이다.

(4) 모든 연속함수 $f\colon X \to \{0, 1\}$는 상수함수이다. (단, $\{0, 1\}$에는 이산위상이 주어져 있다.)

(5) 공집합이 아닌 X의 두 부분집합 A, B에 대해, $X = A \cup B$이면 $\overline{A} \cap B \neq \varnothing$이거나 $A \cap \overline{B} \neq \varnothing$이다.

|증명| (1) ⇔ (2) 이는 참고 7.2에서 보인 명제들의 대우이다.

(1) ⇒ (3) 대우명제를 보이자. X가 비연결공간이라 하고, A, B가 X의 분리라 하자. 즉 $X = A \cup B$, 서로소인 공집합이 아닌 X의 두 열린집합 A, B가 존재한다. A, B는 X의 열린집합이므로 $\mathrm{int}(A) = A$, $\mathrm{ext}(A) = \mathrm{int}(B) = B$이므로 $\partial A = X \setminus (\mathrm{int}(A) \cup \mathrm{ext}(A)) = \varnothing$이 된다. 여기서 A는 공집합이 아니고 $A^c = B$도 공집합이 아니므로 A는 X도 아니다.

(3) ⇒ (1) 경계 $\partial(A) = (X \setminus (\mathrm{int}(A) \cup \mathrm{ext}(A)) = \varnothing$이므로 $\mathrm{int}(A)$와 $\mathrm{ext}(A)$는 서로소이고 $X = \mathrm{int}(A) \cup \mathrm{ext}(A)$인 X의 두 열린집합이다. X가 연

결공간이므로 $\mathrm{ext}(A) = X$ 이거나 $\mathrm{int}(A) = X$ 이어야만 한다. 전자의 경우는 $A = \varnothing$, 후자의 경우는 $A = X$ 이다.

(1) ⇒ (4) 연결공간 X 에서 이산공간 $\{0,1\}$ 로의 상수함수가 아닌 연속함수 $f\colon X \to \{0,1\}$ 가 존재한다고 가정하자. $A = f^{-1}(0)$, $B = f^{-1}(1)$ 으로 정의하자. f 가 상수함수가 아닌 연속함수이고 $\{0\}, \{1\}$ 은 이산공간 $\{0,1\}$ 의 열린집합이므로, A 와 B 는 공집합이 아닌 X 의 열린집합이다. 또한 $A \cup B = f^{-1}(\{0,1\}) = X$ 이므로, A, B 는 X 의 분리가 되어 X 가 연결임에 모순이다.

(4) ⇒ (1) 대우명제를 보이자. X 가 비연결이라 가정하고 A, B 가 X 의 분리라 하자. 즉, $X = A \cup B$ 이고 공집합이 아니며 서로소인 X 의 두 열린집합 A, B 가 존재한다. 함수 $f\colon X \to \{0,1\}$ 를

$$f(x) = \begin{cases} 0 & x \in A \\ 1 & x \in B \end{cases}$$

으로 정의하면, A, B 가 공집합이 아니므로 f 는 상수함수가 아니다. 이산공간 $\{0,1\}$ 의 모든 열린집합은 $\varnothing$, $\{0\}$, $\{1\}$, $\{0,1\}$ 이다. 여기서 $f^{-1}(\varnothing) = \varnothing$, $f^{-1}(0) = A$, $f^{-1}(1) = B$, $f^{-1}(\{0,1\}) = X$ 으로 모두 X 의 열린집합이므로 f 는 상수함수가 아닌 이산공간 $\{0,1\}$ 으로의 연속함수이다.

(1) ⇒ (5) 대우명제를 보이자.

$$X = A \cup B, \quad \overline{A} \cap B = \varnothing, \quad A \cap \overline{B} = \varnothing$$

을 만족하는 공집합이 아닌 X 의 두 부분집합 A, B 가 존재한다고 가정하자. $X = A \cup B, \overline{A} \cap B = \varnothing$ 이므로

$$A \subset \overline{A} \subset X \setminus B = A$$

이고 따라서 A 는 X 의 닫힌집합이고 같은 방법으로 B 도 X 의 닫힌집합이다. 반면 $X = A \cup B$, $A \cap B = \varnothing$ 이므로 $A = B^c$ 는 X 의 열린집합이다. A 는 공집합도 아니고, X 도 아닌 X 의 열린집합이면서 닫힌집합이므로, 참고 7.2에 의해 X 는 비연결공간이다.

(5) ⇒ (1) 대우명제를 보이자. X 가 비연결공간이고 A, B 가 X 의 분리라고 가정하자. 즉 A, B 는 $X = A \cup B$ 인 공집합이 아니며 서로소인 X 의 두 열린집합이다. 참고 7.2에서 관찰한 것처럼, A, B 는 X 의 닫힌집합이고 따라서 $\overline{A} \cap B = A \cap \overline{B} = A \cap B = \varnothing$ 이다.

□

정의 7.4. 또한 위상공간 $(X, \mathscr{T})$의 부분공간 Y에 대하여

$$Y \subset A \cup B, \quad Y \cap A \cap B = \varnothing, \quad Y \cap A \neq \varnothing, \quad Y \cap B \neq \varnothing$$

을 만족하는 X의 두 열린집합 A, B가 존재하지 않을 때, 부분집합 Y를 X의 **연결집합(connected subset)**이라 한다. 위상공간 X의 부분집합 Y가 연결이 아닐 때 Y를 **비연결(disconnected)**이라 한다.

정리 7.5

(1) 보통위상이 주어진 실수 전체의 집합 $\mathbb{R}$의 부분공간인 닫힌구간 $[0,1]$은 $\mathbb{R}$의 연결집합이다.

(2) 위상공간 X의 연결집합들로 이루어진 집합족 $\{Y_i\}_{i \in I}$가 모든 $i, j \in I$에 대하여 $Y_i \cap Y_j \neq \varnothing$을 만족하면, $\bigcup_{i \in I} Y_i$도 연결이다.

| 증명 | (1) (귀류법) $[0,1]$이 연결공간이 아니라고 가정하자. 즉,

$$[0,1] = A \cup B$$

이고 서로소이며 공집합이 아닌 두 열린집합 A, B가 존재한다고 하자. 이때 일반성을 잃지 않고 $0 \in A$라 가정하고 집합 X를

$$X = \{x \in [0,1] \mid [0,x) \subset A\}$$

로 정의하자. $0 \in A$이며 A가 $\mathbb{R}$의 열린집합이므로 $[0,1] \cap (-r,r) \subset A$인 양수 r이 존재한다. 따라서 X는 위로 유계인 공집합이 아닌 집합이므로 $s = \sup X$가 존재한다. 그러면 $[0,r) \subset A$이므로 $r \in X$이고 $s = \sup X$이므로 $0 < r \leq s$이다. 만일 $s \in A$이면 A가 $\mathbb{R}$의 열린집합이므로 $[0,1] \cap (s-\varepsilon, s+\varepsilon) \subset A$인 양수 ε이 존재하며 $s+\varepsilon \in X$가 되어 $s = \sup X$임에 모순이다. 따라서 $s \in B$이다.

B는 $\mathbb{R}$의 열린집합이므로 $[0,1] \cap (s-\delta, s+\delta) \subset B$인 양수 δ가 존재하고 $s = \sup X$이므로

$$[0,1] \cap (s-\delta, s) \subset B, \quad [0, s-\tfrac{\delta}{2}) \subset A$$

이 동시에 성립한다. 이로부터

$$[0,1] \cap (s-\delta, s-\tfrac{\delta}{2}) \subset A \cap B$$

이므로 $A \cap B = \varnothing$임에 모순이다. 따라서 $[0,1]$은 $\mathbb{R}$의 연결집합이다.

(2) $Y = \bigcup_{i\in I} Y_i$가 비연결이라고 가정하면,

$$Y \subset A \cup B, \quad Y \cap A \cap B = \varnothing, \quad Y \cap A \neq \varnothing, \quad Y \cap B \neq \varnothing$$

을 만족하는 X의 열린집합 A, B가 존재한다. $A \cap Y \neq \varnothing$, $B \cap Y \neq \varnothing$ 이므로

$$A \cap Y_i \neq \varnothing, \quad B \cap Y_j \neq \varnothing$$

인 $i, j \in I$가 존재한다. $Y \subset A \cup B$, $A \cap B \cap Y = \varnothing$이므로

$$A \cap B \cap Y_i = \varnothing, \quad A \cap B \cap Y_j = \varnothing, \quad Y_i \subset A \cup B, \quad Y_j \subset A \cup B$$

이며, Y_i와 Y_j는 연결이므로 $B \cap Y_i = \varnothing$이고 $A \cap Y_j = \varnothing$이다. 따라서

$$A \cap (Y_i \cap Y_j) = \varnothing, \quad B \cap (Y_i \cap Y_j) = \varnothing$$

이고

$$Y_i \cap Y_j \subset Y \subset A \cup B$$

이므로

$$Y_i \cap Y_j = (A \cap (Y_i \cap Y_j)) \cup (B \cap (Y_i \cap Y_j)) = \varnothing$$

이다. 이는 $Y_i \cap Y_j \neq \varnothing$에 모순이고 Y는 연결이다.

□

7.1.2 연결성분

정의 7.6. 위상공간 X의 연결집합 C에 대하여 $C \subset A$, $C \neq A$인 모든 X의 부분집합 A는 비연결이면, C를 공간 X의 **연결성분(connected component)**이라 한다.

참고 7.7 연결성분의 정의는 연결집합들 중 극대인 연결집합을 의미한다. 위상공간 X가 연결이면 X의 연결성분은 X 한 개 뿐이며, 역으로 연결성분이 한 개이면 연결성분은 X이므로 연결이다.

정리 7.8

연결성분들은 위상공간을 분할한다.

|증명| 위상공간 X의 임의의 한 점을 x라 하고, $x \in A_i$인 모든 연결집합 A_i들의 집합족을 $\{A_i\}_{i \in I}$라 하고 이들의 합집합 $C_x = \bigcup_{i \in I} A_i$을 생각하자. 한 점 집합 $\{x\}$는 연결이므로 $\{x\} \subset C_x$이다. 모든 $i, j \in I$에 대하여 $\{x\} \in A_i \cap A_j$이므로 $A_i \cap A_j \neq \varnothing$이다. 따라서 정리 7.5(2)에 의해 C_x는 연결이다.

이제 C_x가 X의 연결성분임을 보이자. $C_x \subset B$, $C_x \neq B$이고 B가 연결이면, $x \in B$이므로 C_x의 정의에 의하여 $B \subset C_x$이어야 하는데 이는 모순이다. 따라서 B는 비연결이고 C_x는 연결성분이다.

만약 $C_x \cap C_y \neq \varnothing$이면 $C_x \cup C_y$는 연결집합이므로

$$C_x \cup C_y = C_x = C_y$$

이다. 따라서 $C_x \neq C_y$이면 $C_x \cap C_y = \varnothing$이다. 그러므로 모든 $x \in X$에 대한 연결성분 C_x들은 위상공간 X를 분할한다. □

정리 7.9

두 위상공간 X, Y에 대해, 다음이 성립한다.

(1) $f\colon X \to Y$가 연속함수이고 Z가 X의 연결집합이면 $f(Z)$는 Y의 연결집합이다.

(2) $f\colon X \to Y$가 연속함수이고 D가 Y의 연결성분이면 $f^{-1}(D)$는 X의 적당한 연결성분들의 합집합이다.

|증명| (1) 만일 $f(Z)$가 비연결집합이면

$$f(Z) \subset C \cup D,\ f(Z) \cap C \cap D = \varnothing,\ f(Z) \cap C \neq \varnothing,\ f(Z) \cap D \neq \varnothing$$

인 Y의 열린집합 C, D가 존재한다. 그러면 $A = f^{-1}(C), B = f^{-1}(D)$는 X의 열린집합이고

$$Z \subset A \cup B, \quad Z \cap A \cap B = \varnothing, \quad Z \cap A \neq \varnothing, \quad Z \cap B \neq \varnothing$$

이므로 Z는 비연결이다. 이는 Z가 연결집합이라는 가정에 모순이므로 $f(Z)$는 연결이다.

(2) 모든 $x \in f^{-1}(D)$에 대하여 $x \in C_x$인 X의 연결성분 C_x가 존재하고 $C_x \subset f^{-1}(D)$임을 관찰하자. f는 연속이고 C_x는 X의 연결집합이므로 $f(C_x)$는 Y의 연결집합이다. $f(x) \in D \cap f(C_x)$이므로 정리 7.5(2)에 의해 $D \cup f(C_x)$는 연결집합이고 D가 Y의 연결성분이므로 $f(C_x) \subset D$이다. 따라서 $C_x \subset f^{-1}(D)$이고 $f^{-1}(D) = \bigcup_{x \in f^{-1}(D)} C_x$이다.

□

예제 7.10

(1) 이산위상이 주어진 실수 전체의 집합 $\mathbb{R}$은 비연결이다. 일반적으로 원소의 개수가 2개 이상인 집합에 이산위상이 주어진 이산공간은 비연결이다. 점 x의 연결성분은 $C_x = \{x\}$이다.

(2) 비이산위상이 정의된 비이산공간 X는 항상 연결이다. 점 x의 연결성분은 $C_x = X$이다.

(3) 여유한위상이 정의된 무한집합 X는 연결이다. 점 x의 연결성분은 $C_x = X$이다.

(4) 하극한위상 또는 상극한위상이 정의된 실수집합은 비연결이다. 점 x의 연결성분은 $C_x = \{x\}$이다.

(5) 보통위상이 정의된 실수 전체의 집합 $\mathbb{R}$은 연결이다. 따라서 점 x의 연결성분은 $C_x = \mathbb{R}$이다.

(6) 실수 전체의 집합 $\mathbb{R}$에 보통위상이 주어져 있다고 하고 유리수 전체의 집합 $\mathbb{Q}$를 $\mathbb{R}$의 부분공간으로 생각하자. $\mathbb{Q}$는 비연결이고 점 $x \in \mathbb{Q}$의 연결성분은 $C_x = \{x\}$이다.

(7) 여가산위상이 주어진 실수 전체의 집합 $\mathbb{R}$은 연결이다. 점 x의 연결성분은 $\mathbb{R}$이다.

(8) 집합 $X = \{a, b, c\}$에 $\mathscr{T} = \{\varnothing, \{a\}, \{b, c\}, X\}$로 정의된 위상이 주어져 있으면 이 공간은 비연결이다. $C_a = \{a\}, C_b = \{b, c\}, C_c = \{b, c\}$이다.

7.1.3 경로연결공간

정의 7.11. 보통위상이 주어진 실수집합의 단위구간 $[0, 1]$에서 정의된 위상공간 X로의 연속함수 $c\colon [0, 1] \to X$를 $c(0)$와 $c(1)$를 잇는 **경로(path)**라 한다.

정의 7.12. 위상공간 X의 임의의 두 점 p, q에 대하여 $c(0) = p$, $c(1) = q$인 경로 $c\colon [0,1] \to X$가 존재하면, X를 **경로연결공간(path connected space)**이라 한다. 위상공간 X의 부분공간 A가 경로연결이면 A를 X의 **경로연결집합(path connected subset)**이라 한다.

극대인 연결집합을 연결성분이라 정의한 것처럼 극대 경로연결집합을 경로연결성분이라 한다.

정의 7.13. 위상공간 X의 부분공간 A가 경로연결이며, $A \subset B$, $A \neq B$이면 B는 경로연결이 아닐 때, A를 X의 **경로연결성분(path connected component)**이라 한다.

위상공간 X의 연결성분들이 X를 분할하는 것처럼 X의 경로연결성분들은 X를 분할한다.

정리 7.14

위상공간$(X, \mathscr{T})$의 경로연결성분들은 X를 분할한다.

| 증명 | 두 점 $p, q \in X$에 대하여 p와 q를 잇는 경로가 있을 때, $p \sim q$로 정의된 관계 $\sim$이 X 위에 정의된 동치관계임을 보이면 충분하다. 실제로 해당하는 동치류들은 정의에 의해 경로연결성분들이다.

(반사성) 점 $p \in X$에 대하여 $c\colon [0,1] \to X$를 $c(t) = p$라 하면 c는 연속이며 p와 p를 잇는 경로이므로 $p \sim p$이다.

(대칭성) 두 점 $p, q \in X$가 $p \sim q$를 만족하면 p와 q를 잇는 경로 $c(t)$가 존재한다. 경로 $\bar{c}(t) = c(1-t)$는 q와 p를 잇는 경로이다. 따라서 $q \sim p$이다.

(추이성) 세 점 $p, q, r \in X$가 $p \sim q$, $q \sim r$을 만족하면 p와 q를 잇는 경로 $c_1(t)$와 q와 r을 잇는 경로 $c_2(t)$가 존재한다. 두 점 p와 r을 잇는 경로 $c(t)$를 다음과 같이

$$c(t) = c_1 * c_2(t) = \begin{cases} c_1(2t) & 0 \leq t \leq \frac{1}{2} \\ c_2(2t-1) & \frac{1}{2} \leq t \leq 1 \end{cases}$$

찾을 수 있으므로 $p \sim r$이다.

따라서 $\sim$는 동치관계이며 해당하는 $\sim$의 동치류는 경로연결성분들이 되어 경로연결성분들은 X를 분할한다. □

예제 7.15 실수 전체의 집합 $\mathbb{R}$에 여유한위상 $\mathscr{T}_f$가 주어진 여유한공간 $(\mathbb{R}, \mathscr{T}_f)$는 경로연결임을 보이시오.

| 풀이 | 임의의 $(\mathbb{R}, \mathscr{T}_f)$의 두 점 p와 q에 대하여 함수 $c\colon [0,1] \to \mathbb{R}$를

$$c(t) = (1-t)p + tq$$

라 정의하면 $c(0) = p$, $c(1) = q$이다. 이제 함수 c가 연속임을 보이자. 만약 $p = q$이면, 모든 $t \in [0,1]$에 대해 $c(t) = p$인 상수함수이므로 연속이다. 만약 $p \neq q$이면, 정의에 의해 함수 c는 단사함수이다.

임의의 $(\mathbb{R}, \mathscr{T}_f)$의 열린집합 U에 대하여 $U = \varnothing$이면 $c^{-1}(U) = \varnothing$이고 $U \neq \varnothing$이면 $U = \mathbb{R} \setminus F$인 유한집합 F가 존재하고 $c^{-1}(F)$는 유한집합이므로 $c^{-1}(U) = [0,1] \setminus c^{-1}(F)$는 $[0,1]$의 열린집합이다. 그러므로 함수 c는 연속이고 p와 q를 잇는 경로이다. □

7.1.4 국소연결과 국소경로연결

정의 7.16. 위상공간 X의 주어진 한 점 p의 임의의 근방 N에 대하여 $p \in U \subset N$인 연결인 X의 열린집합 U가 존재하면, X가 p에서 **국소연결(locally connected)**이라 한다. 만약 위상공간 X의 모든 점 p에 대하여 X가 p에서 국소연결이면, X를 **국소연결공간(locally connected space)**이라 한다.

위의 정의에서 연결을 경로연결로 대체하면 국소경로연결성을 아래와 같이 정의할 수 있다.

정의 7.17. 위상공간 X의 주어진 한 점 p의 임의의 근방 N에 대하여 $p \in U \subset N$인 경로연결인 X의 열린집합 U가 존재하면, X가 p에서 **국소경로연결(locally path connected)**이라 한다. 만약 위상공간 X의 모든 점 p에 대하여 X가 p에서 국소경로연결이면, X를 **국소경로연결공간(locally path connected space)**이라 한다.

위상공간이 국소연결이면 연결인 열린집합들로 구성된 기저를 가지고 위상공간이 국소경로연결이면 경로연결인 열린집합들로 구성된 기저를 가진다.

정리 7.18

위상공간 X에 대해서 다음이 성립한다.

(1) X가 국소연결인 것과 연결인 열린집합들로 이루어진 X의 기저가 존재하는 것은 동치이다.

(2) X가 국소경로연결인 것과 경로연결인 열린집합들로 이루어진 X의 기저가 존재하는 것은 동치이다.

| 증명 | (1)을 증명하고 (2)의 증명은 생략한다.

($\Rightarrow$) X가 국소연결이고 $\mathscr{B} = \{B_i\}_{i\in I}$가 X의 기저라 하자. X는 국소연결이므로 각 점 $x \in B_i$에 대하여 $x \in V_{i,x} \subset B_i$인 연결인 X의 열린집합 $V_{i,x}$가 있다.

$$\mathscr{V} = \{V_{i,x} \mid x \in B_i, i \in I\}$$

라 하면 $\mathscr{V}$는 연결인 X의 열린집합으로 이루어진 X의 기저이다.

($\Leftarrow$) 연결인 열린집합들로 이루어진 X의 기저를 $\mathscr{V}$라 하자. $\mathscr{V}$가 기저이므로 임의의 점 $x \in X$의 근방 N에 대하여 $x \in V \subset N$인 연결인 열린집합 $V \in \mathscr{V}$가 존재한다. 따라서 X는 국소연결이다. □

다음 두 예제에서 볼 수 있듯이 연결이지만 국소연결이 아닌 위상공간, 국소연결이지만 연결이 아닌 위상공간이 존재한다.

예제 7.19 (위상수학자의 사인곡선 (topologist's sine curve)) 보통위상이 주어진 $\mathbb{R}^2$의 부분공간

$$X = \{(0, y) \mid -1 \le y \le 1\} \cup \{(x, \sin\tfrac{\pi}{x}) \mid 0 < x \le 1\}$$

를 생각하자. 점 $p = (0,1) \in X$의 근방 $B_d(p,1) \cap X$는 연결인 X의 열린집합을 포함하지 않으므로 국소연결이 아니다. X가 연결임은 예제 7.26에서 보일 것이다. 위상공간 X를 **위상수학자의 사인곡선(topologist's sine curve)**이라 한다.

예제 7.20 보통위상이 주어진 실수 전체의 집합 $\mathbb{R}$의 부분공간 $A = (0,1) \cup (2,3)$은 국소연결이지만 연결은 아니다.

7.1.5 연결성의 성질

연결성과 연결성분에 관하여 다음의 정리들이 성립한다.

정리 7.21

위상공간 X의 경로연결집합들로 이루어진 집합족 $\{Y_i\}_{i\in I}$가 모든 $i, j \in I$에 대하여 $Y_i \cap Y_j \neq \varnothing$을 만족하면, $\bigcup_{i\in I} Y_i$도 경로연결이다.

|증명| $Y = \bigcup_{i\in I} Y_i$라 하자. 임의의 $y_1, y_2 \in Y$에 대하여 $y_1 \in Y_i, y_2 \in Y_j$인 $i, j \in I$가 존재한다. 조건에 의해 $Y_i \cap Y_j \neq \varnothing$이므로 점 $z \in Y_i \cap Y_j$가 존재한다. Y_i는 경로연결이고 $y_1, z \in Y_i$이므로 y_1과 z를 잇는 Y_i 안의 경로 c_1이 존재한다. 비슷하게 Y_j는 경로연결이고 $y_2, z \in Y_j$이므로 z와 y_2를 잇는 Y_j 안의 경로 c_2가 존재한다. 함수 $c_1 * c_2 \colon [0,1] \to Y$를

$$c_1 * c_2(t) = \begin{cases} c_1(2t) & 0 \le t \le \frac{1}{2} \\ c_2(2t-1) & \frac{1}{2} \le t \le 1 \end{cases}$$

로 정의하면, $c_1 * c_2$는 y_1과 y_2를 잇는 경로이므로 Y는 경로연결이다. □

정리 7.22

두 위상공간 X, Y 사이의 연속함수 $f \colon X \to Y$가 주어져 있다. 만약 X가 경로연결이면 $f(X)$는 경로연결이다.

|증명| $f(X)$의 임의의 두 점 $f(p), f(q)$에 대하여 $(p, q \in X)$. X가 경로연결이므로 $c(0) = p$, $c(1) = q$인 경로 $c \colon [0,1] \to X$가 존재한다. 함수 $f \circ c \colon [0,1] \to f(X)$는 연속이며 $(f \circ c)(0) = f(p)$, $(f \circ c)(1) = f(q)$이므로 $f \circ c$는 $f(p)$와 $f(q)$를 잇는 경로이다. 따라서 $f(X)$는 경로연결공간이다. □

정리 7.23

위상공간 X가 경로연결이면, X는 연결이다.

| 증명 | 위상공간 X가 경로연결이면 고정된 한 점 $p \in X$와 임의의 점 $x \in X$를 잇는 경로 $c_x\colon [0,1] \to X$, $c_x(0) = p$, $c_x(1) = x$가 존재한다. 경로 c_x는 연속이고 $[0,1]$은 연결이므로 정리 7.22에 의해 $c_x([0,1])$는 X의 연결집합이다. 모든 $x, y \in X$에 대하여 $p \in c_x([0,1]) \cap c_y([0,1])$이므로 정리 7.5(2)에 의해 $X = \bigcup_{x\in X} c_x([0,1])$는 연결집합이다.

□

연결성분에 대한 성질을 정리하면 다음과 같다.

정리 7.24

위상공간 X에 대해 다음이 성립한다.
(1) Y가 X의 연결집합이고 $Y \subset Z \subset \overline{Y}$이면 Z는 X의 연결집합이다.
(2) 모든 X의 연결성분은 X의 닫힌집합이다.
(3) X가 유한 개의 연결성분을 가지면, X의 연결성분은 X의 열린집합이면서 X의 닫힌집합이다.

| 증명 | (1) 만약 Z가 비연결이면,

$$Z \subset A \cup B, \quad A \cap B \cap Z = \varnothing, \quad A \cap Z \neq \varnothing, \quad B \cap Z \neq \varnothing$$

인 X의 열린집합 A, B가 존재한다. $Y \subset Z$이며, Y는 연결집합이므로 $Y \subset A$이거나 $Y \subset B$이다.

① 만약 $Y \subset A$이면, $A \cap B \cap Y \subset A \cap B \cap Z = \varnothing$이므로

$$B \cap Y = A \cap B \cap Y = \varnothing$$

이다. 따라서 $Y \subset B^c$이고 B^c는 X의 닫힌집합이므로 $\overline{Y} \subset B^c$이다. 이로부터 $Z \subset B^c$이고 $B \cap Z = \varnothing$이 되어 모순이다.

② 만약 $Y \subset B$이면, $A \cap B \cap Y \subset A \cap B \cap Z = \varnothing$이므로

$$A \cap Y = A \cap B \cap Y = \varnothing$$

이다. 따라서 $Y \subset A^c$이고 A^c는 X의 닫힌집합이므로 $\overline{Y} \subset A^c$이다. 이로부터 $Z \subset A^c$이고 $A \cap Z = \varnothing$이 되어 모순이다.

(2) 임의의 X의 연결성분을 C라 하자. C는 연결이므로 (1)에 의해 $\overline{C}$도 연결이다. 임의의 한 점 $x \in C$를 생각하면, C는 x의 연결성분이다. 또한 $x \in \overline{C}$이고 $\overline{C}$는 연결이므로 $\overline{C} \subset C$이다. 그러므로 $C = \overline{C}$이고 C는 X의 닫힌집합이다.

(3) X의 모든 연결성분들을 $C_1, C_2, \ldots, C_n$이라 하자. (2)에 의해 모든 $i = 1, 2, \ldots, n$에 대해, C_i는 X의 닫힌집합이고 C_i를 제외한 C_j들의 합집합인 $\bigcup_{j \neq i} C_j$도 X의 닫힌집합이다. 연결성분들 $C_1, C_2, \ldots, C_n$은 X를 분할하므로 C_i의 여집합 $X \setminus C_i$는 $\bigcup_{j \neq i} C_j$와 같다. 따라서 모든 i에 대해 C_i는 X의 열린집합이다.

□

참고 7.25

(1) 위상공간 X의 연결성분은 X의 열린집합이며 X의 닫힌집합인 진부분집합을 갖지 않는다.

(2) 일반적으로 X의 연결성분이 무한 개이면 X의 연결성분이 X의 열린집합이 아닐 수 있다.

(3) 위상동형인 두 위상공간은 동시에 연결이든지 동시에 비연결이다. 그리고 위상동형인 두 위상공간의 연결성분 사이에는 전단사함수가 존재한다. 따라서 위상공간의 연결성분의 개수는 위상적 불변량이며 두 위상공간이 위상동형인지 판단할 때 유용하다.

(4) 연결공간의 부분공간은 일반적으로 연결이 아니다.

예제 7.26 보통거리가 주어진 $\mathbb{R}^2$의 부분공간

$$X = \{(0, y) \in \mathbb{R}^2 \mid -1 \leq y \leq 1\} \cup \{(x, \sin \tfrac{\pi}{x}) \in \mathbb{R}^2 \mid 0 < x \leq 1\}$$

은 연결이지만 경로연결이 아님을 보이시오.

| 풀이 | X의 두 부분공간

$$X_0 = \{(0, y) \in \mathbb{R}^2 \mid -1 \leq y \leq 1\}, \quad X_+ = \{(x, \sin \tfrac{\pi}{x}) \mid 0 < x \leq 1\}$$

을 생각하자. 임의의 X_+의 고정된 두 점 $p_1 = (x_1, \sin \frac{\pi}{x_1}), p_2 = (x_2, \sin \frac{\pi}{x_2})$에 대하여

$$c\colon [0,1] \to X_+, \quad c(t) = \left((1-t)x_1 + tx_2,\ \sin \tfrac{\pi}{(1-t)x_1 + tx_2}\right)$$

라 두면 $c(0) = p_1$ 이고 $c(1) = p_2$ 이다. (단, $x_1, x_2 \in (0,1]$ 이다.) 두 함수 $f\colon [0,1] \to (0,1]$, $g\colon [0,1] \to \mathbb{R}$ 을

$$f(t) = (1-t)x_1 + tx_2, \quad g(t) = \sin \tfrac{\pi}{(1-t)x_1 + tx_2}$$

이라 하면, 두 함수 f, g 는 모두 연속이므로 함수 c 는 연속이다. 따라서 X_+ 의 임의의 두 점 p 와 q 를 잇는 경로 c 가 있으므로 X_+ 는 경로연결이고 X_+ 는 연결이다. 또한 $X = X_0 \cup X_+$ 이고 임의의 X_0 의 점 $(0, y)$ $(-1 \le y \le 1)$ 에 대해, $(0, y)$ 로 수렴하는 X_+ 안의 수열이 존재하므로

$$\overline{X_+} = X_0 \cup X_+ = X$$

이다. X_+ 는 연결이므로 X 도 연결이다.

X 가 경로연결이라 가정하고 모순을 보이자. 만약 $c(0) = (0,0)$, $c(1) = (1, \sin \pi)$ 인 경로 $c\colon [0,1] \to X$ 가 존재한다고 가정하자. 함수 c 와 사영함수 $\pi_1\colon \mathbb{R}^2 \to \mathbb{R}$, $\pi_1(x, y) = x$ 는 연속이므로 $\pi_1 \circ c$ 는 연속이다. $\pi_1 \circ c(0) = \pi_1(0,0) = 0$ 이고 $\pi_1 \circ c(1) = \pi_1(1, \sin \pi) = 1$ 이므로 사잇값 정리에 의하여 모든 자연수 n 에 대하여 $(\pi_1 \circ c)(x_n) = \frac{1}{2n}$ 인 실수 $x_n \in [0,1]$ 이 존재한다.

수열 $\{x_n\}_{n=1}^{\infty}$ 는 유계인 실수열이므로 볼자노-바이에르슈트라스 정리에 의하여 수렴하는 부분수열 $\{x_{n_k}\}_{k=1}^{\infty}$ 가 존재하고 해당하는 극한을 x_0 라 하면

$$c(x_{n_k}) = \left(\tfrac{1}{2n_k}, \sin(2n_k\pi)\right) = \left(\tfrac{1}{2n_k}, 0\right)$$

이므로 $c(x_0) = \lim\limits_{k\to\infty} c(x_{n_k}) = (0,0)$ 이다.

모든 자연수 k 에 대해,

$$\pi_1 \circ c(x_{n_{k+1}}) = \tfrac{1}{2n_{k+1}} < \tfrac{1}{2n_k + 1} < \tfrac{2}{4n_k+1} < \tfrac{1}{2n_k} = \pi_1 \circ c(x_{n_k})$$

이므로 사잇값 정리에 의하여 $(\pi_1 \circ c)(y_k) = \frac{2}{4n_k+1}$ 인 y_k 가 x_{n_k} 와 $x_{n_{k+1}}$ 사이에 존재하고 수열 $\{y_k\}_{k=1}^{\infty}$ 는 수열 $\{x_{n_k}\}_{k=1}^{\infty}$ 의 극한인 x_0 로 수렴한다. 정의에 의해 $c(y_k) = \left(\frac{2}{4n_k+1}, 1\right)$ 이므로

$$\lim_{k\to\infty} c(y_k) = (0,1)$$

이어야 한다. 반면 c 는 연속함수이므로

$$\lim_{k\to\infty} c(y_k) = c(x_0) = (0,0)$$

이므로 모순이다. 따라서 X 는 경로연결이 아니다. □

참고 7.27

(1) 위 증명에서 정의된 공간 X_+ 는 경로연결이지만 $X = \overline{X_+}$ 는 경로연결이 아니다.

(2) 위와 비슷한 예로 보통위상이 주어진 $\mathbb{R}^2$ 의 부분공간

$$Y = \bigcup_{n=1}^{\infty}\{(x,y) \mid 0 \le x \le 1, y = \tfrac{1}{n}x\} \cup \{(1,0)\}$$

은 연결이지만 경로연결은 아니다.

예제 7.28 보통위상이 주어진 $\mathbb{R}$ 과 $\mathbb{R}^2$ 는 서로 위상동형이 아니다.

| 풀이 | 위상동형함수 $f\colon \mathbb{R} \to \mathbb{R}^2$ 이 존재한다고 가정하자. 점 $0 \in \mathbb{R}$ 에 대해 f 는 전단사함수이므로

$$f|_{\mathbb{R}\setminus\{0\}}\colon \mathbb{R}\setminus\{0\} \to \mathbb{R}^2 \setminus \{f(0)\}$$

도 위상동형함수이고 $\mathbb{R}\setminus\{0\}$ 가 비연결이므로 $\mathbb{R}^2\setminus\{f(0)\}$ 도 비연결이다. 그러나 $\mathbb{R}^2\setminus\{f(0)\}$ 는 경로연결이므로 연결이고 이는 모순이다. 따라서 두 위상공간 $\mathbb{R}$ 과 $\mathbb{R}^2$ 는 서로 위상동형이 아니다. □

다음 정리는 곱공간의 연결성, 경로연결성에 관한 정리이다.

정리 7.29

위상공간들의 족 $\{X_i\}_{i\in I}$ 에 대해서 다음이 성립한다.

(1) 모든 $i \in I$ 에 대해, X_i 가 연결인 것과 곱공간 $X = \prod_{i\in I} X_i$ 가 연결인 것은 동치이다.

(2) 모든 $i \in I$ 에 대해, X_i 가 경로연결인 것과 곱공간 $X = \prod_{i\in I} X_i$ 가 경로연결인 것은 동치이다.

| 증명 | (1)을 증명하고 (2)의 증명은 생략한다.

(1) ($\Rightarrow$) 연결공간들의 집합족 $\{X_i\}_{i\in I}$ 의 곱공간 $\prod_{i\in I} X_i$ 가 연결임을 보이자. 먼저 I 가 유한집합인 경우는 수학적 귀납법에 의해 두 연결공간 X_1, X_2 의 곱공간 $X_1 \times X_2$ 가 연결임을 보이면 충분하다. 임의의 점 $(p_1, p_2) \in X_1 \times X_2$ 에 대해

$$\begin{aligned} S(p_1,p_2) &= \{(x_1,x_2) \in X_1 \times X_2 \mid x_1 = p_1 \text{ 또는 } x_2 = p_2\} \\ &= (X_1 \times \{p_2\}) \cup (\{p_1\} \times X_2) \end{aligned}$$

라 두면 X_1과 $X_1 \times \{p_2\}$은 위상동형이고 X_2와 $\{p_1\} \times X_2$는 위상동형이므로 $X_1 \times \{p_2\}$와 $\{p_1\} \times X_2$은 연결이다. 또한 정의에 의해

$$(p_1, p_2) \in (X_1 \times \{p_2\}) \cup (\{p_1\} \times X_2)$$

이므로 정리 7.5(2)에 의해, $S(p_1, p_2)$는 연결집합이다. 곱공간 $X_1 \times X_2$가 연결임을 보이기 위해

$$X_1 \times X_2 = \bigcup_{(p_1,p_2)\in X_1\times X_2} S(p_1, p_2)$$

임을 관찰하고 임의의 (p_1, p_2), $(q_1, q_2) \in X_1 \times X_2$에 대해 교집합 $S(p_1, p_2) \cap S(q_1, q_2)$은 두 점 (p_1, q_2), (q_1, p_2)을 포함하므로 공집합이 아니다. 따라서 정리 7.5(2)에 의해 $X_1 \times X_2$는 연결공간이다.

이제 I가 무한집합인 경우에 대해 다루자. 임의의 한 점 $p \in \prod_{i\in I} X_i$를 고정하자. 곱공간의 정의에 의해 점 p는 함수 $p\colon I \to \bigcup_{i\in I} X_i$이고 $p(i) \in X_i$을 만족한다. 임의의 I의 유한 부분집합 $J \subset I$에 대해

$$S(p, J) = \{x \in \textstyle\prod_{i\in I} X_i \mid i \notin J \text{면 } x(i) = p(i)\}$$

라 하면, $S(p, J)$는 $\prod_{j\in J} X_j$와 위상동형이고 $\prod_{j\in J} X_j$는 연결공간들의 유한 곱공간이므로 연결이다. 따라서 $S(p, J)$는 연결이다.

$$Y = \bigcup\{S(p, J) \mid p \in X, J\text{는 } I\text{의 유한부분집합}\}$$

이라 두면 임의의 $p_1, p_2 \in X$와 임의의 유한부분집합 J_1, $J_2 \subset I$에 대해, 점 $w \in \prod_{i\in I} X_i$를 함수 $w\colon I \to \bigcup_{i\in I} X_i$로 생각했을 때,

$$w(i) = \begin{cases} p_1(i) & i \in I \setminus J_1 \\ p_2(i) & i \in I \setminus J_2 \end{cases}$$

를 만족하면, $w \in S(p_1, J_1) \cap S(p_2, J_2)$이므로 $S(p_1, J_1) \cap S(p_2, J_2)$은 공집합이 아니다. 따라서 정리 7.5(2)에 의해 Y는 연결집합이고 $\overline{Y}$도 연결이다. 곱위상의 정의에 의해 임의의 X의 부분기저 열린집합과 Y의 교집합은 공집합이 아니므로 $\overline{Y} = X$이고 X는 연결이다.
($\Leftarrow$) 모든 $i \in I$에 대해, 사영함수 $\pi_i\colon \prod_{i\in I} X_i \to X_i$는 연속함수이며 곱공간 $\prod_{i\in I} X_i$가 연결이면 $\pi_i(\prod_{i\in I} X_i) = X_i$도 연결이다.

□

반면 곱공간의 국소연결성에 대해서는 비슷한 정리가 유한 곱공간에 대해서만 성립한다.

정리 7.30

두 위상공간 X, Y 가 국소연결이면 곱공간 $X \times Y$ 도 국소연결이다.

| 증명 | X, Y 는 국소연결공간이므로 연결인 열린집합으로 구성된 기저 $\mathscr{B}_X$, $\mathscr{B}_Y$ 를 갖는다. 이때 곱공간 $X \times Y$ 의 기저는

$$\mathscr{B} = \{B_X \times B_Y \mid B_X \in \mathscr{B}_X, B_Y \in \mathscr{B}_Y\}$$

이며 B_X, B_Y 가 연결인 열린집합이므로 $B_X \times B_Y$ 도 연결인 열린집합이다. 따라서 곱공간 $X \times Y$ 도 국소연결이다. □

참고 7.31 국소연결공간의 무한곱은 국소연결이 아닌 예가 있지만 국소연결이고 연결인 공간들의 곱공간은 국소연결이다.

예제 7.32 집합 $X = \{a, b, c\}$ 에 위상 $\mathscr{T} = \{\varnothing, \{b\}, \{a, b\}, \{b, c\}, X\}$ 이 주어져 있을 때, 위상공간 $(X, \mathscr{T})$ 는 경로연결임을 보이시오.

| 풀이 | 모든 $i = 1, 2, 3$ 에 대해, 함수 $c_i\colon [0, 1] \to X$ 를 각각

$$c_1(t) = \begin{cases} a & t = 0 \\ b & 0 < t \leq 1 \end{cases}, \quad c_2(t) = \begin{cases} b & 0 \leq t < 1 \\ c & t = 1 \end{cases}, \quad c_3(t) = \begin{cases} a & t = 0 \\ b & 0 < t < 1 \\ c & t = 1 \end{cases}$$

라 하면 $c_1(0) = a, c_1(1) = b, c_2(0) = b, c_2(1) = c, c_3(0) = a, c_3(1) = c$ 이다. 또한 X 의 위상 $\mathscr{T}$ 의 모든 원소들에 대해 c_i 에 대한 역상을 생각하면

$$\begin{aligned}
&c_i^{-1}(\varnothing) = \varnothing, \quad c_i^{-1}(X) = [0, 1] \quad (i = 1, 2, 3) \\
&c_1^{-1}(\{a, b\}) = [0, 1], \quad c_1^{-1}(\{b\}) = (0, 1], \quad c_1^{-1}(\{b, c\}) = (0, 1] \\
&c_2^{-1}(\{a, b\}) = [0, 1), \quad c_2^{-1}(\{b\}) = [0, 1), \quad c_2^{-1}(\{b, c\}) = [0, 1] \\
&c_3^{-1}(\{a, b\}) = [0, 1), \quad c_3^{-1}(\{b\}) = (0, 1), \quad c_3^{-1}(\{b, c\}) = (0, 1]
\end{aligned}$$

이므로 함수 c_1, c_2, c_3 는 모두 연속이다. 따라서 c_1 은 두 점 a, b 를 잇는 경로, c_2 는 두 점 b, c 를 잇는 경로, c_3 는 두 점 a, c 를 잇는 경로이므로 $(X, \mathscr{T})$ 는 경로연결이다. □

예제 7.33 X, Y는 연결이며 $X \setminus Y = A \cup B, \overline{A} \cap B = A \cap \overline{B} = \varnothing$이면 $A \cup Y$는 연결임을 보이시오.

|풀이| 만약 $Y = \varnothing$이면, $X = A \cup B$이고 $A \cap B \subset \overline{A} \cap B = \varnothing$이고 X는 연결이므로 $A = \varnothing$이거나 $A = X$이고 따라서 $A \cup Y = \varnothing$이거나 $A \cup Y = X$이다. 만약 $Y \neq \varnothing$이면,

$$A \cup Y \subset C \cup D, \quad (A \cup Y) \cap C \cap D = \varnothing$$

인 X의 열린집합 C, D가 있다고 가정하자. $Y \subset A \cup Y$이므로

$$Y \subset C \cup D, \quad Y \cap C \cap D = \varnothing$$

이고 Y는 연결이므로 $Y \subset C$ 또는 $Y \subset D$이다. 일반성을 잃지 않고 $Y \subset C$라 하자. 또한

$$A \subset C \cup D, \quad A \cap C \cap D = \varnothing$$

이므로 $A_1 = A \cap C, A_2 = A \cap D$라 놓으면,

$$A = A_1 \cup A_2, \quad A_1 \subset C, \quad A_2 \subset D$$

이다. 조건에 의해 $\overline{A} \cap B = A \cap \overline{B} = \varnothing$이고 $A_2 \subset A$이므로 $\overline{A_2} \cap B = A_2 \cap \overline{B} = \varnothing$이다. 이제

$$A_2 \cap (\overline{A_1 \cup B \cup Y}) = (A_2 \cap (\overline{A_1 \cup Y})) \cup (A_2 \cap \overline{B}) = A_2 \cap (\overline{A_1 \cup Y})$$
$$\overline{A_2} \cap (A_1 \cup B \cup Y) = (\overline{A_2} \cap (A_1 \cup Y)) \cup (\overline{A_2} \cap B) = \overline{A_2} \cap (A_1 \cup Y)$$

임을 관찰하고 이들이 공집합임을 다음과 같이 보이자.

점 $p \in A_2 \cap (\overline{A_1 \cup Y})$에 대해, $A_2 \subset D$이므로 $p \in D$이고 $p \in \overline{A_1 \cup Y}$이고 D는 X의 열린집합이므로 $(A_1 \cup Y) \cap D \neq \varnothing$이다. 또한 $Y \subset C$, $A_1 \subset C$이므로 $A_1 \cup Y \subset C$이다. 따라서 $(A_1 \cup Y) \cap C \cap D \neq \varnothing$이고 이는 $(A \cup Y) \cap C \cap D = \varnothing$임에 모순이므로 $(\overline{A_1 \cup Y}) \cap A_2 = \varnothing$이다.

점 $p \in (A_1 \cup Y) \cap \overline{A_2}$에 대해, $p \in A_1 \cup Y \subset C$이고 C는 X의 열린집합이며 $p \in \overline{A_2}$이므로 $A_2 \cap C \neq \varnothing$이다. 그리고 $A_2 \subset D$이므로 $(A_2 \cup Y) \cap C \cap D \neq \varnothing$이다. 이는 $(A \cup Y) \cap C \cap D = \varnothing$에 모순이다. 그러므로 $(A_1 \cup Y) \cap \overline{A_2} = \varnothing$이다. 따라서

$$A_2 \cap \overline{A_1 \cup B \cup Y} = \varnothing, \quad \overline{A_2} \cap (A_1 \cup B \cup Y) = \varnothing$$

이고 $X = A_1 \cup A_2 \cup B \cup Y$ 이다. X는 연결공간이므로 $A_1 \cup B \cup Y = \varnothing$ 또는 $A_2 = \varnothing$ 이다. $Y \neq \varnothing$ 이므로 $A_2 = \varnothing$ 이고 $A \cup Y = A_1 \cup Y \subset C$ 이다. 따라서 $A \cup Y$의 분리는 존재하지 않으므로 $A \cup Y$는 연결이다. □

예제 7.34 함수 $f\colon X \to Y$가 상함수이고 Y가 연결공간이라 하자. 모든 $y \in Y$에 대해 $f^{-1}(y)$가 연결이면, X도 연결임을 보이시오.

| 풀이 | X가 비연결이라 가정하면 $X = A \cup B$인 서로소이고 공집합이 아닌 X의 열린집합 A, B가 존재한다.

$$C = \{y \in Y \mid f^{-1}(y) \subset A\}, \quad D = \{y \in Y \mid f^{-1}(y) \subset B\}$$

라 하자. 임의의 $y \in Y$에 대하여 f는 전사이므로 $f^{-1}(y)$는 공집합이 아니고 조건에 의해 $f^{-1}(y)$는 연결집합이므로 $f^{-1}(y) \subset A$이거나 $f^{-1}(y) \subset B$이다.

모든 $y \in Y$에 대하여, C, D의 정의에 의해 $y \in C$ 또는 $y \in D$가 성립하므로 $Y = C \cup D$이다. 또한 $A \cap B = \varnothing$ 이므로 $C \cap D = \varnothing$ 이다. $f^{-1}(C) \subset A$, $f^{-1}(D) \subset B$이고 $f^{-1}(C \cup D) = X$이므로 $f^{-1}(C) = A$이고 $f^{-1}(D) = B$이다. f는 상함수이므로 C, D는 Y의 열린집합이다. A와 B는 공집합이 아니며 f는 전사이므로 C와 D는 공집합이 아니다. 따라서 C, D는 Y의 분리이므로 Y는 비연결이 되고 이는 모순이므로 X는 연결이다. □

정리 7.35: 사잇값 정리(intermediate value theorem)

위상공간 X가 연결이고 실수 전체의 집합 $\mathbb{R}$에 보통위상이 주어져 있다고 하자. 연속함수 $f\colon X \to \mathbb{R}$에 대하여 $f(x) < f(y)$를 만족하는 점 $x, y \in X$가 존재하면 임의의 $r \in (f(x), f(y))$에 대하여 $f(z) = r$인 점 $z \in X$가 존재한다.

| 풀이 | 모든 $z \in X$에 대해 $f(z) \neq r$라 가정하자. X의 서로소인 두 열린집합

$$A = f^{-1}((-\infty, r)), \quad B = f^{-1}((r, \infty))$$

를 생각하면, 조건에 의해 $x \in A, y \in B$이다. 또한 모든 $z \in X$에 대해 $f(z) \neq r$이므로 $A \cup B = X$이다. 따라서 A, B는 X의 분리가 되므로 X가 비연결이 되어 이는 모순이다. □

7.2 콤팩트성

7.2.1 열린덮개와 콤팩트공간

정의 7.36. 위상공간 X의 열린집합족 $\mathscr{O} = \{O_i\}_{i\in I}$가 $X = \bigcup_{i\in I} O_i$를 만족할 때, X의 **열린덮개(open cover)**라 한다. 일반적으로 위상공간 X의 열린집합족 $\mathscr{O} = \{O_i\}_{i\in I}$가 어떤 X의 부분집합 A에 대해, $A \subset \bigcup_{i\in I} O_i$을 만족할 때, $\mathscr{O}$를 **A의 X에서의 열린덮개(open cover of A in X)**라 한다.

정의 7.37. 위상공간 X의 임의의 열린덮개 $\mathscr{O} = \{O_i\}_{i\in I}$에 대하여, $\mathscr{O}$의 유한 부분덮개가 존재할 때, 즉, 유한 개의 $i_1, \ldots, i_n \in I$가 존재하여 $\{O_{i_k}\}_{k=1}^{n}$이 X의 열린덮개가 될 때, 위상공간 X를 **콤팩트공간(compact space)**이라 한다. 위상공간 X의 부분공간 A가 콤팩트일 때, 부분집합 A를 X의 **콤팩트집합(compact set)**이라 한다.

참고 7.38 위상공간 X의 부분공간 A에 대해, A가 X의 콤팩트집합인 것과 임의의 A의 X에서의 열린덮개가 A의 유한 부분덮개를 가지는 것은 부분위상의 정의에 의해 동치이다. 따라서 콤팩트성은 위상공간 A가 가지는 내재적 성질이다.

정리 7.39

보통위상이 주어진 실수 전체의 집합 $\mathbb{R}$의 부분공간인 $[0,1]$은 $\mathbb{R}$의 콤팩트집합이다.

| 증명 | 임의의 $[0,1]$의 열린덮개를 $\mathscr{O} = \{O_i\}_{i\in I}$라 하고 $[0,1]$의 부분집합

$$A = \{a \in [0,1] \mid [0,a] \subset \textstyle\bigcup_{j\in J} O_j \text{인 유한집합 } J \subset I\text{가 존재한다}\}$$

로 정의하자. 즉, 구간 $[0,a]$가 유한 개의 $\mathscr{O}$의 원소로 덮일 수 있는 모든 a를 모아서 만들어진 집합이 A이다. 정의에 의해, 0은 A의 원소이고 모든 A의 원소는 $[0,1]$ 안에 속한다. 따라서 A는 공집합이 아닌 위로 유계인 실수의 부분집합이므로 실수의 최소상계 성질에 의해 $s = \sup(A)$이 존재하고 $[0,1]$이 $\mathbb{R}$의 닫힌집합이므로 $s \in [0,1]$이다.

$\mathscr{O} = \{O_i\}_{i\in I}$가 $[0,1]$의 열린덮개이므로 $0 \in O_{i_0}$인 $i_0 \in I$가 있으며, $0 \in [0,r) \subset O_{i_0}$인 양수 r이 존재하고 $[0,r) \subset A$이다. 따라서 $s \geq r > 0$

이다. $s \in O_{i_1}$ 인 $i_1 \in I$을 생각하면 $s \in (s-\delta, s+\delta) \cap [0,1] \subset O_{i_1}$ 이고 $0 < \delta < s$인 양수 δ를 잡을 수 있다. 이때 $s - \frac{\delta}{2} < s$이고 s는 A의 최소상계이므로 $s - \frac{\delta}{2} \in A$이다. 집합 A의 정의에 의해, $[0, s-\frac{\delta}{2}]$는 유한 개의 O_i들로 덮힌다.

만약 $s \neq 1$이라 하면, $[0, s+\frac{\delta}{2}] \cap [0,1]$도 유한 개의 O_i들로 덮힐 수 있으며, 이는 s보다 큰 A의 원소가 존재함을 의미하므로 $\sup(A) = s$ 임에 모순이고 $s = 1$이다. 비슷한 논리로 $s \in A$임을 알 수 있다. 따라서 $[0,1]$은 유한 개의 $\mathscr{O}$의 원소들로 덮을 수 있다. 그러므로 닫힌구간 $[0,1]$은 $\mathbb{R}$의 콤팩트집합이다. □

콤팩트집합의 몇 가지 예를 더 살펴보자.

정리 7.40

(1) 공집합이 아닌 집합 X에 여유한위상 $\mathscr{T}_f$가 주어진 여유한공간 $(X, \mathscr{T}_f)$는 콤팩트이다.

(2) 위상공간 X 안의 수열 $\{x_n\}_{n=1}^{\infty}$가 점 x로 수렴하면 X의 부분공간 $\{x_n \mid n \in \mathbb{N}\} \cup \{x\}$는 X의 콤팩트집합이다.

| 증명 | (1) 임의의 X의 열린덮개를 $\mathscr{O} = \{O_i\}_{i \in I}$라 하자. 이때, $\mathscr{O}$의 원소 중에서 공집합이 아닌 열린집합 O_{i_0}을 고르자. O_{i_0}이 공집합이 아닌 여유한 공간 $(X, \mathscr{T}_f)$의 열린집합이므로 여유한위상의 정의에 의하여 $O_{i_0}^c$는 유한집합이고 $O_{i_0}^c = \{x_1, \ldots, x_n\}$이라 하자. 모든 $k = 1, 2, \ldots, n$에 대하여, $x_k \in X = \bigcup_{i \in I} O_i$이므로 $x_k \in O_{i_k}$인 $i_k \in I$가 존재한다. 이때, $\mathscr{O}' = \{O_{i_0}, O_{i_1}, \ldots, O_{i_k}\}$라 두면 $\mathscr{O}'$은 $\mathscr{O}$의 유한 부분덮개이다. 따라서 $(X, \mathscr{T}_f)$는 콤팩트이다.

(2) $\{x_n \mid n \in \mathbb{N}\} \cup \{x\}$의 임의의 열린덮개를 $\mathscr{O}$라 하자. $x \in O_{i_0}$인 $\mathscr{O}$의 원소 O_{i_0}를 고르자. 수열 $\{x_n\}_{n=1}^{\infty}$은 점 x로 수렴하므로 어떤 자연수 N이 존재하여 $n > N$이면 $x_n \in O_{i_0}$이다. 모든 $n = 1, 2, \ldots, N$에 대해, $x_n \in O_{i_n}$인 $\mathscr{O}$의 원소 O_{i_n}을 고르면,

$$\{x_n \mid n \in \mathbb{N}\} \cup \{x\} \subset O_{i_0} \cup O_{i_1} \cup \cdots \cup O_{i_N}$$

이다. 따라서 $\mathscr{O}' = \{O_{i_n}\}_{n=0}^{N}$은 $\mathscr{O}$의 유한 부분덮개이다. 따라서 X의 부분공간 $\{x_n \mid n \in \mathbb{N}\} \cup \{x\}$는 콤팩트집합이다.

□

정리 7.41

위상공간 $(X, \mathscr{T})$가 콤팩트라 하자. $(X, \mathscr{T})$의 임의의 닫힌집합족 $\{C_i\}_{i\in I}$가 I의 모든 유한 부분집합 J에 대하여 $\bigcap_{i\in J} C_i \neq \varnothing$을 만족하면, $\bigcap_{i\in I} C_i \neq \varnothing$이다.

참고 7.42 위 정리의 대우명제는 다음과 같다.

> 임의의 $(X, \mathscr{T})$의 닫힌집합족 $\{C_i\}_{i\in I}$이 만약 $\bigcap_{i\in I} C_i = \varnothing$을 만족하면, I의 어떤 유한 부분집합 J가 존재하여 $\bigcap_{i\in J} C_i = \varnothing$이다.

이때, 각 C_i의 여집합을 $O_i = C_i^c$이라 놓으면 드 모르간의 법칙에 의해 위 명제는 다음과 동치이다.

> 임의의 $(X, \mathscr{T})$의 열린집합족 $\{O_i\}_{i\in I}$가 만약 $\bigcup_{i\in I} O_i = X$를 만족하면, I의 어떤 유한 부분집합 J가 존재하여 $\bigcup_{i\in J} O_i = X$이다.

따라서 위 정리에 제시한 성질은 콤팩트의 정의와 동치인 명제이고 이 성질을 **유한 교집합 성질(finite intersection property)**이라 부른다.

예제 7.43

(1) 유한집합 X에 위상 $\mathscr{T}$이 주어진 위상공간 $(X, \mathscr{T})$는 콤팩트이다.

(2) 비이산공간은 콤팩트이다.

(3) 보통위상이 주어진 실수집합 $\mathbb{R}$은 콤팩트가 아니다.

(4) 보통위상이 주어진 실수집합 $\mathbb{R}$의 부분공간으로 열린구간 (a, b)는 콤팩트가 아니지만 임의의 유계인 닫힌구간 $[a, b]$는 콤팩트이다.

(5) 여유한공간은 콤팩트이다.

(6) 보통위상이 주어진 실수집합 $\mathbb{R}$의 부분공간으로 $A = \{\frac{1}{n} \mid n \in \mathbb{N}\}$은 콤팩트공간이 아니지만 $\overline{A}$는 콤팩트이다.

(7) 하한위상공간 $\mathbb{R}_\ell$의 부분공간으로 $[0, 1]$은 콤팩트가 아니다.

7.3 가산콤팩트, 수열콤팩트와 국소콤팩트

콤팩트성과 관련된 위상공간 X에 관한 유사개념들을 소개하자.

정의 7.44. (1) 위상공간 $(X, \mathscr{T})$의 임의의 가산 열린덮개 $\{O_i\}_{i\in I}$의 유한 부분덮개가 존재할 때, 즉, 유한 개의 $i_1, \ldots, i_n \in I$가 존재하여 $\{O_{i_k}\}_{k=1}^{n}$

이 X의 열린덮개가 될 때, 위상공간 X를 **가산콤팩트(countably compact)**라 한다.

(2) 위상공간 $(X, \mathscr{T})$의 모든 수열이 수렴하는 부분수열을 가질 때, 위상공간 X를 **수열콤팩트(sequentially compact)**라 한다.

(3) 위상공간 $(X, \mathscr{T})$의 모든 무한부분집합은 극한점을 가질 때, 위상공간 X를 **극한점콤팩트(limit point compact)**라고 하거나 **볼자노-바이에르슈트라스 성질(Bolzano-Weierstrass property)**을 가진다고 한다.

국소적으로 콤팩트인 위상공간을 정의하자.

정의 7.45. 위상공간 $(X, \mathscr{T})$의 모든 점이 콤팩트인 근방을 가질 때, 위상공간 X를 **국소콤팩트(locally compact)**라 한다.

참고 7.46 국소콤팩트공간은 다른 책에서는 다르게 정의하기도 한다.

콤팩트성과 위에서 언급한 유사 개념들 사이의 관련성을 정리하면 다음과 같다.

정리 7.47

(1) 콤팩트공간은 가산콤팩트이고 국소콤팩트이다.

(2) 수열콤팩트공간은 가산콤팩트이다.

(3) 가산콤팩트공간은 극한점콤팩트이다.

(4) 거리공간 (X, d)가 콤팩트인 것과 수열콤팩트인 것과 가산콤팩트인 것과 극한점콤팩트인 것은 모두 동치이다.

증명 (1) 정의에 의해 콤팩트공간이 가산콤팩트이고 국소콤팩트인 것은 자명하다.

(2) X가 가산콤팩트가 아니면 X가 수열콤팩트가 아님을 보이자. 유한부분덮개를 갖지 않는 X의 가산 열린덮개 $\{O_n\}_{n=1}^{\infty}$가 있으면, 모든 자연수 n에 대해

$$O_n \setminus (O_1 \cup \cdots \cup O_{n-1}) \neq \varnothing$$

라 가정할 수 있다. 따라서 $x_1 \in O_1$을 잡고 모든 자연수 $n \geq 2$에 대해, $x_n \in O_n \setminus (O_1 \cup \cdots \cup O_{n-1})$을 만족하는 x_n을 잡아서 X 안의 수열 $\{x_n\}_{n=1}^{\infty}$를 얻을 수 있다. 임의의 점 $x \in X$에 대하여 $x \in O_N$인 자연수

N이 존재한다. 만약 자연수 n이 $n > N$이면 $x_n \notin O_N$이므로 수열 $\{x_n\}_{n=1}^{\infty}$의 모든 부분수열은 x로 수렴하지 않는다. 따라서 X는 수열 콤팩트가 아니다.

(3) 가산콤팩트 공간 X가 극한점콤팩트가 아님을 보이자. 임의의 X의 무한 부분집합을 C라 하고 $C' = \varnothing$라 가정하자. $A \subset C$인 가산무한인 부분집합 A를 잡으면 $A' \subset C'$이므로 $A' = \varnothing$이다. 따라서 $\overline{A} = A \cup A' = A$이므로 A는 X의 닫힌집합이다. 또한 $A' = \varnothing$이므로 A의 모든 점이 고립점이며 모든 $a \in A$에 대하여 $a \in U_a$, $U_a \cap A = \{a\}$인 X의 열린집합 U_a가 존재한다. 따라서 $A \subset \bigcup_{a \in A} U_a$이고

$$X = (X \setminus A) \cup (\textstyle\bigcup_{a \in A} U_a)$$

이다. A는 가산이므로 $\{X \setminus A\} \cup \{U_a\}_{a \in A}$는 X의 가산 열린덮개이다. 또한 X는 가산콤팩트이므로

$$X = (X \setminus A) \cup U_{a_1} \cup U_{a_2} \cup \cdots \cup U_{a_n}$$

인 A의 유한 개의 점 $a_1, a_2, \ldots, a_n$이 존재한다. 따라서

$$A \subset U_{a_1} \cup U_{a_2} \cup \cdots \cup U_{a_n}$$

이므로

$$A = (A \cap U_{a_1}) \cup \cdots \cup (A \cap U_{a_n}) = \{a_1, \ldots, a_n\}$$

이 되어 A가 가산 무한집합임에 모순이다. 따라서 $C' \neq \varnothing$이며 X는 극한점콤팩트이다.

(4) (2), (3)에서 수열콤팩트공간은 가산콤팩트이고 가산콤팩트공간은 극한점콤팩트인 것을 증명하였다.

극한점콤팩트인 거리공간 (X, d)은 수열콤팩트임을 보이자. 수열 $\{x_n\}_{n=1}^{\infty}$이 유한집합인 경우, 수열 $\{x_n\}_{n=1}^{\infty}$의 상수수열인 부분수열 $\{x_{n_k}\}_{n=1}^{\infty}$가 존재하고 이 부분수열 $\{x_{n_k}\}_{n=1}^{\infty}$는 상수수열이므로 x_{n_1}으로 수렴한다.

따라서 수열 $\{x_n\}_{n=1}^{\infty}$이 무한집합인 경우에 수렴하는 부분수열을 가짐을 보이자. X는 극한점콤팩트이므로 $\{x_n \mid n \in \mathbb{N}\}' \neq \varnothing$이므로 $x \in \{x_n \mid n \in \mathbb{N}\}'$인 점 x가 존재한다. (X, d)는 거리공간이므로 점 x의 가산 축소 국소기저 $\left\{B_d\left(x, \frac{1}{k}\right)\right\}_{k=1}^{\infty}$를 생각하자. 모든 자연수 k에 대해,

$$B_d\left(x, \tfrac{1}{k}\right) \cap (\{x_n\}_{n=1}^{\infty} \setminus \{x\}) \neq \varnothing$$

이므로 $x_{n_k} \in B_d\left(x, \frac{1}{k}\right) \cap (\{x_n\}_{n=1}^{\infty} \setminus \{x\})$ 인 수열 $\{x_n\}_{n=1}^{\infty}$ 의 부분수열 $\{x_{n_k}\}_{k=1}^{\infty}$ 을 잡을 수 있다.

임의의 국소기저 열린집합 $B_d\left(x, \frac{1}{K}\right)$ 에 대하여 $k > K$ 이면

$$x_{n_k} \in B_d\left(x, \tfrac{1}{k}\right) \subset B_d\left(x, \tfrac{1}{K}\right)$$

이므로 부분수열 $\{x_{n_k}\}_{k=1}^{\infty}$ 는 x 로 수렴한다. 따라서 X 는 수열콤팩트이다.

이제 (3)을 증명하기 위해 수열콤팩트인 거리공간 (X, d) 가 콤팩트임을 보이자.

수열콤팩트인 거리공간 (X, d) 의 임의의 열린덮개를 $\mathscr{O} = \{O_i\}_{i\in I}$ 라 하자. 어떤 양수 $\delta > 0$ 이 존재하여 모든 $x \in X$ 에 대하여 $B_d(x, \delta) \subset O_i$ 인 $i \in I$ 가 존재함을 보이자. 여기서 양수 δ 는 열린덮개 $\mathscr{O}$ 에만 의존한다.

만약 이러한 양수 δ 가 존재하지 않는다고 가정하면 모든 자연수 n 에 대해서, 어떤 $x_n \in X$ 가 존재하여 모든 $i \in I$ 에 대하여 $B_d(x_n, \frac{1}{n}) \not\subset O_i$ 이다. (어떤 자연수 n 에 대해서 이러한 x_n 이 존재하지 않으면, $\frac{1}{n}$ 을 양수 δ 로 잡을 수 있다.) X 는 수열콤팩트이므로 수열 $\{x_n\}_{n=1}^{\infty}$ 의 수렴하는 부분수열 $\{x_{n_k}\}_{k=1}^{\infty}$ 이 존재하고 극한을 x 라 하자.

$X = \bigcup_{i\in I} O_i$ 이므로 $x \in O_{i_0}$ 인 $i_0 \in I$ 를 잡을 수 있고 O_{i_0} 는 X 의 열린집합이므로 $B_d(x, \frac{1}{L}) \subset O_{i_0}$ 인 자연수 L 이 존재한다. 수열 $\{x_{n_k}\}_{k=1}^{\infty}$ 는 x 로 수렴하므로 어떤 자연수 K 가 존재하여 $k \geq K$ 이면 $x_{n_k} \in B_d(x, \frac{1}{2L})$ 을 만족한다. 자연수 $M = \max(2L, K)$ 을 정의하고 $m = n_M$ 이라 하자. 정의에 의해 $K \leq M$ 이므로 $x_m \in B_d(x, \frac{1}{2L})$ 이다. 모든 $y \in B_d(x_m, \frac{1}{m})$ 에 대해, $2L \leq M \leq n_M = m$ 이므로

$$d(x, y) \leq d(x, x_m) + d(x_m, y) < \tfrac{1}{2L} + \tfrac{1}{m} \leq \tfrac{1}{2L} + \tfrac{1}{2L} = \tfrac{1}{L}$$

이고 $y \in B_d(x, \frac{1}{L})$ 이다. 따라서

$$B_d(x_m, \tfrac{1}{m}) \subset B_d(x, \tfrac{1}{L}) \subset O_{i_0}$$

이 되어 이는 가정에 모순이다.

이제 수열콤팩트인 거리공간 (X, d) 와 임의의 양수 δ 에 대해,

$$X \subset B_d(x_1, \delta) \cup \cdots \cup B_d(x_n, \delta)$$

인 양수 δ 에 의존하는 X 의 유한 개의 점 $x_1, \ldots, x_n$ 이 존재함을 보이자.

이러한 유한 개의 점들이 존재하지 않는다고 가정하자. X 안의 한 점 $x_1 \in X$를 임의로 잡으면 $X \not\subset B_d(x_1, \delta)$이므로 $x_2 \in X \setminus B_d(x_1, \delta)$인 x_2를 잡을 수 있다. 가정에 의해 $X \not\subset B_d(x_1, \delta) \cup B_d(x_2, \delta)$이므로 $x_3 \in X \setminus (B_d(x_1, \delta) \cup B_d(x_2, \delta))$인 x_3가 있다. 이 과정을 계속 반복하면, 모든 자연수 n에 대하여

$$X \not\subset \bigcup_{i=1}^{n} B_d(x_i, \delta)$$

이므로

$$x_{n+1} \in X \setminus \bigcup_{i=1}^{n} B_d(x_i, \delta)$$

인 x_{n+1}을 잡을 수 있고 결론적으로 X 안의 수열 $\{x_n\}_{n=1}^{\infty}$을 얻는다. X는 수열콤팩트이므로 수열 $\{x_n\}_{n=1}^{\infty}$는 수렴하는 부분수열 $\{x_{n_k}\}_{k=1}^{\infty}$를 갖는다. 이 부분수열 $\{x_{n_k}\}_{k=1}^{\infty}$의 극한을 x라 하면 $k \geq K$인 모든 자연수 k에 대해 $x_{n_k} \in B_d(x, \delta)$인 자연수 K가 존재하고 $d(x, x_{n_K}) < \delta$이므로 $x \in B_d(x_{n_K}, \delta)$이다. 수열 $\{x_n\}_{n=1}^{\infty}$의 정의에 의해 $n > n_K$이면 $x_n \notin B_d(x_{n_K}, \delta)$이다. 이는 수열 $\{x_{n_k}\}_{k=1}^{\infty}$가 x로 수렴한다는 것에 모순이다.

이제 수열콤팩트인 거리공간 (X, d)가 콤팩트임을 보이자. (X, d)의 임의의 열린덮개를 $\mathscr{O} = \{O_i\}_{i \in I}$라 하면, 첫 번째 명제에 의해, 모든 $x \in X$에 대해 $B_d(x, \delta) \subset O_i$인 $i \in I$가 존재하는 양수 δ가 존재한다. 두 번째 명제를 이 양수 δ에 대해 적용하면, $X = \bigcup_{k=1}^{n} B_d(x_k, \delta)$인 유한 개의 점 $x_1, x_2, \ldots, x_n$이 존재한다. 각 x_k마다 $B_d(x_k, \delta) \subset O_{i_k}$인 $i_k \in I$를 잡으면,

$$X = \bigcup_{k=1}^{n} B_d(x_k, \delta) \subset \bigcup_{k=1}^{n} O_{i_k}$$

이므로 $\{O_{i_k}\}_{k=1}^{n}$은 열린덮개 $\mathscr{O} = \{O_i\}_{i \in I}$의 유한 부분덮개이다. 따라서 X는 콤팩트이다.

□

위의 정리로부터 다음이 성립한다.

따름정리 7.48

콤팩트공간은 가산콤팩트이며 극한점콤팩트이다.

참고 7.49 위 정리에 의해 콤팩트공간의 임의의 무한 부분집합 A의 도집합 A'이 항상 공집합이 아님을 알 수 있다.

7.4 콤팩트공간의 성질

콤팩트공간은 다음 성질들을 가진다.

정리 7.50

두 위상공간 사이의 함수 $f\colon X \to Y$가 연속이고 X가 콤팩트이면, 상 $f(X)$도 콤팩트이다.

|증명| 임의의 $f(X)$의 Y에서의 열린덮개 $\{O_i\}_{i\in I}$에 대하여 $f(X) \subset \bigcup_{i\in I} O_i$이므로

$$X \subset f^{-1}\left(\bigcup_{i\in I} O_i\right) = \bigcup_{i\in I} f^{-1}(O_i)$$

이다. f가 연속이므로 $f^{-1}(O_i)$는 X의 열린집합이다. 따라서 $\{f^{-1}(O_i)\}_{i\in I}$는 X의 열린덮개이다. X가 콤팩트이므로 유한 부분덮개 $\{f^{-1}(O_{i_k})\}_{k=1}^{n}$가 존재한다. 이때,

$$X \subset \bigcup_{k=1}^{n} f^{-1}(O_{i_k}) = f^{-1}\left(\bigcup_{k=1}^{n} O_{i_k}\right)$$

이므로

$$f(X) \subset f\left(f^{-1}\left(\bigcup_{k=1}^{n} O_{i_k}\right)\right) \subset \bigcup_{k=1}^{n} O_{i_k}$$

이다. 따라서, $\{O_{i_k}\}_{k=1}^{n}$는 $\{O_i\}_{i\in I}$의 유한 부분덮개이다. 따라서 $f(X)$는 콤팩트이다. □

정리 7.51

콤팩트공간 X의 닫힌집합 A는 콤팩트이다.

|증명| 임의의 A의 X에서의 열린덮개를 $\mathscr{O} = \{O_i\}_{i\in I}$라 하자. 즉, 모든 $i \in I$에 대해, O_i는 X의 열린집합이고 $A \subset \bigcup_{i\in I} O_i$이다. 이때 A가 X의 닫힌집합이므로 $X \setminus A$는 X의 열린집합이다. 따라서 $\mathscr{O} \cup \{X \setminus A\}$는 X의 열린덮개이고 X가 콤팩트이므로 유한 부분덮개 $\mathscr{O}_0$이 존재한다. 이제

$$\mathscr{O}' = \mathscr{O}_0 \setminus \{X \setminus A\}$$

라 하면, $\mathscr{O}' \subset \mathscr{O}$이다. 그리고 X의 덮개인 $\mathscr{O}_0$에서 $X \setminus A$만 제거했으므로 $\mathscr{O}'$는 A의 열린덮개이다. 따라서 A의 열린덮개 $\mathscr{O}$의 유한 부분덮개 $\mathscr{O}'$가 존재하므로 A는 콤팩트이다. □

정리 7.52

위상공간 $(X, \mathscr{T})$ 가 콤팩트이고 집합 X 위의 위상 $\mathscr{T}'$ 이 $\mathscr{T}' \subset \mathscr{T}$ 을 만족하면 $(X, \mathscr{T}')$ 는 콤팩트이다.

| 증명 | $\mathscr{T}' \subset \mathscr{T}$ 이므로 항등함수 $\mathrm{Id}_X : (X, \mathscr{T}) \to (X, \mathscr{T}')$ 는 연속함수이다. $(X, \mathscr{T})$ 가 콤팩트이므로 항등함수에 대한 $(X, \mathscr{T})$ 의 상인 $(X, \mathscr{T}')$ 는 콤팩트이다. □

정리 7.53: 티호노프의 정리 (Tychonoff's theorem)

위상공간들의 집합족 $\{X_i\}_{i \in I}$ 에 대해, 모든 $i \in I$ 에 대해, X_i 가 콤팩트인 것과 곱공간 $X = \prod_{i \in I} X_i$ 이 콤팩트인 것은 동치이다.

| 증명 | $(\Leftarrow)$ 사영함수의 연속성에 의하여 증명된다.

$(\Rightarrow)$ 증명은 조른의 보조정리를 적용하는 등 이 책의 난이도를 넘어서므로 생략한다.

□

일반적인 티호노프의 정리의 증명은 생략하였지만, 티호노프의 정리의 유한 곱공간에 대한 특수한 경우를 증명하자.

정리 7.54

두 위상공간 X, Y 에 대해서, X, Y 가 콤팩트인 것과 곱공간 $X \times Y$ 가 콤팩트인 것은 동치이다.

| 증명 | $(\Rightarrow)$ 곱공간 $X \times Y$ 의 임의의 열린덮개를 $\mathscr{O} = \{O_i\}_{i \in I}$ 라 하고 X 의 임의의 한 점 x 를 잡자. 먼저

$$\{x\} \times Y \subset W_x \times Y \subset \bigcup_{i \in I_x} O_i$$

인 I 의 유한 부분집합 $I_x \subset I$ 와 X 의 열린집합 W_x 가 있음을 보이자. 임의의 원소 $y \in Y$ 에 대하여 $(x, y) \in \bigcup_{i \in I} O_i$ 이므로 $(x, y) \in O_i$ 인 첨자 $i \in I$ 가 있다. 이 첨자 i 는 점 y 에 의존하므로 i_y 라 표현하자.

곱위상의 정의에 의해

$$(x, y) \in U_y \times V_y \subset O_{i_y}$$

인 곱위상의 기저 열린집합 $U_y \times V_y$ 이 있다. 여기서 U_y 는 X 의 열린집합이고 V_y 는 y 를 포함하는 Y 의 열린집합이다. $Y \subset \bigcup_{y\in Y} V_y$ 이므로 $\{V_y\}_{y\in Y}$ 는 Y 의 열린덮개이다. Y 는 콤팩트이므로

$$Y \subset V_{y_1} \cup V_{y_2} \cup \cdots \cup V_{y_n}$$

인 Y 의 유한 개의 점 $y_1, y_2, \ldots, y_n$ 이 존재한다. 이제

$$I_x = \{i_{y_1}, i_{y_2}, \ldots, i_{y_n}\}, \quad W_x = U_{y_1} \cap \cdots \cap U_{y_n}$$

라 놓으면 I_x 는 I 의 유한 부분집합이고 $x \in W_x$ 이며 W_x 는 X 의 열린집합이다. 따라서

$$\{x\} \times Y \subset W_x \times Y \subset \bigcup_{k=1}^{n} U_{y_k} \times V_{y_k} \subset \bigcup_{i\in I_x} O_i$$

이다. 모든 $x \in X$ 에 대해, 위와 같이 만들어진 X 의 열린집합 W_x 를 모아서 만들어진 X 의 열린집합족 $\{W_x\}_{x\in X}$ 는 X 의 열린덮개이다. X 는 콤팩트이므로

$$X \subset W_{x_1} \cup W_{x_2} \cup \cdots \cup W_{x_m}$$

인 유한 개의 점 $x_1, x_2, \ldots, x_m$ 이 존재한다. 이때

$$J = I_{x_1} \cup I_{x_2} \cup \cdots \cup I_{x_m}$$

라 놓으면 각각의 I_{x_i} 들이 I 의 유한 부분집합이므로 J 도 I 의 유한 부분집합이다. 따라서

$$X \times Y \subset (W_{x_1} \cup W_{x_2} \cup \cdots \cup W_{x_m}) \times Y \subset \bigcup_{i\in J} O_i$$

가 되어 $\{O_i\}_{i\in J}$ 는 주어진 열린덮개 $\mathscr{O} = \{O_i\}_{i\in I}$ 의 유한 부분덮개이다. 따라서 곱공간 $X \times Y$ 는 콤팩트이다.

($\Leftarrow$) $X \times Y$ 가 콤팩트공간이고, 사영함수

$$\pi_X : X \times Y \to X, \quad \pi_Y : X \times Y \to Y$$

는 모두 연속함수이고 $\pi_X(X \times Y) = X$, $\pi_Y(X \times Y) = Y$ 이다. 콤팩트공간의 연속함수에 의한 상은 콤팩트이므로 X, Y 는 콤팩트이다.

□

정리 7.55: 하이네-보렐 정리 (Heine-Borel theorem)

(1) 거리공간 (X, d)의 콤팩트인 부분집합 A는 X의 유계인 닫힌집합이다.

(2) 보통거리가 주어진 거리공간 $\mathbb{R}^n$의 부분공간 A에 대해, A가 콤팩트인 것과 A가 $\mathbb{R}^n$의 유계인 닫힌집합인 것은 동치이다.

|증명| (1) 한 점 $a \in A$를 잡고 a를 중심으로 하는 열린구들로 이루어진 집합족 $\{B_d(a,n)\}_{n=1}^{\infty}$를 생각하면, $A \subset X = \bigcup_{n=1}^{\infty} B_d(a,n)$이므로 $\{B_d(a,n)\}_{n=1}^{\infty}$는 A의 X에서의 열린덮개이다. A는 콤팩트이므로 $A \subset \bigcup_{i=1}^{k} B_d(a,n_i)$인 유한 개의 자연수 $n_1, n_2, \ldots, n_k$가 존재한다. 이 중 가장 큰 자연수를 N이라 하면 $A \subset B_d(a,N)$이므로 A는 유계이다.

한 점 $x \in A^c$을 고정하고 임의의 점 $a \in A$에 대하여 $r_a = \frac{d(x,a)}{2}$라 하면 $A \subset \bigcup_{a\in A} B_d(a, r_a)$이므로 $\{B_d(a,r_a)\}_{a\in A}$는 A의 X에서의 열린덮개이다. A는 콤팩트이므로

$$A \subset B_d(a_1, r_{a_1}) \cup \cdots \cup B_d(a_n, r_{a_n})$$

인 유한 개의 $a_1, a_2, \ldots, a_n$이 존재한다. 이때 X의 열린집합

$$U = B_d(x, r_{a_1}) \cap \cdots \cap B_d(x, r_{a_n})$$

을 생각하면, 모든 $i = 1, 2, \ldots, n$에 대해 $d(x, a_i) = 2r_{a_i}$이므로 $B_d(a_i, r_{a_i}) \cap B_d(x, r_{a_i}) = \varnothing$이다.

$$A \cap U \subset \bigcup_{i=1}^{n} (B_d(a_i, r_{a_i}) \cap B_d(x, r_{a_i})) = \varnothing$$

이므로 $x \in U \subset A^c$이다. 따라서 임의의 점 $x \in A^c$는 A^c의 내점이므로 A^c는 X의 열린집합이다. 그러므로 A는 X의 유계인 닫힌집합이다.

(2) ($\Rightarrow$) (1)의 특별한 경우이다.

($\Leftarrow$) A가 보통거리가 주어진 $\mathbb{R}^n$의 유계인 부분집합이므로

$$A \subset [-M, M]^n$$

이 성립하는 양수 M이 존재한다. 닫힌구간 $[-M, M]$은 $\mathbb{R}$의 콤팩트집합이며 티호노프정리에 의하여 $[-M, M]^n$은 $\mathbb{R}^n$의 콤팩트집합이다. A는 콤팩트공간 $[-M, M]^n$의 닫힌부분집합이므로 A는 콤팩트이다.

□

예제 7.56 하이네-보렐 정리에서 $\mathbb{R}^n$의 보통거리 대신 일반적으로 보통위상을 유도하는 거리함수를 사용하면 다음 반례가 존재한다. 실수 전체의 집합 $\mathbb{R}$에 정의된 거리

$$d'(x,y) = \frac{|x-y|}{1+|x-y|}$$

는 보통거리 $d(x,y) = |x-y|$와 동치이다. 따라서 d'에서 유도된 위상은 $\mathbb{R}$의 보통위상과 같다. 즉 위상공간 $(\mathbb{R}, \mathscr{T}_{d'})$은 보통위상이 주어진 실수 전체의 집합이다. 반면, 모든 실수 x, y에 대해,

$$d'(x,y) = \frac{|x-y|}{1+|x-y|} < 1$$

이므로 $\mathbb{R}$은 유계집합이며 $(\mathbb{R}, \mathscr{T}_{d'})$의 닫힌집합이다. 하지만 보통위상이 주어진 $\mathbb{R}$은 콤팩트공간이 아니다.

예제 7.57 무한집합 X에 여가산위상 $\mathscr{T}_c$가 주어진 여가산공간 $(X, \mathscr{T}_c)$는 콤팩트가 아니다.

| 풀이 | X가 무한집합이므로 X의 가산무한 부분집합 $Y = \{x_n \in X \mid n \in \mathbb{N}\}$가 존재한다. 모든 자연수 n에 대해, $O_n = X \smallsetminus (Y \smallsetminus \{x_n\})$ 이라 정의하면, $\{O_n\}_{n=1}^{\infty}$는 유한 부분덮개를 갖지 않는 $(X, \mathscr{T}_c)$의 열린덮개이다. 따라서 $(X, \mathscr{T}_c)$는 콤팩트가 아니다. □

예제 7.58 실수 전체의 집합 $\mathbb{R}$에 보통위상이 주어져 있다고 하자. 만약 함수 $f\colon \mathbb{R} \to \mathbb{R}$가 연속이며 열린함수이면 f는 단사임을 보이시오.

| 풀이 | 만약 f가 단사가 아니면 $a < b$이며 $f(a) = f(b)$인 두 실수 a, b가 존재한다. f는 연속이며 닫힌구간 $[a,b]$는 $\mathbb{R}$의 연결인 콤팩트집합이므로 $f([a,b])$는 $\mathbb{R}$의 연결 콤팩트집합이다. $\mathbb{R}$의 연결인 콤팩트집합은 닫힌구간이므로 $f([a,b]) = [m, M]$으로 쓸 수 있다.

$$f([a,b]) = [m,M] = f((a,b)) \cup \{f(a), f(b)\}$$

이므로

$$[m,M] \smallsetminus \{f(a), f(b)\} \subset f((a,b)) \subset [m,M]$$

이다. f는 열린함수이므로 $f((a,b))$는 열린집합이고

$$f((a,b)) \subset \operatorname{int}([m,M]) = (m,M)$$

이므로 $m \neq M$ 이다. 그리고 f는 연속이고 $[a,b]$는 연결집합이므로 사잇값 정리에 의해 $f((a,b)) = (m,M)$ 이다. 그런데

$$\{f(a), f(b)\} = f([a,b]) \setminus f((a,b)) = \{m, M\}$$

이고 $f(a) = f(b)$ 이므로 $m = M$ 이므로 이는 모순이다. 따라서 f는 단사함수이다. □

예제 7.59 다음 명제가 거짓임을 반례를 들어 보이시오.

(1) 위상공간 X의 콤팩트집합 A에 대해, $\overline{A}$는 X의 콤팩트집합이다.

(2) 위상공간 X의 콤팩트집합 A, B에 대해, $A \cap B$는 X의 콤팩트집합이다.

| 풀이 | (1) 위상공간 X를 실수 전체의 집합 $\mathbb{R}$에 부분집합족

$$\mathscr{B} = \{(-\infty, a) \mid a \in \mathbb{R}\}$$

을 기저로 하여 생성된 위상이 주어진 위상공간이라 하고 X의 부분집합 $A = \{0\}$을 생각하자. A는 유한집합이므로 X의 콤팩트집합이며 A의 닫음은 X의 위상의 정의에 의해 $\overline{A} = [0, \infty)$ 이다.

$$\mathscr{O} = \{(-\infty, n) \mid n \in \mathbb{N}\}$$

이라 정의하면,

$$\overline{A} = [0, \infty) \subset \textstyle\bigcup_{n=1}^{\infty}(-\infty, n)$$

이므로 $\mathscr{O}$는 $\overline{A}$의 X에서의 열린덮개이지만 유한 부분덮개를 갖지 않는다. 따라서 $\overline{A}$는 콤팩트집합이 아니다.

(2) 자연수 전체의 집합 $\mathbb{N}$과 두 문자 a, b의 합집합 $X = \{a,b\} \cup \mathbb{N}$을 정의하자. 모든 자연수 n에 대해 n이상의 자연수들로 이루어진 $\mathbb{N}$의 부분집합을 $U_n = \{m \in \mathbb{N} \mid m \geq n\}$이라 하고 다음 X의 부분집합족

$$\mathscr{B} = \{\{n\}\}_{n \in \mathbb{N}} \cup \{\{a\} \cup U_n\}_{n \in \mathbb{N}} \cup \{\{b\} \cup U_n\}_{n \in \mathbb{N}}$$

을 기저로 하는 위상 $\mathscr{T}$를 X에 준 위상공간 $(X, \mathscr{T})$와 두 부분집합 $A = \{a\} \cup \mathbb{N}$와 $B = \{b\} \cup \mathbb{N}$를 생각하자. A와 B가 $(X, \mathscr{T})$의 콤팩트집합이지만 $A \cap B$는 $(X, \mathscr{T})$의 콤팩트집합이 아님을 보이자.

임의의 A의 X에서의 열린덮개를 $\mathscr{O} = \{O_i\}_{i \in I}$라 하자. $a \in O_{i_0}$인 $i_0 \in I$를 잡으면, $a \in \{a\} \cup U_N \subset O_{i_0}$인 자연수 N이 존재한다.

모든 자연수 $k = 1, 2, \ldots, N-1$에 대해, $k \in O_{i_k}$ 인 $i_k \in I$가 존재한다. 따라서

$$A = \{a\} \cup \mathbb{N} \subset \bigcup_{k=0}^{N-1} O_{i_k}$$

이므로 A는 $(X, \mathscr{T})$의 콤팩트집합이다. 비슷한 방법으로 $B = \{b\} \cup \mathbb{N}$도 $(X, \mathscr{T})$의 콤팩트집합이다. $A \cap B = \mathbb{N}$이고 모든 자연수 n에 대해, $\{n\}$은 $(X, \mathscr{T})$의 열린집합이고 $\bigcup_{n=1}^{\infty}\{n\} = \mathbb{N}$이므로 $\{\{n\}\}_{n=1}^{\infty}$는 $A \cap B$의 $(X, \mathscr{T})$에서의 열린덮개이지만, 유한 부분덮개를 가지지 않는다. 따라서 $A \cap B = \mathbb{N}$은 $(X, \mathscr{T})$의 콤팩트집합이 아니다.

□

참고 7.60

(1) 앞에서 거리공간의 콤팩트집합은 닫힌집합임을 관찰하였다. 거리공간을 일반화한 하우스도르프 공간에서도 임의의 콤팩트집합은 닫힌집합이 된다.

(2) 위상공간의 두 콤팩트집합의 합집합도 콤팩트집합이다.

예제 7.61 위상공간 X의 콤팩트집합 E와 X의 닫힌집합 F에 대해, $E \cap F$는 X의 콤팩트집합임을 보이시오.

|풀이| 임의의 $E \cap F$의 X에서의 열린덮개 $\mathscr{O} = \{O_i\}_{i \in I}$를 잡자. 모든 $i \in I$에 대해, O_i는 X의 열린집합이고 $E \cap F \subset \bigcup_{i \in I} O_i$이다.

$$E \subset (E \cap F) \cup (X \setminus F) \subset \left(\bigcup_{i \in I} O_i\right) \cup (X \setminus F)$$

이며 $X \setminus F$도 X의 열린집합이다. E는 콤팩트이므로

$$E \subset (O_{i_1} \cup \cdots \cup O_{i_n}) \cup (X \setminus F)$$

인 유한 개의 $i_1, \ldots, i_n \in I$가 존재한다. 이때, $E \cap F \subset O_{i_1} \cup \cdots \cup O_{i_n}$이므로 $\{O_{i_k}\}_{k=1}^{n}$은 $\mathscr{O} = \{O_i\}_{i \in I}$의 유한 부분덮개이다. 따라서 $E \cap F$는 콤팩트이다. □

7.5 한 점 콤팩트화

정의 7.62. 두 위상공간 X, Y 사이의 연속함수 $f\colon X \to Y$에 대하여, f의 공역을 제한해서 얻어진 제한함수 $f|\colon X \to f(X)$가 위상동형함수이고 $Y = \overline{f(X)}$이면 Y를 위상공간 X의 **콤팩트화(compactification)**라 한다.

콤팩트화의 특수한 예로서 한 점 콤팩트화가 있다.

정의 7.63. 위상공간 $(X, \mathscr{T})$에 대하여 X에 한 점 ∞를 추가하여 얻어진 집합을 $X^* = X \cup \{\infty\}$이라 하자. X^* 위의 위상 $\mathscr{T}^*$를

$$\mathscr{T}^* = \mathscr{T} \cup \{X^* \setminus F \mid F\text{는 } X\text{의 닫힌 콤팩트집합}\}$$

으로 정의하자. 위상공간 $(X^*, \mathscr{T}^*)$는 콤팩트공간이고 $(X^*, \mathscr{T}^*)$를 $(X, \mathscr{T})$의 **한 점 콤팩트화(one-point compactification)**라 한다.

정리 7.64

위상공간 $(X, \mathscr{T})$의 한 점 콤팩트화를 $(X^*, \mathscr{T}^*)$라 하면, 다음이 성립한다.
(1) $(X^*, \mathscr{T}^*)$는 콤팩트이다.
(2) $(X, \mathscr{T})$와 $(X^*, \mathscr{T}^*)$의 부분공간 $X^* \setminus \{\infty\}$는 위상동형이다.
(3) $(X, \mathscr{T})$가 콤팩트가 아니면 $X^* = \overline{X}$이다.

참고 7.65 즉 임의의 위상공간 $(X, \mathscr{T})$은 한 점을 더 추가한 콤팩트공간 $(X^*, \mathscr{T}^*)$의 부분공간으로 항상 매장할 수 있다.

| 증명 | (1) 임의의 X^*의 열린덮개 $\{O_i\}_{i\in I}$에 대해, $\infty \in O_{i_0}$인 $i_0 \in I$가 존재한다. 위상 $\mathscr{T}^*$의 정의에 의해 $\infty \in X^* \setminus K = O_{i_0}$인 X의 닫힌 콤팩트집합 K가 존재한다. 또한 $K \subset \bigcup_{i\in I} O_i$이고 K는 콤팩트집합이므로

$$K \subset O_{i_1} \cup O_{i_2} \cup \cdots \cup O_{i_n}$$

인 유한 개의 $i_1, i_2, \ldots, i_n \in I$가 존재한다. 따라서

$$X^* = \textstyle\bigcup_{k=0}^n O_{i_k}$$

이므로 $\{O_i\}_{i\in I}$의 유한 부분덮개 $\{O_{i_k}\}_{k=0}^n$이 존재한다. X^*는 콤팩트공간이다.

(2) 위상공간 $(X^*, \mathscr{T}^*)$의 부분집합 X에 대한 상대위상을 $\mathscr{T}_X$라 하면, 위상 $\mathscr{T}^*$의 정의에서 $\mathscr{T} \subset \mathscr{T}^*$이고 $\mathscr{T}$의 임의의 원소는 X의 부분집합이므로 $\mathscr{T} \subset \mathscr{T}_X$이다. 반면, 임의의 X의 닫힌 콤팩트집합 F에 대해,

$$(X^* \setminus F) \cap X = X \setminus F$$

이고 F는 X의 닫힌집합이므로 $X \setminus F \in \mathscr{T}$이다. 따라서 $\mathscr{T} = \mathscr{T}_X$이고 $(X, \mathscr{T})$는 $(X^*, \mathscr{T}^*)$의 부분공간이다.

(3) 만약 X가 콤팩트가 아니면 $\mathscr{T}^*$의 정의에 의해 $\{\infty\} = X^* \setminus X$는 $\mathscr{T}^*$의 원소가 아니다. 임의의 $\infty \in O \in \mathscr{T}^*$에 대해, $O \cap X \neq \varnothing$이다. 따라서 $\infty \in \overline{X}$이고 $\overline{X} = X^*$이다.

□

7.6 연습문제 및 기출문제

7.6.1 연습문제

1. 둘 이상의 원소를 갖는 집합 X에 관하여 다음 중 연결공간은?
   ① 유한집합 X에 이산위상 $\mathscr{T}$가 주어진 위상공간 $(X, \mathscr{T})$
   ② 무한집합 X에 이산위상 $\mathscr{T}$가 주어진 위상공간 $(X, \mathscr{T})$
   ③ 유한집합 X에 여유한위상 $\mathscr{T}$가 주어진 위상공간 $(X, \mathscr{T})$
   ④ 비가산집합 X에 여가산위상 $\mathscr{T}$가 주어진 위상공간 $(X, \mathscr{T})$
   ⑤ 가산집합 X에 여가산위상 $\mathscr{T}$가 주어진 위상공간 $(X, \mathscr{T})$

2. 보통위상이 정의된 실수 전체의 집합 $\mathbb{R}$의 부분공간 $[0,1]$, $(0,1)$, $[0,1)$은 서로 위상동형이 아님을 보이시오.

3. 연결공간 X에서 정의된 연속함수 $f\colon X \to \mathbb{R}$이 상수함수가 아니면, X는 비가산집합임을 보이시오.

4. 보통위상이 주어진 $\mathbb{R}^2$의 부분공간 $S^1 = \{(x,y) \mid x^2+y^2=1\}$에 정의된 임의의 연속함수 $f\colon S^1 \to \mathbb{R}$는 $f(x,y) = f(-x,-y)$를 만족하는 점 $(x,y) \in S^1$이 존재함을 연결공간의 성질을 이용하여 보이시오.

5. 다음 중 콤팩트공간은?
   ① 비가산집합 X에 여가산위상 $\mathscr{T}$가 주어진 위상공간 $(X, \mathscr{T})$
   ② 비가산집합 X에 여유한위상 $\mathscr{T}$가 주어진 위상공간 $(X, \mathscr{T})$
   ③ 무한집합 X에 여가산위상 $\mathscr{T}$가 주어진 위상공간 $(X, \mathscr{T})$
   ④ 실수 전체의 집합 $\mathbb{R}$에 보통위상 $\mathscr{T}$가 주어진 위상공간 $(\mathbb{R}, \mathscr{T})$
   ⑤ 닫힌구간 $[0,1]$에 이산위상 $\mathscr{T}$가 주어진 위상공간 $([0,1], \mathscr{T})$

6. 위상공간 X의 콤팩트집합 A, 위상공간 Y의 콤팩트집합 B가 주어져 있다. 곱공간 $X \times Y$의 열린집합 W가 $A \times B \subset W$을 만족하면, $A \times B \subset U \times V \subset W$인 X의 열린집합 U와 Y의 열린집합 V가 존재함을 보이시오.

7. 위상공간 $(X, \mathscr{T})$는 콤팩트공간이며 부분집합 K도 콤팩트집합이다. 위상 $\mathscr{T}'$가 기저 $\mathscr{T} \cup \{K^c\}$로 생성된 위상일 때, 위상공간 $(X, \mathscr{T}')$는 콤팩트공간임을 보이시오.

8. 콤팩트공간 K에 대해, 사영함수 $\pi\colon X \times K \to X$, $\pi(x,k) = x$는 닫힌함수임을 보이시오.

9. 연속함수 $f\colon X \to Y$는 전사인 닫힌함수이고 모든 $y \in Y$에 대해, $f^{-1}(y)$가 콤팩트라고 가정하자. 임의의 Y의 콤팩트집합 K의 역상 $f^{-1}(K)$가 콤팩트임을 보이시오. 특별한 경우로, 만약 추가적으로 Y가 콤팩트이면 X도 콤팩트임을 보이시오.

10. 함수 $f\colon X \to Y$의 그래프 $G_f = \{(x, f(x)) \mid x \in X\} \subset X \times Y$에 대하여, 다음을 보이시오.
    (1) Y가 콤팩트인 하우스도르프 공간일 때, f가 연속인 것과 G_f가 닫힌집합인 것은 동치이다.
    (2) X, Y가 거리공간일 때,
        ① f가 연속이면 G_f는 닫힌집합이다.
        ② X가 콤팩트공간이면 f가 연속함수인 것과 G_f가 콤팩트집합인 것은 동치이다.

11. 콤팩트공간 X에서 보통위상이 주어진 실수 전체의 집합 $\mathbb{R}$로 가는 연속함수 $f\colon X \to \mathbb{R}$가 주어져 있다. 임의의 $x \in X$에 대해 $m \le f(x) \le M$을 만족하는 실수 m, M이 존재함을 보이시오.

12. 위상공간 X의 수열 $\{x_n\}_{n=1}^{\infty}$가 주어져 있다. 보통위상이 주어진 실수 전체의 집합 $\mathbb{R}$로의 연속함수 $f\colon X \to \mathbb{R}$이 모든 자연수 n에 대해, $f(x_n) = n$을 만족하면, 수열 $\{x_n\}_{n=1}^{\infty}$은 수렴하는 부분수열을 가지지 않음을 보이시오. (힌트: 만약 $\{x_n\}_{n=1}^{\infty}$이 x로 수렴하는 수열이면, $\{x_n \mid n \in \mathbb{N}\} \cup \{x\}$는 콤팩트이다.)

13. 보통위상이 주어진 실수 전체의 집합 $\mathbb{R}$의 다음과 같이 정의된 부분공간 $\mathcal{C}$를 칸토어 집합이라 한다.

$$\mathcal{C} = \left\{ \sum_{n=1}^{\infty} \frac{a_n}{3^n} \,\middle|\, \{a_n\}_{n=1}^{\infty}\text{은 0과 2로만 이루어진 수열} \right\}$$

칸토어 집합 $\mathcal{C}$가 $\mathbb{R}$의 콤팩트집합임을 보이시오. (힌트: 이산공간 $\{0,1\}$은 콤팩트공간이고 함수

$$f\colon \prod_{n=1}^{\infty}\{0,1\} \to \mathcal{C}, \quad f(\{a_n\}_{n=1}^{\infty}) = \sum_{n=1}^{\infty} \frac{2a_n}{3^n}$$

은 연속인 전단사함수이다.)

14. 실수 전체의 집합 $\mathbb{R}$의 부분집합 $K = \{\frac{1}{n} \mid n \in \mathbb{N}\}$에 대해, $\mathbb{R}$의 부분집합족

$$\mathscr{B} = \{(a,b) \mid a < b, a, b \in \mathbb{R}\} \cup \{(a,b) \setminus K \mid a < b, a, b \in \mathbb{R}\}$$

를 기저로 가지는 $\mathbb{R}$의 위상 $\mathscr{T}_K$가 정의되어 있다. 다음 질문에 답하시오.

(1) $[0,1]$은 $(\mathbb{R}, \mathscr{T}_K)$의 콤팩트집합이 아님을 보이시오.

(2) $(\mathbb{R}, \mathscr{T}_K)$는 연결공간임을 보이시오. (힌트: $A = \overline{(-\infty, 0)}$, $B = \overline{(0, \infty)}$를 생각하시오.)

(3) $(\mathbb{R}, \mathscr{T}_K)$는 경로연결공간이 아님을 보이시오. (힌트: 보통위상이 주어져 있을 때, $[0,1]$은 콤팩트이고 경로연결이다. 연속함수 $\gamma\colon [0,1] \to (\mathbb{R}, \mathscr{T}_K)$, $\gamma(0) = 0$, $\gamma(1) = 1$이 존재한다고 가정하면 (1)로부터 모순을 유도할 수 있다.)

7.6.2 기출문제

1. [1994] 다음 중 보통위상이 주어진 위상공간 $\mathbb{R}^5$ 의 콤팩트(compact) 집합이 아닌 것은?

   (1) 유계인 닫힌집합(bounded, closed set)

   (2) 닫힌집합과 콤팩트집합의 교집합

   (3) 콤팩트집합의 닫힌부분집합

   (4) $\mathbb{R}^5$

2. [1995] 위상공간 $(X, \mathscr{T})$와 집합 X 위의 동치관계 $\mathcal{R}$이 주어져있다. $X/\mathcal{R}$을 X의 관계 $\mathcal{R}$에 의한 동치류들의 집합이라 하고, 다음과 같은 함수를 정의하자.

$$f : X \to X/\mathcal{R}, \quad f(x) = \overline{x}$$

   이때, 집합의 상위상(quotient topology) $\mathscr{T}'$과 f에 대한 설명 중 옳은 것을 모두 고르면? (단, $\overline{x}$는 x를 포함하는 동치류이다.)

   <설 명>

   ㄱ. $U \in \mathscr{T}'$이면 $f^{-1}(U) \in \mathscr{T}$이다.
   ㄴ. C가 X의 콤팩트(compact) 집합이면, $f(C)$는 $X/\mathcal{R}$의 콤팩트집합이다.
   ㄷ. $V \in \mathscr{T}$이면 $f(V) \in \mathscr{T}'$이다.

   ① ㄱ, ㄴ　② ㄱ, ㄷ　③ ㄴ, ㄷ　④ ㄱ, ㄴ, ㄷ　⑤ ㄴ, ㄷ

3. [1996] 다음 두 평면도형이 위상적으로 동형이 아님을 보이시오.

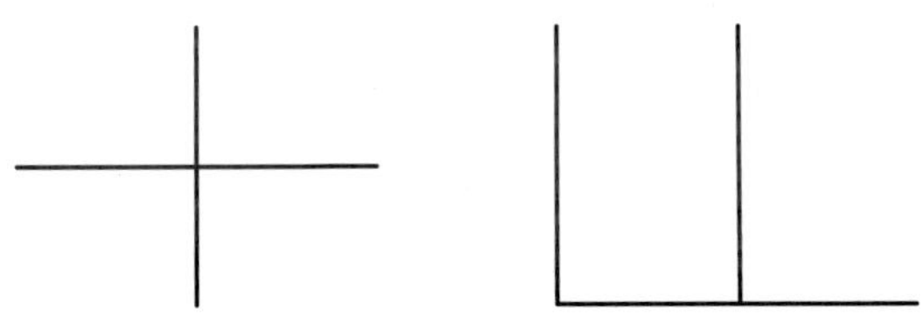

4. [2005] 다음 조건을 만족시키는 보통위상이 주어진 실수 전체의 집합 $\mathbb{R}$의 부분집합 W, X, Y, Z의 예를 증명 없이 하나씩 구하시오.

<조 건>

(1) Y, Z는 연결집합(connected set)이다.
(2) $Y \subsetneq W \subsetneq Z$이고 $Y \subsetneq X \subsetneq Z$이다.
(3) W는 연결집합이다.
(4) X는 연결집합이 아니다.

(단, 기호 $A \subsetneq B$는 A가 B의 진부분집합임을 나타낸다.)

5. [2006] 집합 $X = [-1, 1] = \{x \in \mathbb{R} \mid -1 \le x \le 1\}$에 다음과 같이 위상 $\mathscr{T}$를 정의할 때, 위상공간 $(X, \mathscr{T})$는 콤팩트(compact, 긴밀)공간임을 보이시오.

$$\mathscr{T} = \{U \subset X \mid 0 \notin U\} \cup \{U \subset X \mid (-1, 1) \subset U\}$$

6. [2009] 실수 전체의 집합을 $\mathbb{R}$, 유리수 전체의 집합을 $\mathbb{Q}$라 하자. $\mathscr{T}$를 $\mathbb{R}$위의 보통위상(usual topology)이라 하고 $(\mathbb{Q}, \mathscr{T}_{\mathbb{Q}})$를 $(\mathbb{R}, \mathscr{T})$의 부분공간이라 하자. 함수 $j : \mathbb{Q} \to \mathbb{R}$를 임의의 $r \in \mathbb{Q}$에 대하여 $j(r) = r$로 정의할 때, 다음 명제의 참, 거짓을 판정하고 설명하시오.

<명 제>

A가 $(\mathbb{R}, \mathscr{T})$의 콤팩트(compact)인 부분공간이면 $j^{-1}(A)$는 $(\mathbb{Q}, \mathscr{T}_{\mathbb{Q}})$의 콤팩트인 부분공간이다.

7. [2009] 실수 전체의 집합 $\mathbb{R}$의 두 위상 $\mathscr{T}_1$과 $\mathscr{T}_2$을 각각 $\mathscr{T}_1$은 $\{[a, b) \mid a, b \in \mathbb{R}\}$를 기저(base)로 하는 위상, $\mathscr{T}_2 = \{\varnothing, \{0, 1\}, \mathbb{R}\}$으로 정의하자. 자연수 $i = 1, 2$에 대해, 위상공간 $(\mathbb{R}, \mathscr{T}_i)$에서의 0을 포함하는 성분을 A_i라고 할 때, A_1과 A_2를 구하시오. (단, $[a, b) = \{x \in \mathbb{R} \mid a \le x < b\}$이고, 위상공간 X의 '성분'은 X의 극대 연결 부분공간을 의미한다.)

8. [2009] 실수 전체의 집합 $\mathbb{R}$에

$$\{V \subset \mathbb{R} \mid V\text{의 여집합은 유한집합}\} \cup \{\varnothing\}$$

을 기저로 하는 위상이 주어져 있을 때, 연결집합을 <보기>에서 모두 고른 것은?

<조 건>

ㄱ. $\{0,1\}$
ㄴ. $(0,1)\cup\{3\}$
ㄷ. $(-1,0)\cup(0,1)$

① ㄱ ② ㄴ ③ ㄷ
④ ㄱ, ㄴ ⑤ ㄴ, ㄷ

9. [2010] 실수 전체의 집합 $\mathbb{R}$ 위의 여가산위상(countable complement topology) $\mathscr{T}$를 다음과 같이 정의하자.

$$\mathscr{T}=\{U\subset\mathbb{R}\mid \mathbb{R}\setminus U\text{는 가산집합}\}\cup\{\phi\}$$

다음 명제의 참, 거짓을 판정하고 이유를 설명하시오.

<명 제>

위상공간 $(\mathbb{R},\mathscr{T})$의 부분집합 A가 콤팩트(compact)인 것과 A가 유한 집합인 것은 동치이다.

10. [2011] 실수 전체의 집합 $\mathbb{R}$ 위의 보통위상(usual topology)을 $\mathscr{T}$라 하고, 함수 $f:\mathbb{R}\to[0,1)$을 $f(x)=x-\lfloor x\rfloor$로 정의 하자. 집합 $[0,1)$ 위의 위상 $\mathscr{T}_0$을

$$\mathscr{T}_0=\{G\subset[0,1)\mid f^{-1}(G)\in\mathscr{T}\}$$

로 정의하자. 다음 명제의 참, 거짓을 판정하고 이유를 설명하시오. (단, $\lfloor x\rfloor$는 x를 넘지 않는 최대 정수이고, $[a,b)=\{x\in\mathbb{R}\mid a\le x<b\}$이다.)

<조 건>

$([0,1),\mathscr{T}_0)$은 콤팩트(compact)공간이다.

11. [2011] 실수 전체의 집합 $\mathbb{R}$ 위의 두 위상 $\mathscr{T}_1,\mathscr{T}_2$를

$$\mathscr{T}_1=\{\phi,\mathbb{Q},\mathbb{R}\setminus\mathbb{Q},\mathbb{R}\},\ \mathscr{T}_2=\{\phi,\mathbb{N},\mathbb{R}\setminus\mathbb{N},\mathbb{R}\}$$

으로 정의하자. $(\mathbb{R},\mathscr{T}_1)$과 $(\mathbb{R},\mathscr{T}_2)$의 곱공간 $(\mathbb{R},\mathscr{T}_1)\times(\mathbb{R},\mathscr{T}_2)$에 대하여 다음 명제의 참, 거짓을 판정하고 설명하시오. (단, $\mathbb{Q}$는 유리수 전체의 집합, $\mathbb{N}$은 자연수 전체의 집합이다.)

<명 제>

곱공간 $(\mathbb{R}, \mathscr{T}_1) \times (\mathbb{R}, \mathscr{T}_2)$는 연결(connected)공간이다.

12. [2012] $\mathbb{R}^2$위의 점 $q = (0, 1)$과 집합 $A = \{(x, y) \in \mathbb{R}^2 \mid y = 0\}$에 대하여 $X = A \cup \{q\}$라 하자. X의 위상 $\mathscr{T}$를

$$\mathscr{T} = \mathscr{P}(A) \cup \{U \subset X \mid q \in U, A \setminus U \text{가 유한집합}\}$$

로 정의할 때, 다음 명제의 참, 거짓을 판정하고 이유를 설명하시오. (단, $\mathscr{P}(A) = \{U \mid U \subset A\}$이다.)

<명 제>

$(X, \mathscr{T})$는 콤팩트공간(compact space)이다.

13. [2013] 자연수 전체의 집합 $\mathbb{N}$과 자연수 n에 대하여 $A_n = \{k \in \mathbb{N} \mid k \geq n\}$이라 하고, $\{A_n \mid n \in \mathbb{N}\}$을 기저(base)로 하는 $\mathbb{N}$의 위상을 $\mathscr{T}$라 하자. $X = (\mathbb{N}, \mathscr{T})$라 하고 $Y = [0, 1]$을 $(\mathbb{R}, \mathscr{T}_{usual})$의 부분공간(subspace)이라 할 때, 다음 명제의 참, 거짓을 판정하고 설명하시오. (단, $[0, 1] = \{x \in \mathbb{R} \mid 0 \leq x \leq 1\}$이고, $\mathscr{T}_{usual}$는 실수 전체의 집합 $\mathbb{R}$의 보통위상(usual topology)이다.)

<명 제>

곱공간 $X \times Y$는 콤팩트공간이다.

14. [2013] 실수 전체의 집합 $\mathbb{R}$위의 보통위상(usual topology) $\mathscr{T}_{usual}$에 대하여 $X = (\mathbb{R}, \mathscr{T}_{usual})$이라 할 때, 다음 명제의 참, 거짓을 판정하고 설명하시오. (단, $(a, b) = \{x \in \mathbb{R} \mid a < x < b\}$이다.)

<명 제>

$Y = \{1, 2, 3, 4\}$가 X의 부분공간일 때, $f(5) \neq f(6)$인 연속함수 $f : X \to Y$가 존재한다.

15. [2013] 실수 전체의 집합 $\mathbb{R}$의 보통위상(usual topology) $\mathscr{T}_{usual}$에 대하여 $X = (\mathbb{R}, \mathscr{T}_{usual})$라 할 때, 다음 명제의 참, 거짓을 판정하고 설명하시오. (단, $(a, b) = \{x \in \mathbb{R} \mid a < x < b\}$이다.)

<명 제>

ㄱ. X의 부분공간(subspace) $\mathbb{Q}$는 연결(connected)공간이다. (단, $\mathbb{Q}$는 유리수 전체의 집합이다.)

ㄴ. X의 부분공간 $(-2,-1)\cup(0,1)\cup\{\sqrt{2}\}$의 성분(component)의 개수는 3이다.

16. [2014] 자연수 전체의 집합 $\mathbb{N}$에 대하여, 집합 $X=\mathbb{N}\cup\{-1,-2,-3\}$ 위에

$$\mathscr{P}(\mathbb{N})\cup\{(\mathbb{N}\cup\{-1\})\setminus F \mid F\text{는 }\mathbb{N}\text{의 유한부분집합}\}\cup\{\{-2,-3\}\}$$

을 기저(base)로 하는 위상을 $\mathscr{T}$라 하자.

<명 제>

① $\mathbb{N}\subsetneq A\subsetneq X$, $A\neq\mathbb{N}\cup\{-1\}$이고 $(A,\ \mathscr{T}_A)$가 콤팩트(compact)이다.

② $\mathbb{N}\subsetneq B\subsetneq X$이고 $(B,\mathscr{T}_B)$가 콤팩트가 아니다.

①을 만족하는 A를 모두 구하고, ②를 만족하는 B의 예를 하나 제시하고 예가 되는 이유를 설명하시오. (단, $\mathscr{P}(\mathbb{N})=\{G\mid G\subset\mathbb{N}\}$이고 $Y\subset X$일 때 $\mathscr{T}_Y=\{G\cap Y\mid G\in\mathscr{T}\}$이다.)

17. [2015] 자연수 전체의 집합 $\mathbb{N}=\{1,2,3,\ldots\}$에 대하여, 집합

$$X=\{(m,n)\in\mathbb{N}\times\mathbb{N}\mid m\geq 12\text{ 또는 }n\geq 6\}$$

에 다음과 같이 위상 $\mathscr{T}$가 주어졌다고 하자.

$$\mathscr{T}=\{G\subset X\mid X\setminus G\text{는 유한집합}\}\cup\{\varnothing\}$$

함수 $f\colon X\to\mathbb{N}$을 $f(m,n)=m+n$으로 정의하고, $\mathbb{N}$의 위상을

$$\mathscr{T}'=\{U\subset\mathbb{N}\mid f^{-1}(U)\in\mathscr{T}\}$$

라 하자. 위상공간 $(\mathbb{N},\mathscr{T}')$의 연결성분(connected component)의 개수를 구하시오.

18. [2017] 좌표평면 $\mathbb{R}^2$에서 거리함수(metric, distance function) $d\colon\mathbb{R}^2\times\mathbb{R}^2\to\mathbb{R}$는

$$d(p,q)=\begin{cases}0, & p=q\\ \max\{|p|,|q|\}, & p\neq q\end{cases}$$

이다. d에 의해 유도된 $\mathbb{R}^2$ 상의 거리위상(metric topology)을 $\mathscr{T}_d$ 라 하자. 위상공간 $(\mathbb{R}^2, \mathscr{T}_d)$의 부분집합

$$A = \{(x, 0) \in \mathbb{R}^2 \mid 0 < x < 1\}$$

의 폐포(closure) $\overline{A}$를 풀이과정과 함께 쓰시오. 또한 $(\mathbb{R}^2, \mathscr{T}_d)$에서 콤팩트(compact)인 무한 부분집합 B의 예를 하나 제시하시오. (단, $p = (x, y)$에 대하여 $|p| = \sqrt{x^2 + y^2}$이고 $\max\{a, b\}$는 a와 b 중 작지 않은 수이다.)

19. [2019] 실수 전체의 집합 $\mathbb{R}$의 위상

$$\mathscr{T} = \{U \subset \mathbb{R} \mid \mathbb{R} \setminus U\text{는 유한집합}\} \cup \{\varnothing\}$$

에 대하여, $(\mathbb{R}, \mathscr{T})$의 두 부분공간(subspace) $A = [0, 1] \cup [2, 3)$과 $B = \{3, 4, 5\}$의 위상을 각각 $\mathscr{T}_A$, $\mathscr{T}_B$ 라 하자. 집합 $X = A \cup B$에서 $\mathscr{T}_A \cup \mathscr{T}_B$를 기저(base, basis)로 하는 위상을 $\mathscr{T}'$이라 할 때, 위상공간 $(X, \mathscr{T}')$에서 집합 $C = \{3 - \frac{1}{n} \mid n \in \mathbb{N}\} \cup \{3\}$의 경계(boundary) $\partial(C)$를 구하시오. 또한 $(X, \mathscr{T}')$이 콤팩트 공간(compact space)임을 보이시오. (단, $[0, 1] = \{x \in \mathbb{R} \mid 0 \le x \le 1\}$, $[2, 3) = \{x \in \mathbb{R} \mid 2 \le x < 3\}$이고 $\mathbb{N}$은 자연수 전체의 집합이다.)

20. [2020] 실수 전체의 집합 $\mathbb{R}$의 보통위상을 $\mathscr{T}_{usual}$ 라 하고, 함수 $f_i\colon \mathbb{R} \to (\mathbb{R}, \mathscr{T}_{usual})$ $(i = 1, 2)$를

$$f_1(x) = \lfloor x \rfloor, \qquad f_2(x) = \lfloor -x \rfloor$$

로 정의하자. 집합

$$\{f_1^{-1}(U) \mid U \in \mathscr{T}_{usual}\} \cup \{f_2^{-1}(U) \mid U \in \mathscr{T}_{usual}\}$$

을 부분기저(subbase, subbasis)로 하여 생성된 $\mathbb{R}$의 위상을 $\mathscr{T}$ 라 정의하자. 위상공간 $(\mathbb{R}, \mathscr{T})$에서 $\sqrt{2}$를 포함하는 성분(연결성분, component, connected component)을 풀이 과정과 함께 쓰시오. 또한 $(\mathbb{R}, \mathscr{T})$에서 집합 $[\frac{1}{2}, 2]$의 내부(interior)와 닫음(closure)을 구하시오. (단, $[\frac{1}{2}, 2] = \{x \in \mathbb{R} \mid \frac{1}{2} \le x \le 2\}$이고. $\lfloor x \rfloor$는 x를 넘지 않는 최대 정수이다.)

21. [2021] 집합 $X = \{a, b, c\}$에서 정의된 두 위상 $\mathscr{T}_1$, $\mathscr{T}_2$는 다음 조건을 만족시킨다.

(가) $\lvert\mathscr{T}_1\rvert = \lvert\mathscr{T}_2\rvert = 4$
(나) $(X, \mathscr{T}_1)$은 연결공간(connected space)이다.
(다) $(X, \mathscr{T}_2)$는 비연결공간(disconnected space)이다.

이때 $\mathscr{T}_1$, $\mathscr{T}_2$를 각각 1개씩 구하시오. (단, $|A|$는 집합 A의 원소의 개수이다.)

22. [2023] 집합 $K = \left\{\frac{1}{n} \mid n\text{은 자연수}\right\}$에 대하여 집합 Ω를

$$\Omega = \{(a,b) \mid a, b \in \mathbb{R}, a < b\} \cup \{(a,b) \setminus K \mid a, b \in \mathbb{R}, a < b\}$$

라 하고, Ω를 기저로 하는 $\mathbb{R}$ 위의 위상을 $\mathscr{T}$라 하자. 위상 공간 $(\mathbb{R}, \mathscr{T})$에서 K의 도집합(derived set, set of accumulation points) K'을 풀이 과정을 함께 쓰시오.

또한 $[0,1]$이 $(\mathbb{R}, \mathscr{T})$의 콤팩트(compact, 응골) 부분집합인지 판별하고 그 이유를 쓰시오. (단, $(a,b) = \{x \in \mathbb{R} \mid a < x < b\}$이고 $[a,b] = \{x \in \mathbb{R} \mid a \leq x \leq b\}$이다.)

23. [2024] 보통위상(usual topology)이 주어진 4차원 좌표공간 $\mathbb{R}^4$에서

$$A = \{(a,b,c,d) \in \mathbb{R}^4 \mid a^2 + b^2 = 1, c^2 + d^2 = 1, ac + bd = 0\}$$

이 콤팩트(긴밀, 옹골, compact) 집합임을 보이시오. 또한, 집합 A에서 정의된 함수

$$f(a,b,c,d) = ad - bc$$

의 치역을 구하고, 이를 이용하여 집합 A가 연결집합(connected set)인지 판별하고 그 이유를 쓰시오.

Chapter 8

위상공간의 공리적 성질

이 장에서는 위상공간의 다양한 공리적 성질에 대한 학습한다. 구체적으로 위상공간의 가산성과 분리공리와 베르 범주 정리를 다룬다.

학습목표

1. 위상공간의 가산성에 대하여 학습한다.
2. 분리공리들에 대하여 학습한다.
3. 우리손 보조정리와 티체 확장 정리에 대해서 학습한다.
4. 완비거리공간에 대하여 학습한다.
5. 베르 범주 정리에 대하여 학습한다.

핵심어: 가산성, 분리공리, 완비거리공간, 거리화

8.1 위상공간의 가산성

8.1.1 가산공리계

정의 8.1. (1) 위상공간 $(X, \mathscr{T})$의 모든 점 $x \in X$에 대해 x에서의 가산 국소기저 $\mathscr{L}_x$가 존재할 때, $(X, \mathscr{T})$를 **제1가산(first countable)**이라 한다.

(2) 위상공간 $(X, \mathscr{T})$의 가산 기저가 존재할 때, $(X, \mathscr{T})$를 **제2가산(second countable)**이라 한다.

(3) 위상공간 $(X, \mathscr{T})$의 조밀한 가산 부분집합이 존재할 때, $(X, \mathscr{T})$를 **분리가능(separable)**이라 한다.

(4) 위상공간 $(X, \mathscr{T})$의 임의의 열린 덮개에 대하여, 가산 부분덮개가 존재할 때, $(X, \mathscr{T})$를 **린델뢰프(Lindelöf space)**라 한다.

우리에게 익숙한 공간들의 가산공리들을 다음 예제들에서 살펴보자.

예제 8.2 자연수 전체 집합 $\mathbb{N}$에 여유한위상 $\mathscr{T}_f$가 주어진 여유한공간 $(\mathbb{N}, \mathscr{T}_f)$을 생각하자. $\mathbb{N}$의 유한 부분집합들은 가산 개이므로 여유한위상 $\mathscr{T}_f$의 원소들은 가산 개이다. 따라서 $(\mathbb{N}, \mathscr{T}_f)$는 제1가산, 제2가산, 분리가능이며, 린델뢰프이다. 즉, $(\mathbb{N}, \mathscr{T}_f)$는 모든 가산공리를 만족한다.

예제 8.3 실수 전체의 집합 $\mathbb{R}$에 여가산위상 $\mathscr{T}_c$가 주어진 여가산공간 $(\mathbb{R}, \mathscr{T}_c)$을 생각하자.

(1) $(\mathbb{R}, \mathscr{T}_c)$의 점 x에서의 가산 국소기저 $\mathscr{L}_x$가 있다고 가정하면 $\mathscr{L}_x = \{\mathbb{R} \setminus C_n\}_{n=1}^{\infty}$인 $\mathbb{R}$의 가산 부분집합 C_n들이 존재한다. $\bigcup_{n=1}^{\infty} C_n$도 가산집합이므로 $x \neq y \in \mathbb{R} \setminus \bigcup_{n=1}^{\infty} C_n$인 y가 존재한다. 이때, $(\mathbb{R}, \mathscr{T}_c)$의 열린집합 $\mathbb{R} \setminus \{y\}$에 대하여 $x \in \mathbb{R} \setminus C_n \subset \mathbb{R} \setminus \{y\}$인 자연수 n은 존재할 수 없으므로 $\mathscr{L}_x$가 국소기저임에 모순이다. 따라서 $(\mathbb{R}, \mathscr{T}_c)$는 제1가산이 아니다. 임의의 제2가산공간은 제1가산이므로 $(\mathbb{R}, \mathscr{T}_c)$는 제2가산도 아니다.

(2) 임의의 $\mathbb{R}$의 가산 부분집합 A는 $(\mathbb{R}, \mathscr{T}_c)$의 닫힌집합이므로 $\overline{A} = A \neq \mathbb{R}$이다. 따라서 $(\mathbb{R}, \mathscr{T}_c)$는 분리가능이 아니다. 임의의 $(\mathbb{R}, \mathscr{T}_c)$의 열린 덮개를 $\mathscr{O} = \{O_i\}_{i \in I}$라 하자. O_{i_0}가 공집합이 아닌 $i_0 \in I$를 잡고 $O_{i_0} = \mathbb{R} \setminus C$인 $\mathbb{R}$의 가산집합 C를 $C = \{x_n\}_{n=1}^{\infty}$라 하자. $\mathscr{O}$가 $(\mathbb{R}, \mathscr{T}_c)$의 열린덮개이므로 모든 자연수 n에 대해, $x_n \in O_{i_n}$인 $i_n \in I$가 존재하고 $\{O_{i_n}\}_{n=0}^{\infty}$는 $\mathscr{O}$의

가산 부분덮개이다. 따라서 $(\mathbb{R}, \mathscr{T}_c)$는 린델뢰프이다.

예제 8.4 실수 전체의 집합 $\mathbb{R}$에 이산위상 $\mathscr{T}_{dis}$가 주어진 이산공간 $(\mathbb{R}, \mathscr{T}_{dis})$을 생각하자. 모든 $x \in \mathbb{R}$에 대해 $(\mathbb{R}, \mathscr{T}_{dis})$의 x엣서의 가산 국소기저 $\mathscr{L}_x = \{\{x\}\}$가 존재하므로 $(\mathbb{R}, \mathscr{T}_{dis})$는 제1가산이다. 그러나 $(\mathbb{R}, \mathscr{T}_{dis})$는 제2가산, 분리가능, 린델뢰프가 아니다.

예제 8.5 실수 전체의 집합 $\mathbb{R}$에 보통위상 $\mathscr{T}_{usual}$이 주어진 보통공간 $(\mathbb{R}, \mathscr{T}_{usual})$은 가산 기저 $\mathscr{B} = \{(a,b) \mid a,b \in \mathbb{Q}\}$를 가지므로 제2가산이다.

예제 8.6 실수 전체의 집합 $\mathbb{R}$에 하극한위상 $\mathscr{T}_l$이 주어진 하극한공간 $(\mathbb{R}, \mathscr{T}_l)$에 대해, $\mathbb{R}$의 부분집합족 $\mathscr{B}_l' = \{[a,b) \mid a,b \in \mathbb{Q}\}$은 위상 $\mathscr{T}_l$의 기저가 아니다. 예를 들어, $(\mathbb{R}, \mathscr{T}_l)$의 열린집합 $[\sqrt{2}, 2)$은 $\mathscr{B}_l'$의 원소들의 합집합으로 나타낼 수 없다. 실제로 $\mathbb{R}$에 하극한위상이 주어진 하극한공간이나 상극한위상이 주어진 상극한공간은 제2가산이 아님을 나중에 증명할 것이다.

집합 X가 가산집합이지만, 제1가산이 아닌 위상공간 $(X, \mathscr{T})$가 존재함을 다음 예제를 통해 알 수 있다.

예제 8.7 자연수 전체의 집합 $\mathbb{N}$에서 $\mathbb{N}$으로 가는 함수 $f\colon \mathbb{N} \to \mathbb{N}$에 대하여, $\mathbb{N}^2$의 부분집합 $U_f = \{(x,y) \in \mathbb{N}^2 \mid f(x) \le y\}$를 정의하자. $\mathbb{N}^2$의 부분집합족

$$\mathscr{B} = \{U_f \mid f\colon \mathbb{N} \to \mathbb{N}\}$$

은 $\mathbb{N}^2$의 위상 $\mathscr{T}$의 기저이다. 위상공간 $(\mathbb{N}^2, \mathscr{T})$는 제1가산이 아니다.

| 풀이 | 위상공간 $(\mathbb{N}^2, \mathscr{T})$의 점 (p,q)에서의 가산 국소기저를 가진다고 가정하자. 이 가산 국소기저로부터 $\mathscr{B}$의 원소들로 이루어진 점 (p,q)에서의 가산 축소 국소기저 $\mathscr{L} = \{U_{f_n}\}_{n=1}^{\infty}$를 구성할 수 있다. 여기서 축소라는 것은

$$U_{f_1} \supset U_{f_2} \supset U_{f_3} \supset \cdots$$

임을 의미한다. 함수 $g\colon \mathbb{N} \to \mathbb{N}$을 p가 아닌 모든 자연수 n에 대하여 $g(n) = f_n(n) + 1$라 정의하고 $g(p) = 1$으로 정의하자. 함수 g의 정의에 의해 $g(p) = 1 \le q$이므로 $(p,q) \in U_g$이다. $\mathscr{L}$은 점 (p,q)의 국소기저이므로

$U_{f_m} \subset U_g$ 인 자연수 m 이 존재한다. $\mathscr{L}$ 은 축소 국소기저이므로 $n \geq m$ 인 모든 자연수 n 에 대하여 $U_{f_n} \subset U_{f_m} \subset U_g$ 이다. 반면 p 가 아닌 모든 자연수 n 에 대해 $g(n) = f_n(n) + 1$ 이므로 $(n, g(n) - 1) \in U_{f_n}$ 이지만 $(n, g(n) - 1) \notin U_g$ 이므로 $U_{f_n} \not\subset U_g$ 이다. 그러므로 $\mathscr{L}$ 은 (p, q) 에서의 가산 축소 국소기저가 될 수 없다. 따라서 $(\mathbb{N}^2, \mathscr{T})$ 는 제1가산이 아니다. □

정리 8.8

제1가산성, 제2가산성, 분리가능성, 린델뢰프성은 위상적 성질이다.

| 증명 | 제1가산성과 분리가능성 두 가지에 대해서만 증명하자.

(1) 제1가산성은 위상적 성질임을 보이자. 두 위상공간 X 와 Y 사이의 함수 $f: X \to Y$ 가 위상동형함수이고 X 는 제1가산이라 하자. 임의의 점 $y \in Y$ 에 대하여 $f(x) = y$ 인 x 를 잡을 수 있다. X 는 제1가산이므로 X 의 x 에서의 가산 국소기저 $\mathscr{L}_x = \{L_n\}_{n=1}^{\infty}$ 가 존재한다. f 는 열린함수이므로 $f(L_n)$ 은 Y 의 열린집합이며 $x \in L_n$ 이므로 $y = f(x) \in f(L_n)$ 이다.

   따라서 $\mathscr{L}'_y = \{f(L_n)\}_{n=1}^{\infty}$ 가 y 의 가산 국소기저가 됨을 보이면 충분하다. 임의의 $y \in V$ 인 Y 의 열린집합 V 에 대하여 f 의 연속성에 의해 $f^{-1}(V)$ 는 $x \in f^{-1}(V)$ 인 X 의 열린집합이며 $\mathscr{L}_x$ 는 국소기저이므로 $x \in L_n \subset f^{-1}(V)$ 인 $L_n \in \mathscr{L}_x$ 가 존재한다. $y = f(x) \in f(L_n) \subset V$ 이며 $f(L_n) \in \mathscr{L}'_y$ 이다. 따라서 $\mathscr{L}'_y$ 는 Y 의 y 에서의 가산 국소기저이며 Y 는 제1가산이다.

(2) 분리가능성은 위상적 성질임을 보이자. 두 위상공간 사이의 함수 $f: X \to Y$ 가 위상동형함수이며 X 는 분리가능이라고 가정하자. X 가 분리가능이므로 X 의 조밀한 가산 부분집합 A 가 존재한다. A 는 가산집합이므로 $f(A)$ 도 가산집합이다. f 는 연속인 전사함수이므로

$$Y = f(X) = f(\overline{A}) \subset \overline{f(A)} \subset Y$$

이다. 따라서 $f(A)$ 는 Y 의 조밀한 가산집합이고 $(Y, \mathscr{T}_Y)$ 는 분리가능이다.

□

8.1.2 가산 공리와 관련된 정리

임의의 연속함수가 수열연속임은 앞에서 다루었다. 제1가산공간에서는 이 명제에 대한 역도 성립함을 보이자.

정리 8.9

제1가산공간 $(X, \mathscr{T})$에 관하여 다음 성질이 성립한다.

(1) 임의의 점 x마다 축소 가산 국소기저가 존재한다.

(2) $(X, \mathscr{T})$의 부분공간 A에 대하여, $x \in \overline{A}$인 것과 x로 수렴하는 A안의 수열 $\{a_n\}_{n=1}^{\infty}$이 존재하는 것은 동치이다.

(3) 함수 $f\colon X \to Y$가 x에서 연속일 필요충분조건은 x로 수렴하는 모든 X 안의 수열 $\{x_n\}_{n=1}^{\infty}$에 대하여 수열 $\{f(x_n)\}_{n=1}^{\infty}$가 $f(x)$로 수렴하는 것이다.

| 증명 | (1) 임의의 점 x의 가산 국소기저를 $\mathscr{L}_x = \{L_n\}_{n=1}^{\infty}$라 하자. 모든 자연수 k에 대해, $V_k = \bigcap_{n=1}^{k} L_n$라 정의하고 이를 모은 집합족을 $\mathscr{V} = \{V_k\}_{k=1}^{\infty}$라 하자. 모든 자연수 k에 대해, $V_{k+1} \subset V_k$이므로 $\{V_k\}_{k=1}^{\infty}$는 X의 열린집합들로 이루어진 축소수열이다. 점 x를 포함하는 임의의 X의 열린집합 U에 대하여 $x \in L_n \subset U$인 L_n이 존재하며 $x \in V_n \subset L_n \subset U$이다. 따라서 $\mathscr{V}$는 x의 가산 축소 국소기저이다.

(2) ($\Leftarrow$) A안의 수열 $\{a_n\}_{n=1}^{\infty}$이 x로 수렴하면 $x \in \overline{A}$이다.

($\Rightarrow$) 임의의 $\overline{A}$의 한 점을 x라 하고 x의 가산 축소 국소기저를 $\mathscr{L} = \{L_n\}_{n=1}^{\infty}$라 하자. $x \in \overline{A}$이므로 $A \cap L_n \neq \varnothing$이며 $a_n \in A \cap L_n$인 A 안의 수열 $\{a_n\}_{n=1}^{\infty}$을 잡을 수 있다. 임의의 국소기저 열린집합 L_n에 대하여 $k > n$이면 $a_k \in L_k \subset L_n$이다. 따라서 x로 수렴하는 A 안의 수열 $\{a_n\}_{n=1}^{\infty}$이 존재한다.

(3) ($\Rightarrow$) 함수 f가 점 x에서 연속이면 점 x에서 수열연속이다.

($\Leftarrow$) 함수 f가 점 x에서 연속이 아니라고 가정하고 점 x에서 수열연속이 아님을 보이자. 점 x의 가산 축소 국소기저를 $\mathscr{L} = \{L_n\}_{n=1}^{\infty}$라 하면, f가 점 x에서 연속이 아니므로 $f(x) \in V$이고 $f^{-1}(V)$는 점 x의 근방이 아닌 어떤 Y의 열린집합 V가 존재한다. $f^{-1}(V)$가 x의 근방이 아니므로, 모든 자연수 n에 대해, $L_n \not\subset f^{-1}(V)$이고 $x_n \in L_n \setminus f^{-1}(V)$인 X 안의 수열 $\{x_n\}_{n=1}^{\infty}$가 존재한다. $\mathscr{L}$은 x의 축소 국소기저이므로 이 수열 $\{x_n\}_{n=1}^{\infty}$은 x로 수렴한다. 반면, 모든 자연수 n에 대하여 $x_n \notin f^{-1}(V)$이고 $f(x_n) \notin V$이므로 Y

안의 수열 $\{f(x_n)\}_{n=1}^{\infty}$ 는 $f(x)$ 로 수렴하지 않는다. 따라서 함수 f 는 점 x 에서 수열연속이 아니다.

□

가산성 사이에 관한 성질을 정리하면 다음과 같다.

정리 8.10

(1) 보통위상이 주어진 보통공간 $(\mathbb{R}^n, \mathscr{T}_{usual})$ 은 제2가산이다.
(2) 위상공간 $(X, \mathscr{T})$ 가 제2가산이면, $(X, \mathscr{T})$ 는 제1가산, 분리가능이며 린델뢰프이다.
(3) 거리공간 (X, d) 는 제1가산이다.
(4) 거리공간 (X, d) 에서 제2가산, 분리가능, 린델공간인 것은 모두 동치이다.

|증명| (1) 보통위상이 주어진 보통공간 $(\mathbb{R}^n, \mathscr{T}_{usual})$ 의 가산 개의 부분집합들로 이루어진 집합족

$$\mathscr{B} = \{B(q, s) \mid q \in \mathbb{Q}^n, s > 0, s \in \mathbb{Q}\}$$

를 생각하자. 임의의 $\mathbb{R}^n$ 의 점 $p = (p_1, \ldots, p_n)$ 을 중심으로 하는 열린 구 $B(p, r)$ 에 대하여, 모든 $k = 1, 2, \ldots, n$ 에 대해,

$$p_k - \tfrac{r}{3\sqrt{n}} < q_k < p_k + \tfrac{r}{3\sqrt{n}}, \quad \tfrac{r}{3} < s < \tfrac{2r}{3}$$

인 유리수 $q_1, q_2, \ldots, q_n, s$ 가 존재한다. 점 $q = (q_1, q_2, \ldots, q_n) \in \mathbb{Q}^n$ 에 대해, $B(q, s) \in \mathscr{B}$ 이고 $p \in B(q, s) \subset B(p, r)$ 이므로 $\mathscr{B}$ 는 보통공간 $(\mathbb{R}^n, \mathscr{T}_{usual})$ 의 가산기저이 되어 보통공간 $(\mathbb{R}^n, \mathscr{T}_{usual})$ 은 제2가산이다.

(2) (i) 위상공간 $(X, \mathscr{T})$ 가 제2가산이면 제1가산임을 증명하자. $(X, \mathscr{T})$ 가 제2가산이므로 가산기저 $\mathscr{B}$ 가 존재한다. 임의의 점 $x \in X$ 에 대해, x 의 국소기저를

$$\mathscr{L}_x = \{B \in \mathscr{B} \mid x \in B\}$$

라 두면 $\mathscr{L}_x$ 는 x 의 가산 국소기저이다. 따라서 $(X, \mathscr{T})$ 는 제1가산이다.

(ii) 위상공간 $(X, \mathscr{T})$ 가 제2가산이면 분리가능임을 증명하자. $(X, \mathscr{T})$ 가 제2가산이므로 가산기저 $\mathscr{B} = \{B_n\}_{n=1}^{\infty}$ 에 대해, 각각의 기저

열린집합 B_n에서 한 점 x_n을 잡자. X의 가산 부분집합

$$A = \{x_n \in X \mid n \in \mathbb{N}\}$$

를 생각하면, 주어진 한 점 $x \in X$에 대해, $x \in U$인 임의의 X의 열린집합 U에 대해, $\mathscr{B}$는 기저이므로 $x \in B_n \subset U$인 자연수 n이 존재한다. 이 자연수 n에 대해, $x_n \in U \cap A$이므로 $U \cap A \neq \varnothing$이다. 따라서 $\overline{A} = X$이고 $(X, \mathscr{T})$는 분리가능이다.

(iii) 위상공간 $(X, \mathscr{T})$가 제2가산이면 린델뢰프임을 보이자. $(X, \mathscr{T})$가 제2가산이므로 $(X, \mathscr{T})$의 가산기저 $\mathscr{B} = \{B_n\}_{n=1}^{\infty}$가 존재한다. 임의의 X의 열린덮개를 $\mathscr{O} = \{O_i\}_{i \in I}$라 하고 $J = \{n \in \mathbb{N} \mid B_n \subset O_i$ 인 $i \in I$가 존재한다$\}$를 생각하면, J는 $\mathbb{N}$의 부분집합이므로 가산 집합이다. 모든 $n \in J$에 대해, $B_n \subset O_{i_n}$인 $i_n \in I$를 고정하자. $\mathscr{O}' = \{O_{j_n}\}_{n \in J}$는 가산 개의 $\mathscr{O}$의 원소들로 이루어진 집합족이다.

이제 $\mathscr{O}'$이 X의 열린덮개임을 보이자. 임의의 한 점 $x \in X$에 대해, $\mathscr{O} = \{O_i\}_{i \in I}$는 $(X, \mathscr{T})$의 열린덮개이므로 $x \in O_i$인 $i \in I$가 존재한다. O_i는 $(X, \mathscr{T})$의 열린집합이고 $\mathscr{B} = \{B_n\}_{n=1}^{\infty}$이 기저이므로 $x \in B_k \subset O_i$인 자연수 k가 존재한다. 집합 J의 정의에 의해, $k \in J$이므로

$$x \in B_k \subset O_{i_k} \subset \bigcup_{j \in J} O_{i_j}$$

이다. 따라서 $X = \bigcup_{j \in J} O_{i_j}$이고 $\mathscr{O}'$은 $\mathscr{O}$의 가산 부분덮개이다. 따라서 $(X, \mathscr{T})$는 린델뢰프이다.

(3) 거리공간 (X, d)의 주어진 점 x에 대하여

$$\mathscr{L}_x = \{B_d(x, r) \mid r > 0, r \in \mathbb{Q}\}$$

라 하면 $\mathscr{L}_x$는 가산집합이다. 임의의 점 x의 열린근방 U에 대해 $x \in B_d(x, r) \subset U$인 양의 유리수 r을 잡을 수 있다. 따라서 $\mathscr{L}_x$는 x의 가산 국소기저이다. 따라서 거리공간 (X, d)는 제1가산이다.

(4) (2)에 의해 제2가산 공간은 린델뢰프이다. 따라서 린델뢰프인 거리공간 (X, d)가 분리가능이고 분리가능인 거리공간 (X, d)가 제2가산임을 보이면 충분하다.

(i) 린델뢰프인 거리공간 (X, d)가 제2가산임을 보이자. 모든 자연수 n에 대하여

$$\mathscr{O}_n = \{B_d\left(x, \tfrac{1}{n}\right) \mid x \in X\}$$

는 X의 열린덮개이다. X가 린델뢰프이므로 X 안의 수열 $\{x_{n,k}\}_{k=1}^{\infty}$와 $\mathscr{O}_n$의 가산 부분덮개

$$\mathscr{O}'_n = \{B_d(x_{n,k}, \tfrac{1}{n})\}_{k=1}^{\infty}$$

가 존재한다. X의 가산 부분집합 A를

$$A = \{x_{n,k} \mid n, k \in \mathbb{N}\}$$

로 정의하자. 임의의 공집합이 아닌 X의 열린집합 U에 속하는 점 $x \in X$를 중심으로 하고 반지름이 양수 r인 열린구 $B_d(x,r)$을 고정하자. 아르키메데스 정리에 의하여 $\frac{1}{N} < r$인 자연수 N이 존재한다. $\mathscr{O}'_N$은 X의 열린덮개이므로 $x \in B_d\left(x_{N,k}, \frac{1}{N}\right)$인 자연수 k가 존재하고

$$d(x_{N,k}, x) < \tfrac{1}{N} < r$$

이므로

$$x_{N,k} \in B_d(x,r) \subset U$$

이다. 정리하면, 임의의 공집합이 아닌 X의 열린집합 U에 대해, $A \cap U \neq \varnothing$이다. 즉 $\overline{A} = X$이고 A는 조밀한 X의 가산 부분집합이 되어 X는 분리가능이다.

(ii) 분리가능인 거리공간 (X,d)가 제2가산임을 보이자. X가 분리가능이므로 X의 조밀한 가산집합 A가 존재하고 $\overline{A} = X$이다. 가산개의 원소로 이루어진 X의 부분집합족 $\mathscr{B}$를

$$\mathscr{B} = \{B_d(a,r) \mid a \in A, r \in \mathbb{Q}, r > 0\}$$

로 정의하자. 임의의 점 $x \in X$와 $x \in U$인 X의 열린집합 U에 대해, U는 X의 열린집합이므로 $B_d(x,s) \subset U$인 양수 s가 존재한다. $\overline{A} = X$이므로 $A \cap B_d\left(x, \frac{s}{2}\right) \neq \varnothing$이고 $a \in A \cap B_d\left(x, \frac{s}{2}\right)$인 a가 존재한다. $d(x,a) < \frac{s}{2}$이므로

$$d(x,a) < r < s - d(x,a)$$

인 양의 유리수 r을 잡을 수 있다. $d(x,a) < r$이므로 $x \in B_d(a,r)$이고 $r < s - d(x,a)$이므로 모든 $y \in B_d(a,r)$에 대하여

$$d(x,y) \leq d(x,a) + d(a,y) < d(x,a) + r < s$$

이므로 $y \in B_d(x,s)$ 이다. 즉 $B_d(a,r) \subset B_d(x,s)$ 이고 이로부터

$$x \in B_d(a,r) \subset B_d(x,s) \subset U$$

이다. 따라서 $\mathscr{B}$는 X의 가산기저가 되어 거리공간 (X,d)는 제2 가산이다.

□

참고 8.11 위 정리에서 제2가산공간은 제1가산, 분리가능이며 린델뢰프임을 보였다. 이 명제의 역은 다음 예제에 의해 성립하지 않는다.

예제 8.12 실수 전체의 집합 $\mathbb{R}$에 상극한위상 $\mathscr{T}_u$가 주어져 있는 상극한공간 $(\mathbb{R}, \mathscr{T}_u)$에 대해서 다음이 성립한다.

(1) $\mathbb{Q}$는 $(\mathbb{R}, \mathscr{T}_u)$의 조밀한 가산 부분집합이므로 $(\mathbb{R}, \mathscr{T}_u)$는 분리가능이다.

(2) $\mathscr{L}_x = \{(q,x] \mid q < x, q \in \mathbb{Q}\}$는 $(\mathbb{R}, \mathscr{T}_u)$의 x에서의 가산 국소기저이므로 $(\mathbb{R}, \mathscr{T}_u)$는 제1가산공간이다.

(3) 기저 열린집합들로 이루어진 $(\mathbb{R}, \mathscr{T}_u)$의 임의의 열린덮개 $\mathscr{O} = \{(a_i, b_i]\}_{i\in I}$에 대하여 $\mathscr{O}$의 가산 부분덮개가 존재함을 보이면 충분하다. 이를 위해 $\mathbb{R}$의 부분집합

$$U = \bigcup_{i\in I}(a_i, b_i)$$

를 생각하자. U를 보통위상이 주어진 실수 전체의 집합 $(\mathbb{R}, \mathscr{T}_{usual})$의 열린집합으로 생각하고 $\mathscr{O}_0 = \{(a_i, b_i)\}_{i\in I}$가 U의 $(\mathbb{R}, \mathscr{T}_{usual})$에서의 열린덮개라 하자. 정리 8.10(1)에 의해 $(\mathbb{R}, \mathscr{T}_{usual})$은 제2가산이고 정리 8.14(2)에 의해, U는 제2가산이다. 정리 8.10(2)에 의해 $(\mathbb{R}, \mathscr{T}_{usual})$의 부분공간 U는 린델뢰프이다. 따라서 $\mathscr{O}_0$의 가산 부분덮개 $\{(a_j, b_j)\}_{j\in J_1}$이 존재한다. (단, 여기서 J_1은 I의 가산부분집합이다.) 이로부터

$$U \subset \bigcup_{j\in J_1}(a_j, b_j) \subset \bigcup_{j\in J_1}(a_j, b_j]$$

이므로 U는 $\mathscr{O}$의 가산 개의 원소들로 덮일 수 있다.

임의의 $x \in \mathbb{R} \setminus U \subset \bigcup_{i\in I}\{b_i\}$에 대하여 $x = b_j$인 $j \in I$를 잡으면 $(q(x), x) \subset (a_j, b_j]$인 유리수 $q(x)$가 존재한다. 따라서 $R \setminus U$의 각 원소 x마다 유리수 $q(x)$를 대응시키는 함수

$$q\colon \mathbb{R} \setminus U \to \mathbb{Q}$$

를 얻는다. 만약 $x < y$ 면 $q_x < q_y$ 임을 관찰할 수 있다. 실제로 만약 $x < y$ 이고 $q_y \le q_x$ 이면, $q_y \le q_x < x < y$ 로부터 $x \in U$ 이어야 한다. 즉 함수 q 는 단사함수이고 $\mathbb{Q}$ 는 가산이므로 $\mathbb{R} \setminus U$ 도 가산이 되어 $\mathbb{R} \setminus U$ 는 $\mathscr{O}$ 의 가산 개의 원소들인 $\{(a_j, b_j]\}_{j \in J_2}$ 로 덮일 수 있다.

정리하면,

$$\mathbb{R} = U \cup (\mathbb{R} \setminus U) \subset \bigcup_{j \in J_1} (a_j, b_j] \cup \bigcup_{j \in J_2} (a_j, b_j] = \bigcup_{j \in J_1 \cup J_2} (a_j, b_j]$$

이므로 $\mathbb{R}$ 을 덮는 $\mathscr{O}$ 의 가산 부분덮개가 존재한다. (여기서 J_1, J_2 모두 I 의 가산 부분집합이므로 $J_1 \cup J_2$ 도 I 의 부분집합이다.) 그러므로 $(\mathbb{R}, \mathscr{T}_u)$ 는 린델뢰프이다.

(4) $(\mathbb{R}, \mathscr{T}_u)$ 의 임의의 기저를 $\mathscr{B}$ 라 하자. 모든 $x \in \mathbb{R}$ 에 대해, $(x-1, x]$ 는 x 를 포함하는 $(\mathbb{R}, \mathscr{T}_u)$ 의 열린집합이므로 $x \in B_x \subset (x-1, x]$ 인 $B_x \in \mathscr{B}$ 가 존재한다. 만약 $x \ne y$ 이면 $x \in B_x$ 이고 $y \in B_y$ 이지만 $\max(x, y) \notin B_x \cap B_y$ 이므로 $B_x \ne B_y$ 이다. 따라서 단사함수 $f\colon \mathbb{R} \to \mathscr{B}$ 를 $f(x) = B_x$ 로 정의할 수 있으므로 $\mathscr{B}$ 는 비가산집합이다. 따라서 $(\mathbb{R}, \mathscr{T}_u)$ 는 제2가산이 아니다.

가산공간의 함수에 관한 성질을 정리하면 다음과 같다.

정리 8.13

두 위상공간 X 와 Y 사이에 전사인 연속함수 $f\colon X \to Y$ 가 주어져 있으면, 다음이 성립한다.

(1) X 가 분리가능이면 Y 는 분리가능이다.

(2) X 가 린델뢰프이면 Y 는 린델뢰프이다.

(3) f 는 열린함수이고 X 가 제2가산이면 Y 는 제2가산이다.

| 증명 | (1) X 가 분리가능이므로 X 의 조밀한 가산 부분집합 D 가 존재하고 $\overline{D} = X$ 이다. D 는 가산집합이므로 $f(D)$ 도 가산집합이다. 또한 f 는 전사인 연속함수이므로

$$Y = f(X) = f(\overline{D}) \subset \overline{f(D)} \subset Y$$

이다. 따라서 $f(D)$ 는 Y 의 조밀한 가산 부분집합이고 Y 는 분리가능이다.

(2) 임의의 Y 의 열린덮개 $\mathscr{O} = \{O_i\}_{i \in I}$ 에 대하여 f 는 연속함수이므로 $\mathscr{O}' = \{f^{-1}(O_i)\}_{i \in I}$ 는 X 의 열린덮개이다. X 는 린델뢰프공간이므

로 첨자집합 I의 가산 부분집합 J와 해당하는 가산 부분덮개 $\mathscr{O}_0' = \{f^{-1}(O_i)\}_{j\in J}$가 존재한다. 즉

$$X = \bigcup_{j\in J} f^{-1}(O_j)$$

이고 f는 전사이므로

$$Y = f(X) = f(\bigcup_{j\in J} f^{-1}(O_j)) = \bigcup_{j\in J} f(f^{-1}(O_j)) = \bigcup_{j\in J} O_j$$

이다. 즉 $\mathscr{O}_0 = \{O_j\}_{j\in J}$는 $\mathscr{O}$의 가산 부분덮개이고 Y는 린델뢰프이다.

(3) 함수 $f: X \to Y$가 열린함수이고 X가 제2가산이고 $\mathscr{B}_X = \{B_n\}_{n=1}^{\infty}$가 X의 가산기저라 하자. 함수 f가 열린함수이므로 $\mathscr{B}_Y = \{f(B_n)\}_{n=1}^{\infty}$는 Y의 열린집합들로 이루어진 집합족이다.

임의의 Y의 열린집합 V와 점 $y \in V$에 대하여 f는 연속이므로 $f^{-1}(V)$는 X의 열린집합이고 모든 $x \in f^{-1}(y)$에 대하여 $x \in f^{-1}(V)$이므로 $x \in B_n \subset f^{-1}(V)$인 기저 열린집합 $B_n \in \mathscr{B}_X$가 존재한다. f는 전사이므로

$$y = f(x) \in f(B_n) \subset f(f^{-1}(V)) = V$$

이다. 따라서 $\mathscr{B}_Y$는 Y의 가산기저이며 Y는 제2가산이다.

□

가산공간의 유전적 성질에 관한 내용을 정리하면 다음과 같다.

정리 8.14

(1) 제1가산인 위상공간의 부분공간은 제1가산이다.
(2) 제2가산인 위상공간의 부분공간은 제2가산이다.
(3) 분리가능인 위상공간의 열린집합은 분리가능이다.
(4) 린델뢰프인 위상공간의 닫힌집합은 린델뢰프이다.

|증명| (1) 제1가산공간 X의 부분공간을 Y라 하자. 고정된 한 점 $y \in Y$에 대해, X의 y에서의 가산 국소기저를 $\mathscr{L}$이라 하자.

$$\mathscr{L}_Y = \{L \cap Y \mid L \in \mathscr{L}\}$$

이라 하면 $\mathscr{L}_Y$는 부분공간 Y의 y에서의 가산 국소기저이다. 따라서 Y는 제1가산이다.

(2) 제2가산공간 X의 부분공간을 Y라 하자. X의 가산기저 $\mathscr{B}_X$에 대하여 $\mathscr{B}_Y = \{B \cap Y\}_{B \in \mathscr{B}_X}$라 하면 $\mathscr{B}_Y$는 Y의 가산기저이다. 따라서 Y는 제2가산이다.

(3) 분리가능인 위상공간 X의 열린집합을 Y라 하자. X의 조밀한 가산집합을 A라 하자. Y는 X의 열린집합이고 A가 X에서 조밀하므로 $A \cap Y \neq \varnothing$이다. A가 가산이므로 $A \cap Y$는 가산집합이다. 부분공간 Y의 공집합이 아닌 임의의 열린집합 $V = U \cap Y$를 생각하자. (단, 여기서 U는 X의 열린집합이다.) U와 Y는 X의 열린집합이므로 $V = U \cap Y$는 X의 열린집합이고 A는 X에 조밀하므로 $A \cap V \neq \varnothing$이고

$$(A \cap Y) \cap (U \cap Y) = A \cap (U \cap Y) = A \cap V \neq \varnothing$$

이다. 따라서 $A \cap Y$는 Y의 조밀한 가산집합이다. 따라서 Y는 분리가능이다.

(4) 린델뢰프인 위상공간 X의 닫힌집합을 Y라 하자. 임의의 Y의 X에서의 열린덮개를 $\{O_i\}_{i \in I}$라 하자. 즉 모든 $i \in I$에 대해, O_i는 X의 열린집합이고 $Y \subset \bigcup_{i \in I} O_i$이다. Y는 X의 닫힌집합이므로 $X \setminus Y$는 X의 열린집합이며

$$X \subset (X \setminus Y) \cup \bigcup_{i \in I} O_i$$

이므로 $\{X \setminus Y\} \cup \{O_i\}_{i \in I}$는 X의 열린덮개이다. X는 린델뢰프공간이므로 가산 부분덮개 $\{X \setminus Y\} \cup \{O_j\}_{j \in J}$를 갖는다. (단, 여기서 J는 I의 가산 부분집합이다.) 이때 $Y \subset \bigcup_{j \in J} O_j$이고 $\{O_j\}_{j \in J}$는 $\{O_i\}_{i \in I}$의 가산 부분덮개이다. 따라서 Y는 린델뢰프이다.

□

가산공간의 곱불변성에 관한 성질을 정리하면 다음과 같다.

정리 8.15

가산개의 위상공간들의 집합족 $\{X_n\}_{n=1}^{\infty}$가 있다.

(1) 모든 자연수 n에 대해 X_n이 제1가산인 것과 곱공간 $\prod_{n=1}^{\infty} X_n$가 제1가산인 것은 동치이다.

(2) 모든 자연수 n에 대해 X_n이 제2가산인 것과 곱공간 $\prod_{n=1}^{\infty} X_n$가 제2가산인 것은 동치이다.

(3) 모든 자연수 n에 대해 X_n이 분리가능인 것과 곱공간 $\prod_{n=1}^{\infty} X_n$가 분리가능인 것은 동치이다.

| 증명 | ($\Leftarrow$) 모든 자연수 n에 대해 $\pi_n : \prod_{n=1}^{\infty} X_n \to X_n$은 전사인 연속함수이므로 8.13에 의해 자명하다.

($\Rightarrow$) 편의를 위해 자연수 전체의 집합 $\mathbb{N}$의 모든 공집합이 아닌 유한 부분집합을 모은 집합족을 $\mathscr{P}_f(\mathbb{N})$라 하자. 즉

$$\mathscr{P}_f(\mathbb{N}) = \{J \subset \mathbb{N} \mid J \neq \varnothing, J\text{는 유한집합}\}$$

이다. 멱집합 $\mathscr{P}(\mathbb{N})$은 비가산집합이지만 $\mathscr{P}_f(\mathbb{N})$은 가산집합이다.

(1) 곱공간 $\prod_{n=1}^{\infty} X_n$의 임의의 점 $x = \{x_n\}_{n=1}^{\infty}$을 고정하고 모든 자연수 n에 대해, X_n의 x_n에서의 가산 국소기저를 $\mathscr{L}_{X_n,x_n}$이라 하자. 임의의 $J \in \mathscr{P}_f(\mathbb{N})$에 대해, 곱공간 $\prod_{n=1}^{\infty} X_n$의 부분집합족 $\mathscr{L}_{X,J}$를

$$\mathscr{L}_J = \{\textstyle\bigcap_{j\in J} \pi_j^{-1}(L_j) \mid L_j \in \mathscr{L}_{X_j,x_j}\}$$

로 정의하면, $\mathscr{L}_{X_j,x_j}$는 가산집합이고 J는 유한집합이므로 $\mathscr{L}_J$는 가산집합이다. $\mathscr{P}_f(\mathbb{N})$은 가산집합이므로

$$\mathscr{L} = \textstyle\bigcup_{J\in\mathscr{P}_f(\mathbb{N})} \mathscr{L}_J$$

도 곱공간 $\prod_{n=1}^{\infty} X_n$의 가산 부분집합족이다. $\mathscr{L}$이 곱공간 $\prod_{n=1}^{\infty} X_n$의 점 x에서의 가산 국소기저임을 보이자. 임의의 점 x를 포함하는 기저 열린집합은 $\bigcap_{j\in J} \pi_j^{-1}(U_j)$의 형태이다. 여기서 $J \in \mathscr{P}_f(\mathbb{N})$이고 모든 $j \in J$에 대해, U_j는 X_j의 열린집합이다. $\mathscr{L}_{X_j,x_j}$는 X_j의 x_j에서의 가산 국소기저이므로 $x_j \in L_j \subset U_j$인 $L_j \in \mathscr{L}_{X_j,x_j}$가 존재한다. 따라서

$$x \in \textstyle\bigcap_{j\in J} \pi_j^{-1}(L_j) \subset \bigcap_{j\in J} \pi_j^{-1}(U_j)$$

이므로 $\mathscr{L}$는 점 x의 가산 국소기저이다. 따라서 곱공간 $\prod_{n=1}^{\infty} X_n$은 제1가산이다.

(2) 모든 자연수 n에 대해, X_n의 가산 기저를 $\mathscr{B}'_n$라 하자. 임의의 $J \in \mathscr{P}_f(\mathbb{N})$에 대해, 곱공간 $\prod_{n=1}^{\infty} X_n$의 부분집합족

$$\mathscr{B}_J = \{\textstyle\bigcap_{j\in J} \pi_j^{-1}(B_j) \subset \prod_{n=1}^{\infty} X_n \mid B_j \in \mathscr{B}'_j\}$$

라 정의하면 $\mathscr{B}'_j$이 가산집합이고 J가 유한집합이므로 $\mathscr{B}_J$는 가산 개의 원소로 이루어진 곱공간 $\prod_{n=1}^{\infty} X_n$의 부분집합족이다. 점

$x = \{x_n\}_{n=1}^{\infty}$ 의 임의의 기저 열린집합은 $\bigcap_{j\in J} \pi_j^{-1}(U_j)$ 의 형태이다. 여기서 $J \in \mathscr{P}_f(\mathbb{N})$ 이고 모든 $j \in J$ 에 대해, U_j 는 X_j 의 열린집합이다. 모든 $j \in J$ 에 대해, $\mathscr{B}'_j$ 은 X_j 의 기저이므로 $x_j \in B_j \subset U_j$ 인 $B_j \in \mathscr{B}_j$ 이 존재한다. 따라서

$$x \in \bigcap_{j\in J} \pi_j^{-1}(B_j) \subset \bigcap_{j\in J} \pi_j^{-1}(U_j)$$

이므로 $\mathscr{B}$ 는 곱공간 $\prod_{n=1}^{\infty} X_n$ 의 가산 기저이고 곱공간 $\prod_{n=1}^{\infty} X_n$ 은 제2가산이다.

(3) 모든 자연수 n 에 대해, X_n 은 분리가능이므로 $\overline{A'_n} = X_n$ 인 가산집합 A'_n 이 존재한다. 곱공간 $\prod X_k$ 의 한 점 $x = \{x_n\}_{n=1}^{\infty}$ 를 고정하자. 모든 $J \in \mathscr{P}_f(\mathbb{N})$ 에 대해, 곱공간 $\prod_{n=1}^{\infty} X_n$ 의 부분집합

$$A_J = \left(\bigcap_{j\in J} \pi_j^{-1}(A'_j)\right) \cap \left(\bigcap_{j\in \mathbb{N}\setminus J} \pi_j^{-1}(\{x_j\})\right)$$

을 생각하면, J 는 유한집합이므로 A_J 는 가산집합들의 유한 곱공간 $\prod_{j\in J} A'_j$ 와 위상동형이고 따라서 A_J 는 가산집합이다. $\mathscr{P}_f(\mathbb{N})$ 은 가산집합이므로 곱공간 $\prod_{n=1}^{\infty} X_n$ 의 부분집합

$$A = \bigcup_{J\in \mathscr{P}_f(\mathbb{N})} A_J$$

도 가산집합이다. B 가 곱공간 $\prod_{n=1}^{\infty} X_n$ 의 조밀한 집합임을 보이자. 임의의 $\prod_{n=1}^{\infty} X_n$ 의 기저 열린집합은 $\bigcap_{k\in K} \pi_k^{-1}(U_k)$ 의 형태이다. 여기서 $K \in \mathscr{P}_f(\mathbb{N})$ 이고 모든 $k \in K$ 에 대해, U_k 는 X_k 의 열린집합이다. 모든 $k \in K$ 에 대해, A'_k 는 X_k 의 조밀한 가산집합이므로 $A'_k \cap U_k \neq \varnothing$ 이고 $y_k \in A'_k \cap U_k$ 가 존재한다. 따라서 $z = \{z_n\}_{n=1}^{\infty} \in \prod_{n=1}^{\infty} X_n$ 을 모든 자연수 n 에 대해

$$z_n = \begin{cases} x_n & n \in \mathbb{N} \setminus K \\ y_n & n \in K \end{cases}$$

로 정의하면, 정의에 의해,

$$z \in A_K \cap \left(\bigcap_{k\in K} \pi_k^{-1}(U_k)\right) \subset A \cap \left(\bigcap_{k\in K} \pi_k^{-1}(U_k)\right)$$

이다. 정리하면 A 는 곱공간 $\prod_{n=1}^{\infty} X_n$ 의 임의의 기저 열린집합과 만난다. 따라서 A 는 곱공간 $\prod_{n=1}^{\infty} X_n$ 의 조밀한 가산집합이고 $\prod_{n=1}^{\infty} X_n$ 은 분리가능이다.

□

참고 8.16 상극한공간 $(\mathbb{R}, \mathscr{T}_u)$는 린델뢰프지만 이들의 곱공간 $(\mathbb{R}, \mathscr{T}_u) \times (\mathbb{R}, \mathscr{T}_u)$는 린델뢰프가 아니다. 만일 $(\mathbb{R}, \mathscr{T}_u) \times (\mathbb{R}, \mathscr{T}_u)$가 린델뢰프이면 정리 8.14(4)에 의해 $(\mathbb{R}, \mathscr{T}_u) \times (\mathbb{R}, \mathscr{T}_u)$의 닫힌 부분집합 $L = \{(x, -x) \mid x \in \mathbb{R}\}$도 린델뢰프이다. 임의의 점 $(x, -x) \in L$에 대해 $\{(x, -x)\} = L \cap ((x-1, x] \times (-x-1, -x])$이므로 부분공간 L은 이산공간이다. L은 비가산집합이므로 이산위상을 주었을 때 린델뢰프가 아니고, 이는 모순이다.

예제 8.17 하극한공간 $(\mathbb{R}, \mathscr{T}_l)$는 린델뢰프공간임을 보이시오.

| 풀이 | 하극한공간 $(\mathbb{R}, \mathscr{T}_l)$이 린델뢰프임을 보이기 위해, 임의의 $(\mathbb{R}, \mathscr{T}_l)$의 기저 열린집합으로 이루어진 열린덮개 $\mathscr{U} = \{U_i\}_{i \in I}$가 가산 부분덮개를 가짐을 보이면 충분하다. 즉, $\mathbb{R} = \bigcup_{i \in I} U_i$이고 모든 $i \in I$에 대해, $U_i = [a_i, b_i) \in \mathscr{T}_l$인 두 실수 $a_i < b_i$가 존재한다.

모든 $i \in I$에 대해, $U_i = [a_i, b_i)$의 끝점 a_i를 제외한 열린구간을 $O_i = (a_i, b_i)$라 하고

$$B = \bigcup_{i \in I} O_i, \quad A = \mathbb{R} \setminus B$$

로 정의하자. 이제 $\mathbb{R}$의 부분집합 B를 보통위상이 주어진 $(\mathbb{R}, \mathscr{T}_{usual})$의 부분공간으로 생각하자. $(\mathbb{R}, \mathscr{T}_{usual})$은 제2가산이므로 부분공간인 B도 제2가산이고 따라서 B는 린델뢰프이다. 따라서 $\mathscr{O} = \{O_i\}_{i \in I}$를 $(\mathbb{R}, \mathscr{T}_{usual})$의 부분위상이 주어진 B의 열린덮개로 생각할 수 있고 B가 린델뢰프이므로 $\mathscr{O}$의 가산 부분덮개가 존재한다. 즉 첨자집합 I의 가산 부분집합 $J \subset I$가 존재하여 $B = \bigcup_{j \in J} O_j$이다.

이제 $A = \mathbb{R} \setminus B$가 가산집합임을 보이자. 모든 $x \in A$에 대해, $a \notin B$이므로 $x = a_i$인 $i \in I$를 고정할 수 있다. 또한 모든 $x \in A$마다 유리수의 조밀성에 의해 $r_x \in (a_i, b_i)$인 유리수 r_x를 잡을 수 있다. 정의에 의해 $(x, r_x) \subset (a_i, b_i)$이므로 $(x, r_x) \subset B$이다.

임의의 $x, y \in A$가 $x < y$를 만족하면 $r_x < r_y$임을 다음과 같이 관찰하자. 만약 $r_y \leq r_x$라면 $x < y < r_y \leq r_x$이고 이로부터 $y \in (x, r_x) \subset B$이 성립하는데 이는 $y \in A$임에 모순이다. 따라서 함수 $r\colon A \to \mathbb{Q}$를 $r(x) = r_x$로 정의하면, r은 단사함수가 되어 A는 가산집합이다.

모든 $x \in A$에 대해서, $\mathbb{R} = \bigcup_{i \in I} U_i$이므로, $x \in U_k$가 성립하는 $i_x \in I$를 잡자. 이렇게 잡은 i_x들로 이루어진 집합을 K라 하자. 즉

$$K = \{i_x \in I \mid x \in A\}$$

이다. A가 가산집합이므로 K는 I의 가산 부분집합이고 $A \subset \bigcup_{k \in K} U_k$를 만족한다.

따라서 $J \cup K$는 첨자집합 I의 가산 부분집합이다. 정의에 의해 $A \subset \bigcup_{k \in K} U_k$이고 $B \subset \bigcup_{j \in J} O_j \subset \bigcup_{j \in J} U_j$이므로 $\mathbb{R} = A \cup B = \bigcup_{i \in J \cup K} U_i$이다. 즉 $\{U_i\}_{i \in J \cup K}$는 주어진 임의의 열린덮개 $\mathscr{U} = \{U_i\}_{i \in I}$의 가산부분덮개이다. 따라서 $(\mathbb{R}, \mathscr{T}_l)$은 린델뢰프공간이다. □

8.2 분리공리

8.2.1 T_0-공간, T_1-공간

정의 8.18. 위상공간 X의 임의의 서로 다른 두 점 $x, y \in X$에 대하여 열린근방 U가 존재하여 $x \in U, y \notin U$ 또는 $y \in U, x \notin U$일 때, 이라 한다.

정의 8.19. 위상공간 X의 임의의 서로 다른 두 점 $x, y \in X$에 대하여 x의 열린근방 U와 y의 열린근방 V가 존재하여 $x \notin V, y \notin U$일 때, 이라 한다.

정리 8.20

위상공간 X가 T_1-공간인 것과 X의 모든 한 점 집합이 X의 닫힌집합인 것은 동치이다.

|증명| ($\Rightarrow$) T_1-공간 X의 임의의 한 점 $x \in X$를 고정하자. X가 T_1-공간이므로 x가 아닌 임의의 원소 y에 대하여 $y \in O_y, x \notin O_y$가 성립하는 X의 열린집합 O_y가 존재한다. 그러면 $X \setminus \{x\} = \bigcup_{y \in X \setminus \{x\}} O_y$이므로 $X \setminus \{x\}$가 X의 열린집합이고 따라서 $\{x\}$는 X의 닫힌집합이다.

($\Leftarrow$) 위상공간 X의 모든 한 점 집합이 X의 닫힌집합이라고 가정하자. 임의의 서로 다른 두 점 $x, y \in X$에 대하여

$$x \in \{y\}^c, \quad y \notin \{y\}^c, \quad x \in \{x\}^c, \quad y \notin \{x\}^c$$

이며, $\{x\}^c, \{y\}^c$는 X의 열린집합이다. 따라서, X는 T_1 공간이다.

□

정리 8.21

유한 개의 원소를 가지는 위상공간 X가 T_1-공간이면 X는 이산공간이다.

|증명| 위상공간 X가 유한 개의 원소를 가지는 T_1-공간이라 가정하자. 정리 8.20에 의해 X의 임의의 점 $x \in X$에 대해, $X \setminus \{x\}$는 X의 열린집합이다. 임의의 $a \in X$에 대하여 $\{a\} = \bigcap_{x \in X \setminus \{a\}} (X \setminus \{x\})$이고 $X \setminus \{a\}$는 유한집합이므로 $\{a\}$는 유한 개의 X의 열린집합의 교집합이므로 X의 열린집합이다. 임의의 X의 부분집합 $A = \bigcup_{a \in A} \{a\}$는 X의 열린집합들의 합집합이므로 X의 열린집합이다. 따라서 X는 이산공간이다. □

수열의 수렴성과 T_1-공리의 관련성을 알아보자.

정리 8.22

위상공간 X에서 수렴하는 수열의 극한이 유일하면 X는 T_1-공간이다.

|증명| 수렴하는 수열의 극한이 유일한 위상공간 X의 임의의 한 점을 x라 하고, $y \in \overline{\{x\}}$라 하자. 임의의 $y \in U$인 X의 열린집합 U에 대하여 $U \cap \{x\} \neq \varnothing$가 성립하므로 $x \in U$이다. 수열 $\{x_n\}_{n=1}^{\infty}$를 모든 자연수 n에 대해 $x_n = x$라 하면 $n \geq 1$이면 $x_n = x \in U$이므로 수열 $\{x_n\}_{n=1}^{\infty}$은 점 y로 수렴한다. 또한 임의의 $x \in U$인 X의 열린집합 U에 대하여 $n \geq 1$이면 $x_n = x \in U$이므로 수열 $\{x_n\}_{n=1}^{\infty}$은 점 x로 수렴한다. 따라서 X 안의 수열 $\{x_n\}_{n=1}^{\infty}$은 수렴하고 x, y 모두 극한이고 가정에 의해 $x = y$이다. 만약 $y \in \overline{\{x\}}$이면 $x = y$이고 $\{x\} = \overline{\{x\}}$이다. 즉 임의의 X의 한 점 집합 $\{x\}$는 X의 닫힌집합이고 정리 8.20에 의해 X는 T_1-공간이다. □

참고 8.23 T_1공간의 임의의 수열의 극한이 유일한 것은 아니다. 예로 실수 전체의 집합 $\mathbb{R}$에 여유한위상 $\mathscr{T}_f$를 준 여유한공간 $(\mathbb{R}, \mathscr{T}_f)$ 안의 수열 $\{\frac{1}{n}\}_{n=1}^{\infty}$는 모든 실수 $x \in \mathbb{R}$로 수렴한다.

정리 8.24

X는 T_1-공간이고 A는 X의 부분공간일 때, A의 도집합 A'는 X의 닫힌집합이다.

|증명| 임의의 점 $x \in \overline{A'}$를 잡고 $x \in A'$임을 보이자. $x \in U$인 임의의 X의 열린집합 U에 대하여 $U \cap A' \neq \varnothing$이므로 $y \in U \cap A'$인 y가 존재한다. 만약

$x = y$이면, $x = y \in A'$이다. 만약 $x \neq y$이면, X는 T_1이므로 한 점 집합 $\{x\}$는 X의 닫힌집합이며 $U \setminus \{x\}$는 X의 열린집합이다. 점 y는 $x \neq y$이고 $y \in U \cap A'$이므로 $y \in U \setminus \{x\}$이고 $y \in A'$이다. 즉 $U \setminus \{x\}$는 y의 열린근방이고 $y \in A'$이므로

$$(U \setminus \{x\}) \cap (A \setminus \{y\}) \neq \varnothing$$

이고 $A \setminus \{y\} \subset A$이므로

$$(U \setminus \{x\}) \cap A \neq \varnothing$$

이다. 정리하면, $x \in U$인 임의의 X의 열린집합 U에 대하여 $(U \setminus \{x\}) \cap A \neq \varnothing$이므로 $x \in A'$이다. 따라서 $\overline{A'} = A'$이고 도집합 A'는 X의 닫힌집합이다. □

8.2.2 하우스도르프 공간

정의 8.25. 위상공간 X의 임의의 서로 다른 두 점 $x, y \in X$에 대하여 서로소인 x의 열린근방 U와 y의 열린근방 V가 존재하면 위상공간 X를 **하우스도르프 공간(Hausdorff space)** 혹은 이라 한다.

주어진 위상공간이 하우스도르프 공간이 되도록 하는 동치조건들을 살펴보자.

정리 8.26

위상공간 $(X, \mathscr{T})$에 대한 다음 조건들은 모두 위상공간 $(X, \mathscr{T})$가 하우스도르프인 것과 동치이다.

(1) 곱공간 $X \times X$의 대각선 집합 $\Delta_X = \{(x, x) \in X \times X \mid x \in X\}$는 $X \times X$의 닫힌집합이다.

(2) X의 임의의 서로 다른 두 점 x, y에 대해, $x \in U \subset \overline{U} \subset \{y\}^c$인 X의 열린집합 U가 존재한다.

(3) 모든 점 $x \in X$에 대하여 x의 모든 닫힌근방들의 교집합이 $\{x\}$이다.

(4) 위상공간 $(X, \mathscr{T})$의 서로소인 콤팩트집합 A, B에 대해, $A \subset U, B \subset V$이고 서로소인 X의 열린집합 U, V가 존재한다.

| 증명 | (1) ($\Rightarrow$) 임의의 점 $(x, y) \in \Delta_X^c$에 대해, $x \neq y$이다. X가 하우스도르프 공간이므로 $x \in U, y \in V$인 서로소인 X의 열린집합 U, V가 존

재한다. 따라서 $(x,y) \in U \times V \subset \Delta_X^c$ 이므로 Δ_X^c 는 $X \times X$ 의 열린집합이고 Δ_X 는 $X \times X$ 의 닫힌집합이다.

($\Leftarrow$) X 의 임의의 서로 다른 두 점 x, y 는 $(x,y) \in \Delta_X^c$ 을 만족한다. Δ_X^c 는 $X \times X$ 의 닫힌집합이므로 곱위상의 정의에 의해 $(x,y) \in U \times V \subset \Delta_X^c$ 인 X 의 열린집합 U, V 가 존재한다. $U \times V \subset \Delta_X^c$ 이므로 U 와 V 는 서로소이다. 정리하면, $x \in U$, $y \in V$ 이고 U, V 는 서로소인 X 의 열린집합이다. 따라서 X 는 하우스도르프 공간이다.

(2) ($\Rightarrow$) 하우스도르프 공간 X 의 임의의 서로 다른 두 점 x, y 에 대해, $x \in U$, $y \in V$ 이고 서로소인 X 의 열린집합 U, V 가 존재한다. 따라서

$$x \in U \subset (X \setminus V) \subset \{q\}^c$$

이다. $X \setminus V$ 는 U 를 포함하는 X 의 닫힌집합이므로 $\overline{U} \subset X \setminus V$ 이고 따라서

$$x \in U \subset \overline{U} \subset \{y\}^c$$

이다.

($\Leftarrow$) 조건에 의해 위상공간 X 의 임의의 서로 다른 두 점 x, y 에 대해,

$$x \in U \subset \overline{U} \subset \{y\}^c$$

인 X 의 열린집합 U 가 존재한다. $V = X \setminus \overline{U}$ 라 하면, U, V 는 $x \in U$, $y \in V$ 를 만족하는 서로소인 X 의 열린집합이다. 따라서 X 는 하우스도르프 공간이다.

(3) ($\Rightarrow$) 하우스도르프 공간 X 의 한 점 x 를 고정하자. 모든 $x \neq y$ 인 $y \in X$ 에 대해, $x \in U_y$, $y \in V_y$ 인 서로소인 X 의 열린집합 U_y, V_y 가 존재한다.

$$X \setminus \{x\} = \bigcup_{y \in X \setminus \{x\}} V_y$$

이므로

$$\{x\} = \bigcap_{y \in X \setminus \{x\}} (X \setminus V_y)$$

이고 $x \in U_y \subset (X \setminus V_y)$ 이므로 $X \setminus V_y$ 는 x 의 닫힌근방이다. 따라서 $\{x\}$ 는 x 의 모든 닫힌근방의 교집합이다.

($\Leftarrow$) 위상공간 X 의 모든 점 $x \in X$ 에 대해, x 의 닫힌근방의 교집합이 $\{x\}$ 라고 가정하자. 임의의 $y \neq x$ 인 X 의 점 y 를 고정하자. x 의 모든 닫힌근방의 교집합은 $\{x\}$ 이므로 $y \notin F_x$ 인 x 의 닫힌근방 F_x

가 존재한다. F_x 가 x 의 근방이므로 $x \in G_x \subset F_x$ 인 X 의 열린집합 G_x 가 존재한다. F_x 는 X 의 닫힌집합이므로

$$x \in G_x \subset \overline{G_x} \subset \overline{F_x} = F_x \subset \{y\}^c$$

이다. (2)에 의해 X 는 하우스도르프 공간이다.

(4) ($\Leftarrow$) 임의의 위상공간의 유한집합은 콤팩트이므로 A, B 를 서로소인 한 점 집합인 특별한 경우를 생각하면 자명하다.

($\Rightarrow$) 하우스도르프 공간 X 에서 서로소인 두 콤팩트집합 A, B 에 대하여 $A \subset U, B \subset V$ 이고 서로소인 X 의 열린집합 U, V 가 존재함을 증명하자. 임의의 $a \in A$ 와 $b \in B$ 에 대하여 A, B 가 서로소이므로 $a \neq b$ 이다. X 는 하우스도르프 공간이므로 $a \in U_{a,b}, b \in V_{a,b}$ 이고 서로소인 X 의 열린집합 $U_{a,b}, V_{a,b}$ 가 존재한다. 모든 $a \in A$ 에 대하여, $\mathscr{V}_a = \{V_{a,b}\}_{b\in B}$ 를 생각하면, $B \subset \bigcup_{b\in B} V_{a,b}$ 이므로 $\mathscr{V}_a$ 는 콤팩트공간인 B 의 X 에서의 열린덮개이다. 따라서 $B \subset \bigcup_{j=1}^{n} V_{a,b_j}$ 인 유한 개의 점 $b_1, b_2, \ldots, b_n$ 이 존재한다.

X 의 두 열린집합 $U_a = \bigcap_{j=1}^{n} U_{a,b_j}, V_a = \bigcup_{j=1}^{n} V_{a,b_j}$ 를 정의하면 U_a, V_a 는 $a \in U_a$, $B \subset V_a$ 이고 서로소인 X 의 열린집합이다. $\mathscr{U} = \{U_a\}_{a\in A}$ 는 $A \subset \bigcup_{a\in A} U_a$ 이므로 $\mathscr{U}$ 는 A 의 X 에서의 열린덮개이다. A 는 콤팩트공간이므로 $A \subset \bigcup_{i=1}^{m} U_{a_i}$ 인 유한 개의 점 $a_1, a_2, \ldots, a_m$ 이 존재한다. 이제 $U = \bigcup_{i=1}^{m} U_{a_i}, V = \bigcap_{i=1}^{m} V_{a_i}$ 라 정의하면 U, V 는 X 의 서로소인 열린집합이고 $A \subset U, B \subset V$ 을 만족한다.

□

정리 8.27

하우스도르프 공간 안의 수렴하는 수열은 유일한 극한을 갖는다.

| 증명 | 하우스도르프 공간 X 안의 수열 $\{x_n\}_{n=1}^{\infty}$ 이 X 의 서로 다른 두 점 x, y 로 수렴한다고 하면, 하우스도르프 공간의 정의에 의하여 $x \in U, y \in V$ 인 서로소인 X 의 열린집합 U, V 가 존재한다. 수열의 수렴성의 정의에 의하여 적당한 양의 정수 N_1, N_2 이 존재하여 $n \geq N_1$ 이면 $x_n \in U$, $n \geq N_2$ 이면 $x_n \in V$ 이다. 자연수 $N = \max\{N_1, N_2\}$ 에 대해, $n \geq N$ 이면 $x_n \in U \cap V$ 이 된다. 하지만 이는 $U \cap V = \varnothing$ 에 모순이다. 따라서 임의의 X 안의 수렴하는 수열 $\{x_n\}_{n=1}^{\infty}$ 는 유일한 극한을 가진다. □

정리 8.28

하우스도르프 공간 X의 콤팩트집합 A는 X의 닫힌집합이다.

| 증명 | 하우스도르프 공간 X의 부분집합 A가 콤팩트집합이라 하자. 점 x를 $x \in X \setminus A$인 임의의 한 점이라 하자. 모든 $y \in A$에 대하여 $y \neq x$이므로, $x \in U_y, y \in V_y$인 서로소인 X의 열린집합 U_y, V_y가 존재한다. 이때, 집합족 $\mathscr{V} = \{V_y\}_{y \in A}$는 A의 X에서의 열린덮개이다. A가 콤팩트이므로 $\mathscr{V}$의 유한부분덮개 $\{V_{y_i}\}_{i=1}^n$이 존재하며 $A \subset \bigcup_{i=1}^n V_{y_i}$이다. 이때 $U = \bigcap_{i=1}^n U_{y_i}$라 하면, $x \in U, U \cap A = \varnothing$이며 U는 X의 열린집합이다. 따라서 $x \in U \subset X \setminus A$. 따라서, x는 $X \setminus A$의 내부점이며, x가 $X \setminus A$의 임의의 점이므로 $X \setminus A$는 X의 열린집합이다. 그러므로, A는 X의 닫힌집합이다. □

정리 8.29

임의의 위상공간 X에서 하우스도르프 공간 Y로의 두 연속함수 $f, g \colon X \to Y$에 대하여 다음의 명제가 성립한다.

(1) X의 조밀한 부분집합 A에서 두 함수 f, g가 일치하면, 두 함수 f, g는 같은 함수이다.
(2) X의 부분공간 $A = \{x \in X \mid f(x) = g(x)\}$는 X의 닫힌집합이다.
(3) f가 단사이면 X는 하우스도르프 공간이다.
(4) X가 콤팩트공간이면 f는 닫힌함수이다.
(5) X가 콤팩트공간이고 f가 전단사함수이면 X와 Y는 위상동형이다.

| 증명 | (1) $f(x) \neq g(x)$인 $x \in X$가 존재한다고 가정하고 모순임을 보이자. Y가 하우스도르프 공간이므로 $f(x) \in U$, $g(x) \in V$이고 서로소인 Y의 열린집합 U, V가 존재한다. f, g는 연속함수이므로 $f^{-1}(U), g^{-1}(V)$는 X의 열린집합이다. 정의에 의해 $x \in f^{-1}(U) \cap g^{-1}(V)$임을 관찰하자. 또한 A는 X의 조밀한 부분집합이므로 $x \in \overline{A}$이며

$$A \cap (f^{-1}(U) \cap g^{-1}(V)) \neq \varnothing$$

이다. 즉 $a \in A \cap (f^{-1}(U) \cap g^{-1}(V))$인 a를 잡을 수 있고 $a \in f^{-1}(U)$이므로 $f(a) \in U$이며, $a \in g^{-1}(V)$이므로 $g(a) \in V$이다. 또한 $a \in A$이므로 $f(a) = g(a) \in U \cap V$이고 이는 $U \cap V = \varnothing$에 모순이다. 따라서 모든 $x \in X$에 대하여 $f(x) = g(x)$이므로 f, g는 같은 함수이다.

(2) $A^c = \{x \in X \mid f(x) \neq g(x)\}$가 X의 열린집합임을 보이면 충분하다. 임의의 점 $x \in A^c$에 대하여 $f(x) \neq g(x)$이며 Y는 하우스도르프 공간이므로 $f(x) \in U, g(x) \in V$이고 서로소인 Y의 열린집합 U, V가 존재한다. f, g는 연속이므로 $f^{-1}(U), g^{-1}(V)$는 X의 열린집합이다. 이제 $f^{-1}(U) \cap g^{-1}(V) \subset A^c$임을 관찰하자. 임의의 $a \in f^{-1}(U) \cap g^{-1}(V)$를 잡으면 $f(a) \in U, g(a) \in V$이다. U, V는 서로소이므로 $f(a) \neq g(a)$이다. 따라서 $a \in A^c$이고 $f^{-1}(U) \cap g^{-1}(V) \subset A^c$이다. 정리하면 임의의 $x \in A^c$에 대해, $x \in f^{-1}(U) \cap g^{-1}(V) \subset A^c$인 Y의 두 열린집합 U, V가 존재하므로 점 x는 A^c의 내점이고, A^c는 X의 열린집합이다.

(3) 함수 $f\colon X \to Y$가 단사이고 Y가 하우스도르프 공간이라 하자. 만약 x, y가 X의 서로 다른 두 점이면, Y가 하우스도르프이므로 $f(x) \in U$, $f(y) \in V$인 서로소인 Y의 열린집합 U, V가 존재한다. f가 단사인 연속함수이므로 $f^{-1}(U), f^{-1}(V)$는 $x \in f^{-1}(U), y \in f^{-1}(V)$이고 서로소인 X의 열린집합이다. 따라서 X는 하우스도르프이다.

(4) 콤팩트공간 X의 닫힌집합을 C라 하면 C는 X의 콤팩트집합이고 f가 연속함수이므로 $f(X)$는 하우스도르프 공간 Y의 콤팩트집합이다. 따라서 $f(C)$는 Y의 닫힌집합이고 f는 닫힌함수이다.

(5) 만일 f가 연속인 전단사함수이면 (4)에 의해 f는 닫힌함수이고 역함수 f^{-1}가 잘 정의된다. f가 닫힌함수이므로, f^{-1}는 연속이다. 따라서 f는 위상동형함수이다.

□

정리 8.30

콤팩트 하우스도르프 공간 X에서 위상공간 Y로의 상함수 $f\colon X \to Y$가 주어져 있고 함수 f의 핵 $\mathrm{Ker}(f)$를

$$\mathrm{Ker}(f) = \{(x_1, x_2) \in X \times X \mid f(x_1) = f(x_2)\}$$

이라 할 때, 다음이 성립한다.

(1) Y가 하우스도르프인 것과 f가 닫힌함수인 것은 동치이다.

(2) Y가 하우스도르프이면 f의 핵 $\mathrm{Ker}(f)$는 $X \times X$의 닫힌집합이다.

(3) f가 열린함수이고 $\mathrm{Ker}(f)$가 $X \times X$의 닫힌집합이면 Y는 하우스도르프 공간이다.

| 증명 | (1) ($\Rightarrow$) 정리 8.29(4)에서 증명하였다.

($\Leftarrow$) 상함수 f는 전사이므로 모든 $y \in Y$에 대하여 $f(x) = y$인 $x \in X$가 존재하고 한 점 집합 $\{x\}$는 하우스도르프 공간 X의 닫힌집합이다. f는 닫힌함수이므로 $f(\{x\}) = \{y\}$는 Y의 닫힌집합이고 f는 연속이므로 $f^{-1}(\{y\})$는 X의 닫힌집합이다. X가 콤팩트이므로 $f^{-1}(\{y\})$도 콤팩트이다.

임의의 $f^{-1}(y) \subset U$인 X의 열린집합 U에 대하여 $f^{-1}(V) \subset U$를 만족하는 y의 열린근방 V가 존재함을 보이자. f가 닫힌함수이므로 $f(U^c)$는 Y의 닫힌집합이고 $y \notin f(U^c)$이다. 따라서 $y \in V$이고 $V \cap f(U^c) = \varnothing$인 Y의 열린집합 V가 존재한다. 그러므로

$$\varnothing = f^{-1}(V) \cap f^{-1}(f(U^c)) \supset f^{-1}(V) \cap U^c$$

이므로 y의 열린근방 V는 $f^{-1}(V) \subset U$를 만족한다. 임의의 서로 다른 Y의 두 원소 y_1, y_2에 대하여 $f^{-1}(\{y_1\})$과 $f^{-1}(\{y_2\})$는 서로소인 콤팩트집합이고 X가 하우스도르프 공간이므로

$$f^{-1}(\{y_1\}) \subset U_1, \quad f^{-1}(\{y_2\}) \subset U_2$$

인 서로소인 X의 열린집합 U_1, U_2가 존재한다. 그러므로 $y_1 \in V_1$, $y_2 \in V_2$이고

$$f^{-1}(V_1) \subset U_1, \quad f^{-1}(V_2) \subset U_2$$

인 Y의 열린집합 V_1, V_2가 존재한다. U_1, U_2는 서로소이므로 V_1, V_2도 서로소이다.

(2) 함수 $F\colon X \times X \to Y \times Y$를 $F(x_1, x_2) = (f(x_1), f(x_2))$로 정의하면 F는 연속이다. Y가 하우스도르프 공간이므로 대각선집합

$$\Delta_Y = \{(y, y) \in Y \times Y \mid y \in Y\}$$

는 $Y \times Y$의 닫힌집합이다. $F^{-1}(\Delta_Y) = \mathrm{Ker}(f)$이고 F는 연속이므로 $\mathrm{Ker}(f)$는 $X \times X$의 닫힌집합이다.

(3) f가 열린함수이고 $\mathrm{Ker}(f)$가 $X \times X$의 닫힌집합이라고 가정하자. 임의의 Y의 서로 다른 두 점을 y_1, y_2라 하자. 함수 f는 전사이므로 $y_1 = f(x_1)$, $y_2 = f(x_2)$인 x_1, $x_2 \in X$가 존재하고 $f(x_1) \neq f(x_2)$이므로 $x_1 \neq x_2$이다. 따라서 $(x_1, x_2) \in \Delta_X^c \cap \mathrm{Ker}(f)^c$이다. 여기서 Δ_X는 대각선집합

$$\Delta_X = \{(x, x) \in X \times X \mid x \in X\}$$

이다. X가 하우스도르프 공간이므로 Δ_X는 $X \times X$의 닫힌집합이고 조건에 의해 $\mathrm{Ker}(f)$도 $X \times X$의 닫힌집합이므로 $\Delta_X^c \cap \mathrm{Ker}(f)^c$는 $X \times X$의 열린집합이다. 따라서

$$(x_1, x_2) \in V_1 \times V_2 \subset \Delta_X^c \cap \mathrm{Ker}(f)^c$$

인 곱공간 $X \times X$의 기저 열린집합 $V_1 \times V_2$가 존재한다. $(x_1, x_2) \in V_1 \times V_2$이므로 $i = 1, 2$에 대해, $x_i \in V_i$이며 $y_i = f(x_i) \in f(V_i)$이다. $V_1 \times V_2 \subset \Delta_X^c \cap \mathrm{Ker}(f)^c$이므로 $V_1 \cap V_2 = \varnothing$이고 $f(V_1) \cap f(V_2) = \varnothing$이다. 조건에 의해 함수 f는 열린함수이므로 $f(V_1), f(V_2)$는 Y의 열린집합이다. 따라서 Y는 하우스도르프이다.

□

8.2.3 정칙공간 (T_3-공간)

정의 8.31. 위상공간 X가 T_1-공간이고 X의 임의의 한 점 $p \in X$와 $p \notin A$인 X의 닫힌집합 $A \subset X$에 대하여 $p \in U$, $A \subset V$를 만족하는 서로소인 X의 열린집합 U, V가 존재하는 위상공간을 **정칙공간(regular space)**, 또는 **T_3-공간**이라 한다.

정리 8.32

콤팩트인 하우스도르프 공간 X는 정칙공간이다.

|증명| X의 주어진 한 점 p와 p를 만나지 않는 X의 닫힌집합을 A라 하자. 임의의 $q \in A$에 대하여, X가 하우스도르프 공간이므로 $p \in U_q$, $q \in V_q$이고 서로소인 X의 두 열린집합 U_q, V_q가 존재한다. X가 콤팩트이고 A가 X의 닫힌집합이므로 A는 콤팩트이다. $\{V_q\}_{q \in A}$는 A의 X에서의 열린덮개이고 A가 콤팩트집합이므로 $A \subset \bigcup_{i=1}^n V_{q_i}$인 유한 개의 점 $q_1, q_2, \ldots, q_n \in A$가 존재한다. 이때, $U = \bigcap_{i=1}^n U_{q_i}$, $V = \bigcup_{i=1}^n V_{q_i}$라 두면, U, V는 서로소인 X의 열린집합이며, $p \in U$, $A \subset V$이다. 따라서 X는 정칙공간이다. □

8.2.4 정규공간 (T_4-공간)

정의 8.33. T_1-공간 X의 임의의 서로소인 X의 닫힌집합 A, B에 대하여, $A \subset U$와 $B \subset V$인 X의 열린집합 U, V가 존재하면 X를 **정규공간(normal space)** 또는 **T_4-공간**이라 한다.

참고 8.34 T_1-공간 X의 임의의 한 점 집합이 X의 닫힌집합이므로 위 정의에서 A를 한 점 집합으로 잡으면 정규공간은 정칙공간임을 알 수 있다.

정리 8.35

위상공간 X에 대하여 다음이 성립한다.

(1) X가 정규공간인 것과 임의의 X의 닫힌집합 A와 $A \subset U$인 X의 열린집합 U에 대하여 $A \subset V \subset \overline{V} \subset U$인 X의 열린집합 V가 존재하는 것은 동치이다.

(2) X가 정규공간인 것과 서로소인 X의 닫힌집합 A, B에 대하여 $A \subset U$, $B \subset V$이고 $\overline{U} \cap \overline{V} = \varnothing$인 X의 열린집합 U, V가 존재하는 것은 동치이다.

정규공간의 중요한 동치 명제 두 가지를 소개하자. 다음정리의 (1) ⇒ (2)를 **우리손의 보조정리(Urysohn's Lemma)**라 하고 (1) ⇒ (3)을 **티이체 확장정리(Tietze extension Theorem)**라 한다.

정리 8.36: 우리손의 보조정리 (Urysohn's lemma), 티이체 확장정리 (Tietze extension theorem)

위상공간 X에 대하여 다음은 모두 동치이다.

(1) X가 정규공간이다.

(2) X의 서로소이고 공집합이 아닌 두 닫힌집합 A, B에 대하여, $f(A) = \{0\}$, $f(B) = \{1\}$인 연속함수 $f\colon X \to [0,1]$가 존재한다.

(3) X의 임의의 공집합이 아닌 닫힌집합 A와 연속함수 $f\colon A \to \mathbb{R}$에 대하여 $a \in A$, $F(a) = f(a)$가 성립하는 연속함수 $F\colon X \to \mathbb{R}$이 존재한다.

우리손의 보조정리로부터 정규공간보다 조금 약한 분리공리를 자연스럽게 정의할 수 있다.

정의 8.37. 실수 전체의 집합 $\mathbb{R}$에 보통위상이 주어져 있다고 하자. 위상공간

X의 임의의 한 점 p와 p를 만나지 않는 X의 닫힌집합 A에 대하여 $f(p) = 0$, $f(A) = \{1\}$인 연속함수 $f\colon X \to \mathbb{R}$가 존재할 때 X를 **완전정칙공간(complete regular space)** 혹은 이라고 한다.

참고 8.38 완전정칙공간은 정칙공간이지만 일반적으로 정칙공간은 완전정칙공간이 아닐 수 있다.

분리공리들이 위상적 성질임을 보이자.

정리 8.39

분리공리들 $T_0, T_1, T_2, T_3, T_{3\frac{1}{2}}, T_4$ 공리들은 위상적 성질이다.

|증명| T_4공리가 위상적성질임을 증명하자. 위상공간 X에서 Y로의 위상동형함수 $f\colon X \to Y$가 주어져 있고 X는 정규공간이라 가정하자. 임의의 서로소인 Y의 닫힌집합 A, B에 대해, f는 단사인 연속함수이므로 $f^{-1}(A)$, $f^{-1}(B)$는 서로소인 X의 닫힌집합이다. X가 정규공간이므로 $f^{-1}(A) \subset U$, $f^{-1}(B) \subset V$이고 서로소인 X의 열린집합 U, V가 존재한다. f가 전사인 열린함수이므로

$$A = f(f^{-1}(A)) \subset f(U), \quad B = f(f^{-1}(B)) \subset f(V)$$

이고 $f(U), f(V)$는 서로소인 Y의 열린집합이다. 따라서 Y는 정규공간이다. □

다음은 정규공간의 중요한 예들이다.

정리 8.40

(1) 모든 거리공간 (X, d)는 정규공간이다.
(2) 콤팩트인 하우스도르프 공간 X는 정규공간이다.
(3) 린델뢰프인 정칙공간 X는 정규공간이다.
(4) 제2가산인 정칙공간 X는 정규공간이다.

|증명| (1) 거리공간 (X, d)의 임의의 서로소인 두 닫힌집합을 A, B라 하자. 함수 $f_A, f_B\colon X \to \mathbb{R}$을 각각

$$f_A(x) = \inf_{a\in A} d(x, a), \quad f_B(x) = \inf_{b\in B} d(x, b)$$

로 정의하면, f_A와 f_B는 연속함수이고 $f_A - f_B\colon X \to \mathbb{R}$도 연속함수이다. 따라서 X의 부분집합들 $O_A = \{x \in X \mid f_A(x) < f_B(x)\}$

와 $O_B = \{x \in X \mid f_B(x) < f_A(x)\}$는 서로소인 X의 열린집합이고 $A \subset O_A$와 $B \subset O_B$을 만족한다. (실제로 $O_A = (f_A - f_B)^{-1}((0, \infty))$, $O_B = (f_A - f_B)^{-1}((-\infty, 0))$이다.) 따라서 (X, d)는 정규공간이다.

(2) 앞에서 콤팩트인 하우스도르프 공간 X는 정칙공간임을 증명하였다. 임의의 서로소인 X의 두 닫힌집합을 A, B라 하자. 각 점 $a \in A$와 닫힌 집합 B에 대하여 $a \in U_a, B \subset V_a$인 서로소인 X의 열린집합 U_a, V_a가 존재한다. 이때, $A \subset \bigcup_{a \in A} U_a$이므로 $\{U_a\}_{a \in A}$는 A의 X에서의 열린덮개이다. X가 콤팩트이므로 X의 닫힌집합 A는 콤팩트이다. 따라서 유한 개의 $a_1, a_2, \ldots, a_n \in A$이 존재하여 $U = \bigcup_{k=1}^{n} U_{a_i}, V = \bigcap_{k=1}^{n} V_{a_i}$라 하면,

$$A \subset U, \quad B \subset V, \quad A \cap B \subset \bigcup_{k=1}^{n}(U_{a_i} \cap V_{a_i}) = \varnothing$$

이다. 따라서 위상공간 $(X, \mathscr{T})$는 정규공간이다.

(3) 린델뢰프인 정칙공간 X의 서로소인 두 닫힌집합을 A, B라 하자. X가 정칙공간이므로 모든 $a \in A$와 점 a와 만나지 않는 X의 닫힌집합 B에 대하여 $a \in U_a, B \subset V_a$이고 서로소인 X의 열린집합 U_a, V_a가 존재한다. $A \subset \bigcup_{a \in A} U_a$이므로 $\{U_a\}_{a \in A}$는 A의 X에서의 열린덮개이다. X가 린델뢰프이고 A는 X의 닫힌집합이므로 정리 8.14(4)에 의해 A도 린델뢰프이다. 따라서 A의 가산개의 점 $\{a_n \mid n \in \mathbb{N}\}$이 존재하여

$$A \subset \bigcup_{n=1}^{\infty} U_{a_n}, \quad B \subset \bigcap_{n=1}^{\infty} V_{a_n}, \quad U_{a_n} \cap V_{a_n} = \varnothing$$

을 만족한다. 같은 방법으로 모든 $b \in B$와 X의 닫힌집합 A에 대하여 $A \subset U_b$, $b \in V_b$인 서로소인 X의 열린집합 U_b, V_b가 존재한다. $B \subset \bigcup_{b \in B} V_b$이므로 $\{V_b\}_{b \in B}$는 B의 X에서의 열린덮개이다. X가 린델뢰프이고 B는 X의 닫힌집합이므로 정리 8.14(4)에 의해 B도 린델뢰프이다. 따라서 B의 가산개의 점 $\{b_n \mid n \in \mathbb{N}\}$이 존재하여

$$A \subset \bigcap_{n=1}^{\infty} U_{b_n}, \quad B \subset \bigcup_{n=1}^{\infty} V_{b_n}, \quad U_{b_n} \cap V_{b_n} = \varnothing$$

이다. 이제 X의 두 열린집합 U, V를

$$U = \bigcup_{n=1}^{\infty}(U_{a_n} \cap U_{b_1} \cap \cdots \cap U_{b_n}), \quad V = \bigcup_{n=1}^{\infty}(V_{a_n} \cap V_{b_1} \cap \cdots \cap V_{b_n})$$

로 정의하면, $A \subset U, B \subset V$이고 U, V는 서로소이다. 따라서 위상공간 X는 정규공간이다.

(4) 제2가산인 정칙공간 X의 가산기저를 $\{O_n\}_{n=1}^{\infty}$라 하고 A, B가 서로소인 X의 닫힌집합이라 하자. X가 정칙이므로 모든 $a \in A$에 대해,

$$a \in W_a \subset \overline{W_a} \subset B^c$$

인 X의 열린집합 W_a가 존재한다. $\{O_n\}_{n=1}^{\infty}$가 X의 기저이므로 $a \in O_{n_a} \subset W_a$인 자연수 n이 존재하고

$$\overline{O_{n_a}} \subset \overline{W_a} \subset B^c$$

이므로 $\overline{O_{n_a}} \cap B = \varnothing$이다. $\{O_{n_a}\}_{a \in A}$는 가산집합 $\{O_n\}_{n=1}^{\infty}$의 부분집합이므로 $\{O_{n_a} \mid a \in A\} = \{O_{i_k}\}_{k=1}^{\infty}$인 자연수로 이루어진 증가수열 $\{i_k\}_{k=1}^{\infty}$가 존재한다. 위 조건들에 의해

$$A \subset \bigcup_{k=1}^{\infty} O_{i_k}, \quad \overline{O_{i_k}} \cap B = \varnothing$$

이다. A와 B의 역할을 바꾸어서 적용하면, 자연수로 이루어진 증가수열 $\{j_k\}_{k=1}^{\infty}$가 존재하여

$$B \subset \bigcup_{k=1}^{\infty} O_{j_k}, \quad \overline{O_{j_k}} \cap A = \varnothing$$

이다. 모든 자연수 n에 대해,

$$U_n = O_{i_n} \setminus \bigcup_{k=1}^{n} \overline{O_{j_k}}, \quad V_n = O_{j_n} \setminus \bigcup_{k=1}^{n} \overline{O_{i_k}}$$

라 하고 $U = \bigcup_{n=1}^{\infty} U_n$, $V = \bigcup_{n=1}^{\infty} V_n$이라 하면 U, V 모두 X의 열린집합이고 $A \subset U, B \subset V$이고 U, V는 서로소이다. 따라서 X는 정규공간이다.

□

정규성과 가산성을 결합할 때, 다음 정리를 얻는다.

정리 8.41

분리가능인 정규공간의 모든 비가산 부분집합은 극한점을 갖는다.

| 증명 | X가 분리가능인 정규공간이고 X의 비가산 부분집합 L이 극한점을 가지지 않는다고 가정하자. 모든 L의 점은 고립점이므로 X의 위상에서 유도된 L의 부분위상은 이산위상이다. L이 극한점을 가지지 않으므로 L은 X의 닫힌집합이다. L의 임의의 부분집합 M에 대하여, L이 이산공간이므로

$M, L \setminus M$은 서로소인 L의 닫힌집합이고 L은 X의 닫힌집합이므로 M과 $L \setminus M$ 모두 X의 닫힌집합이다. X는 정규이므로

$$M \subset U_M, \quad L \setminus M \subset V_M$$

인 서로소인 X의 열린집합 U_M, V_M이 존재한다.

X는 분리가능이므로 $\overline{A} = X$인 가산 부분집합 A을 잡을 수 있고 멱집합들 사이의 함수 $f\colon \mathscr{P}(L) \to \mathscr{P}(A)$를

$$f(A) = \begin{cases} \varnothing & M = \varnothing \\ U_M \cap A & M \neq \varnothing, M \neq L \\ A & M = L \end{cases}$$

로 정의할 수 있다. L의 서로 다른 두 진부분집합 M_1, M_2에 대하여,

$$m \in (M_1 \setminus M_2) \cup (M_2 \setminus M_1)$$

인 m이 존재한다. 일반성을 잃지 않고 $m \in M_1 \setminus M_2$라 가정하자. 이제 $m \in M_1 \subset U_{M_1}$이며

$$m \in M_1 \setminus M_2 \subset L \setminus M_2 \subset V_{M_2}$$

이므로 $m \in U_{M_1} \cap V_{M_2} \cap (X \setminus M_2)$이고 $U_{M_1} \cap V_{M_2} \cap (X \setminus M_2)$는 X의 열린집합이다. (위에서 논의한 것 처럼 L의 부분집합인 M_2는 X의 닫힌집합이다.) A는 X의 조밀한 집합이므로

$$x \in A \cap U_{M_1} \cap V_{M_2} \cap (X \setminus M_2)$$

인 점 x가 존재한다. $x \in A \cap U_{M_1}$이지만 $x \notin A \cap U_{M_2}$이다. 따라서 $A \cap U_{M_1} \neq A \cap U_{M_2}$이며 $f(M_1) \neq f(M_2)$이고 $f\colon \mathscr{P}(L) \to \mathscr{P}(A)$는 단사이다. 이는 L은 비가산집합, A는 가산집합임에 모순이다. 따라서 분리가능인 정규공간의 모든 비가산 부분집합은 극한점을 갖는다. □

8.2.5 분리공리의 일반적인 성질

분리공리들의 함수에 관한 성질들을 정리하면 다음과 같다.

정리 8.42

위상공간 X, Y 사이에 함수 $f: X \to Y$ 에 대해서 다음이 성립한다.

(1) f 가 단사인 연속함수이고 Y 가 T_1-공간이면 X 도 T_1-공간이다.

(2) f 가 단사인 연속함수이고 Y 가 하우스도르프 공간이면 X 도 하우스도르프 공간이다.

(3) f 가 전사인 닫힌함수이며 모든 $y \in Y$ 에 대해, $f^{-1}(y)$ 가 콤팩트일 때, X 가 하우스도르프 공간이면 Y 도 하우스도르프 공간이다.

(4) f 가 전사이고 연속인 닫힌함수이며, X 가 정규공간이면 Y 도 정규공간이다.

|증명| (1) X 의 임의의 서로 다른 두 점을 x, y 라 하자. 함수 f 가 단사이므로 $f(x) \neq f(y)$ 이다. Y 는 T_1-공간이므로

$$f(x) \in U', \quad f(y) \in V', \quad f(x) \notin V', \quad f(y) \notin U'$$

인 Y 의 열린집합 U', V' 가 존재한다. f 는 연속이므로 $U = f^{-1}(U')$, $V = f^{-1}(V')$ 는 X 의 열린집합이고 $x \in U, y \in V$ 이다. 그리고 f 는 단사이므로 $x \notin V, y \notin U$ 이다. 따라서 X 는 T_1-공간이다.

(2) X 의 임의의 서로 다른 두 점을 x, y 라 하자. f 는 단사이므로 $f(x) \neq f(y)$ 이다. Y 는 하우스도르프 공간이므로 $f(x) \in U'$, $f(y) \in V'$ 이고 서로소인 Y 의 열린집합 U', V' 가 존재한다. 이때, $U = f^{-1}(U')$, $V = f^{-1}(V')$ 이라 정의하면, U, V 는 서로소인 X 의 열린집합이고 $x \in U, y \in V$ 이다. 따라서 X 는 하우스도르프 공간이다.

(3) Y 의 임의의 서로 다른 두 점을 x, y 라 하자. f 는 전사이고 조건에 의해 $f^{-1}(x), f^{-1}(y)$ 는 공집합이 아닌 서로소인 하우스도르프 공간 X 의 콤팩트집합이다. 따라서

$$f^{-1}(p) \subset U', \quad f^{-1}(q) \subset V'$$

이고 서로소인 X 의 열린집합 U', V' 가 존재한다. 여기서 $U = Y \setminus f(X \setminus U'), V = Y \setminus f(X \setminus V')$ 라 놓으면 $X \setminus U, X \setminus V$ 는 X 의 닫힌집합이며 f 는 닫힌함수이므로 U, V 는 Y 의 열린집합이다. $f^{-1}(p) \subset U'$ 이므로 $p \in Y \setminus f(X \setminus f^{-1}(p)) \subset U$ 이고 비슷한 논리에 의해 $q \in V$ 이다. 또한

$$U \cap V = Y \setminus f(X \setminus (U' \cap V')) = Y \setminus f(X) = Y \setminus Y = \varnothing$$

이므로 U, V 는 서로소이다. 따라서 Y 는 하우스도르프 공간이다.

(4) 서로소인 Y의 닫힌집합 A, B에 대해, f는 연속이므로 $f^{-1}(A), f^{-1}(B)$는 서로소인 X의 닫힌집합 이다. X는 정규공간이므로

$$f^{-1}(A) \subset U', \quad f^{-1}(B) \subset V'$$

이고 서로소인 X의 열린집합 U', V'이 존재한다. f는 닫힌함수이므로 X의 열린집합 U, V를

$$U = Y \setminus f(X \setminus U'), \quad V = Y \setminus f(X \setminus V')$$

으로 정의할 수 있다. f가 전사이므로

$$U \cap V = Y \setminus f(X \setminus (U' \cap V')) = Y \setminus f(X) = \varnothing$$

이다. $f^{-1}(A) \subset U', f^{-1}(B) \subset U'$이고 f가 전사이므로

$$A \subset Y \setminus f(X \setminus U') = U, \quad B \subset Y \setminus f(X \setminus V') = V$$

이다. 따라서 Y는 정규이다.

□

정의에 의해, 분리공리들 사이의 다음 관계를 알 수 있다.

정리 8.43

(1) 거리공간은 T_4이다.
(2) T_4-공간은 T_3이다.
(3) T_3-공간은 T_2이다.
(4) T_2-공간은 T_1이다.
(5) T_1-공간은 T_0이다.

분리공리의 유전적 성질에 관하여 다음 정리가 성립한다.

정리 8.44

(1) 정칙공간의 부분공간은 정칙이다.
(2) 정규공간의 닫힌 부분공간은 정규이다.

참고 8.45 정규공간의 부분공간이 정규일 필요는 없다.

| 증명 | (1) 정칙공간 X의 공집합이 아닌 부분공간 Y를 고정하자. Y의 닫힌부분집합 $B = Y \cap A$와 B와 만나지 않는 점 $y \in Y \setminus B$를 잡자. 여기서 A는 X의 닫힌집합이다. $y \in Y$이므로 $y \notin A$이다. X는 정칙공간이므로

$$y \in U', \quad A \subset V'$$

인 X의 열린집합 U', V'이 존재한다. Y의 두 열린집합 U, V를

$$U = U' \cap Y, \quad V = V' \cap Y$$

로 정의하면, $U \cap V \subset U' \cap V' = \varnothing$이므로 U, V는 서로소이고 $y \in U$, $A \subset V$이다. 따라서 Y는 정칙이다.

(2) X가 정규공간이고 공집합이 아닌 X의 닫힌집합 Y를 고정하자. Y의 서로소인 두 닫힌집합 A, B에 대해, Y는 X의 닫힌집합이므로 A, B는 X의 닫힌집합이다. X는 정규이므로

$$A \subset U', \quad B \subset V'$$

이고 서로소인 X의 열린집합 U', V'이 존재한다. Y의 열린집합 U, V를 $U = U' \cap Y, V = V' \cap Y$로 정의하면, $A \subset U, B \subset V$이고 U, V는 서로소이다. 따라서 Y는 정규이다.

□

곱공간의 분리공리에 관한 성질을 정리하면 다음과 같다.

정리 8.46: 곱불변성

(1) T_1-공간, T_2-공간, T_3-공간, 완전정칙공간들의 곱공간은 각각 T_1-공간, T_2-공간, T_3-공간, 완전정칙공간이다.

(2) 두 정규공간의 곱공간은 일반적으로 정규가 아니다.

| 증명 | (1) (1)의 명제 중에서 하우스도르프 공간 (T_2-공간)에 관한 명제를 증명하자. 하우스도르프 공간들의 집합족을 $\{X_i\}_{i\in I}$이라 하자. 곱공간 $\prod_{i\in I} X_i$의 서로 다른 두 점을 x, y라 하자. x, y가 다르므로 어떤 $i \in I$가 존재하여 사영함수 $\pi_i\colon \prod_{i\in I} X_i \to X_i$에 대하여 $\pi_i(x) \neq \pi_i(y)$이다. X_i는 하우스도르프 공간이므로

$$\pi_i(x) \in U', \quad \pi_i(y) \in V'$$

이고 서로소인 X_i의 열린집합 U', V'이 존재한다. $\prod_{i\in I} X_i$의 두 열린 집합 U, V를

$$U = \pi_i^{-1}(U'), \quad V = \pi_i^{-1}(V')$$

로 정의하면, $x \in U$이고 $y \in V$이고 U, V는 서로소이다. 따라서 곱공간 $\prod_{i\in I} X_i$는 하우스도르프 공간이다.

(2) 실수 전체의 집합 $\mathbb{R}$에 하극한위상 $\mathscr{T}_l$이 주어진 하극한공간 $(\mathbb{R}, \mathscr{T}_l)$은 정규임을 보이자. $(\mathbb{R}, \mathscr{T}_l)$의 서로소인 두 닫힌집합 A, B를 고정하자. 모든 $a \in A$에 대하여 $a \in \mathbb{R} \setminus B$이고 $\mathbb{R} \setminus B$는 $(\mathbb{R}, \mathscr{T}_l)$의 열린집합이므로 $a \in [a, r_a) \subset \mathbb{R} \setminus B$인 실수 r_a가 존재한다. 모든 $b \in B$에 대하여 $b \in \mathbb{R} \setminus A$이며 $\mathbb{R} \setminus A$는 $(\mathbb{R}, \mathscr{T}_l)$의 열린집합이므로 $b \in [b, s_b) \subset \mathbb{R} \setminus A$인 실수 s_b가 존재한다. $(\mathbb{R}, \mathscr{T}_l)$의 두 열린집합 U, V를

$$U = \bigcup_{a\in A}[a, r_a), \quad V = \bigcup_{b\in B}[b, s_b)$$

로 정의하면, $A \subset U$, $B \subset V$이다. 만약 $x \in U \cap V$인 x가 있으면 $x \in [a, r_a) \cap [b, s_b)$인 $a \in A$, $b \in B$가 존재한다. 만약 $a \le b$이면, $a \le b \le x$이므로 $b \in [a, r_a) \subset \mathbb{R} \setminus B$이므로 모순이다. 만약 $a > b$이면, $b < a \le x$이므로 $a \in [b, s_b) \subset \mathbb{R} \setminus A$이므로 모순이다. 따라서 U, V는 서로소이고 $(\mathbb{R}, \mathscr{T}_l)$은 정규이다. 반면 곱공간 $(\mathbb{R}, \mathscr{T}_l) \times (\mathbb{R}, \mathscr{T}_l)$은 예제 8.49(3)에 의해 정규가 아니다.

□

예제 8.47 집합 $X = \{a, b\}$ 위의 위상이 $\mathscr{T} = \{\varnothing, \{a\}, X\}$로 주어져 있다. 이 위상공간 $(X, \mathscr{T})$가 몇 가지 분리공리를 만족하는가?

| 증명 | T_0만 만족한다. □

예제 8.48 자연수 전체의 집합 $\mathbb{N}$에 여유한위상 $\mathscr{T}_f$를 준 위상공간 $(\mathbb{N}, \mathscr{T}_f$가 몇 가지의 분리공리를 만족하는가?

| 증명 | T_0와 T_1만을 만족한다. □

예제 8.49 실수 전체의 집합 $\mathbb{R}$의 하극한위상을 $\mathscr{T}_l$이라 하자. $\mathbb{R}^2$에 곱위상 $\mathscr{T}_l \times \mathscr{T}_l$이 주어져 있을 때, 다음 명제를 증명하시오.
(1) $(\mathbb{R}^2, \mathscr{T}_l \times \mathscr{T}_l)$의 부분공간 $L = \{(x,y) \in \mathbb{R}^2 \mid x+y=0\}$은 이산공간이다.
(2) $(\mathbb{R}^2, \mathscr{T}_l \times \mathscr{T}_l)$의 부분공간 $D = \mathbb{Q} \times \mathbb{Q}$는 $(\mathbb{R}^2, \mathscr{T}_l \times \mathscr{T}_l)$에서 조밀하다.
(3) $(\mathbb{R}^2, \mathscr{T}_l \times \mathscr{T}_l)$은 정규공간이 아니다.

|증명| (1) 모든 $x \in \mathbb{R}$에 대해 곱공간 $(\mathbb{R}^2, \mathscr{T}_l \times \mathscr{T}_l)$의 열린집합 $O_x = [x, x+1) \times [-x, -x+1)$를 생각하면, 정의에 의해 $L \cap O_x = \{(x,-x)\}$이므로 한 점 집합 $\{(x,-x)\}$는 L의 열린집합이다. 따라서 L에 주어진 부분위상은 이산위상이다.

(2) 하극한공간 $(\mathbb{R}, \mathscr{T}_l)$의 임의의 기저 열린집합 $[a,b)$은 $[a,b) \cap \mathbb{Q} \neq \varnothing$을 만족하므로 $\overline{\mathbb{Q}} = \mathbb{R}$이다. 따라서

$$\overline{D} = \overline{\mathbb{Q}} \times \overline{\mathbb{Q}} = \mathbb{R}^2$$

이므로 D는 $(\mathbb{R}^2, \mathscr{T}_l \times \mathscr{T}_l)$의 조밀한 집합이다.

(3) $(\mathbb{R}^2, \mathscr{T}_l \times \mathscr{T}_l)$이 정규공간이라 가정하자. L의 임의의 부분집합 A에 대하여, L이 이산공간이며 $(\mathbb{R}^2, \mathscr{T}_l \times \mathscr{T}_l)$의 닫힌집합이므로, A와 $L \setminus A$는 $(\mathbb{R}^2, \mathscr{T}_l \times \mathscr{T}_l)$의 닫힌집합이다. 가정에 의해

$$A \subset U_A, L \setminus A \subset V_A,$$

인 $(\mathbb{R}^2, \mathscr{T}_l \times \mathscr{T}_l)$의 열린집합 U_A, V_A가 존재한다. 함수 $f\colon \mathscr{P}(L) \to \mathscr{P}(D)$를 $f(\varnothing) = \varnothing$, $f(L) = D$, L의 진부분집합 A에 대해 $f(A) = D \cap U_A$로 정의하자. L의 서로 다른 부분집합을 A, B라 하고 일반성을 잃지 않고 $A \setminus B$가 공집합이 아니라 하자. L이 이산공간이며 $(\mathbb{R}^2, \mathscr{T}_l \times \mathscr{T}_l)$의 닫힌집합이므로, A, B는 $(\mathbb{R}^2, \mathscr{T}_l \times \mathscr{T}_l)$의 닫힌집합이다. 한 원소 $a \in A \setminus B$를 잡고 $a \in O \subset B^c$인 $(\mathbb{R}^2, \mathscr{T}_l \times \mathscr{T}_l)$의 열린집합 O를 잡자. 점 $a \in A \subset U_A$이며

$$a \in A \setminus B \subset L \setminus B \subset V_B$$

이므로 $a \in U_A \cap V_B \cap O$이다. D는 $(\mathbb{R}^2, \mathscr{T}_l \times \mathscr{T}_l)$의 조밀한 집합이므로

$$p \in D \cap U_A \cap V_B \cap O$$

인 점 p가 존재한다. 정의에 의해 $p \in D \cap U_A$, $p \notin D \cap U_B$이므로 $D \cap U_A \neq D \cap U_B$이고 따라서 $f(A) \neq f(B)$이다. 즉 함수 $f\colon \mathscr{P}(L) \to$

$\mathscr{P}(D)$는 단사이고 L은 비가산집합이므로 이는 D가 가산집합임에 모순이다. 그러므로 $(\mathbb{R}^2, \mathscr{T}_l \times \mathscr{T}_l)$는 정규공간이 아니다.

□

8.3 우리손의 보조정리와 티체 확장정리

8.3.1 우리손의 보조정리

기초정리 8.50

X가 T_1-공간일 때, 다음 명제가 성립한다.

(1) X가 정칙공간인 것과 임의의 점 x와 x의 임의의 열린근방 U에 대해 $\overline{V} \subset U$를 만족하는 x의 열린근방 V가 존재하는 것은 동치이다.

(2) X가 정규공간인 것과 임의의 X의 닫힌집합 A와 $A \subset U$를 만족하는 X의 열린집합 U에 대하여 $A \subset V \subset \overline{V} \subset U$를 만족하는 X의 열린집합 V가 존재하는 것은 동치이다.

이 기초정리는 정의에 의해 거의 자명하므로 증명을 생략한다. 이를 가정하고 다음 우리손의 보조정리를 증명하자.

정리 8.51: 우리손의 보조정리 (Urysohn's lemma)

X가 정규공간이고 A, B가 서로소인 X의 닫힌집합이면, 모든 $a \in A, b \in B$에 대해, $f(a) = 0, f(b) = 1$을 만족하는 연속함수 $f: X \to [0,1]$가 존재한다.

|증명| 다음과 같이 3단계로 나누어 증명하자.

(1단계) $\mathcal{D} = \{\frac{m}{2^n} \in \mathbb{Q} \mid n \in \mathbb{N}, m = 0, 1, \ldots, 2^n\}$가 $[0,1]$의 조밀한 부분집합임을 관찰하자. 임의의 $x \in [0,1]$과 양수 $\varepsilon > 0$이 주어져 있을 때, $(x - \varepsilon, x + \varepsilon)$ 안에 들어있는 $\mathcal{D}$의 원소를 찾으면 충분하다. 아르키메데스의 정리에 의해 $\frac{1}{2^n} < \varepsilon$을 만족하는 자연수 n을 잡고 $2^n \cdot x$을 넘지 않는 가장 큰 정수를 m으로 잡자. $x \in [0,1]$이므로 $0 \le 2^n \cdot x \le 2^n$이므로 $m \in \{0, 1, \ldots, 2^n\}$이고 $\frac{m}{2^n} \in \mathcal{D}$이다. 또한

$$m \le 2^n \cdot x < m + 1$$

이므로

$$\frac{m}{2^n} \in (x - \frac{1}{2^n}, x] \subset (x - \varepsilon, x + \varepsilon)$$

이다. 따라서 $\mathcal{D}$는 $[0,1]$의 조밀한 부분집합이다.

(2단계) 첨자집합이 $\mathcal{D}$인 어떤 X의 열린집합족 $\mathscr{O} = \{O_r\}_{r\in\mathcal{D}}$가 $A \subset O_0$이며 $B = O_1^c$이며 임의의 $r,\ s \in \mathcal{D}$에 대해 $r < s$이면 $\overline{O_r} \subset O_s$를 만족함을 보이자. 모든 자연수 n에 대해,

$$\mathcal{D}_n = \begin{cases} \{0,1\} & n=1 \\ \{\frac{m}{2^{n-1}} \in \mathbb{Q} \mid m = 1,3,5,\ldots,2^{n-1}-1\} & n \geq 2 \end{cases}$$

로 정의하면, $\mathcal{D} = \bigcup_{n=1}^{\infty} \mathcal{D}_n$이고 각 $\mathcal{D}_n$들은 서로소이다.

- $n=1$인 경우, $\mathcal{D}_1 = \{0,1\}$이다. $O_1 = B^c$로 정의하자. A와 B가 서로소인 X의 닫힌집합이므로 O_1은 A를 포함하는 X의 열린집합이고 X가 정규공간이므로 기초정리 8.50에 의하여

$$A \subset O_0 \subset \overline{O_0} \subset O_1$$

  을 만족하는 X의 열린집합 O_0이 존재한다.
- $n=2$인 경우, $\mathcal{D}_2 = \{\frac{1}{2}\}$이다. $\overline{O_0}$와 $B = O_1^c$가 정규공간 X의 서로소인 닫힌집합이므로

$$\overline{O_0} \subset O_{1/2} \subset \overline{O_{1/2}} \subset O_1$$

  을 만족하는 X의 열린집합 $O_{1/2}$이 존재한다.
- $n=3$인 경우, $\mathcal{D}_3 = \{\frac{1}{4}, \frac{3}{4}\}$이다. $\overline{O_0}$와 $O_{1/2}^c$가 정규공간 X의 서로소인 닫힌집합이므로

$$\overline{O_0} \subset O_{1/4} \subset \overline{O_{1/4}} \subset O_{1/2}$$

  을 만족하는 X의 열린집합 $O_{1/4}$이 존재하고 $\overline{O_{1/2}}$와 O_1^c가 정규공간 X의 서로소인 닫힌집합이므로

$$\overline{O_{1/2}} \subset O_{3/4} \subset \overline{O_{3/4}} \subset O_1$$

  을 만족하는 열린집합 $O_{3/4}$이 존재한다.
- 이 과정을 반복하면 $n=k$일 때, $\{O_r\}_{r\in\mathcal{D}_k}$를 정의할 수 있다.

$\mathcal{D} = \bigcup_{n=1}^{\infty} \mathcal{D}_n$이고 각 $\mathcal{D}_n$들은 서로소이므로 위의 귀납적 정의에 의해 $\{O_r\}_{r\in\mathcal{D}}$는 잘 정의되고 $r<s$인 $r,s \in \mathcal{D}$에 대해 $\overline{O_r} \subset O_s$이다.

(3단계) 함수 $f\colon X \to [0,1]$을

$$f(x) = \begin{cases} \inf\{r \in \mathcal{D} \mid x \in O_r\} & x \in O_1 \\ 1 & x \in O_1^c \end{cases}$$

로 정의하자. $\mathcal{D} \subset [0,1]$ 이고 $[0,1]$ 은 닫힌구간이므로 함수 f 는 잘 정의된다. 만약 $a \in A$ 이면, $A \subset O_0$ 이므로 $f(a) = 0$ 이고 만약 $b \in B$ 이면, $B = O_1^c$ 이므로 $f(b) = 1$ 이다. 따라서 함수 f 가 연속임을 보이자. 닫힌구간 $[0,1]$ 의 부분집합족

$$\mathscr{S} = \{[0,a)\}_{a\in(0,1)} \cup \{(b,1]\}_{b\in(0,1)}$$

을 부분기저로 하여 생성된 위상은 $\mathbb{R}$ 의 보통위상에 의해 유도된 $[0,1]$ 의 부분위상과 같다. 따라서 f 가 연속함수 임을 보이기 위해 모든 a, $b \in (0,1)$ 에 대해, $f^{-1}([0,a))$ 과 $f^{-1}((b,1])$ 이 X 의 열린집합임을 보이면 충분하다.

$\mathcal{D}_{<a} = \{r \in \mathcal{D} \mid r < a\}$ 라 정의하면, $f^{-1}([0,a)) = \bigcup_{r\in\mathcal{D}_{<a}} O_r$ 임을 다음과 같이 관찰하자. 만약 $x \in O_r$ 이면 함수 f 의 정의에 의해 $f(x) \le r$ 이고 따라서 $\bigcup_{r\in\mathcal{D}_{<a}} O_r \subset f^{-1}([0,a))$ 이다. 만약 $f(x) < a$ 이면, $\mathcal{D}$ 는 $[0,1]$ 에서 조밀하므로 $f(x) < r < a$ 를 만족하는 $r \in \mathcal{D}$ 가 존재하고 함수 f 의 정의에 의해, $x \in O_r$ 이다. 따라서 $f^{-1}([0,a)) \subset \bigcup_{r\in\mathcal{D}_{<a}} O_r$ 이다. 따라서 $f^{-1}([0,a))$ 는 X 의 열린집합들인 O_r 의 합집합이므로 X 의 열린집합이다.

비슷한 방법으로 $\mathcal{D}_{>b} = \{r \in \mathcal{D} \mid r < b\}$ 를 정의하면, $f^{-1}((b,1]) = \bigcup_{r\in\mathcal{D}_{>b}} (\overline{O_r})^c$ 이고 $f^{-1}((b,1])$ 은 X 의 열린집합이다. 따라서 함수 f 는 연속함수이다.

□

우리손의 보조정리를 이용하여 우리손의 매장정리와 거리화정리를 증명할 수 있다. 이를 위해 예제 2.24에서 언급한 힐버트 공간의 부분공간인 힐버트 큐브에 대하여 잠시 살펴보자.

정의 8.52. 힐버트 공간 $\mathcal{H}$ 의 부분공간 $I^\omega = \{\{x_n\}_{n=1}^\infty \in \mathcal{H} \mid |x_n| \le \frac{1}{n}\}$ 을 **힐버트 큐브(Hilbert cube)**라 한다.

참고 8.53 함수 $h\colon I^\omega \to \prod_{n=1}^\infty [0,1]$ 를 $h(\{a_n\}_{n=1}^\infty) = \{na_n\}_{n=1}^\infty$ 로 정의하면, h 는 위상동형함수이다. 힐버트 공간 $\mathcal{H}$ 가 거리공간이므로 부분공간 I^ω 도 거리공간이다. 또한 $\prod_{n=1}^\infty [0,1]$ 는 분리가능, 제2가산이고 콤팩트공간이므로 이와 위상동형인 I^ω 역시 분리가능, 제2가산인 콤팩트공간이다.

정의 8.54. 두 위상공간 사이의 연속함수 $f\colon X \to Y$의 공역을 제한시켜 얻어진 전사함수 $f|\colon X \to f(X)$가 위상동형함수이면 f를 **매장함수(embedding function)**라 한다.

참고 8.55 매장함수 $f\colon X \to Y$가 존재하면, X와 $f(X)$는 위상동형이다.

정리 8.56: 우리손의 매장정리 (Urysohn's embedding theorem)

제2가산인 정규공간은 힐버트 큐브로 매장된다.

| 증명 | X가 제2가산공간이므로 X의 가산기저 $\mathscr{B} = \{B_n\}_{n=1}^{\infty}$이 존재한다. X가 정규공간이므로 임의의 $x \in B_n$에 대해

$$x \in B_m \subset \overline{B_m} \subset B_n$$

을 만족하는 $B_m \in \mathscr{B}$가 존재한다. 따라서 가산집합

$$I = \{(m,n) \in \mathbb{N} \times \mathbb{N} \mid \overline{B_m} \subset B_n\}$$

을 생각하고 $I = \{i_k\}_{k=1}^{\infty}$로 놓자. 모든 자연수 k에 대해, $i_k = (m_k, n_k)$일 때, $\overline{B_{m_k}}$와 $B_{n_k}^c$는 서로소인 X의 닫힌집합이므로 우리손의 보조정리로부터

$$f_k\colon X \to [0, \tfrac{1}{k}], \quad f_k(\overline{B_{m_k}}) = \tfrac{1}{k}, \quad f_k(B_{n_k}^c) = 0$$

인 연속함수 f_k가 존재한다. 이를 이용하여 함수 $f\colon X \to I^{\omega}$를 $f(x) = \{f_k(x)\}_{k=1}^{\infty}$로 정의하고 f가 매장함수임을 보이자.

(1) 함수 f가 단사임을 보이자. 서로 다른 두 점 $x, y \in X$에 대해, X는 정규공간이므로 $x \in B_{m_k} \subset \overline{B_{m_k}} \subset B_{n_k}$이고 $y \notin B_{n_k}$인 자연수 k가 존재한다. 따라서 $f_k(x) = \frac{1}{k}$, $f_k(y) = 0$이므로 $f(x) \neq f(y)$이다.

(2) 모든 성분함수 f_k가 연속이므로 f는 연속이다.

(3) 함수 $f\colon X \to I^{\omega}$의 공역을 제한한 함수 $f|\colon X \to f(X)$가 열린함수임을 보이자. 즉 임의의 X의 열린집합 U에 대하여 $f(U)$가 $f(X)$의 열린집합임을 보이자. 임의의 $x \in U$에 대하여 $f(U)$에 포함되는 $f(X)$에서의 $f(x)$의 열린근방을 찾으면 충분하다. $x \in U$이므로

$$x \in B_{m_\ell} \subset \overline{B_{m_\ell}} \subset B_{n_\ell} \subset U$$

이고 $i_\ell = (m_\ell, n_\ell) \in I$ 인 자연수 ℓ 이 존재한다. 따라서 $f_\ell(x) > 0$, $f_\ell(X \setminus U) = 0$ 을 만족하는 연속함수 $f_\ell \colon X \to [0, \frac{1}{\ell}]$ 이 존재한다. 힐버트 큐브 I^ω 의 열린집합 $V = \pi_\ell^{-1}((0,\infty))$ 을 잡자. 여기서 $\pi_\ell \colon I^\omega \to \mathbb{R}$ 은 사영함수이다. $f(X)$ 의 열린집합

$$W = V \cap f(X)$$

를 정의하면, $p_\ell(f(x)) = f_\ell(x) > 0$ 이므로 $f(x) \in V$ 이고 따라서 $f(x) \in W$ 이다. 정리하면 $f(U)$ 의 임의의 점 $f(x)$ 가 W 의 원소이므로 $f(U) \subset W$ 이다. 이제 $W \subset f(U)$ 임을 보이자. 임의의 $y \in W = V \cap f(X)$ 에 대하여 $y = f(x)$, $f_\ell(x) = y_\ell > 0$ 을 만족하는 $x \in X$ 가 존재한다. $f_\ell(X \setminus U) = 0$ 이므로 $x \in U$ 이고 따라서 $y = f(x) \in f(U)$ 이다. 따라서 X 의 임의의 열린집합 U 에 대해, $f(U)$ 는 $f(X)$ 의 열린집합이므로 함수 f 의 공역을 제한한 함수 $f| \colon X \to f(X)$ 는 열린함수이다.

따라서 함수 f 의 공역을 제한한 함수 $f| \colon X \to f(X)$ 는 위상동형함수이고 f 는 매장함수이다. □

따름정리 8.57: 우리손의 거리화정리 (Urysohn's metrization theorem)

제2가산인 정규공간은 거리화가능공간이다.

| 증명 | X 가 제2가산인 정규공간이면, 우리손의 매장정리 8.56에 의해, 매장함수 $f \colon X \to I^\omega$ 가 존재하고 X 와 $f(X)$ 는 위상동형이다. 또한 $f(X)$ 는 거리공간인 I^ω 의 부분공간이므로 거리공간이다. 따라서 $f(X)$ 와 위상동형인 X 는 거리함수를 주어 거리공간으로 만들 수 있는 거리화가능공간이다. □

8.3.2 티체 확장 정리

우리손의 보조정리의 다른 응용으로 티체 확장 정리를 증명하기 위해 해석학에서 배운 연속함수열의 균등수렴성의 정의를 상기하자.

정의 8.58. 실수 전체의 집합 $\mathbb{R}$ 에 보통거리가 주어져 있다고 가정하자. 연속함수열 $\{f_n \colon X \to \mathbb{R}\}_{n=1}^{\infty}$ 이 어떤 함수 $f \colon X \to \mathbb{R}$ 에 대해 임의의 양수 $\varepsilon > 0$ 에 대하여 $n \geq N$ 이면 $|f_n(x) - f(x)| < \varepsilon$ 인 x 에 의존하지 않는 자연수 N 이 존재할 때 이 함수열이 함수 $f \colon X \to \mathbb{R}$ 로 **균등수렴(uniformly converge)** 한

다고 부른다.

점별수렴하는 함수열의 점별극한함수는 일반적으로 연속이 아니지만 균등수렴하는 연속함수열은 점별수렴하고 점별극한함수는 연속이다.

기초정리 8.59

균등수렴하는 연속함수열 $\{f_n\colon X \to \mathbb{R}\}_{n=1}^{\infty}$ 는 점별수렴하고 점별극한함수

$$f\colon X \to \mathbb{R}, \quad f(x) = \lim_{n\to\infty} f_n(x)$$

는 연속이다.

정리 8.60: 티체 확장 정리 (Tietze extension theorem)

X가 정규공간이고 A가 X의 닫힌집합이고 $f\colon A \to [-1,1]$ 이 연속함수이면 $F|_A = f$ 인 연속함수 $F\colon X \to [-1,1]$ 이 존재한다.

| 증명 | 정규공간 X의 닫힌집합 A를 고정하자. 임의의 양수 c와 연속함수 $g\colon A \to [-c,c]$ 에 대하여 A의 닫힌집합 A_+, A_- 를

$$A_+ = g^{-1}([\tfrac{c}{3}, c]), \quad A_- = g^{-1}([-c, -\tfrac{c}{3}])$$

로 정의하면, A는 X의 닫힌집합이므로 A_+, A_- 는 X의 닫힌집합이다. 우리손의 보조정리를 A_+, A_- 에 적용하면,

$$G(A_-) = -\tfrac{c}{3}, \quad G(A_+) = \tfrac{c}{3}$$

인 연속함수 $G\colon X \to [-\frac{c}{3}, \frac{c}{3}]$ 가 존재한다. A_- 와 A_+ 의 정의에 의해

$$\|g - G\|_A = \sup_{x\in A}\{|g(x) - G(x)|\} \le \tfrac{2c}{3}$$

이다.

이 과정을 주어진 연속함수 $f\colon A \to [-1,1]$ 와 $c = 1$ 에 대해 적용하면, 연속함수

$$F_1\colon X \to [-\tfrac{1}{3}, \tfrac{1}{3}], \quad \|f - F_1\|_A \le \tfrac{2}{3}$$

을 얻고 연속함수

$$f_1\colon A \to [-\tfrac{2}{3}, \tfrac{2}{3}], \quad f_1(a) = f(a) - F_1(a)$$

을 정의하자.

이 과정을 주어진 연속함수 $f_1\colon A \to [-\frac{2}{3}, \frac{2}{3}]$와 $c = \frac{2}{3}$에 대해 적용하면, 연속함수

$$F_2\colon X \to [-\tfrac{2}{3^2}, \tfrac{2}{3^2}], \quad \|f_1 - F_2\|_A = \|f - (F_1 + F_2)\|_A \leq (\tfrac{2}{3})^2$$

을 얻고 연속함수

$$f_2\colon A \to [-\tfrac{2^2}{3^2}, \tfrac{2^2}{3^2}], \quad f_2(a) = f(a) - F_1(a) - F_2(a)$$

을 정의하자.

이 과정을 반복하면 모든 자연수 n에 대해서 연속함수

$$F_n\colon X \to [-\tfrac{2^{n-1}}{3^n}, \tfrac{2^{n-1}}{3^n}]$$

을 얻고

$$\|f - (F_1 + F_2 + \cdots + F_n)\|_A \leq (\tfrac{2}{3})^n$$

이다. 모든 자연수 n에 대해 함수 $s_n\colon A \to [0, 1]$을

$$s_n(a) = \sum_{k=1}^{n} F_k(a)$$

로 정의하자. 임의의 $m < n$인 자연수 m, n에 대하여

$$\|s_n - s_m\|_X = \|F_{m+1} + F_{m+2} + \cdots + F_n\| \leq \sum_{k=m+1}^{n} \frac{2^{k-1}}{3^k} < \frac{2^m}{3^m}$$

이 성립한다. 따라서 연속함수열 $\{s_n\}_{n=1}^{\infty}$는 균등수렴하고 기초정리 8.59에 의해 연속함수열 $\{s_n\}_{n=1}^{\infty}$는 점별수렴하고 점별극한함수

$$F\colon X \to [-1, 1], \quad F(x) = \sum_{k=1}^{\infty} F_k(x)$$

는 연속함수이고

$$\|f - F\|_A = \sup_{a \in A} |f(a) - F(a)| = 0$$

이다. 즉 모든 $a \in A$에 대해 $f(a) = F(a)$이다. 따라서 연속함수 $F\colon X \to [-1, 1]$은 $f\colon A \to [-1, 1]$의 확장함수이다. □

따름정리 8.61

정규공간 X와 X의 닫힌집합 A에 대하여 임의의 연속함수 $f: A \to [0,1]^n$는 연속함수 $F: X \to [0,1]^n$으로 확장된다.

| 증명 | 모든 자연수 $k = 1, 2, \ldots, n$에 대하여, $p_k: [0,1]^n \to [0,1]$을 k번째 사영함수라 하고 함수 $f_k: A \to [0,1]$를 $f_k = p_k \circ f$로 정의하고 티체 확장 정리를 함수 f_k에 대해 적용하면, f_k의 확장함수 $F_k: X \to [0,1]$을 얻을 수 있다. 함수 $F: X \to [0,1]^n$을 $F(x) = (F_1(x), F_2(x), \ldots, F_n(x))$로 정의하면 F는 f의 확장함수이다. □

참고 8.62 위의 따름정리에서 $[0,1]^n$을 임의의 위상공간 Y로 바꾸면 위의 명제는 참이 아니다. 예를 들면 $X = [-1,1]$, $Y = \{-1,1\}$일 때, 항등함수 $id: \{-1,1\} \to \{-1,1\}$은 $[-1,1]$로 확장되지 않는다.

8.4 완비거리공간과 베르 범주 정리

8.4.1 완비거리공간

정의 8.63. 거리공간 (X,d) 안의 수열 $\{x_i\}_{i=1}^{\infty}$이 임의의 양수 ε에 대해, 어떤 자연수 N이 존재하여 $m,n > N$이면, $d(x_m, x_n) < \varepsilon$을 만족하면, 수열 $\{x_i\}_{i=1}^{\infty}$을 **코시 수열(Cauchy sequence)**이라고 한다.

거리공간에서 모든 수렴하는 수열은 코시 수열이지만 코시 수열이 항상 수렴하지는 않는다.

정의 8.64. 거리공간 (X,d)에서 모든 코시 수열이 수렴할 때, (X,d)를 **완비거리공간(complete metric space)**이라 한다.

예제 8.65 실공간 $\mathbb{R}^n$, 복소공간 $\mathbb{C}^n$, 닫힌구간 $[0,1]$, 정수공간 $\mathbb{Z}$은 모두 완비거리공간이다.

예제 8.66 보통거리가 주어진 실공간 $\mathbb{R}$의 부분공간인 열린구간 $(0,1)$은 완비거리공간이 아님을 보여라.

증명 열린구간 $(0,1)$ 안의 수열 $(\frac{1}{n+1})_{n=1}^{\infty}$은 코시 수열이지만 $(0,1)$에서 수렴하지 않는다. □

예제 8.67 보통거리가 주어진 실수 전체의 집합 $\mathbb{R}$의 부분공간인 정수 전체의 집합 $\mathbb{Z}$가 완비거리공간임을 보여라.

증명 정수열 $\{a_n\}_{n=1}^{\infty}$이 코시 수열이라고 가정하자. 코시 수열의 정의에서 $\varepsilon = 1$로 잡으면, 어떤 양의 정수 N이 존재하여, $n > N$인 모든 자연수 n에 대하여 a_n은 n에 의존하지 않는 일정한 정수임을 알 수 있고 수열 $\{a_n\}_{n=1}^{\infty}$은 그 값으로 수렴한다. □

참고 8.68 보통위상이 주어진 유리수 전체의 집합 $\mathbb{Q}$는 완비거리공간이 아니다.

8.4.2 베르 범주 정리

정의 8.69. 위상공간 X의 부분공간 A가 $\text{int}(A) = \varnothing$이면, A를 X의 **어디에서도 조밀하지 않은(nowhere dense)** 부분집합이라 한다.

참고 8.70 위상공간 X의 어디에서도 조밀하지 않은 닫힌집합 A에 대해, 정리 4.14에 의해,

$$\overline{A^c} = (\text{int}(A))^c = X$$

이므로 A의 여집합 A^c는 X의 조밀한 열린집합이다. 역으로 X의 조밀한 열린집합 U에 대해, 정리 4.14에 의해,

$$\text{int}(U^c) = (\overline{U})^c = \varnothing$$

이므로 U의 여집합 U^c는 X의 어디에서도 조밀하지 않은 닫힌집합이다.

정리 8.71: 베르 범주 정리(Baire category theorem)

위상공간 X가 완비거리공간이거나 콤팩트 하우스도르프 공간이면, 다음이 성립한다.

(1) 가산 개의 X의 어디에서도 조밀하지 않은 닫힌집합들로 이루어진 집합족

$\{A_n\}_{n=1}^{\infty}$의 합집합 $\bigcup_{n=1}^{\infty} A_n$도 어디에서 조밀하지 않다.
(2) 가산 개의 X의 조밀한 열린집합들로 이루어진 집합족 $\{U_n\}_{n=1}^{\infty}$의 교집합 $\bigcap_{n=1}^{\infty} U_n$도 X의 조밀한 부분집합이다.

|증명| 먼저 참고 8.70에 의해 (1)과 (2)는 서로 동치인 조건이므로 (1)만을 증명하자. X가 완비거리공간이나 콤팩트 하우스도르프 공간이면 X의 어디에서도 조밀하지 않은 닫힌집합들로 이루어진 집합족 $\{A_n\}_{n=1}^{\infty}$을 생각하고 합집합 $\bigcup_{n=1}^{\infty} A_n$의 내부가 공집합임을 보여야 한다. 이는 임의의 공집합이 아닌 X의 열린집합 U에 대해 $U \setminus (\bigcup_{n=1}^{\infty} A_n) \neq \varnothing$임을 보이는 것과 같으므로 X의 임의의 열린집합 U를 고정하자. $\mathrm{int}(A_1) = \varnothing$이므로 $x_1 \in U \setminus A_1$인 점 x_1이 존재한다. 완비거리공간과 콤팩트 하우스도르프 공간은 정칙이고 $U \setminus A_1$은 X의 열린집합이므로

$$x_1 \in U_1 \subset \overline{U_1} \subset U \setminus A_1$$

인 X의 열린집합 U_1이 존재한다. 또한 $\mathrm{int}(A_2) = \varnothing$이므로 $x_2 \in U_1 \setminus A_2$인 점 x_2와

$$x_2 \in U_2 \subset \overline{U_2} \subset U_1 \setminus A_2 \subset U \setminus A_2$$

인 X의 열린집합 U_2가 존재한다. 이 과정을 반복하면, X의 열린집합족 $\{U_n\}_{n=1}^{\infty}$와 수열 $\{x_n\}_{n=1}^{\infty}$을 얻고 이들은

$$x_n \in U_{n-1} \setminus A_n, \quad x_n \in U_n \subset \overline{U_n} \subset U_{n-1} \setminus A_n \subset U \setminus A_n$$

을 만족한다. 따라서

$$\cdots \subset U_n \subset \overline{U_n} \subset U_{n-1} \subset \overline{U_{n-1}} \subset \cdots \subset U_1 \subset \overline{U_1} \subset U$$

를 만족하고 모든 자연수 n에 대해 $\overline{U_n} \subset U \setminus A_n$이다.

지금까지는 일반적으로 X가 정칙공간이면 성립하는 내용이었다. 증명의 남은 부분은 X가 완비거리공간일 때와 콤팩트 하우스도르프 공간일 때로 나누어서 진행하자.

(i) (X,d)가 완비거리공간이면, 위 논의에서 추가적으로 거리함수를 이용하여 모든 자연수 n에 대해,

$$\mathrm{diam}(U_n) = \sup\{d(x,y) \mid x, y \in U_n\} < \tfrac{1}{n}$$

이 되도록 X의 열린집합 U_n을 잡을 수 있다. 이 때, $x_n \in U_n$인 점 x_n들을 모아서 만든 X 안의 수열 $\{x_n\}_{n=1}^{\infty}$는 코시 수열이고 X가 완비거

리공간이므로 $\lim_{n\to\infty} x_n = x$ 인 점 $x \in X$ 가 존재한다. 모든 자연수 n 에 대하여

$$\{x_k \in X \mid n \le k, k \in \mathbb{N}\} \subset U_n \subset \overline{U_n}$$

이므로 $x \in \overline{U_n}$ 이고 $\overline{U_n} \subset U \setminus A_n$ 이므로

$$x \in \bigcap_{n=1}^{\infty} \overline{U_n} \subset \bigcap_{n=1}^{\infty}(U \setminus A_n) = U \setminus \bigcup_{n=1}^{\infty} A_n$$

이므로 $U \setminus (\bigcup_{n=1}^{\infty} A_n) \neq \varnothing$ 이다. 따라서 $\text{int}(\bigcup_{n=1}^{\infty} A_n) = \varnothing$ 이다.

(ii) X 가 콤팩트이고 하우스도르프라고 가정하자. 참고 7.42에 의해, X 는 유한교집합성질을 만족한다. 자연수 전체의 집합 $\mathbb{N}$ 의 임의의 유한 부분집합 I 에 대해 i_{max} 를 I 의 가장 큰 원소라 하면,

$$\bigcap_{n\in I} \overline{U_n} = \overline{U_{i_{\max}}} \neq \varnothing$$

이고 X 는 유한교집합성질을 만족하므로

$$\bigcap_{n=1}^{\infty} \overline{U_n} \neq \varnothing$$

이다. 따라서 $x \in \bigcap_{n=1}^{\infty} \overline{U_n} \neq \varnothing$ 인 x 가 존재한다. 모든 자연수 n 에 대해 $x \notin A_n$ 이므로 $x \notin \bigcup_{n\in\mathbb{N}} A_n$ 이고 $x \in U \setminus (\bigcup_{n\in\mathbb{N}} A_n)$ 이다. 따라서 $\text{int}(\bigcup_{n=1}^{\infty} A_n) = \varnothing$ 이다.

□

베르 범주 정리의 결론을 만족하는 위상공간을 다음과 같이 베르 공간이라고 정의한다.

정의 8.72. 위상공간 X 에 대해, 가산 개의 X 의 어디에서도 조밀하지 않은 닫힌집합들로 이루어진 임의의 집합족 $\{A_n\}_{n=1}^{\infty}$ 의 합집합 $\bigcup_{n=1}^{\infty} A_n$ 이 X 의 어디에서도 조밀하지 않으면, X 를 **베르 공간(Baire space)** 이라 한다.

참고 8.73 참고 8.70에 의해, 위상공간 X 가 베르 공간인 것과 가산 개의 X 의 조밀한 열린 집합들로 이루어진 임의의 집합족 $\{U_n\}_{n=1}^{\infty}$ 의 교집합 $\bigcap_{n=1}^{\infty} U_n$ 이 X 의 조밀한 부분집합인 것과 동치이다.

정리 8.74

위상공간 $(X, \mathscr{T})$가 베르 공간이고 Y가 X의 열린집합이면 부분공간 Y도 베르 공간이다.

|증명| 참고 8.73를 이용하여, 베르 공간의 동치인 조건을 사용하자. 임의의 가산 개의 Y의 조밀한 열린집합들로 이루어진 집합족 $\{V_n\}_{n=1}^{\infty}$를 생각하자. Y가 X의 열린집합이므로 모든 자연수 n에 대해, V_n은 X의 열린집합이고 $U_n = V_n \cup (X \setminus \overline{Y})$을 정의하면, U_n은 X의 열린집합이고 V_n은 Y의 조밀한 열린집합이므로 $\overline{Y} = \overline{V_n}$이다. (여기서 닫음은 X에서의 닫음이다.) 따라서

$$\overline{U_n} = \overline{V_n} \cup \overline{X \setminus \overline{Y}} = X$$

이다. X는 베르 공간이므로

$$\bigcap_{n=1}^{\infty} U_n = (\bigcap_{n=1}^{\infty} V_n) \cup (X \setminus \overline{Y})$$

은 X의 조밀한 집합이다. 만약 W가 공집합이 아닌 임의의 Y의 열린집합이면, Y가 X의 열린집합이므로 W는 X의 열린집합이다. 따라서

$$W \cap (\bigcap_{n=1}^{\infty} U_n) \neq \varnothing$$

이고 $W \subset Y$이므로 $W \cap (X \setminus \overline{Y}) = \varnothing$이다. 따라서

$$W \cap (\bigcap_{n=1}^{\infty} V_n) \neq \varnothing$$

이다. 즉 $\bigcap_{n=1}^{\infty} V_n$은 Y의 조밀한 부분집합이다. □

베르 범주 정리의 몇 가지 응용은 다음과 같다.

예제 8.75 실수 전체의 집합 $\mathbb{R}$의 보통위상에서 유도된 부분위상이 유리수 전체의 집합 $\mathbb{Q}$와 정수 전체의 집합 $\mathbb{Z}$에 주어져 있다.

(1) $\mathbb{Q}$의 임의의 점 $q \in \mathbb{Q}$에 대해, 한 점 집합 $\{q\}$는 $\mathbb{Q}$의 어디에서도 조밀하지 않은 닫힌집합이지만, 이들을 가산 개 모아서 만든 집합족 $\{\{q\}\}_{q\in\mathbb{Q}}$의 합집합 $\bigcup_{q\in\mathbb{Q}}\{q\} = \mathbb{Q}$는 $\mathrm{int}_{\mathbb{Q}}\,\mathbb{Q} = \mathbb{Q}$이다. 따라서 $\mathbb{Q}$는 베르 공간이 아니다.

(2) $\mathbb{Z}$에 유도된 부분위상은 이산위상이다. 따라서 $\mathbb{Z}$의 어디에서도 조밀하지 않은 닫힌집합은 $\varnothing$뿐이므로 $\mathbb{Z}$는 베르 공간이다.

예제 8.76 보통위상이 주어진 $\mathbb{R}^2$는 가산 개의 직선들의 합집합으로 표현할 수 없다.

|풀이| $\mathbb{R}^2$가 가산 개의 직선들 $\{l_n\}_{n=1}^{\infty}$의 합집합이라고 가정하자. 모든 자연수 n에 대해, 각 직선 ℓ_n은 $\text{int}(\ell_n) = \varnothing$이므로 $\mathbb{R}^2$의 어디에서도 조밀하지 않은 닫힌집합이다. $\mathbb{R}^2$는 완비거리공간이므로 정리 8.71에 의해 $\mathbb{R}^2$는 베르 공간이고 $\text{int}(\bigcup_{n\in\mathbb{N}} \ell_n) = \varnothing$이다. 이는

$$\text{int}(\textstyle\bigcup_{n=1}^{\infty} \ell_n) = \text{int}(\mathbb{R}^2) = \mathbb{R}^2$$

임에 모순이다. □

예제 8.77 보통위상이 주어진 실수 전체의 집합 $\mathbb{R}$의 부분공간 $\mathbb{Q}$는 가산 개의 $\mathbb{R}$의 열린집합의 교집합으로 표현할 수 없다.

|풀이| 가산 개의 $\mathbb{R}$의 열린집합들로 이루어진 집합족 $\{U_n\}_{n=1}^{\infty}$이 존재한다고 가정하자. $\mathbb{Q} = \bigcap_{n=1}^{\infty} U_n$이고 $\mathbb{Q}$는 $\mathbb{R}$의 조밀한 부분집합이므로 모든 자연수 n에 대해, U_n은 $\mathbb{R}$의 조밀한 열린집합이다. 또한 모든 유리수 $q \in \mathbb{Q}$에 대해, $\mathbb{R} \setminus \{q\}$는 $\mathbb{R}$의 조밀한 열린집합이다. 가산 개의 $\mathbb{R}$의 조밀한 열린집합 들로 이루어진 집합족 $\{U_n\}_{n\in\mathbb{N}} \cup \{\mathbb{R} \setminus \{q\}\}_{q\in\mathbb{Q}}$의 교집합은

$$(\textstyle\bigcap_{n=1}^{\infty} U_n) \cap (\bigcap_{q\in\mathbb{Q}}(\mathbb{R} \setminus \{q\})) = \mathbb{Q} \cap (\mathbb{R} \setminus \mathbb{Q}) = \varnothing$$

이다. $\mathbb{R}$은 완비거리공간이므로 이는 정리 8.71에서 증명한 $\mathbb{R}$이 베르 공간임에 모순이다. □

예제 8.78 실수 전체의 집합 $\mathbb{R}$에 보통위상 $\mathscr{T}_{usual}$이 주어져 있다고 가정하자. 모든 $x \in \mathbb{Q}$에서 연속이고 모든 $x \in \mathbb{R} \setminus \mathbb{Q}$에서 불연속인 실함수 $f\colon \mathbb{R} \to \mathbb{R}$가 존재하지 않음을 보이시오.

|풀이| 이러한 성질을 만족하는 실함수 $f\colon \mathbb{R} \to \mathbb{R}$가 존재한다고 가정하자. 모든 자연수 $n \in \mathbb{N}$에 대하여

$$U_n = \bigcup\{U \in \mathscr{T}_{usual} \mid \text{diam}(f(U)) < \tfrac{1}{n}\}$$

라 정의하면 f의 연속인 점들의 집합 C_f는 $C_f = \bigcap_{n=1}^{\infty} U_n$이고 각각의 U_n은 $\mathbb{R}$의 열린집합이다. 그러나 예제 8.77에 의해 $\mathbb{Q}$는 $\mathbb{R}$의 가산개의 열린집합의 교집합으로 나타낼 수 없으므로 이는 모순이다. □

8.5 연습문제 및 기출문제

8.5.1 연습문제

1. 위상적 성질에 관한 다음 설명 중 옳지 않은 것은?
   ① 정규공간의 부분공간은 정규이다. (단, 정칙과 정규는 하우스도르프조건을 포함한다.)
   ② 정칙공간이 콤팩트이면 정규이다. (단, 정칙과 정규는 하우스도르프조건을 포함한다.)
   ③ 연결공간 X 에서 정의된 연속함수 $f\colon X \to Y$ 가 전사이면 위상공간 Y 도 연결이다.
   ④ 콤팩트공간 X 에서 정의된 연속함수 $f\colon X \to Y$ 가 전사이면 위상공간 Y 도 콤팩트이다.
   ⑤ 하우스도르프 공간 X 에서 X 로의 연속함수 $f\colon X \to X$ 가 주어져 있다. 어떤 X 의 조밀한 부분집합 A 에서 $f(a) = a, a \in A$ 를 만족하면, f 는 X 의 항등함수이다.

2. 모든 자연수 n, m 에 대하여 $B(n, m) = \{n+mk \mid k = 0, 1, 2, \ldots\}$ 로 정의하자. 자연수 전체의 집합 $\mathbb{N}$ 의 부분집합족 $\mathscr{B}$ 를

$$\mathscr{B} = \{B(n,m) \mid n < m, \gcd(n,m) = 1\}$$

   로 정의하고 $\mathscr{B}$ 를 기저로 하여 생성된 $\mathbb{N}$ 의 위상을 $\mathscr{T}$ 라 하자.
   (1) 위상공간 $(\mathbb{N}, \mathscr{T})$ 가 하우스도르프임을 보이시오.
   (2) 위상공간 $(\mathbb{N}, \mathscr{T})$ 가 정칙이 아님을 보이시오.

3. 정칙공간 $(X, \mathscr{T})$ 의 콤팩트집합 A 의 닫음 $\overline{A}$ 도 콤팩트임을 보이시오.

4. 모든 정수 a 와 자연수 r 에 대해, $B(a, r) = \{a + kr \mid k \in \mathbb{Z}\}$ 으로 정의하자. 정수 전체의 집합 $\mathbb{Z}$ 의 부분집합족 $\mathscr{B}$ 를

$$\mathscr{B} = \{B(a,r) \mid a \in \mathbb{Z}, r \in \mathbb{N}\}$$

   으로 정의하고 $\mathscr{B}$ 를 기저로 하여 생성된 $\mathbb{Z}$ 의 위상을 $\mathscr{T}$ 라 하자. $(\mathbb{Z}, \mathscr{T})$ 는 정규임을 보이시오.

5. 정규공간 X 의 유한 열린덮개 $\{U_1, U_2, \ldots, U_n\}$ 에 대하여 모든 i 에 대해 $V_i \subset \overline{V_i} \subset U_i$ 를 만족하고 $\{V_1, V_2, \ldots, V_n\}$ 이 X 의 열린덮개가 되는 X 의 열린집합 V_i 가 존재함을 보이시오.

6. X가 정규공간이고 $\{U_i\}_{i=1}^n$이 X의 열린덮개이면 다음 성질을 만족하는 연속함수들 $\phi_1, \phi_2, \dots, \phi_n : X \to [0,1]$이 존재함을 보이시오.
   (1) 모든 i에 대해 $\overline{\{x \in X \mid \phi_i(x) \neq 0\}} \subset U_i$이다.
   (2) 모든 $x \in X$에 대해 $\sum_{i=1}^{n} \phi_i(x) = 1$이다.

7. 정규공간 X의 닫힌집합 C_1, C_2, C_3가 $C_1 \cap C_2 \cap C_3 = \varnothing$을 만족할 때, $C_1 \subset U_1$, $C_2 \subset U_2, C_3 \subset U_3, \overline{U_1} \cap \overline{U_2} \cap \overline{U_3} = \varnothing$인 X의 열린집합 U_1, U_2, U_3가 존재함을 보이시오.

8. 위상공간 $(X, \mathscr{T})$의 공집합이 아닌 X의 닫힌집합 A, B가 $X = A \cup B$을 만족하고 A, B가 T_4-공간이면, X는 T_4-공간임을 보이시오.

9. 원소의 개수가 무한인 하우스도르프 공간 X에 대하여, 서로소인 무한 개의 X의 열린집합이 존재함을 보이시오.

10. 하우스도르프 공간 X의 부분공간 A에 대하여, 어떤 연속함수 $r : X \to A$가 존재하여 제한함수 $r|_A = \mathrm{Id}_A$이 성립하면, A는 X의 닫힌집합임을 보이시오.

11. T_2공간 X와 Y 사이의 연속함수 $f : X \to Y, g : Y \to X$가 존재하여 $g \circ f = id_X$을 만족하면, $f(X)$는 Y의 닫힌집합임을 보이시오.

12. 콤팩트공간 $(X, \mathscr{T}_X)$와 하우스도르프 공간 $(Y, \mathscr{T}_Y)$에 대하여, 연속인 전단사함수 $f : (X, \mathscr{T}_X) \to (Y, \mathscr{T}_Y)$는 위상동형함수임을 보이시오.

13. 하우스도르프 공간 X에서 위상공간 Y로의 연속함수 $f : X \to Y$가 주어져 있다. 어떤 X의 조밀한 부분집합 D에 대해, $f|_D : D \to f(D)$가 단사인 열린함수이면 $f(X \setminus D) \subset f(X) \setminus f(D)$임을 보이시오. 즉, $f(X \setminus D) \cap f(D) = \varnothing$임을 보이시오.

14. (공집합이 아닌) 콤팩트인 하우스도르프 공간 X의 닫힌집합들로 이루어진 집합족 $\{A_n\}_{n=1}^{\infty}$가 $\mathrm{int}(A_n) = \varnothing$을 만족하면, $\bigcup_{n=1}^{\infty} A_n \neq X$ 임을 보이시오.

15. 보통위상이 주어진 실수 전체의 집합의 부분집합 $[0,1]$에 대해, 비가산 곱공간

$$\prod_{a \in \mathbb{R}} [0,1] = \{f \mid f : \mathbb{R} \to [0,1]\}$$

은 제1가산이 아님을 보이시오. (따라서 제1가산공간의 비가산 곱공간은 일반적으로 제1가산이 아니다.)

16. $\prod_{a\in\mathbb{R}}[0,1]$는 티호노프 정리에 의해 콤팩트공간이다. 이를 이용하여 $\prod_{a\in\mathbb{R}}[0,1]$이 정규공간임을 보이시오.

17. 위의 두 문제를 이용하여 콤팩트인 정규공간은 일반적으로 거리화가능공간이 아님을 보이시오.

18. 임의의 거리공간의 부분공간은 제1가산임을 보이시오.

19. 제1가산공간, 제2가산공간, 분리가능공간, 정규공간 중 위상적 불변량을 모두 찾으시오. 그리고 이들 중 일반적으로 연속인 전사함수에 의해서 보존되지 않는 성질을 모두 찾으시오.

20. X가 정규공간이면 임의의 서로 다른 $x, y \in X$에 대하여 $f(x) \neq f(y)$를 만족하는 연속함수 $f\colon X \to \mathbb{R}$이 존재함을 보이시오.

21. X가 콤팩트인 하우스도르프 공간일 때, 위의 성질이 성립함을 보이시오.

22. 원소의 개수가 2개 이상이며 연결인 정규공간은 비가산 개의 원소를 가짐을 보이시오.

23. 위상공간 X가 T_1-공간이고 임의의 점 $x \in X$와 x를 포함하지 않는 임의의 닫힌 집합 A에 대하여 $f(x) = 1$, $f(A) = \{0\}$을 만족하는 연속함수 $f\colon X \to [0,1]$이 존재할 때, X를 **완전정칙공간(completely regular space)**라 한다. X가 완전정칙공간이고 A, B가 서로소인 닫힌집합이고 A가 콤팩트이면 $f(A) = 0$, $f(B) = 1$을 만족하는 연속함수 $f\colon X \to [0,1]$이 존재함을 보이시오.

24. 티체 확장정리로부터 우리손의 보조정리가 유도됨을 보이시오.

25. 다음 질문에 답하시오.
    (1) 거리공간은 하우스도르프 공간임을 보이시오.
    (2) 공집합이 아닌 집합 X에 여가산위상을 주어진 여가산위상공간 X에 대해, X가 가산 개의 원소를 가지면 X는 거리공간이고 X가 비가산 개의 원소를 가지면 X는 거리공간이 아님을 보이시오. (단, (1)의 결과를 사용하시오.)

26. X가 제1가산공간이고 $A \subset X$일 때, $x \in \overline{A}$이면 $\lim_{n\to\infty} a_n = x$인 A안의 수열 $\{a_n\}_{n=1}^{\infty}$이 존재함을 보이시오.

8.5.2 기출문제

1. [1996] $\mathscr{T} = \{X, \varnothing, \{a\}, \{b\}, \{a, b\}\}$ 가 $X = \{a, b, c\}$ 위에서의 위상(topology) 일 때, 다음 공간들 중에서 $(X, \mathscr{T})$ 가 만족하는 것은?

   ① T_1-공간　　② 하우스도르프 공간
   ③ 정칙공간　　④ 정규공간

2. [2003] 위상공간 X 가 T_2 공간(Hausdorff space) 일 때, 임의의 콤팩트 집합(compact set) $A \subset X$ 와 임의의 $x \in X \setminus A$ 에 대하여 다음 조건을 만족하는 열린집합(open set) $U, V \subset X$ 가 존재함을 증명하시오.

   <조 건>

   $x \in U, A \subset V, U \cap V = \varnothing$

3. [2010] 실수 전체의 집합 $\mathbb{R}$ 위에서 여가산위상 (countable complement topology) $\mathscr{T}$ 를 다음과 같이 정의하자.

   $$\mathscr{T} = \{U \subset \mathbb{R} \mid \mathbb{R} \setminus U \text{는 가산집합}\} \cup \{\varnothing\}$$

   다음 명제의 참, 거짓을 판정하고 이유를 설명하시오.

   <명 제>

   위상 공간 $(\mathbb{R}, \mathscr{T})$ 는 분리(분해)가능공간 (separable space) 이다.

4. [2010] 실수 전체의 집합 $\mathbb{R}$ 위에서 여가산위상 (countable complement topology) $\mathscr{T}$ 를 다음과 같이 정의하자.

   $$\mathscr{T} = \{U \subset \mathbb{R} \mid \mathbb{R} \setminus U \text{는 가산집합}\} \cup \{\varnothing\}$$

   다음 명제의 참, 거짓을 판정하고 이유를 설명하시오.

   <명 제>

   위상공간 $(\mathbb{R}, \mathscr{T})$ 는 T_1-공간이다.

5. [2012] $\mathbb{R}^2$ 위의 점 $q = (0,1)$과 집합 $A = \{(x,y) \in \mathbb{R}^2 \mid y = 0\}$에 대하여 $X = A \cup \{q\}$라 하자. X 위의 위상 $\mathscr{T}$를

$$\mathscr{T} = \mathscr{P}(A) \cup \{U \subset X \mid q \in U, A \setminus U \text{가 유한집합}\}$$

으로 정의할 때, 다음 명제의 참, 거짓을 판정하고 이유를 설명하시오. (단, $\mathscr{P}(A) = \{U \mid U \subset A\}$이다.)

<명 제>

$(X, \mathscr{T})$는 분리가능공간 (가분공간, separable space)이다.

6. [2012] $\mathbb{R}^2$ 위의 점 $q = (0,1)$과 집합 $A = \{(x,y) \in \mathbb{R}^2 \mid y = 0\}$에 대하여 $X = A \cup \{q\}$라 하자. X 위의 위상 $\mathscr{T}$를

$$\mathscr{T} = \mathscr{P}(A) \cup \{U \subset X \mid q \in U, A \setminus U \text{가 유한집합}\}$$

으로 정의할 때, 다음 명제의 참, 거짓을 판정하고 이유를 설명하시오. (단, $\mathscr{P}(A) = \{U \mid U \subset A\}$ 이다.)

<명 제>

위상 공간 $(X, \mathscr{T})$는 정규공간(normal space)이다.

7. [2021] $\mathbb{R}^2$에 동치관계(equivalence relation) $\sim$을 다음과 같이 정의하자.

$$(x,y) \sim (x', y') \Leftrightarrow (x,y) = (tx', ty')\text{인 실수 } t \neq 0\text{가 존재한다.}$$

원소 $(x,y) \in \mathbb{R}^2$에 대하여 $\sim$에 관한 동치류(equivalence class)를 $[x,y]$라 하고, $\sim$에 관한 상집합(quotient set)을 $Y = \mathbb{R}^2/\sim$, 상함수(quotient map)을 $\pi\colon \mathbb{R}^2 \to Y$ $(\pi(x,y) = [x,y])$라 하자. $\mathbb{R}^2$ 위에 보통위상(usual topology)이 주어진 위상공간을 X라 하고, 상집합 Y 위의 $\pi\colon X \to Y$에 대한 상위상(quotient topology)을 $\mathscr{T}$라 하자. 즉 $\mathscr{T}$는 Y 위의 $X/\sim$의 상위상이다. 이때 $[0,0]$을 포함하는 $\mathscr{T}$의 원소가 유일함을 증명하고 $(Y, \mathscr{T})$가 T_1-공간이 아닌 이유를 서술하시오. (단, 보통위상은 거리함수 $d((x_1,y_1),(x_2,y_2)) = \sqrt{(x_1-x_2)^2 + (y_1-y_2)^2}$로부터 유도되는 위상이다.)

Chapter 9

닫힌 곡면의 분류

이 장에서는 자르고 붙이는 과정을 통하여 닫힌 곡면을 어떻게 분류하는지에 대하여 학습한다.

학습목표

1. 다양체의 정의를 학습한다
2. 2차원 다양체의 다양한 예제들을 학습한다.
3. 오일러수와 곡면의 가향성에 대하여 학습한다.
4. 자르고 붙이는 과정을 통하여 닫힌 2차원 다양체를 어떻게 분류하는지 학습한다.

핵심어: 닫힌 곡면, 오일러수, 곡면의 분류

9.1 다양체

이번 절에서는 유클리드 공간의 개념을 일반적으로 확장한 다양체란 개념의 정의와 예, 그리고 이들이 갖고 있는 성질에 대해 학습한다. 그리고 2차원 다양체의 예로서 2차원 사영공간과 2차원 원환면에 대하여 자세히 살펴 본다.

9.1.1 다양체의 정의

정의 9.1. 공집합이 아닌 하우스도르프공간 X의 각 점 $x \in X$가 n차원 유클리드 공간 $\mathbb{R}^n$과 위상동형인 열린근방을 가질 때, X를 라 한다.

정의 9.2. 공집합이 아닌 하우스도르프 위상공간 X 위의 각 점 $x \in X$에 대하여 x가 $\mathbb{R}^n$과 위상동형인 열린근방을 갖거나

$$\mathbb{R}^n_+ = \{(x_1, x_2, \ldots, x_n) \in \mathbb{R}^n \mid x_n \geq 0\}$$

과 위상동형인 열린근방을 갖는 X를 생각하자. 이 때, $\mathbb{R}^n_+$과 위상동형인 열린근방을 갖는 점을 경계점이라 하고 이런 점들의 집합을 X의 **경계(boundary)**라 하며 ∂X로 나타낸다. 특히 $\partial X \neq \varnothing$인 경우를 경계를 갖는 n차원 다양체라 한다.

정의 9.3. 연결인 콤팩트 n차원 다양체 M이 경계 ∂M가 공집합일 때, 이러한 다양체를 **닫힌 다양체(closed manifold)**라 한다.

예제 9.4 다음은 n차원 다양체의 예이다.

1. 유클리드 공간 $\mathbb{R}^n$
2. 유클리드 공간 $\mathbb{R}^n$의 임의의 공집합이 아닌 열린집합
3. n차원 다양체의 임의의 공집합이 아닌 열린부분집합.

참고 9.5 $X_0 \cong (-\infty, 0)$, $X_1 \cong [0, \infty) \cong X_2$일 때, 집합 $X = X_0 \amalg X_1 \amalg X_2$에 위상을 다음과 같이 주자. U가 $\mathbb{R} = X_0 \cup X_1$의 열린집합이거나 $\mathbb{R} = X_0 \cup X_2$의 열린집합일 때, U를 X의 열린집합으로 정의한다. 그러면 X의 모든 점은 1차원 유클리드공간과 위상동형인 열린근방을 갖지만 X는 하우스도르프 공간이 아니므로 다양체가 아니다.

9.1.2 다양체의 성질

보조정리 9.6

M이 n차원 다양체이면, M이 연결인 것과 M이 길연결인 것은 동치이다.

참고 9.7 다양체의 각 점은 유클리드공간과 위상동형인 열린근방을 가지므로 국소길연결공간이다. 우리는 연결공간이고 국소길연결공간이면 길연결공간임을 보였으므로 보조정리 9.6는 이로부터 자명하지만, 보조정리 9.6를 이 사실을 사용하지 않고 직접 증명하는 방법을 소개한다.

|증명| 연결인 n차원 다양체 M이 길연결임을 보이면 충분하다. 임의의 $x \in M$을 하나 고정시키고

$$N = \{y \in M \mid x\text{와 } y\text{를 연결하는 경로가 존재한다.}\}$$

로 정의하면, 정의에 의해 $x \in N$이므로 N은 공집합이 아닌 길연결인 M의 부분집합이다. 임의의 $z \in M \setminus N$에 대하여 $U_z \cong \mathbb{R}^n$이고 $U_z \subset M \setminus N$인 M의 열린집합이 존재하므로 N은 M의 닫힌집합이다. 임의의 $y \in N$에 대하여 $U_y \cong \mathbb{R}^n$이고 $U_y \subset N$인 M의 열린집합 U_y가 존재한다. 따라서 N은 M의 열린집합이다. N이 공집합이 아닌 M의 열린집합이면서 동시에 M의 닫힌집합이고 M은 연결이므로 $M = N$이고 M은 길연결이다. □

정의 9.8. 위상공간 X의 열린덮개 $\mathscr{O} = \{O_i\}_{i\in I}$가 X의 열린덮개이고 모든 $x \in X$에 대해 x를 포함하는 $\mathscr{O}$의 원소의 개수가 유한 개일때, 다음 조건을 만족하는 연속함수의 집합 $\{f_i \colon X \to [0,1]\}_{i\in I}$를 **열린덮개 $\mathscr{O}$에 종속된 단위분할(partition of unity subordinate to the open cover $\mathscr{O}$)**이라 한다.

1. 모든 $x \in X \setminus O_i$에 대해 $f_i(x) = 0$이다.
2. 모든 $x \in X$에 대해 $\sum_{i\in I} f_i(x) = 1$이다.

참고 9.9 위 정의의 상황처럼 위상공간 X의 열린덮개 $\mathscr{O}$가 모든 $x \in X$에 대해 x를 포함하는 $\mathscr{O}$의 원소의 개수가 유한 개일 때, $\mathscr{O}$를 X의 **국소 유한 열린덮개(locally finite open covering)**라 한다. 정의에 의해 유한 열린덮개는 국소 유한 열린덮개이다.

보조정리 9.10

주어진 콤팩트 n차원 다양체 M에 대해, M의 어떤 유한 열린덮개와 이에 종속된 단위분할이 존재한다.

|증명| 모든 $x \in M$에 대해, $\mathbb{R}^n$과 위상동형인 x의 근방 O_x를 잡자 $\{O_x\}_{x \in M}$은 M의 열린덮개이고 M이 콤팩트공간이므로 유한 부분덮개 $\mathscr{O} = \{O_1, \ldots, O_m\}$이 존재한다.

다양체의 정의에 의해, M은 콤팩트 하우스도르프 공간이고 따라서 정규공간이다. 모든 $x \in O_i$에 대해

$$x \in V_{x,i} \subset \overline{V_{x,i}} \subset O_i$$

를 만족하는 열린집합 $V_{x,i}$가 존재한다. M이 n차원 다양체이므로 $V_{x,i}$를 더 작게 잡아서 $\mathbb{R}^n$와 위상동형이라고 가정할 수 있다.

$$\mathscr{V}_0 = \{V_{x,i} \mid x \in O_i, i = 1, 2, \ldots, n\}$$

은 M의 열린덮개이고 M은 콤팩트이므로 유한 부분덮개

$$\mathscr{V} = \{V_1, V_2, \ldots, V_m\}$$

이 존재한다. 모든 $j = 1, 2, \ldots, m$에 대해,

$$V_j \subset \overline{V_j} \subset O_{n_j}$$

를 만족하는 자연수 $n_j \in \{1, 2, \ldots, n\}$이 존재한다. 모든 $j = 1, 2, \ldots, m$에 대해, V_j에 우리손의 보조정리를 적용하면

$$g_j(x) = \begin{cases} 1 & x \in \overline{V_j} \\ 0 & x \in M \setminus O_{n_j} \end{cases}$$

를 만족하는 연속함수 $g_j \colon M \to [0,1]$가 존재한다. $\bigcup_{j=1}^{m} V_j = M$이므로 각각의 $x \in M$에 대하여 $g_j(x) = 1$이 되는 j가 존재하고 따라서 모든 $x \in M$에 대하여 $\sum_{j=1}^{m} g_j(x) > 0$이다. 모든 $j = 1, 2, \ldots, m$에 대해, 함수 $f_j \colon M \to [0,1]$을

$$f_j(x) := \frac{g_j(x)}{\sum_{j=1}^{m} g_j(x)}$$

로 정의하면 f_j 는 연속이고 모든 $x \in M \setminus O_{n_j}$ 이면 $f_j(x) = 0$ 이다. 또한 모든 $x \in M$ 에 대해,

$$\sum_{j=1}^{m} f_j(x) = \frac{\sum_{j=1}^{m} g_j(x)}{\sum_{j=1}^{m} g_j(x)} = 1$$

이므로 $\{f_j\}_{j=1}^{m}$ 은 M 의 유한 열린덮개 $\mathscr{V}$ 에 종속된 단위분할이다. □

정리 9.11

임의의 콤팩트 n 차원 다양체는 유클리드 공간으로 매장된다.

|증명| M 이 콤팩트 n 차원 다양체이므로 위의 보조정리에 의하여 M 의 유한덮개 $\mathscr{O} = \{O_i\}_{i=1}^{m}$ 과 이에 종속된 단위분할 $\{f_i\}_{i=1}^{m}$ 이 존재한다. 보조정리의 증명에 의해, 모든 $i = 1, 2, \ldots, m$ 에 대해, O_i 에서 반지름이 1인 열린 원판

$$B^n = \{(x_1, x_2, \ldots, x_n) \in \mathbb{R}^n \mid x_1^2 + x_2^2 + \cdots + x_n^2 < 1\}$$

으로의 위상동형함수 $\phi_i \colon O_i \to B^n$ 가 존재한다고 가정할 수 있다. 원점을 중심으로 하는 B^n 의 원뿔 C 를

$$C := \{(tx_1, tx_2, \ldots, tx_n, 1-t) \in \mathbb{R}^{n+1} \mid x_1^2 + x_2^2 + \cdots + x_n^2 < 1, t \in [0,1]\}$$

와 같이 정의하자. 모든 $i = 1, 2, \ldots, m$ 에 대해, $\psi_i \colon M \to \mathbb{R}^{n+1}$ 을

$$\psi_i(x) = \begin{cases} (f_i(x)\phi_i(x), 1 - f_i(x)) & x \in O_i \\ (0, \ldots, 0, 1) & x \notin O_i \end{cases}$$

로 정의하면, ψ_i 는 연속이고 $\psi_i(M) \subset C$ 이다. 함수 $\Psi \colon M \to \mathbb{R}^{m(n+1)}$ 을

$$\Psi(x) = (\psi_1(x), \psi_2(x), \ldots, \psi_m(x))$$

로 정의하면, Ψ 는 연속함수이다. 만약 $\Psi(x) = \Psi(y)$ 이면 모든 i 에 대해 $\psi_i(x) = \psi_i(y)$ 이고 따라서 $f_i(x)x = f_i(y)y$ 가 모든 $i = 1, 2, \ldots, m$ 에 대하여 성립한다. 따라서

$$x = \sum_{i=1}^{m} f_i(x) = \sum_{i=1}^{m} f_i(y)y = y$$

가 되어 Ψ는 단사함수이다. 또한 공역을 제한시켜 만든 제한함수

$$\Psi\colon M \to \Psi(M)$$

는 콤팩트공간에서 하우스도르프공간으로의 연속인 전단사함수이므로 위상동형함수이다. □

따름정리 9.12

임의의 콤팩트 n차원 다양체는 거리공간이다.

예제 9.13 미분가능한 함수 $f\colon \mathbb{R}^{n+1} \to \mathbb{R}$과 $c \in \mathbb{R}$에 대해, 등위면

$$S = \{(x_1, x_2, \ldots, x_{n+1}) \in \mathbb{R}^n \mid f(x_1, x_2, \ldots, x_{n+1}) = c\}$$

을 생각하자. 모든 $x \in S$에서 $\nabla f(x) \neq 0$이면, 음함수 정리에 의해 S는 경계가 없는 n차원 다양체이다.

예제 9.14 만약 $n \geq 1$이면,

$$S^n = \{(x_1, x_2, \ldots, x_{n+1}) \in \mathbb{R}^{n+1} \mid x_1^2 + x_2^2 + \cdots + x_{n+1}^2 = 1\}$$

은 n차원 닫힌 다양체이다.

| 풀이 | 함수 $f\colon \mathbb{R}^{n+1} \to \mathbb{R}$을 $f(x_1, x_2, \ldots, x_{n+1}) = x_1^2 + x_2^2 + \cdots + x_{n+1}^2$으로 정의하면, $S^n = f^{-1}(1)$이다. 또한, 임의의 $x \in S^n$에 대해,

$$\|\nabla f(x)\| = 2\|x\| = 2$$

이므로 $\nabla f(x) \neq 0$이다. 예제 9.13에 의해 S^n은 경계가 없는 n차원 다양체이다. 함수 $\pi\colon \mathbb{R}^{n+1} \setminus \{0\} \to S^n$을 $\pi(x) = \frac{x}{\|x\|}$으로 정의하면, π는 전사인 연속함수이고 $\mathbb{R}^{n+1} \setminus \{0\}$은 연결이므로 S^n은 연결이다. 또한 S^n은 유클리드 공간 $\mathbb{R}^{n+1}$의 유계인 닫힌집합이므로 하이네-보렐 정리에 의해 콤팩트공간이다. □

정의 9.15. $\mathbb{R}^{n+1} \setminus \{0\}$에 정의된 동치관계 $\sim$을 $x = \lambda y$인 실수 λ가 존재할 때, $x \sim y$로 정의하면, 해당하는 상공간 $(\mathbb{R}^{n+1} \setminus \{0\})/\sim$을 n차원 **실사영공간 (real projective space)**이라 하고 $\mathbb{RP}^n$으로 나타낸다.

참고 9.16 실사영공간 $\mathbb{RP}^n$은 다음과 같이 이해할 수 있다.

(1) S^n에 동치관계 $\sim$을 $x \sim \pm y$일 때, $x \sim y$로 정의하였을 때, 해당하는 상공간 $S^n/\sim$과 $\mathbb{RP}^n$은 위상동형이다.

(2) 반구 $S^n_+ = \{(x_1, \ldots, x_{n+1}) \in S^n \mid x_{n+1} \geq 0\}$에 동치관계 $\sim$을 $x = y$이거나 $\|x\| = \|y\| = 1$이고 $y = \pm x$일 때, $x \sim y$로 정의하였을 때, 해당하는 상공간 $S^n_+/\sim$과 $\mathbb{RP}^n$은 위상동형이다.

(3) n차원 닫힌 원판 $D^n = \{(x_1, \ldots, x_n) \in \mathbb{R}^n \mid x_1^2 + x_2^2 + \cdots + x_n^2 \leq 1\}$에 동치관계 $\sim$을 $x = y$이거나 $\|x\| = \|y\| = 1$이고 $y = \pm x$일 때, $x \sim y$로 정의하였을 때, 해당하는 상공간 $D^n/\sim$과 $\mathbb{RP}^n$은 위상동형이다.

예제 9.17 $\mathbb{RP}^n$은 닫힌 n차원 다양체이다.

| 풀이 | S^n 위의 동치관계 $\sim$을 $x = \pm y$일 때, $x \sim y$로 정의하고 해당하는 상함수 $q\colon S^n \to \mathbb{RP}^n$, $q(x) = \overline{x}$를 생각하자. S^n은 콤팩트 공간이고 q는 전사함수이므로 $\mathbb{RP}^n$도 콤팩트공간이다.

$\mathbb{RP}^n$이 하우스도르프공간이 됨을 확인하자. $\overline{x} \neq \overline{y}$인 두 점 $x, y \in S^2$에 대하여 $x + y \neq 0$이다. 따라서 S^n의 열린집합

$$O = \{z \in S^n \mid (x + y) \cdot z > 0\}$$

에 대해, $q|_O\colon O \to \mathbb{RP}^n$은 단사함수이다. S^n이 하우스도르프 공간이므로 부분공간인 O도 하우스도르프 공간이다. 따라서 $x \in U, y \in V$이고 서로소인 O의 두 열린집합 U, V가 존재한다. O가 S^n의 열린집합이므로 U, V는 S^n의 열린집합이다. $q|_O$는 단사이고 $U, V \subset O$이므로 $q^{-1}(q(U)) = U$, $q^{-1}(q(V)) = V$이고 상위상의 정의에 의해, $q(U), q(V)$는 $\mathbb{RP}^n$의 서로소인 두 열린집합이고 정의에 의해 $\overline{x} \in q(U)$, $\overline{y} \in q(V)$이다. 따라서 $\mathbb{RP}^n$은 하우스도르프 공간이다.

임의의 $x \in S^n$에 대하여 S^n의 열린집합 $O_x = \{y \in S^n \mid x \cdot y > 0\}$를 생각하면, $O_x \cong \mathbb{R}^n$이고 $q(O_x)$는 $\mathbb{RP}^n$의 열린집합이고 $\overline{x} \in q(O_x)$이다. 그리고 $q|_{O_x}\colon O_x \to q(O_x)$는 연속인 전단사함수이고 열린함수이므로 위상

동형함수이다. 따라서 $\mathbb{RP}^n$ 의 각 점은 $\mathbb{R}^n$ 과 위상동형인 열린 근방을 갖고 $\mathbb{RP}^n$ 은 경계가 없는 n 차원 다양체이다. □

위 예제는 상공간이 하우스도르프공간이 되는 예제이다. 일반적으로 하우스도르프공간의 상공간은 하우스도르프가 아니다. 다음 보조정리는 상공간이 하우스도르프가 될 유용한 충분조건이다.

보조정리 9.18

정규공간 X 와 X 의 닫힌집합 C 에 대하여 X 의 동치관계 $\sim$을 $x = y$ 이거나 $x, y \in C$ 이면 $x \sim y$ 로 정의하면 해당하는 상공간 $X/\sim$은 하우스도르프이다.

|증명| $X/\sim$의 서로 다른 임의의 두 원소 $\overline{x}, \overline{y}$와 상함수 $q\colon X \to X/\sim$에 대하여

$$q^{-1}(\overline{x}) = \begin{cases} \{x\} & x \notin C \\ C & x \in C \end{cases}$$

이므로 다음 2가지 경우로 나누어 생각할 수 있다.

a) $x, y \notin C$ 인 경우: X 가 정규공간이므로 $x \in U, y \in V$ 인 서로소이면서 C 와 만나지 않는 X 의 열린집합 U, V 가 존재한다. 또한

$$\overline{x} \in q(U), \quad \overline{y} \in q(V), \quad q(U) \cap q(V) = \varnothing$$

이다. $q^{-1}(q(U)) = U, \overline{y} \in q^{-1}(q(V)) = V$ 이므로 상위상의 정의에 의해 $q(U), q(V)$ 는 $X/\sim$의 열린집합이다.

b) x, y 중 하나만 C 의 원소인 경우: $x \in C, y \notin C$ 라 가정하자. 그러면 X 가 정규공간이므로 $C \subset U, \{y\} \subset V$ 를 만족하는 서로소인 열린집합 U, V 가 존재하고

$$\overline{x} \in q(U), \quad \overline{y} \in q(V), \quad q(U) \cap q(V) = \varnothing$$

이다. $q^{-1}(q(U)) = U, q^{-1}(q(V)) = V$ 이므로 상위상의 정의에 의해 $q(U), q(V)$ 는 $X/\sim$의 열린집합이다.

따라서 $X/\sim$은 하우스도르프이다. □

참고 9.19 위의 보조정리에서 C 가 닫힌집합이란 조건은 필수적이다. 왜냐하면 $X = \mathbb{R}$, $C = \mathbb{Q}$ 인 경우를 생각하면, $\mathbb{Q}$ 는 $\mathbb{R}$ 에서 조밀하므로 임의의 무리수 s 에 대하여 s 를 포함하는 열린집합은 $\mathbb{Q}$ 를 포함하는 열린집합과 공통원소를 가지므로 $\mathbb{R}/\sim$은 하우스도르프 공간이 아니다. 따라서 우리는 일반적으로 하우스도르프 성질은 연속인 전사함수에 의하여 보존되지 않음을 알 수 있다.

보조정리 9.20

$f\colon X \to Y$가 연속함수이고 X 위의 동치관계 $\sim$이 $f(x) = f(y)$일 때, $x \sim y$로 정의되어 있을 때, 함수

$$\widehat{f}\colon X/\sim \to Y, \quad \widehat{f}([x]) = f(x)$$

는 연속함수이다.

| 증명 | 임의의 Y의 열린집합 U에 대하여 f가 연속함수이므로 $f^{-1}(U)$는 X의 열린집합이다. 또한, $q^{-1}(\widehat{f}^{-1}(U)) = f^{-1}(U)$으로 X의 열린집합이고 상위상의 정의에 의해 $\widehat{f}^{-1}(U)$는 $X/\sim$의 열린집합이다. □

정리 9.21

실수 전체의 집합 $\mathbb{R}$에 동치관계 $\sim$을 $x - y \in \mathbb{Z}$일 때, $x \sim y$으로 정의할 때, 해당하는 상함수

$$q\colon \mathbb{R} \to \mathbb{R}/\sim, \quad q(x) = [x]$$

에 의하여 얻어지는 상공간 $\mathbb{R}/\sim$은 유클리드 공간 $\mathbb{R}^2$의 부분공간 S^1과 위상동형이다.

| 증명 | 연속함수 $f\colon \mathbb{R} \to S^1$을 $f(x) = e^{2\pi ix}$으로 정의하면, 모든 $x, y \in \mathbb{R}$에 대해, $f(x) = f(y)$인 것과 $x \sim y$인 것은 동치이다. 따라서 함수

$$\widehat{f}\colon \mathbb{R}/\sim \to S^1, \quad \widehat{f}([x]) = f(x)$$

는 전단사함수이고 위 보조정리에 의해 연속이다. 또한 $\mathbb{R}/\sim\, = q([0,1])$이므로 $\mathbb{R}/\sim$은 콤팩트공간이고 S^1은 하우스도르프공간이므로 $\widehat{f}$는 위상동형함수이다. □

비슷한 방법으로 $D^2 = \{z = (x, y) \in \mathbb{R}^2 \mid x^2 + y^2 \leq 1\}$에 동치관계 $\sim$을 $z_1 = z_2$이거나 $|z_1| = |z_2| = 1$이면 $z_1 \sim z_2$로 정의하면, 해당하는 상공간 $D^2/\sim$이 S^2와 위상동형임을 보일 수 있다.

예제 9.22 위에서 얻은 상공간 $D^2/\sim$는 유클리드 평면 $\mathbb{R}^2$의 한 점 콤팩트화와 위상동형이다.

9.2 곡면

9.2.1 곡면

정의 9.23. 2차원 다양체를 **곡면(surface)**이라 한다.

예제 9.24 다음 그림의 곡면을 이라 하고 T^2 혹은 Σ_1 으로 나타낸다.

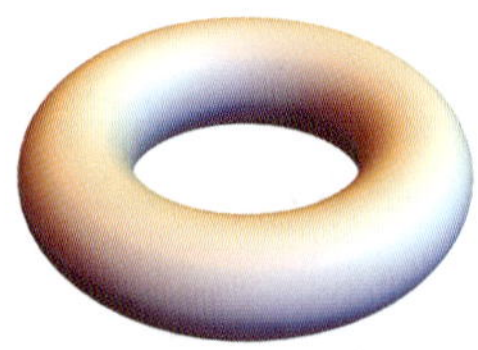

우리는 다음 절에서 2차원 원환면의 다양한 엄밀한 정의를 학습할 것이다.

예제 9.25 다음에 제시된 예는 경계가 있는 곡면이다.

(0) 2차원 닫힌 원반 $D^2 = \{(x, y) \in \mathbb{R}^2 \mid x^2 + y^2 \leq 1\}$

(1) $S^1 \times [0, 1]$

(2) 뫼비우스 띠

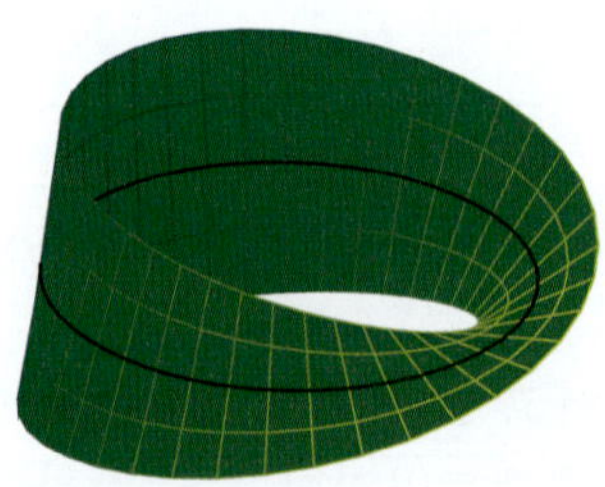

정의 9.26. 주어진 곡면의 각 점에서 정의된 연속인 법벡터장이 존재할 때 이 곡면을 **가향곡면(orientable surface)**이라 한다. 가향곡면이 아닌 곡면을 **비가향곡면(nonorientable surface)**이라 한다.

예제 9.27 S^2, T^2, Σ_g, $S^1 \times [0,1]$는 가향곡면이고 뫼비우스 띠, $\mathbb{RP}^2$, K는 비가향 곡면이다.

참고 9.28 여기서 Σ_g는 예 9.33에 나오는 종수가 g인 가향곡면이다.

9.2.2 2차원 원환면의 다양한 정의

2차원 원환면은 아래와 같이 다양한 방법으로 엄밀하게 정의할 수 있다.

회전체로서의 원환면

미적분학에서 원환면을 회전체로서 학습하였다. 만약 $0 < r < R$일 때, 3차원 유클리드 공간 상의 yz-평면위에 놓인 z-축과 만나지 않는 원

$$\{(x,y,z) \in \mathbb{R}^3 \mid x = 0, (y-r)^2 + z^2 = R^2\}$$

을 z-축을 중심으로 회전하여 얻어진 회전체가 2차원 원환면이다.

등위면으로 정의된 원환면

원환면을 등위면으로 다음과 같이 정의할 수 있다.

$$\begin{aligned} T^2 &= \{(x,y,z) \in \mathbb{R}^3 \mid (\sqrt{x^2+y^2} - R)^2 + z^2 - r^2 = 0\} \\ &= \{(x,y,z) \in \mathbb{R}^3 \mid (x^2+y^2+z^2+R^2-r^2)^2 = 4R^2(x^2+y^2)\} \end{aligned}$$

따라서 원환면은 자연스럽게 3차원 유클리드 공간 $\mathbb{R}^3$에 매장된다.

상공간으로서의 원환면

유클리드 평면 $\mathbb{R}^2$에 동치관계를 $(x-z, y-w) \in \mathbb{Z}^2$이면, $(x,y) \sim (z,w)$으로 정의하면, 해당하는 상공간 $\mathbb{R}^2/\sim$은 2차원 원환면이다.

곱공간으로서의 원환면

곱공간 $S^1 \times S^1$은 2차원 원환면이다. 여기서 S^1은 1차원 구면, 즉

$$S^1 = \{(x,y) \in \mathbb{R}^2 \mid x^2 + y^2 = 1\} = \{z \in \mathbb{C} \mid |z| = 1\}$$

을 의미한다. 일반적으로 $T^n = \prod_{i=1}^n S^1$을 이라 한다.

정리 9.29

원환면 T^2는 닫힌 곡면이다. 일반적으로 T^n은 닫힌 n차원 다양체이다.

예제 9.30 4가지 서로 다른 방법으로 정의한 2차원 원환면이 실제로 서로 위상동형임을 보이시오.

9.2.3 연결합과 일반적인 곡면

정의 9.31. M_1, M_2가 n차원 다양체일 때, 두 매장함수 $j_1 \colon D^n \to M_1, j_2 \colon D^n \to M_2$를 잡을 수 있다. 이 때,

$$M_1 \# M_2 = ((M_1 \setminus j_1(0)) \cup (M_2 \setminus j_2(0))) /\sim$$

을 두 다양체 M_1과 M_2의 **연결합(connected sum)**이라고 한다. (단, 여기서 $j_1(tx) \sim j_2((1-t)x), t \in [0,1], x \in S^{n-1}$이다.)

참고 9.32 두 다양체 M_1과 M_2가 매장함수 j_1과 j_2의 선택에 의존하지 않음은 자명하지 않지만 증명되었다. M_1과 M_2가 가향곡면인 경우, j_1과 j_2가 주어진 향을 각각 보존, 비보존하도록 잡아 $M_1 \# M_2$가 가향곡면이 되도록 할 수 있고 뒤에 나오는 모든 예들은 이런 방법으로 연결합을 생성하였다고 생각한다.

예제 9.33 S^2를 종수가 0인 가향곡면이라 하고 Σ_0으로도 나타낸다. 또한 $g \geq 1$인 자연수 g에 대하여

$$\Sigma_g = \Sigma_{g-1} \# T^2 = \#_{i=1}^{g} T^2$$

를 **종수가 g인 가향곡면(genus g orientable surface)**이라 한다.

또한 $k \geq 1$ 인 자연수 k에 대하여

$$N_k = \#_{i=1}^{k} \mathbb{RP}^2$$

를 **종수가 k 인 비가향곡면(genus k non-orientable surface)**이라 한다.

9.3 자르고 붙이기를 통하여 곡면을 표현하기

곡면을 자르고 붙이는 과정을 통하여 다각형의 변을 쌍으로 붙여서 만들수 있다. 예를 들면 $S^1 \times [0,1]$로 주어진 원기둥면은 임의의 $p \in S^1$에 대하여 $\{p\} \times [0,1]$로 주어지는 선분을 따라 자르면 사각형이 되고 이 사각형에서 대응하는 변을 다시 붙이면 원기둥으로 돌아감을 쉽게 살펴 볼 수 있다. 두 번째 그림과 같이 오른쪽 변을 반 바퀴 회전하여 왼쪽 변과 일치시키면 뫼비우스 띠를 얻게 된다.

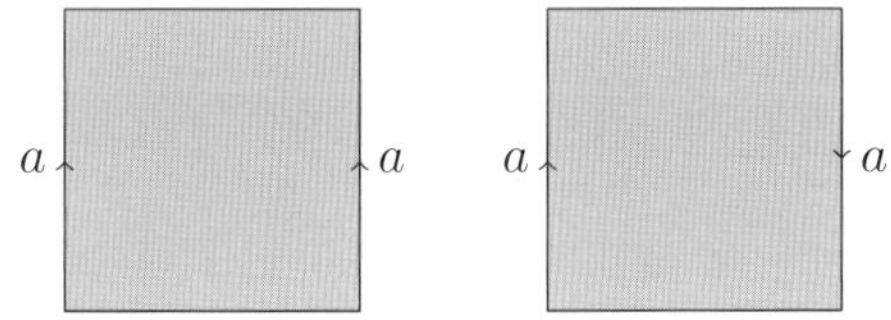

이제 이러한 작업을 연결 닫힌 2차원 다양체에 적용하여 다양한 다양체를 어떻게 나타낼 수 있는지 살펴보자.

9.3.1 2차원 닫힌 구면 S^2

2차원 닫힌 구면

$$S^2 = \{(x,y,z) \in \mathbb{R}^3 \mid x^2 + y^2 + z^2 = 1\}$$

을 xz-평면위의 반원

$$\{(\cos t, 0, \sin t) \in \mathbb{R}^3 \mid 0 \leq t \leq \pi\}$$

를 따라 자른 후 평면에 펼쳐서 얻은 공간은 2차원 원판

$$D^2 = \{(x,y) \in \mathbb{R}^2 \mid x^2 + y^2 \leq 1\}$$

와 위상동형이다. 즉 2차원 원판 D^2에 동치관계 $\sim$를 $(x_1,y_1) = (x_2,y_2)$이거나 $\|(x_1,y_1)\| = \|(x_2,y_2)\| = 1$일 때 $(x_1,y_1) \sim (x_2,y_2)$로 정의하여 얻은 동치관계에 해당하는 상공간 $D^2/\!\sim$과 2차원 닫힌 구면은 위상동형이다. 이를 펼친 그림으로 표현하면 다음과 같다.

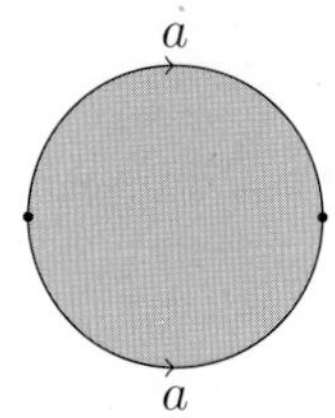

한 꼭지점에서 시작하여 반시계방향으로 다각형의 둘레를 돌 때 변의 화살표 방향과 진행방향이 같으면 변의 문자 그대로 읽고, 변의 화살표 방향과 진행방향이 반대이면 변의 문자의 지수가 -1 이 되도록 읽으면 위의 펼친그림은 aa^{-1} 와 같은 단어와 대응이 된다.

9.3.2 2차원 사영공간 $\mathbb{RP}^2$

$\mathbb{RP}^2$ 는 $D^2 = \{z \in \mathbb{R}^2 \mid \|z\| \le 1\}$ 에 동치관계 $\sim$을 $z_1 = z_2$ 이거나 $\|z_1\| = \|z_2\| = 1$ 이고 $z_1 = \pm z_2$ 일 때, $z_1 \sim z_2$ 로 정의하였을 때, 해당하는 상공간 $D^2/{\sim}$과 위상동형이다. 이를 펼친 그림으로 나타내면 다음과 같고, 이에 대응하는 단어는 aa 이다.

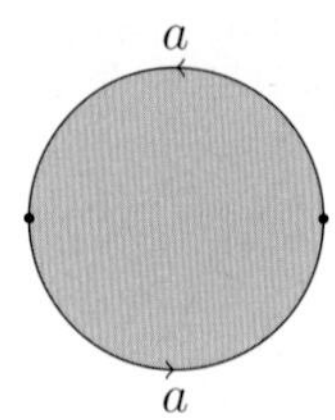

9.3.3 2차원 원환면 T^2

2차원 원환면 T^2 를 xz-평면 위의 원 $(x-2)^2 + z^2 = 1$을 z-축을 중심으로 회전하여 얻어지는 회전체로 생각하자. 이 때, 한 점에서 만나는 두 원

$$\{(x,0,z) \in \mathbb{R}^3 \mid (x-2)^2 + z^2 = 1\} \quad \{(x,y,0) \in \mathbb{R}^3 \mid x^2 + y^2 = 9\}$$

을 따라 자르면 사각형을 얻는다. 따라서 이 사각형의 마주보는 변을 역으로 붙이는 과정을 통해 원환면을 얻을 수 있다. 또는 유클리드 평면 $\mathbb{R}^2$ 에 동치관계 $\sim$을 $(x-z, y-w) \in \mathbb{Z}^2$ 일 때, $(x,y) \sim (z,w)$ 으로 정의하였을 때, 해당하는 상공간 $\mathbb{R}^2/\sim$이 원환면 $S^1 \times S^1$ 과 위상동형임을 관찰하였다. 이를 펼친 그림으로 표현하면 다음과 같고, 이에 대응하는 단어는 $aba^{-1}b^{-1}$ 이다.

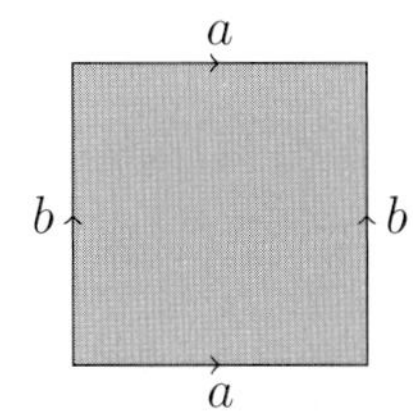

9.3.4 두 개의 닫힌 곡면의 연결합을 다각형으로 나타내기

임의의 닫힌 곡면 M과 S^2의 연결합으로 얻어지는 곡면 $M\#S^2$는 다시 M과 위상동형인 닫힌 곡면이 됨을 쉽게 볼 수 있다. 이제 좀 더 일반적인 경우에 대하여 살펴보자.

T^2에서 D^2와 위상동형인 하나의 원판을 떼어낸 것을 펼친 그림으로 표현하면 다음과 같이 오각형으로 나타낼 수 있다.

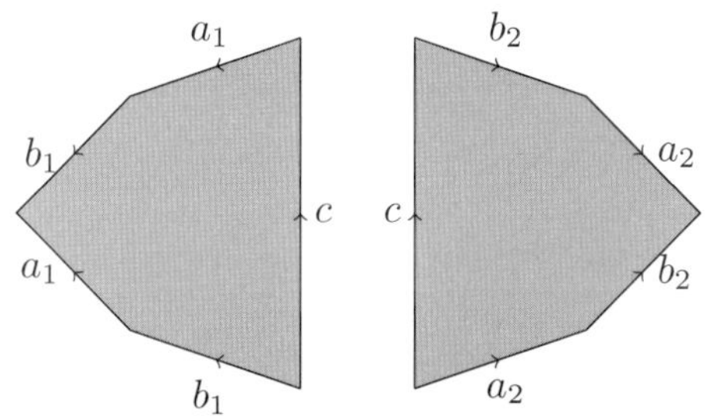

이러한 오각형 2개를 c를 따라 붙이면 팔각형이 얻어지는데 이를 $T^2\#T^2$의 펼친 그림으로 이해할 수 있다. 이에 대응하는 단어는 $a_1b_1a_1^{-1}b_1^{-1}a_2b_2a_2^{-1}b_2^{-1}$이다. 이런 작업을 반복하면 Σ_g는 T^2를 g개 연결합하여 얻을 수 있고 이의 펼친 그림은 $4g$각형으로 나타낼 수 있다.

같은 방법으로 두 개의 $\mathbb{RP}^2$를 연결합하여 얻어지는 닫힌 곡면의 펼친 그림은 다음과 같이 사각형으로 나타낼 수 있고, 대응하는 단어는 $aabb$이다.

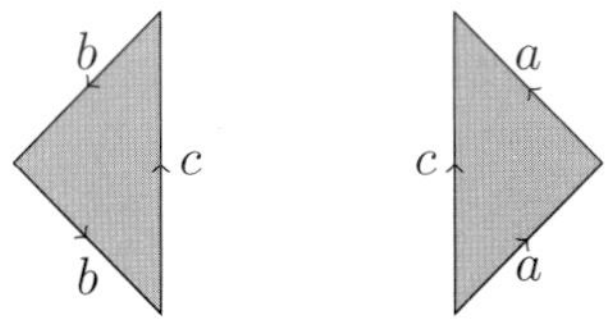

예제 9.34 자르고 붙이는 과정을 통하여 다음에 주어진 두 개의 펼친 그림이 위상동형인 닫힌 다양체의 펼친 그림이 됨을 보이시오.

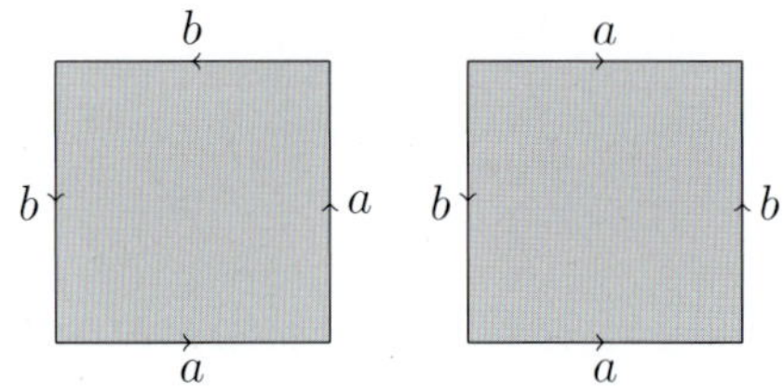

이와 같은 닫힌 곡면을 **클라인 병(Klein bottle)**이라 하고 K로 나타낸다. 클라인병은 3차원 유클리드 공간에 매장되지 않는다.

예제 9.35 $T^2 \# \mathbb{RP}^2 \cong \mathbb{RP}^2 \# \mathbb{RP}^2 \# \mathbb{RP}^2$가 성립한다.

9.4 닫힌 곡면의 분류

지금까지 살펴본 것과 같이 T^2 또는 $\mathbb{RP}^2$의 연결합으로 주어지는 닫힌곡면의 펼친 그림은 짝수각형이 되고, 같은 이름을 갖는 변은 두 개씩 있음을 알 수 있다. 일반적으로 임의의 닫힌 곡면의 펼친 그림은 이와 같은 모양으로 나타낼 수 있음을 알아보자.

정의 9.36 (닫힌 곡면의 삼각화). 닫힌 곡면 M에 대하여 다음 성질을 만족하는 유한 개의 삼각형의 집합 $\mathscr{T} = \{T_1, T_2, \ldots, T_n\}$을 M의 **삼각화(triangulation)**라 한다.

(1) 각각의 $i = 1, 2, \ldots, n$에 대하여 위상동형함수

$$\phi_i \colon T_i \to \{(x, y, z) \mid x + y + z = 1, x \geq 0, y \geq 0, z \geq 0\}$$

이 존재한다.

(2) $i \neq j$인 임의의 T_i, T_j에 대하여 $T_i \cap T_j$는 공집합 또는 하나의 꼭지점 또는 하나의 변이다.

(3) $M = \bigcup_{i=1}^{n} T_i$이다.

참고 9.37 임의의 닫힌 곡면은 삼각화 가능하다.

정리 9.38

임의의 닫힌 곡면 M 의 펼친 그림은 짝수각형으로 나타낼 수 있고, 같은 이름을 갖는 변은 두 개씩 존재한다. 따라서 $D^2 = \{(x,y) \in \mathbb{R}^2 \mid x^2 + y^2 \leq 1\}$ 에 대하여

$$M \cong D^2/\sim$$

를 만족하는 ∂D^2 에 정의된 동치관계 $\sim$ 이 존재한다.

증명 | 주어진 닫힌 곡면의 삼각화 $\mathscr{T} = \{T_1, T_2, \ldots, T_n\}$ 을 하나 선택하자. 각각의 $i = 2, 3, \ldots, n$ 에 대하여 T_i 는 $\{T_1, T_2, \ldots, T_{i-1}\}$ 의 원소로 주어진 삼각형 중 적어도 하나와 한 변을 공유하도록 T_i 들의 순서가 정해졌다고 가정할 수 있다. 그러면 M 이 닫힌 곡면이므로 T_i 의 변들로 이루어진 집합에는 같은 변이 두 개씩 존재한다. 그리고 $\phi_i(T_i) = \Delta_i$ 가 평면위에 흩어져 있는 수축 가능한 고무로 만들어진 삼각형이라고 하고 Δ_i 의 변의 이름은 대응하는 T_i 의 변의 이름과 같이 사용하자. 그러면 다음과 같이 M_i $(i = 1, 2, \ldots, n)$ 을 정의할 수 있다.

(1) $M_1 = \Delta_1$ 라 하자.

(2) Δ_1 과 Δ_2 는 한 변을 공유하므로 이 변을 붙여서 얻어지는 다각형을 M_2 라 하자.

(3) $\{\Delta_1, \Delta_2\}$ 의 적어도 한 삼각형과 Δ_3 는 한 변을 공유하므로 이러한 변 중에 하나를 선택하여 M_2 에 붙여서 얻어지는 다각형을 M_3 라 하자.

(4) 이러한 과정을 반복하여 M_i $(i = 1, 2, \ldots, n)$ 을 순차적으로 정의하자.

그러면 M_n 은 $(n+2)$ 각형이고 이 도형의 변에는 같은 이름을 갖는 변이 쌍으로 존재하므로 n 은 짝수여야 한다. 그리고 각각의 i 에 대하여 $M_i \cong D^2$ 이다. 따라서

$$M = M_n/\sim \cong D^2/\sim$$

이다. □

정리 9.39

임의의 닫힌 곡면 M 은 어떤 정수 $g \geq 0$ 에 대해 Σ_g 와 위상동형이거나 어떤 자연수 k 에 대해 N_k 와 위상동형이다.

|증명| 위의 정리에 따르면 닫힌 곡면 M은 펼친 그림으로 주어지는 다각형의 대응하는 변을 일치시켜 얻어지는 상공간과 위상동형이고, 따라서 펼친 그림의 변으로 부터 얻어지는 단어에 의해 완전히 결정된다.

1단계: 주어진 단어에 $\cdots aa^{-1}\cdots$ 또는 $\cdots a^{-1}a\cdots$ 와 같은 부분이 존재하면 이러한 변들을 붙여서 다각형의 내부로 보낸다.

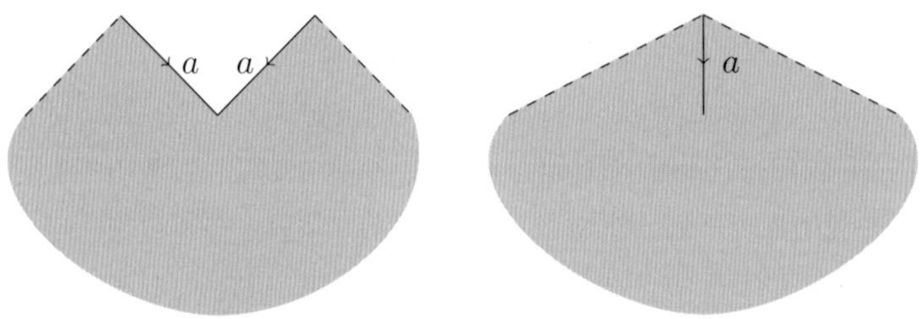

2단계: 자르고 붙이는 과정을 통하여 다각형의 꼭지점이 모두 같게 만들 수 있다.

예를 들어 아래 그림과 같이 다각형의 변 중 양쪽 꼭지점이 A, B로 서로 다른 변 a가 존재하면 선분 b를 따라 이 다각형을 자른 후 삼각형 ABC의 변 a를 원래 다각형의 또 다른 변 a에 갖다 붙이자. 그러면 주어진 다각형의 꼭지점 중 A의 개수는 1개가 줄고 B의 개수는 1개가 증가한다. 이런 과정을 반복하면 꼭지점을 모두 같게 만들 수 있다.

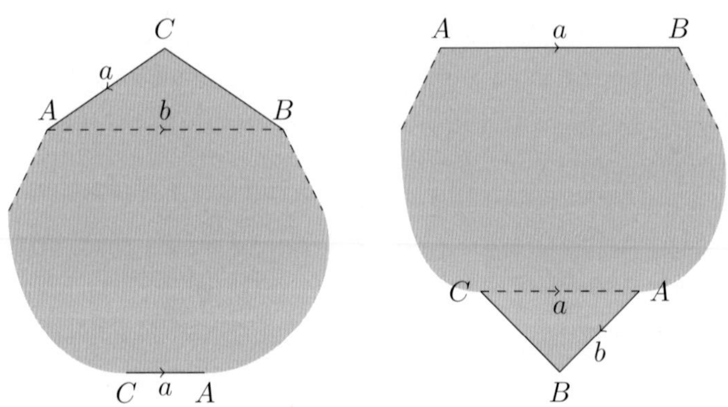

3단계: 다각형에 대응하는 단어에 같은 지수를 갖는 문자가 존재하면 $(\cdots a\cdots a\cdots)$, 자르고 붙이는 과정을 통하여 같은 문자가 연속으로 나타나게 할 수 있다 $(\cdots bb\cdots)$.

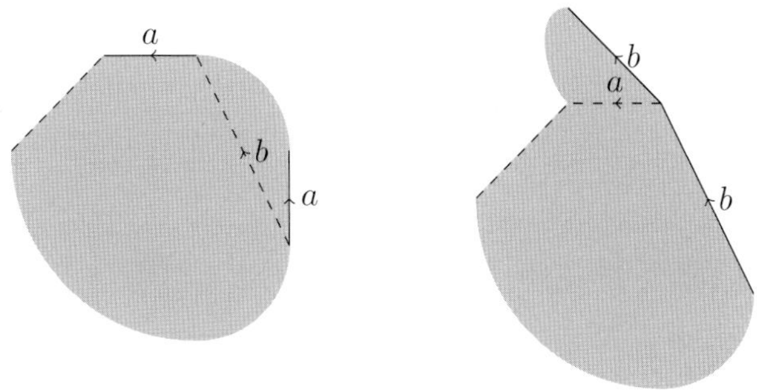

4단계: 다각형에 대응하는 단어에 다른 지수를 갖는 문자가 존재하면 $(\cdots a \cdots a^{-1} \cdots)$, 자르고 붙이는 과정을 통하여 $\cdots cdc^{-1}d^{-1} \cdots$ 모양이 되게 만들 수 있다.

다각형에 대응하는 단어가 $\cdots a \cdots a^{-1} \cdots$ 형태이면

$$\cdots a \cdots b \cdots a^{-1} \cdots b^{-1} \cdots$$

가 되는 a와 다른 문자 b가 존재한다. 만일 그렇지 않다면 주어진 다각형에 대응하는 단어에 있는 문자는 $G = \{c \mid \cdots a \cdots c \cdots a^{-1} \cdots\}$에 속하거나 이 집합에 속하지 않는다. 3단계에서 같은 지수를 갖는 문자는 모두 연달아서 나타나게 만들었고, $\cdots a \cdots b \cdots a^{-1} \cdots b^{-1} \cdots$ 가 되는 a와 다른 문자 b가 존재하지 않는다고 가정하였으므로 G에 속하는 문자에 대응하는 두 변은 모두 G의 조건을 만족하고, G에 속하지 않는 문자에 대응하는 두 변은 모두 G의 조건을 만족하지 못한다. 따라서 문자 a에 대응하는 두 변 a와 a^{-1}을 먼저 붙이면 G에 속하는 문자에 대응하는 변들은 모두 이 원기둥의 한쪽에 놓이게 되고 따라서 변 a의 양 끝점에 대응하는 꼭지점은 서로 같을 수가 없다. 2단계에서 모든 꼭지점은 같게 만들었으므로 이는 모순이다.

이제 $\cdots a \cdots b \cdots a^{-1} \cdots b^{-1} \cdots$ 형태의 단어를 다음과 같이 자르고 붙이는 과정을 통하여 $\cdots cdc^{-1}d^{-1} \cdots$ 모양으로 바꿀 수 있다.

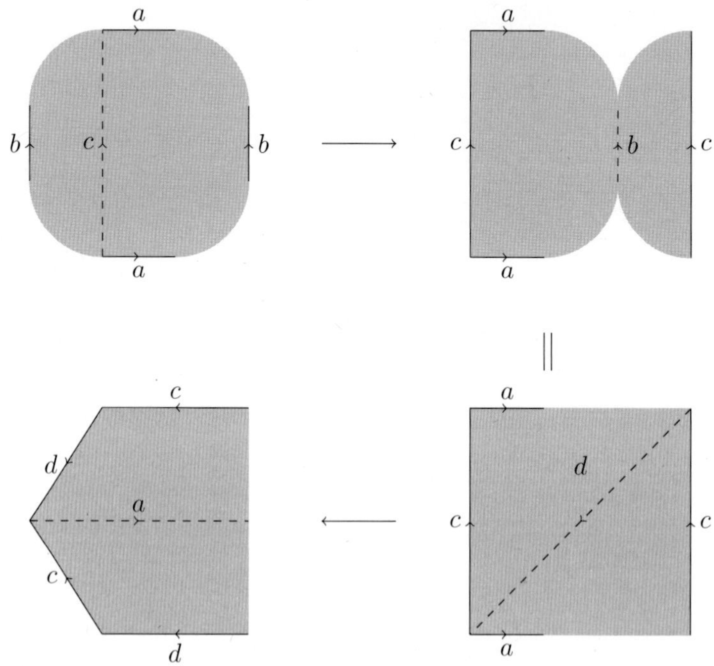

위의 내용을 정리하면 다음과 같다.

1단계에서 모든 문자가 상쇄되면 대응하는 닫힌 다양체는 S^2 가 된다.

1단계에서 3단계의 과정을 통하여 주어진 다각형에 대응하는 단어를 $a_1a_1a_2a_2\cdots a_ka_k$ 형태로 바꿀 수 있다면 이에 대응하는 닫힌 다양체는 비가향이고

$$M \cong \#_{i=1}^k \mathbb{RP}^2 = N_k$$

가 된다.

그렇지 않으면 1단계에서 4단계까지의 과정을 거쳐서 대응하는 단어를

$$a_1a_1a_2a_2\cdots a_ka_kb_1c_1b_1^{-1}c_1^{-1}\cdots b_gc_gb_g^{-1}c_g^{-1}$$

와 같이 나타낼 수 있다. 따라서

$$M \cong \#_{i=1}^g T^2 \#(\#_{j=1}^k \mathbb{RP}^2)$$

이다. 만약 $k=0$ 이면, $M \cong \Sigma_g$ 이다. 만약 $k>0, g>0$ 이면

$$T^2\#\mathbb{RP}^2 \cong \mathbb{RP}^2\#\mathbb{RP}^2\#\mathbb{RP}^2$$

임을 이용하면 $M \cong \#_{i=1}^{k+2g}\mathbb{RP}^2 = N_{k+2g}$ 이다. □

9.4.1 오일러수와 가향성을 이용한 닫힌 곡면의 분류

보조정리 9.40

닫힌 곡면 M이 비가향인 것과 M이 뫼비우스 띠를 포함하고 있는 것은 동치이다.

|증명| M이 뫼비우스 띠를 포함하고 있으면 연속적으로 정의된 단위 법벡터장이 존재할 수 없으므로 비가향곡면이다. 반면, 주어진 곡면의 펼친그림에 대응하는 단어를 생각하면, 곡면이 가향이면 곡면의 향이 각 변의 향을 결정하고, 같은 문자를 갖는 두 변을 붙힌 후에도 가향이 되려면 각 문자의 지수가 서로 반대 부호이어야 한다. 따라서 비가향곡면에 대응하는 단어는 $\cdots a \cdots a \cdots$ 형태가 되고 다음 그림과 같이 이 두 변을 포함하는 부분을 잘라 낸 후 두 변을 붙이면 뫼비우스 띠를 얻게 된다.

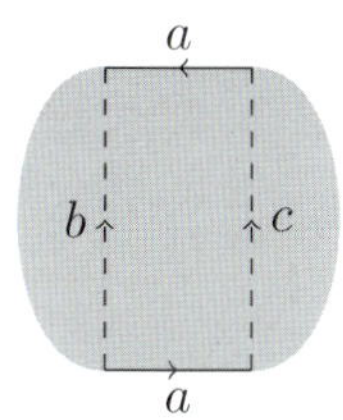

따라서 비가향 닫힌 곡면은 뫼비우스 띠를 포함한다. □

정의 9.41. 닫힌 곡면 M의 주어진 삼각화

$$\mathscr{T} = \{T_1, T_2, \ldots, T_n\}$$

에 대하여 이 삼각화의 꼭지점의 수를 v, 변의 수를 e, 면의 수를 f라 할 때,

$$\chi(M) = v - e + f$$

를 이 곡면의 **오일러수(Euler number)**라 한다.

참고 9.42 오일러수는 삼각화에 의존하지 않고 주어진 닫힌 곡면의 위상동형에만 의존하는 위상불변량이다. 그리고 주어진 곡면을 삼각형이 아닌 다각형으로 분할하더라도 오일러수는 변하지 않는다.

예제 9.43 다음은 몇 가지 닫힌 곡면에 대한 오일러수이다.

(1) $\chi(S^2) = 2$

(2) $\chi(T^2) = 0$

(3) $\chi(\mathbb{RP}^2) = 1$

정리 9.44

두 닫힌 곡면 M_1, M_2에 대하여

$$\chi(M_1 \# M_2) = \chi(M_1) + \chi(M_2) - 2$$

가 성립한다.

| 증명 | 모든 $i = 1, 2$에 대해, M_i가 닫힌 곡면이므로, 임의의 점 $p_i \in M_i$에 대하여

$$\{(x, y) \in \mathbb{R}^2 \mid x^2 + y^2 \leq 1\}$$

와 위상동형인 점 p_i의 근방 D_i가 존재한다. 또한

$$M_i = ((M_i \smallsetminus \operatorname{int}(D_i) \cup D_i)/\sim, \quad \partial(M_i \smallsetminus \operatorname{int}(D_i)) \cong S^1$$

이다. 따라서

$$\begin{aligned} \chi(M_i) &= \chi(M_i \smallsetminus \operatorname{int}(D_i)) + \chi(D_i) - \chi(S^1 \times [0,1]) \\ &= \chi(M_i \smallsetminus \operatorname{int}(D_i)) + 1 \end{aligned}$$

이고

$$\begin{aligned} \chi(M_1 \# M_2) &= \chi(M_1 \smallsetminus \operatorname{int}(D_1)) + \chi(M_2 \smallsetminus \operatorname{int}(D_2)) - \chi(S^1 \times [0,1]) \\ &= \chi(M_1) + \chi(M_2) - 2 \end{aligned}$$

이다. □

따름정리 9.45

종수가 g인 닫힌 가향곡면 Σ_g $(g \geq 0)$의 오일러수는 $\chi(\Sigma_g) = 2 - 2g$이고 종수가 k인 닫힌 비가향곡면 N_k $(k \geq 0)$의 오일러수는 $\chi(N_k) = 2 - k$이다.

정리 9.46

오일러수와 가향성이 같은 두 닫힌 곡면은 서로 위상동형이다.

|증명| 닫힌 곡면 M이 가향이면 정리 9.39에 의해, $M \cong \Sigma_g$이고 여기서 g는 $g = \frac{2-\chi(M)}{2}$로 M에 의해 유일하게 결정된다. 닫힌 곡면 M이 비가향이면 정리 9.39에 의해, $M \cong N_k$이고 여기서 k는 $k = 2 - \chi(M)$로 M에 의해 유일하게 결정된다. □

9.5 연습문제

1. 다음에 주어진 단어에 대응하는 닫힌 곡면을 찾으시오.
   (1) $abcabc$
   (2) $abca^{-1}b^{-1}c^{-1}$
   (3) $aa^{-1}bccb^{-1}$
   (4) $acba^{-1}b^{-1}c^{-1}$

2. $T^2\#\mathbb{RP}^2$ 는 $K\#\mathbb{RP}^2$ 와 위상동형임을 보이시오.

3. 임의의 정다면체의 오일러수는 2 임을 보이시오. 그리고 정다면체는 정사면체, 정육면체, 정팔면체, 정십이면체, 정이십면체 뿐임을 보이시오.

4. 비가향 닫힌 곡면 M 에는 S^1 과 위상동형이면서 $M \setminus C$ 는 연결공간인 곡선 C 가 존재함을 보이시오. S^2 에는 이러한 성질을 만족하는 곡선이 존재하지 않음을 보이시오.

Chapter 10

연습문제 및 기출문제 풀이

이 장에서는 연습문제와 1991년도부터 2025년도까지의 임용시험 기출문제들의 풀이를 다룬다.

10.1 1장 연습문제 및 기출문제 풀이

10.1.1 1장의 연습문제 풀이

1. 만약 $A \subset B$ 이면 임의의 $a \in A$ 에 대해 $a \in B$ 이다. 따라서 임의의 $a \in A$ 에 대해 $a \in A \cap B$ 이고 이로부터 $A \subset A \cap B$ 임을 알 수 있다. $A \cap B \subset A$ 는 항상 성립하므로 $A \cap B = A$ 이다. 만약 $A \cap B = A$ 이면, 모든 $a \in A$ 에 대해 $a \in A \cap B$ 이므로 $a \in B$ 이다. 따라서 $A \subset B$ 이다.
2. (1) 거짓 (2) 거짓 (3) 거짓 (4) 참
3. (1) 정리 1.21(7) 에 의해, $A \subset f^{-1}(f(A))$ 이다. 함수 f 가 단사함수라고 가정하자. 만약 $x \in f^{-1}(f(A))$ 이면 $f(x) \in f(A)$ 이고 f 가 단사이므로 $x \in A$ 이므로 $f^{-1}(f(A)) \subset A$ 이다.

   (2) 정리 1.21(7) 에 의해, $f(f^{-1}(B)) \subset B$ 이다. 함수 f 가 전사함수라고 가정하자. 만약 $y \in B$ 에 대해 $f(x) = y$ 인 $x \in X$ 가 존재한다. 따라서 $x \in f^{-1}(B)$ 이고 $y = f(x) \in f(f^{-1}(B))$ 이다. 따라서 $B \subset f(f^{-1}(B))$ 이다.

   (3) $A_1 \cap A_2 \subset A_1$, $A_1 \cap A_2 \subset A_2$ 이므로 $f(A_1 \cap A_2) \subset f(A_1) \cap f(A_2)$ 이다. 만약 f 가 단사함수이고 $y \in f(A_1) \cap f(A_2)$ 이면 $y = f(x_1) = f(x_2)$ 이고 $x_1 \in A_1$, $x_2 \in A_2$ 인 원소가 존재한다. 함수 f 가 단사이므로 $x_1 = x_2 \in A_1 \cap A_2$ 이고 $y \in f(A_1 \cap A_2)$ 이다.

   (4) 만약 $y \in f(A_1) \setminus f(A_2)$ 이면 $f(x_1) = y$ 인 $x_1 \in A_1$ 이 존재하고 모든 $x_2 \in A_2$ 에 대해 $y \neq f(x_2)$ 이다. 따라서 $x_1 \in A_1 \setminus A_2$ 이고 $y \in f(A_1 \setminus A_2)$ 이다. 따라서 $f(A_1) \setminus f(A_2) \subset f(A_1 \setminus A_2)$ 이다. 모든 $y \in f(A_1 \setminus A_2)$ 에 대해 $y = f(x_1)$ 인 $x_1 \in A_1 \setminus A_2$ 이 존재한다. 만약 f 가 단사함수이면 $x_2 \in A_2$ 에 대해 $y \neq f(x_2)$ 이다. 따라서 $y \in f(A_1) \setminus f(A_2)$ 이다. 따라서 $f(A_1 \setminus A_2) \subset f(A_1) \setminus f(A_2)$ 이다.

   (5) 임의의 $x \in X \setminus f^{-1}(Y \setminus B)$ 에 대해, $f(x) \notin Y \setminus B$ 이므로 $f(x) \in B$ 이다.
4. (1) 임의의 $x \in X$ 에 대해 $f(x) = f(x)$ 이므로 $x \sim x$. 만약 $x \sim y$ 이면 $f(x) = f(y)$ 이고 따라서 $f(y) = f(x)$ 이므로 $y \sim x$ 이다. 만약 $x \sim y$ 이고 $y \sim z$ 이면 $f(x) = f(y) = f(z)$ 이므로 $f(x) = f(z)$ 가 성립하고 따라서 $x \sim z$ 이다.

   (2) 함수 $F\colon X/\!\sim\ \to Y$ 를 $F([x]) = f(x)$ 로 정의하면 함수 F 는 잘 정의되고 전단사함수이다.
5. 함수 $f\colon X \times Y \to Y \times X$ 를 $f(x, y) = (y, x)$ 로 정의하면 f 는 전단사함수이다.
6. 함수 $\alpha\colon \prod_{n=1}^{\infty}\{0,1\} \to \mathscr{P}(\mathbb{N})$ 를

$$\alpha\colon \mathscr{P}(\mathbb{N}) \to \prod_{n=1}^{\infty}\{0,1\}, \quad \alpha(A)(n) = \begin{cases} 0 & n \notin A \\ 1 & n \in A \end{cases}$$

으로 정의하면, α는 전단사함수이고 참고 1.32에 의해, $\mathscr{P}(\mathbb{N})$은 비가산집합이므로 가산 곱집합 $\prod_{n=1}^{\infty}\{0,1\}$은 비가산집합이다.

7. A가 유한집합이고 B가 A의 진부분집합이면, 전단사함수

$$f\colon A \to \{1,2,\dots,n\}$$

가 존재하고 A의 원소의 개수는 n이다. 비슷하게 B와 $\{1,2,\dots,k\}$ 사이의 전단사함수가 존재하고 $k<n$이다. 만약 A와 B 사이의 전단사함수가 존재하면, 전단사함수 $g\colon\{1,2,\dots,n\}\to\{1,2,\dots,k\}$가 존재한다. $k<n$이므로 비둘기집의 원리에 의해 g는 단사일 수 없으므로 모순이다.

자연수 전체의 집합 $\mathbb{N}$과 $\mathbb{N}$의 진부분집합인 $\mathbb{N}\setminus\{1\}$ 사이의 전단사함수

$$\alpha\colon \mathbb{N}\to\mathbb{N}\setminus\{1\},\quad \alpha(n)=n+1$$

가 존재한다. 따라서 앞의 논의에 의해 자연수 전체의 집합 $\mathbb{N}$은 유한집합일 수 없다.

8. $f(m_1,n_1)=f(m_2,n_2)$이고 $m_1\ge m_2$이라고 가정하자. $2^{m_1}3^{n_1}=2^{m_2}3^{n_2}$이고 $m_1\ge m_2$이므로 $2^{m_1-m_2}=3^{n_2-n_1}$은 자연수이다. 2와 3이 서로소이고 자연수의 소인수분해는 유일하므로 $m_1=m_2$, $n_1=n_2$이다. 따라서 f는 단사함수이다.

9. (1)은 생략한다.

   (2) 최대원: 36, 최소원: 1, 극대원:36, 극소원:1

   A의 상계: 36, A의 상한: 36, A의 하계: 1, A의 하한: 1

10. $\bigcap_{n=1}^{\infty}(A_n\cap B_n)=[-1,1]$, $\bigcap_{n=1}^{\infty}(A_n^c\cup B_n^c)=\varnothing$, $\bigcup_{n=1}^{\infty}(A_n\setminus B_n)=(-\infty,-1)$이다.

11. (1) 함수 $f\colon\mathbb{N}\to\mathbb{Z}_{\ge 0}$을 $f(n)=n-1$로 정의하면 함수 f는 전단사함수이다.

    (2) 함수 $f\colon[0,1]\to(0,1)$, $g\colon(0,1)\to[0,1]$을 $f(x)=\frac{x+1}{3}$, $g(x)=x$로 정의하면, f와 g는 단사함수이다. 따라서 번스타인-칸토어-슈레더 정리1.36에 의해 $[0,1]$과 $(0,1)$ 사이에 전단사함수가 존재한다.

10.1.2 1장의 기출문제 풀이

1. 정답: $\{1,2,4\}$

   $x_1=x_2=x_4=1$이고 $x_3=0$이므로 $1,2,4\in X$이고 $3\notin X$이다. 따라서 $X=\{1,2,4\}$이다.

2. 정답: $\{0\}$

   드 모르간의 법칙에 의해

$$\left(\bigcup_{n=1}^{\infty}A_n\right)^c=\bigcap_{n=1}^{\infty}A_n^c=\bigcap_{n=1}^{\infty}\left(-\tfrac{1}{n},\tfrac{1}{n}\right)=\{0\}$$

이다.

3. 정답: 6

$\overline{1} = \{1\}, \overline{2} = \{2,4,6\}, \overline{3} = \{3\}, \overline{5} = \{5\}, \overline{7} = \{7\}, \overline{8} = \{8\}$ 이고

$$X/\mathcal{R} = \{\overline{1}, \overline{2}, \overline{3}, \overline{5}, \overline{7}, \overline{8}\}$$

이다.

4. 정답: ② ㄱ, ㄴ

ㄱ. 모든 자연수 n에 대해, $A_n \cap B_n = \{-n, -n+1, \ldots, -1, 0, 1, \ldots, n-1, n\}$ 이다. 따라서

$$\bigcap_{n=1}^{\infty}(A_n \cap B_n) = \{-1, 0, 1\}$$

이다.

ㄴ. 모든 자연수 n에 대해, $A_n \cap B_n = \{-n, -n+1, \ldots, -1, 0, 1, \ldots, n-1, n\}$ 이다. 드 모르간의 법칙에 의해

$$\bigcap_{n=1}^{\infty}({A_n}^c \cup {B_n}^c) = \mathbb{Z} \setminus (\bigcup_{n=1}^{\infty}(A_n \cap B_n)) = \mathbb{Z} \setminus \mathbb{Z} = \varnothing$$

이다. 따라서 $\mathbb{Z} \cap \bigcap_{n=1}^{\infty}({A_n}^c \cup {B_n}^c) = \varnothing$ 이다.

ㄷ. 모든 자연수 n에 대해, $A_n \setminus B_n = \{x \in \mathbb{Z} \mid x < -n\}$ 이다. 따라서

$$\bigcup_{n=1}^{\infty}(A_n \setminus B_n) = \{x \in \mathbb{Z} \mid x < -1\}$$

이다.

5. 정답: ③번

ㄱ. 정리 1.21의 (7)에 의해 참이다.

ㄴ. $X = \{a, b\}, Y = \{1\}$ 이라 하고 함수 $f\colon X \to Y$ 를 $f(a) = f(b) = 1$ 이라 정의하고 X의 두 부분집합 $A = \{b\}, B = \{1\}$ 를 생각하면,

$$f^{-1}(f(A) \cap B) = \{a, b\}, \quad A \cap f^{-1}(B) = \{b\}$$

이므로 거짓이다.

ㄷ. 예제 1.22의 (3)에 의해 참이다.

6. 정답: ④번

ㄱ. 모든 $A \in X$ 에 대해, $A \neq \phi$ 이므로 $A \cap A \neq \phi$ 이다.

ㄴ. 임의의 $A, B \in X$ 에 대해, $A \cap B = B \cap A$ 이므로 참이다.

ㄷ. $A = [0,1]$, $B = [1,2]$, $C = [2,3]$ 이면 $A \sim B$, $B \sim C$ 이지만 $A \sim C$ 이 아니다.

7. 정답: ②번

ㄱ. $\mathbb{R} \setminus \mathbb{Q}$ 는 비가산집합이므로 $\mathbb{Q} \times (\mathbb{R} \setminus \mathbb{Q})$ 역시 비가산집합이다.

ㄴ. $\mathscr{P}_n(\mathbb{Q})$ 를 원소의 개수가 n 인 $\mathbb{Q}$ 의 부분집합들로 이루어진 집합족이라 하면

$$\{F \mid F\text{는 } \mathbb{Q}\text{의 유한부분집합}\} = \bigcup_{n=0}^{\infty} \mathscr{P}_n(\mathbb{Q})$$

이다. $a_1 < a_2 < \cdots < a_n$ 을 만족하는 유리수 a_i 에 대하여 함수 $f_n \colon \mathscr{P}_n(\mathbb{Q}) \to \mathbb{Q}^n$ 을

$$f_n(\{a_1, a_2, \ldots, a_n\}) = (a_1, a_2, \ldots, a_n)$$

으로 정의하면 f_n 은 단사이고 $\mathbb{Q}^n$ 은 가산집합이므로 $\mathscr{P}_n(\mathbb{Q})$ 는 가산집합이다. 따라서 $\bigcup_{n=0}^{\infty} \mathscr{P}_n(\mathbb{Q})$ 는 가산집합이다.

ㄷ. 임의의 $x \in \mathbb{R}$ 에 대하여

$$\overline{x} = \{y \in \mathbb{R} \mid y - x \in \mathbb{Q}\}$$

이므로 함수 $f_x \colon \mathbb{Q} \to \overline{x}$ 를 $f_x(r) = x + r$ 로 정의하면, 함수 f_x 는 전단사함수이므로 $\overline{x}$ 는 가산집합이다. 만약 $\mathbb{R}/\!\sim$ 이 가산집합이면 $\mathbb{R} = \bigcup_{\overline{x} \in \mathbb{R}/\sim} \overline{x}$ 는 가산집합의 가산 합집합이므로 $\mathbb{R}$ 은 가산집합이 되고 이는 모순이다. 따라서 $\mathbb{R}/\!\sim$ 은 비가산집합이다.

10.2 2장 연습문제 및 기출문제 풀이

10.2.1 2장 연습문제 풀이

1. 민코프스키 부등식으로부터 $\mathbb{R}^n$ 의 유클리드 거리함수 d 가 삼각부등식을 만족함을 알 수 있다. 임의의 $x, y, z \in \mathbb{R}^n$ 에 대해,

$$\begin{aligned} d(x,y) &= \|x - y\| = \|(x - z) + (z - y)\| \\ &\le \|x - z\| + \|z - y\| = d(x,z) + d(z,y) \end{aligned}$$

이다. 나머지는 자명하므로 생략한다.

2. 거리함수가 아닌 예들에 대해, 거리함수가 아닌 이유만 제시하고 나머지는 생략한다. 예제 2.19에서 정의된 함수 d_3 는 두 연속함수 f, g 가 같지 않아도 $f(x) = g(x)$ 인 $x \in [a,b]$ 가 존재하면 $d_3(f,g) = 0$ 이므로 거리함수가 아니다. 예제 2.20에서 d_1 은 $d_1((1,0),(2,0)) = 0$ 이므로 거리함수가 아니다. d_2 는 $d_2((1,1),(3,4)) =$

0이므로 거리함수가 아니다. d_3는 $d_3((1,2),(2,1)) = 0$이므로 거리함수가 아니다. d_4는 $d_4((1,3),(2,2)) = 0$이므로 거리함수가 아니다.

3. 아르키메데스의 성질에 의해 양수 ε에 대해 $1 \le n\varepsilon$인 자연수 n이 존재하고 $0 < \frac{1}{n} < \varepsilon$이다. 만약 $a < b$이면 $b - a > 0$이므로 $0 < \frac{1}{n} < b - a$인 자연수 n이 존재하고$nb > na + 1$이므로 $na < m < nb$인 정수 m이 존재한다. 따라서 $a < \frac{m}{n} < b$인 정수의 쌍 (m, n)이 존재한다.
4. $\mathbb{R} \setminus \mathbb{Z} = \bigcup_{n\in\mathbb{Z}}(n, n+1)$이므로 $\mathbb{Z}$는 $\mathbb{R}$의 닫힌집합이다. 유리수의 조밀성에 의해 임의의 공집합이 아닌 $\mathbb{R}$의 열린구는 $\mathbb{Q}$의 원소를 포함하므로 $\mathbb{R} \setminus \mathbb{Q}$는 $\mathbb{R}$의 열린집합이 아니고 $\mathbb{Q}$는 $\mathbb{R}$의 열린집합이 아니다. $0 \in (\mathbb{R} \setminus K)$이지만 0을 포함하는 임의의 열린구는 K의 원소를 포함하므로 K는 닫힌집합이 아니다.
5. 이산거리 d의 정의에 의해, $a \in B_d(a, 1) = \{a\}$이고 $\lim_{n\to\infty} a_n = a$이므로 $n \ge N$이면 $a_n \in B(a, 1)$인 자연수 N이 존재하고 따라서 $n \ge N$이면 $a_n = a$이다.
6. d가 거리함수이므로 삼각부등식을 만족하고

$$d(x_0, x) \le d(x_0, y) + d(x, y)$$
$$d(x_0, y) \le d(x_0, x) + d(x, y)$$

가 성립한다. 따라서 임의의 $x, y \in X$에 대해 $|f(x) - f(y)| \le d(x, y)$이다. 그러므로 주어진 양수 $\varepsilon > 0$에 대해 $\delta = \varepsilon$이라 두면 $d(x, y) < \delta$면 $|f(x) - f(y)| < \varepsilon$이다. 따라서 함수 f는 연속이다.
7. $\max\{f(x), g(x)\} = \frac{1}{2}(|f(x) - g(x)| + f(x) + g(x))$이다. 함수 f, g가 연속이므로 $f + g$, $f - g$도 연속함수이고 $|\cdot|\colon \mathbb{R} \to \mathbb{R}$도 연속함수이므로 $\max\{f(x), g(x)\}$도 연속함수이다. (이에 대한 엄밀한 증명은 정리 5.22에 주어져 있다.)
8. 임의의 양수 $\varepsilon > 0$에 대해 $\delta = 1$이라 하면 $d(x_0, x) < \delta$이면 $x = x_0$이고 따라서 $|f(x_0) - f(x)| = 0 < \varepsilon$이다. 따라서 함수 f는 임의의 점 $x_0 \in X$에서 연속이다.
9. 무한집합에 이산거리함수가 정의된 이산공간에서 (1)은 거짓이다. $(0, 1)$에 유클리드 거리함수를 주면 이 공간은 유계인 거리공간이지만 코시 수열 $\{\frac{1}{n}\}_{n=1}^{\infty}$은 수렴하지 않으므로 (2)는 거짓이다. (3)의 반례는 예제 7.56에 주어져 있고 정리 7.55에 의해 (3)의 역은 일반적인 거리공간에서 성립한다.
10. 임의의 $A, B \in Y$에 대해

$$A\Delta B = (A \setminus B) \cup (B \setminus A) = B\Delta A$$

이므로 $d(A, B) = d(B, A)$이고 $d(A, B) \ge 0$임은 자명하다. 만약 $d(A, B) = 0$이면 $A\Delta B = \varnothing$이고 이는 $A = B$인 것과 동치이다. 임의의 $A, B, C \in Y$에 대해

$$A\Delta B = (A \cup B) \setminus (A \cap B) \subset (A \cup B \cup C) \setminus (A \cap B \cap C) = (A\Delta C) \cup (C\Delta B)$$

이다. 따라서

$$|A\Delta B| \leq |(A\Delta C) \cup (C\Delta B)| \leq |A\Delta C| + |C\Delta B|$$

이고 $d(A,B) \leq d(A,C) + d(C,B)$ 이다.

10.2.2 2장 기출문제 풀이

1. (i) 모든 $x, y \in X$ 에 대해, $d(x,y) \geq 0$ 이므로

$$d_1(x,y) = \frac{d(x,y)}{1+d(x,y)} \geq 0$$

이다. 만약 $d_1(x,y) = 0$ 이면, $d(x,y) = 0$ 이고 d 가 X 의 거리함수이므로 $x = y$ 이다.

(ii) 모든 $x, y \in X$ 에 대해,

$$d_1(x,y) = \frac{d(x,y)}{1+d(x,y)} = \frac{d(y,x)}{1+d(y,x)} = d_1(y,x)$$

이다.

(iii) 모든 $x, y, z \in X$ 에 대해, $d_1(x,y) \leq d_1(x,z) + d_1(z,y)$ 를 보이자. 편의를 위해 $a = d(x,y)$, $b = d(x,z)$, $c = d(z,y)$ 라 하면, $a, b, c \geq 0$ 이고 $a \leq b + c$ 이므로

$$\begin{aligned}
&d_1(x,z) + d_1(z,y) - d_1(x,y) \\
&= \frac{b}{1+b} + \frac{c}{1+c} - \frac{a}{1+a} \\
&= \frac{(b+c-a) + (2bc+b+c+abc)}{(1+a)(1+b)(1+c)} \\
&\geq 0
\end{aligned}$$

이다.

(iv) X 안의 한 점 x_0 를 고정하면, 임의의 $x \in X$ 에 대하여

$$d_1(x_0,x) = \frac{d(x_0,x)}{1+d(x_0,x)} \leq 1$$

이므로 $X \subset B(x_0,1)$ 이고 (X,d) 는 유계이다.

2. 정의에 의해, 모든 $(x,y) \in \mathbb{R}^2 \setminus \{(1,3)\}$ 에 대해,

$$e((x,y),(1,3)) = d((0,0),(x,y)) + d((0,0),(1,3)) = |x| + |y| + 4$$

이다. 따라서

$$e((1,3),(-1,\tfrac{1}{2})) = 1 + \tfrac{1}{2} + 4 = \tfrac{11}{2}$$

이다. 또한

$$\{(x,y) \in \mathbb{R}^2 \mid e((x,y),(1,3)) < 9\} = \{(x,y) \in \mathbb{R}^2 \mid |x| + |y| < 5\}$$

이다. 이 집합에 속하는 각 좌표가 정수인 원소의 개수는 41개이다.

10.3 3장 연습문제 및 기출문제 풀이

10.3.1 3장 연습문제 풀이

1. 정답: ③ 정의에 의해 $(0,1], (2,3] \in \mathscr{T}$ 이지만, $(0,1] \cup (2,3] \notin \mathscr{T}$ 이므로 $\mathscr{T}$ 는 위상이 아니다.
2. 정답: ① 보통위상공간 $(\mathbb{R}, \mathscr{T}_{usual})$ 의 부분공간 $[0,1]$ 의 열린집합 $[0,\frac{1}{2})$ 은 $\mathscr{T}_{usual}$ 의 원소가 아니다.
3. $\{1,2\} \cap \{2,3\} = \{2\}$ 인데 $2 \in B \subset \{2\}$ 를 만족하는 $\mathscr{B}$ 의 원소 B 가 존재하지 않으므로 $\mathscr{B}$ 는 X 의 어떤 위상의 기저도 아니다.
4. 집합 $X = \{1,2,3,4,5\}$ 의 부분집합족 $\mathscr{S} = \{\{1\},\{1,2,3\},\{2,3,4\}\}$ 를 부분기저로 하여 생성된 위상 $\mathscr{T}_{\mathscr{S}}$ 는

   $$\mathscr{T}_{\mathscr{S}} = \{\varnothing, \{1\}, \{2,3\}, \{1,2,3\}, \{2,3,4\}, \{1,2,3,4\}, X\}$$

   이다.
5. $\mathscr{S}$ 를 부분기저로 하여 생성된 위상 $\mathscr{T}_{\mathscr{S}}$ 의 원소는 $\mathscr{S}$ 의 유한 개의 원소들의 교집합들의 합집합으로 표현된다. 만약 자연수 n 의 소인수분해가

   $$n = \prod_{j=1}^{\ell} p_j^{s_j}, \quad s_j \in \mathbb{N}$$

   으로 주어지면, n 을 포함하는 가장 작은 열린집합은 $\bigcap_{j=1}^{\ell} S_{p_j}$ 이다.
6. $\mathscr{T}_1$ 과 $\mathscr{T}_2$ 를 포함하는 가장 작은 위상은

   $$\mathscr{T}_3 = \{\varnothing, \{a\}, \{b\}, \{a,b\}, \{b,c\}, X\}$$

   이고 $\mathscr{T}_1$ 과 $\mathscr{T}_2$ 에 포함되는 가장 큰 위상은

   $$\mathscr{T}_4 = \mathscr{T}_1 \cap \mathscr{T}_2 = \{\varnothing, \{a\}, X\}$$

   이다.

7. 다음에 의해 $\mathscr{T}_X$ 는 X 의 위상이다.
   (1) $\varnothing = f^{-1}(\varnothing) \in \mathscr{T}_X$ 이고 $X = f^{-1}(Y) \in \mathscr{T}_X$ 이다.
   (2) 모든 $i \in I$ 에 대해, $f^{-1}(V_i) \in \mathscr{T}_X$ 이면, $V_i \in \mathscr{T}_Y$ 이고 $\mathscr{T}_Y$ 는 Y 의 위상이므로 $\bigcup_{i\in I} V_i \in \mathscr{T}_Y$ 이다. 따라서

$$\bigcup_{i\in I} f^{-1}(V_i) = f^{-1}(\bigcup_{i\in I} V_i) \in \mathscr{T}_X$$

   이다.
   (3) 모든 $i = 1, 2, \ldots, n$ 에 대해, $f^{-1}(V_i) \in \mathscr{T}_X$ 이면, $V_i \in \mathscr{T}_Y$ 이고 $\mathscr{T}_Y$ 는 Y 의 위상이므로 $\bigcap_{i=1}^{n} V_i \in \mathscr{T}_Y$ 이다. 따라서

$$\bigcap_{i=1}^{n} f^{-1}(V_i) = f^{-1}(\bigcap_{i=1}^{n} V_i) \in \mathscr{T}_X$$

   이다.

8. 다음에 의해 $\mathscr{T}_Y$ 는 Y 의 위상이다.
   (1) $f^{-1}(\varnothing) = \varnothing \in \mathscr{T}_X$ 이므로 $\varnothing \in \mathscr{T}_Y$ 이고, $f^{-1}(Y) = X \in \mathscr{T}_X$ 이므로 $Y \in \mathscr{T}_Y$ 이다.
   (2) 모든 $i \in I$ 에 대하여 $U_i \in \mathscr{T}_Y$ 이면 $f^{-1}(U_i) \in \mathscr{T}_X$ 이고 $\mathscr{T}_X$ 는 위상이므로 $\bigcup_{i\in I} f^{-1}(U_i) \in \mathscr{T}_X$ 이다. 따라서

$$f^{-1}(\bigcup_{i\in I} U_i) = \bigcup_{i\in I} f^{-1}(U_i) \in \mathscr{T}_X$$

   이므로 $\bigcup_{i\in I} U_i \in \mathscr{T}_Y$ 이다.
   (3) 모든 $i = 1, 2, \ldots, n$ 에 대해, $U_i \in \mathscr{T}_Y$ 이면, $f^{-1}(U_i) \in \mathscr{T}_X$ 이고 $\mathscr{T}_X$ 는 위상이므로 $\bigcap_{i=1}^{n} f^{-1}(U_i) \in \mathscr{T}_X$ 이다. 따라서

$$f^{-1}(\bigcap_{i=1}^{n} U_i) = \bigcap_{i=1}^{n} f^{-1}(U_i) \in \mathscr{T}_X$$

   이므로 $\bigcap_{i=1}^{n} U_i \in \mathscr{T}_Y$ 이다.

9. 거리함수 d_1, d_2 의 정의에 의해,

$$B_{d_1}((0,0),1) = \{(x,y) \in \mathbb{R}^2 \mid x^2 + y^2 < 1\}$$
$$B_{d_2}((0,0),1) = \{(x,y) \in \mathbb{R}^2 \mid |x| + |y| < 1\}$$

이다. 임의의 점 $x \in \mathbb{R}^2$ 와 양수 r 에 대해

$$B_{d_2}(x,r) \subset B_{d_1}(x,r), \quad B_{d_1}(x, \tfrac{r}{\sqrt{2}}) \subset B_{d_2}(x,r)$$

이므로 두 거리함수 d_1, d_2 가 유도하는 거리위상 $\mathscr{T}_{d_1}, \mathscr{T}_{d_2}$ 는 동등하다.

10.3.2 3장 기출문제 풀이

1.

	닫힌집합	열린집합	유계집합
A	O	X	O
B	O	X	X
C	X	X	O
D	O	O	X

2. 정답 $\mathscr{T} = \{\varnothing, \{c\}, \{a,c\}, \{b,c\}, \{a,b,c\}, X\}$

   (i) $\{a,c\} \in \mathscr{T}$ 이고 $\{a\} \notin \mathscr{T}$ 임을 다음과 같이 보이자. 먼저 $N(a)$의 정의에 의해, $\{a,c\} \in N(a)$ 이므로 $a \in U \subset \{a,c\}$ 인 $U \in \mathscr{T}$ 가 존재한다. 따라서 $U = \{a\}$ 이거나 $U = \{a,c\}$ 이다. 만약 $U = \{a\}$ 이면 $\{a\}$는 a의 근방이 되므로 $\{a\} \in N(a)$ 인다. 이는 $N(a)$의 모든 원소는 $\{a,c\}$를 포함한다는 것에 모순이다. 따라서 $U = \{a,c\} \in \mathscr{T}$ 이고 $\{a\} \notin \mathscr{T}$ 이다.

   (ii) 비슷한 방법으로 $\{b,c\} \in \mathscr{T}$ 이고 $\{b\} \notin \mathscr{T}$ 를 증명할 수 있다.

   (iii) d를 포함하는 $(X,\mathscr{T})$의 열린집합은 X 뿐임을 다음과 같이 관찰하자. 만약 $(X,\mathscr{T})$의 열린집합 U가 $d \in U$ 이면 $U \in N(d) = \{X\}$ 이므로 $U = X$ 이다.

   (iv) 만약 $\{a,b\} \in \mathscr{T}$ 이면, $\{a\} = \{a,b\} \cap \{a,c\} \in \mathscr{T}$ 이 되어 모순이다. 따라서 $\{a,b\} \notin \mathscr{T}$ 이다.

   (v) (i), (ii)에 의해, $\{a,c\}$, $\{b,c\} \in \mathscr{T}$ 이므로 이들의 교집합, 합집합인 $\{c\}$, $\{a,b,c\}$도 $\mathscr{T}$의 원소이다.

   (i)–(vi)에 의해 $\mathscr{T} = \{\varnothing, \{c\}, \{a,c\}, \{b,c\}, \{a,b,c\}, X\}$ 이다.

3. 거리함수 d의 정의에 의해,

$$
\begin{aligned}
A &= \{z \in \mathbb{R}^2 \mid \|z\| = 2, \|z-(2,0)\| < 4\} \cup \{z \in \mathbb{R}^2 \mid \|z\| \neq 2, \|z\| + 2 < 4\} \\
&= \{z \in \mathbb{R}^2 \mid \|z\| = 2, z \neq (-2,0)\} \cup \{z \in \mathbb{R}^2 \mid \|z\| < 2\} \\
&= \{(x,y) \in \mathbb{R}^2 \in \mathbb{R}^2 \mid x^2 + y^2 \leq 4\} \setminus \{(-2,0)\}
\end{aligned}
$$

   이다. 비슷하게

$$
\begin{aligned}
B &= \{z \in \mathbb{R}^2 \mid \|z\| = 2, \|z-(2,0)\| < 1\} \cup \{z \in \mathbb{R}^2 \mid \|z\| \neq 2, \|z\| + 2 < 1\} \\
&= \{(x,y) \in \mathbb{R}^2 \mid x^2 + y^2 = 4, (x-2)^2 + y^2 < 1\}
\end{aligned}
$$

   이다.

10.4 4장 연습문제 및 기출문제 풀이

10.4.1 4장 연습문제 풀이

1. ⑤
2. $\text{int}(A) = \{7\}$, $\text{ext}(A) = \{4\}$, $\partial(A) = \{1,2,3,5,6\}$, $\overline{A} = \{1,2,3,5,6,7\}$, $A' = \{1,2,6\}$, $A \setminus A' = \{3,5,7\}$
3. $\text{int}(A) = \{a,c\}$, $\text{ext}(A) = \{d\}$, $\partial(A) = \{b,e\}$, $\overline{A} = \{a,b,c,e\}$, $A' = \{a,b,c,e\}$, $A \setminus A' = \varnothing$
4. $\text{int}(A) = \varnothing$, $\text{ext}(A) = \{b,d,e\}$, $\partial(A) = \{a,c\}$, $\overline{A} = \{a,c\}$, $A' = \varnothing$, $A \setminus A' = \{a,c\}$
5. $\text{int}(A) = \{1,3,5\}$, $\text{ext}(A) = \varnothing$, $\partial(A) = \{2,4\}$, $\overline{A} = \{1,2,3,4,5\}$, $A' = \{1,2,4\}$, $A \setminus A' = \{3,5\}$
6. $\text{int}(A) = \varnothing$, $\text{ext}(A) = \{n \mid n \geq 4\}$, $\partial(A) = \{0,1,2,3\}$, $\overline{A} = \{0,1,2,3\}$, $A' = \{1,2\}$, $A \setminus A' = \{0,3\}$
7. $\text{int}(A) = \varnothing$, $\text{ext}(A) = \mathbb{Q} - (A \cup \{0\})$, $\partial(A) = A \cup \{0\}$, $\overline{A} = A \cup \{0\}$, $A' = \{0\}$, $A \setminus A' = A$
8. $\text{int}(A) = (0,1)$, $\text{ext}(A) = (-\infty,0) \cup (1,\infty)$, $\partial(A) = \{0,1\}$, $\overline{A} = [0,1]$, $A' = [0,1)$, $A \setminus A' = \{1\}$
9. $\text{int}(A) = \varnothing$, $\text{ext}(A) = X \setminus \{x \mid 0 \leq x \leq 1\}$, $\partial(A) = \{x \mid 0 \leq x \leq 1\}$, $\overline{A} = \{x \mid 0 \leq x \leq 1\}$, $A' = \{x \mid 0 \leq x \leq 1\}$, $A \setminus A' = \varnothing$
10. 1
11. a, b, c, e
12. 없다.
13. X의 모든 점
14. 0
15. 없다.
16.

번호	내부	외부	경계	닫음	도집합
(1)	$\varnothing$	$\varnothing$	$\mathbb{R}$	$\mathbb{R}$	$\mathbb{R}$
(2)	$\varnothing$	$\varnothing$	$\mathbb{R}$	$\mathbb{R}$	$\mathbb{R}$
(3)	$(0,1)$	$(-\infty,0) \cup (1,\infty)$	$\{0,1\}$	$[0,1]$	$[0,1]$
(4)	$\varnothing$	$\varnothing$	$\mathbb{R}$	$\mathbb{R}$	$\mathbb{R}$
(5)	$[0,1)$	$(-\infty,0) \cup (1,\infty)$	$\{1\}$	$[0,1]$	$[0,1)$
(6)	$[0,1]$	$(-\infty,0) \cup (1,\infty)$	$\varnothing$	$[0,1]$	$\varnothing$

17. (1)

$$\begin{aligned}
&\mathrm{int}(A) = \{(x,y) \in X \mid 0 < x \le 1, 0 < y < x\} \cup \{(1,1)\} \\
&\mathrm{ext}(A) = \{(x,y) \in X \mid 0 \le x < 1, x < y < 1\} \\
&\partial(A) = \{(x,x) \mid 0 < x < 1\} \cup \{(x,0) \in X \mid 0 \le x \le 1\} \cup \{(x,1) \in X \mid 0 \le x < 1\} \\
&A' = \{(x,y) \in X \mid 0 < x \le 1, 0 \le y \le x\} \cup \{(x,1) \in X \mid 0 \le x \le 1\} \\
&\overline{A} = \{(x,y) \in X \mid 0 \le x \le 1, 0 \le y \le x\} \cup \{(x,1) \in X \mid 0 \le x \le 1\}
\end{aligned}$$

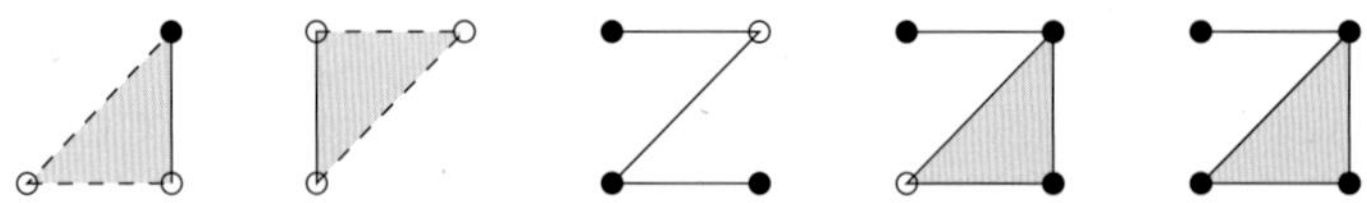

(2) $\overline{B} = B \cup \{(x,0) \mid 0 \le x \le 1\} \cup \{(x,1) \mid 0 \le x \le 1\}$ 이고 $\overline{C} = X$ 이다.

18. (1) 임의의 $a \in \mathbb{Z}$는 $N_{a,b}$의 원소이므로 $\bigcup_{a\in\mathbb{Z}} \bigcup_{b\in\mathbb{N}} N_{a,b} = \mathbb{Z}$ 이다. 만약 $x \in N_{a,b} \cap N_{c,d}$ 이면, b와 d의 최대공약수 y에 대해, $N_{x,y} \subset N_{a,b} \cap N_{c,d}$ 이다. 따라서 $\mathscr{B}$는 $\mathbb{Z}$의 기저이다.

(2) $N_{a,b}$는 $(\mathbb{Z}, \mathscr{T})$의 기저의 원소이므로 $(\mathbb{Z}, \mathscr{T})$의 열린집합이고 $\mathbb{Z} \setminus N_{a,b} = \bigcup_{i=1}^{b-1} N_{a+i,b} \in \mathscr{T}$ 이므로 $(\mathbb{Z}, \mathscr{T})$의 닫힌집합이다.

(3) 임의의 $a \in \mathbb{Z}, b \in \mathbb{N}$에 대해 $N_{a,b}$는 무한집합이므로 $N_{a,b} \subset \{-1, 1\}$ 인 $\mathscr{T}$의 원소는 존재하지 않는다. 그러므로 $\{-1,1\}$은 $(\mathbb{Z}, \mathscr{T})$의 열린집합이 아니다. 만일 P가 유한집합이면 $\bigcup_{p\in P} N_{0,p}$는 유한 개의 $(\mathbb{Z}, \mathscr{T})$의 닫힌집합의 합집합이므로 $(\mathbb{Z}, \mathscr{T})$의 닫힌집합이고 따라서 $\{-1,1\}$은 $(\mathbb{Z}, \mathscr{T})$의 열린집합이고 이는 모순이다.

10.4.2 4장 기출문제 풀이

1. 정답: ②번

① $\overline{A}$는 X의 닫힌집합이므로 $\overline{\overline{A}} = \overline{A}$ 이다.

② 반례: 보통위상이 주어져 있는 실수 전체의 집합 $\mathbb{R}$을 X라 하고 $A = (0,1)$, $B = (1,2)$ 라 하면, $\overline{A \cap B} = \varnothing$, $\overline{A} \cap \overline{B} = \{1\}$ 이다.

③ $B \subset \overline{B}$ 이므로 $A \setminus \overline{B} \subset A \setminus B$ 이고 $A \setminus \overline{B} \subset A \setminus B \subset \overline{A \setminus B}$ 이다.

④ $\varnothing$은 X의 닫힌집합이므로 $\overline{\varnothing} = \varnothing$ 이다.

2. 정수 전체의 집합 $\mathbb{Z}$ 안의 서로 다른 정수 들로 이루어진 수열 $\{a_n\}_{n=1}^{\infty}$가 임의의 정수 m으로 수렴함을 보이자. 정수 $m \in \mathbb{Z}$을 고정하고 U가 m을 포함하는 임의

의 $\mathbb{Z}$의 열린집합일 때, 어떤 자연수 N이 존재하여 $n > N$이면, $a_n \in U$ 임을 보이면 충분하다. U가 공집합이 아니므로 U^c은 유한집합이고 $U^c = \{x_1, x_2, \ldots, x_k\}$인 정수 $x_1 < x_2 < \cdots < x_k$가 존재한다. 수열 $\{a_n\}_{n=1}^{\infty}$는 서로 다른 정수로 이루어져 있으므로 자연수 전체의 집합 $\mathbb{N}$의 부분집합 A를

$$A = \{n \in \mathbb{N} \mid a_n \in \{x_1, \ldots, x_k\}\}$$

로 정의하면, A는 유한집합이다. 만약 $A = \varnothing$이면, 모든 자연수 n에 대해, $a_n \in U$이다. 만약 $A \neq \varnothing$이면, A의 가장 큰 원소를 N이라 하면, 만약 $n > N$이면, $a_n \in U$이다. 따라서 수열 $\{a_n\}_{n=1}^{\infty}$는 임의의 정수 m으로 수렴한다.

3. 정답: ②번

(현정), (기태) A가 X의 열린집합도 닫힌집합도 아닌 경우도 다루어야 하므로 희수의 풀이는 잘못된 풀이이다.

(수연) $B = \{1, 2\}$, $C = \{2, 3\}$, $D = \{1, 2, 3\}$이라 하면 $D = B \cup C$이지만 $B = D \setminus C$는 아니다.

(영호) 보통위상이 주어진 실수 전체의 집합 $\mathbb{R}$에서 $A = (1, 2)$라 하면 $\text{int}(A) = A$이지만 $\partial(A) = \{1, 2\} \neq \varnothing$이다.

4. 정답: $\overline{\{x_2\}} = \{x_2, x_5\}$

주어진 위상공간 $(X, \mathscr{T})$의 모든 닫힌집합들을 모은 집합족은

$$\{\varnothing, \{x_5\}, \{x_2, x_5\}, \{x_3, x_4\}, \{x_3, x_4, x_5\}, \{x_2, x_3, x_4, x_5\}, X\}$$

이다. $\{x_2\}$의 닫음은 $\{x_2\}$를 포함하는 모든 닫힌집합의 교집합이므로

$$\overline{\{x_2\}} = \{x_2, x_5\} \cap \{x_2, x_3, x_4, x_5\} \cap X = \{x_2, x_5\}$$

이다.

5. 정답: $A' = \{d, e\}$

(i) a를 포함하는 $(X, \mathscr{T})$의 열린집합 $\{a\}$에 대하여 $(\{a\} \setminus \{a\}) \cap A = \varnothing$이므로 $a \notin A'$이다.

(ii) b를 포함하는 $(X, \mathscr{T})$의 열린집합 $\{b\}$에 대하여 $(\{b\} \setminus \{b\}) \cap A = \varnothing$이므로 $b \notin A'$이다.

(iii) c를 포함하는 $(X, \mathscr{T})$의 열린집합 $\{a, c, d\}$에 대하여 $(\{a, c, d\} \setminus \{c\}) \cap A = \varnothing$이므로 $c \notin A'$이다.

(iv) d를 포함하는 $(X, \mathscr{T})$의 열린집합은 $\{a, c, d\}, \{a, b, c, d\}, X$이고

$$\varnothing \neq (\{a, c, d\} \setminus \{d\}) \cap A \subset (\{a, b, c, d\} \setminus \{d\}) \cap A \subset (X \setminus \{d\}) \cap A$$

이므로 $d \in A'$이다.

(v) e를 포함하는 $(X, \mathscr{T})$의 열린집합은 $\{a, b, e\}, X$이고

$$\varnothing \neq (\{a, b, e\} \setminus \{e\}) \cap A \subset (X \setminus \{e\}) \cap A$$

이므로 $e \in A'$이다.

(i)–(v)에 의하여 $A' = \{d, e\}$이다.

6. 정답: (1) $\mathbb{R}$ 상의 여유한위상 (2) $\mathbb{N}' = \mathbb{R}$

(1) $\mathscr{S}$를 부분기저로 하여 생성된 기저는

$$\mathscr{B}_{\mathscr{S}} = \{\mathbb{R} \setminus C \mid C\text{는 }\mathbb{R}\text{의 유한부분집합}\}$$

이고 $\mathscr{S}$를 부분기저로 하여 생성된 위상은

$$\mathscr{T}_{\mathscr{S}} = \{\mathbb{R} \setminus C \mid C\text{는 }\mathbb{R}\text{의 유한부분집합}\} \cup \{\varnothing\}$$

이므로 $\mathscr{T}_{\mathscr{S}}$는 $\mathbb{R}$의 여유한위상이다.

(2) 임의의 $x \in \mathbb{R}$와 $x \in U$인 $(\mathbb{R}, \mathscr{T}_{\mathscr{S}})$의 열린집합 U를 생각하자. U는 공집합이 아니므로 $U = \mathbb{R} \setminus C$인 $\mathbb{R}$의 유한 부분집합 C가 존재하고

$$(U \setminus \{x\}) \cap \mathbb{N} = \mathbb{N} \setminus (C \cup \{x\})$$

이고, $\mathbb{N}$은 무한집합이고 $(C \cup \{x\})$은 유한집합이므로 $\mathbb{N} \setminus (C \cup \{x\}) \neq \varnothing$이다. 따라서 $\mathbb{N}' = \mathbb{R}$이다.

7. 정답: $\text{int}A = \mathbb{R} \setminus \mathbb{Q}, \overline{A} = \mathbb{R}, \partial(A) = \mathbb{Q}, A' = \mathbb{R}$

A는 $(\mathbb{R}, \mathscr{T})$의 열린집합이므로 $\text{int}A = \mathbb{R} \setminus \mathbb{Q}$이다. A는 비가산이므로 A를 포함하는 $(\mathbb{R}, \mathscr{T})$의 닫힌집합은 $\mathbb{R}$ 뿐이고 $\overline{A} = \mathbb{R}$이다. $\partial(A) = \overline{A} \setminus \text{int}A = \mathbb{Q}$이다. 임의의 실수 x와 $x \in U$인 $(\mathbb{R}, \mathscr{T})$의 열린집합 U에 대해, $U = \mathbb{R} \setminus C$인 가산집합 C가 존재한다. 만약

$$(U \setminus \{x\}) \cap (\mathbb{R} \setminus \mathbb{Q}) = \varnothing$$

이라 가정하면 드 모르간의 법칙에 의하여

$$(C \cup \{x\}) \cup \mathbb{Q} = \mathbb{R}$$

이다. $(C \cup \{x\}) \cup \mathbb{Q}$은 가산집합이고 $\mathbb{R}$은 비가산집합이므로 모순이다. 따라서

$$(U \setminus \{x\}) \cap (\mathbb{R} \setminus \mathbb{Q}) \neq \varnothing$$

이므로 $A' = \mathbb{R}$이다.

8. 임의의 $x \in X$와 x를 포함하는 X의 열린집합 U를 잡자. B가 X에서 조밀하므로 $x \in X = \overline{B}$이고 $B \cap U \neq \varnothing$이다. $y \in B \cap U$인 y를 잡으면 A가 X에서 조밀하므로 $y \in X = \overline{A}$이고 $B \cap U$는 y를 포함하는 X의 열린집합이고

$$A \cap (B \cap U) = (A \cap B) \cap U \neq \varnothing$$

이고 $x \in \overline{A \cap B}$이다. 따라서 $\overline{A \cap B} = X$이고 $A \cap B$는 X에서 조밀하다.

9. 정답: 거짓, 참, 참, 참
   ① $\{2,4,6,8,10\}$이 $(X, \mathscr{T})$의 열린집합이라 가정하자. 그러면 6을 포함하는 임의의 열린집합은 $B_6 = \{2,3,6\}$을 포함하고 $B_6 \not\subset \{2,4,6,8,10\}$이므로 이는 모순이다.
   ② 소수 전체의 집합을 P라 하자. 임의의 $p \in P$에 대해 $B_p = \{p\} \in \mathscr{T}$이고 $P = \bigcup_{p \in P} B_p$이므로 P는 $(X, \mathscr{T})$의 열린집합이다.
   ③ $(X, \mathscr{T})$의 임의의 기저 열린집합 B_n에 대하여 $n = p \cdot n_1$인 소수 p와 자연수 n_1이 존재한다. 따라서 $p \in B_n \cap P \neq \varnothing$이므로 $\overline{P} = X$이다.
   ④ 모든 $x \in X$에 대해, $\overline{\{x\}} = \{nx \mid n \in \mathbb{N}\}$임을 보이자.
   (⊃) 만약 $y \in \{nx \mid n \in \mathbb{N}\}$이면 $y = n \cdot x$를 만족하는 자연수 n이 존재하고 x는 y의 약수이므로 $x \in B_y$이다. y를 포함하는 임의의 $(X, \mathscr{T})$의 열린집합 U는 B_y를 포함하므로 $U \cap \{x\} \neq \varnothing$이고 따라서 $y \in \overline{\{x\}}$이다.
   (⊂) 만약 $y \in \overline{\{x\}}$이면 y를 포함하는 임의의 $(X, \mathscr{T})$의 기저 열린집합 B_k에 대하여 $B_k \cap \{x\} \neq \varnothing$이므로 $x \mid k$이다. $y \in B_k$이므로 $x \mid y$이고 $y = nx$인 자연수 n이 존재한다.

10. 정답: $\mathrm{int}(\mathbb{Z}) = \varnothing, \mathrm{int}([0,1]) = \varnothing, \mathrm{int}(\mathbb{R} \setminus \mathbb{Z}) = \mathbb{R} \setminus \mathbb{Z}$
   임의의 $A \subset \mathbb{R}$에 대해, A의 내부는 A^c의 닫음의 여집합이다. 따라서 조건에 의해 $\mathrm{int}(A) = (c(A^c))^c$이고

$$\mathrm{int}(\mathbb{Z}) = (c(\mathbb{R} \setminus \mathbb{Z}))^c = \varnothing$$
$$\mathrm{int}([0,1]) = (c(\mathbb{R} \setminus [0,1]))^c = \varnothing$$
$$\mathrm{int}(\mathbb{R} \setminus \mathbb{Z}) = (c(\mathbb{Z}))^c = \mathbb{R} \setminus \mathbb{Z}$$

   이다.

11. 정답: ①번
   함수 f의 정의에 의해 임의의 $\mathbb{R}$의 부분집합 V에 대해,

$$f^{-1}(V) = \begin{cases} V \cap \mathbb{Q} & 0 \notin V \\ V \cup (\mathbb{R} \setminus \mathbb{Q}) & 0 \in V \end{cases}$$

이므로 위상 $\mathscr{T}_0$는

$$\mathscr{T}_0 = \{V \cap \mathbb{Q} \mid V \in \mathscr{T}, 0 \notin V\} \cup \{V \cup (\mathbb{R} \setminus \mathbb{Q}) \mid V \in \mathscr{T}, 0 \in V\}$$

이다.

① 만약 $(\mathbb{R}, \mathscr{T}_0)$에서 $\sqrt{2}$가 $\mathbb{R} \setminus \mathbb{Q}$의 내부점이면,

$$\sqrt{2} \in V \cup (\mathbb{R} \setminus \mathbb{Q}) \subset (\mathbb{R} \setminus \mathbb{Q})$$

이고 $0 \in V$를 만족하는 $V \in \mathscr{T}$가 존재한다. 하지만, 보통위상 $\mathscr{T}$의 임의의 공집합이 아닌 원소 V는 유리수를 포함하므로 이는 모순이다.

② $\text{int}(\mathbb{Q}) = \mathbb{Q} \setminus \{0\}, \text{ext}(\mathbb{Q}) = \varnothing$ 임을 보이자. 이로부터 $\partial(\mathbb{Q}) = \mathbb{R} \setminus (\text{int}(\mathbb{Q}) \cup \text{ext}(\mathbb{Q}) = (\mathbb{R} \setminus \mathbb{Q}) \cup \{0\}$ 임을 알 수 있다.

(i) $\text{int}(\mathbb{Q}) = \mathbb{Q} \setminus \{0\}$
$\mathbb{Q} \setminus \{0\} = f^{-1}((-\infty, 0) \cup (0, \infty)) \in \mathscr{T}_0$ 이므로 $\mathbb{Q} \setminus \{0\} \subset \text{int}(\mathbb{Q})$ 이다. 만약 $0 \in \text{int}\mathbb{Q}$라 가정하면 $0 \in V \cup (\mathbb{R} \setminus \mathbb{Q}) \subset \mathbb{Q}$인 $V \in \mathscr{T}$가 존재한다. 이는 모순이므로 $0 \notin \text{int}\mathbb{Q}$이다. 따라서 $\text{int}(\mathbb{Q}) = \mathbb{Q} \setminus \{0\}$ 이다.

(ii) $\text{ext}(\mathbb{Q}) = \varnothing$
만약 $x \in \text{ext}(\mathbb{Q}) = \text{int}(\mathbb{R} \setminus \mathbb{Q})$가 존재한다면 $x \in V \subset \mathbb{R} \setminus \mathbb{Q}$인 $V \in \mathscr{T}_0$가 존재한다. $f(x) = 0$이고 0을 포함하는 보통위상 $\mathscr{T}$의 원소 U는 유리수를 포함하므로 $f^{-1}(U) \not\subset \mathbb{R} \setminus \mathbb{Q}$이므로 모순이다. 따라서 $\text{ext}(\mathbb{Q}) = \varnothing$ 이다.

③ $(-1, 1)$은 0을 포함하는 $(\mathbb{R}, \mathscr{T})$의 열린집합이므로 $f^{-1}((-1, 1)) = (-1, 1) \cup (\mathbb{R} \setminus \mathbb{Q})$는 $\mathscr{T}_0$의 원소이다.

④ $[-1, 1]$은 0을 포함하는 $(\mathbb{R}, \mathscr{T})$의 닫힌집합이므로

$$f^{-1}(\mathbb{R} \setminus [-1, 1]) = (\mathbb{R} \setminus [-1, 1]) \cap \mathbb{Q} \in \mathscr{T}_0$$

이다. 따라서

$$\mathbb{R} \setminus (\mathbb{R} \setminus [-1, 1]) \cap \mathbb{Q}) = [-1, 1] \cup (\mathbb{R} \setminus \mathbb{Q})$$

는 $(\mathbb{R}, \mathscr{T}_0)$의 닫힌집합이다.

⑤ 0을 포함하는 임의의 $(\mathbb{R}, \mathscr{T}_0)$의 열린집합 U에 대하여 $U = V \cup (\mathbb{R} \setminus \mathbb{Q})$이고 $0 \in V$ 인 $V \in \mathscr{T}$가 존재한다.

$$(V \setminus \{0\}) \cap (\mathbb{R} \setminus \mathbb{Q}) = (V \cup (\mathbb{R} \setminus \mathbb{Q}) \setminus \{0\}) \cap (\mathbb{R} \setminus \mathbb{Q}) \neq \varnothing$$

이다. 따라서 $0 \in (\mathbb{R} \setminus \mathbb{Q})'$ 이다.

12. 정답: ①번

ㄱ. $\text{int}(X \setminus A) = \text{ext}(A) = X \setminus (\text{int}(A) \cup \partial(A)) = X \setminus \overline{A}$ 이다.

ㄴ. 보통위상이 주어진 실수 전체의 집합 $\mathbb{R}$을 X라 하고 부분집합 $A = \{1\}$을 생각하면, $\overline{A} = \{1\}$ 이고 $\overline{\text{int}(\overline{A})} = \varnothing$ 이다.

ㄷ. 보통위상이 주어진 실수 전체의 집합 $\mathbb{R}$을 X라 하고 부분집합 $A = \mathbb{Q}$, $B = \mathbb{Q}^c$를 생각하면 $X \setminus \overline{A \cap B} = \mathbb{R}$ 이고 $(X \setminus \overline{A}) \cup (X \setminus \overline{B}) = \varnothing$ 이다.

13. 정답: $A = (-1, 1), B = \varnothing$

임의의 $(\mathbb{R}, \mathscr{T})$의 기저 열린집합 $[a, b)$에 대하여

$$f^{-1}([a,b)) = \begin{cases} \varnothing, & b \leq 0 \\ (-b, b), & a \leq 0 < b \\ (-b, -a] \cup [a, b), & a > 0 \end{cases}$$

이다. 이를 이용하여 다음을 관찰하자.

(i) $\text{int}((-2, 1)) = (-1, 1)$

$(-1, 1) = f^{-1}([0, 1)) \subset (-2, 1)$ 이므로 $(-1, 1) \subset \text{int}((-2, 1))$ 이다. 만약 $x \in (-2, -1]$ 이 $(-2, 1)$의 내부점이면 $f(x) \in V$ 이고 $f^{-1}(V) \subset (-2, 1)$ 인 $V \in \mathscr{T}$가 존재해야 하고 이 경우 $|x| \in (-2, 1)$ 이어야 하는데 $1 \leq |x| < 2$ 이므로 모순이다. 따라서 $\text{int}((-2, 1)) = (-1, 1)$ 이다.

(ii) $\text{int}([1, 2)) = \varnothing$

만약 $x \in \text{int}([1, 2))$ 이면 $f(x) \in V$ 이고 $f^{-1}(V) \subset [1, 2)$ 인 $V \in \mathscr{T}$가 존재해야 한다. 따라서 $x \in [1, 2)$, $-x \in [1, 2)$ 이어야 하는데 이러한 실수 x는 존재하지 않는다.

14. 정답: $(\frac{1}{2}, 1)$

임의의 실수 $x \in \mathbb{R}$을 잡자. 만약 $x \in \mathbb{Z}$ 이면, $\{x\} \in \mathscr{B}$는 x를 포함하는 $(\mathbb{R}, \mathscr{T})$의 기저 열린집합이고 $(\{x\} \setminus \{x\}) \cap \{\frac{1}{2}\} = \varnothing$ 이므로 $x \notin A'$ 이다. 만약 $x \notin \mathbb{Z}$ 이고 $x < 0$ 또는 $x > 1$ 이면, $x \in (m, m+1)$ 인 0이 아닌 정수 m이 존재하고

$$((m, m+1) \setminus \{x\}) \cap \{\tfrac{1}{2}\} = \varnothing$$

이므로 $x \notin A'$ 이다. 만약 $0 < x < \frac{1}{2}$ 이면, $(0, \frac{1}{2})$은 x를 포함하는 $(\mathbb{R}, \mathscr{T})$의 열린집합이고

$$((0, \tfrac{1}{2}) \setminus \{x\}) \cap \{\tfrac{1}{2}\} = \varnothing$$

이므로 $x \notin A'$ 이다. 만약 $\frac{1}{2} < x < 1$ 이면, x를 포함하는 $(\mathbb{R}, \mathscr{T})$의 기저 열린집합은 $(0, 1)$만 존재하고

$$((0, 1) \setminus \{x\}) \cap \{\tfrac{1}{2}\} \neq \varnothing$$

이므로 $x \in A'$ 이다. 만약 $x = \frac{1}{2}$ 이면, $x \in U$ 인 임의의 $(\mathbb{R}, \mathscr{T})$의 열린집합 U 에 대해,

$$(U \setminus \{x\}) \cap \{\tfrac{1}{2}\} = \varnothing$$

이므로 $x \notin A'$ 이다. 정리하면, $A' = (\frac{1}{2}, 1)$ 이다.

15. 기저 $\mathscr{B}$에 의해 생성된 집합 $X = \{a, b, c\}$ 위의 위상

$$\mathscr{T}_{\mathscr{B}} = \{\varnothing, \{a\}, \{c\}.\{a, b\}, \{a, c\}, \{a, b, c\}\}$$

이다. 점 a를 포함하는 열린 근방 $\{a\}$를 생각하면, 모든 짝수인 자연수 n에 대해 $x_n = b \notin \{a\}$ 이므로 점 a는 $\{x_n\}_{n=1}^{\infty}$의 극한이 아니다. 비슷한 논리로 점 c도 극한이 아니다. 점 b를 포함하는 열린 근방은 $\{a, b\}, \{a, b, c\}$ 뿐이고 이들은 모든 n에 대해 x_n을 포함한다. 따라서 점 b는 $\{x_n\}_{n=1}^{\infty}$의 극한이다.

위상공간 $(X, \mathscr{T}_{\mathscr{B}})$의 닫힌집합들의 모임은

$$\{\varnothing, \{b\}, \{c\}, \{a, b\}, \{b, c\}, \{a, b, c\}\}$$

이다. 공집합이 아닌 임의의 서로소인 두 닫힌집합 F_1, F_2으로 고려하면 가능한 모든 경우는, F_1과 F_2의 첨자의 순서를 바꾸는 것을 허용하면, $F_1 = \{b\}, F_2 = \{c\}$ 인 경우와 $F_1 = \{c\}, F_2 = \{a, b\}$ 인 경우이다. 전자의 경우에는 $G_1 = \{a, b\}$, $G_2 = \{c\}$로 잡을 수 있고 후자의 경우에는 $G_1 = \{c\}, G_2 = \{a, b\}$로 잡을 수 있다.

10.5 5장 연습문제 및 기출문제 풀이

10.5.1 5장 연습문제 풀이

1. 정답: (4)
2. $k = 3$
3. 연속인 점: 1, 2
4. 정답: (4)
5. 정답: (5)

$\{a\}, \{c\}$가 $(X, \mathscr{T})$의 열린집합이므로 $f(a), f(c)$의 값과 상관없이 주어진 함수는 항상 a, c에서 연속이다. b에서 연속이 되는 조건만 생각하면 된다. 만약 $f(b) = a$ 이면 $\{a, b\} \subset f^{-1}(\{a\}$ 이어야 하므로 $f(a) = a$ 이다. 만약 $f(b) = b$ 이면 $\{a, b\} \subset f^{-1}(\{a, b\})$ 이어야 하므로 $f(a) = a$ 또는 $f(a) = b$ 이다. 만약 $f(b) = c$ 이면 $f^{-1}(\{c\}) \supset \{a, b\}$ 이어야 하므로 $f(a) = c$ 이다. 따라서 위의 4가지경우에 대해 $f(c)$의 선택가능성이 각각 3가지이므로 $4 \times 3 = 12$ 가지

6. 정답: (3)
   - $f(3) = 1$ 또는 $f(4) = 1$ 인 경우: $f^{-1}(\{1\}) = \{1, 2, 3, 4\}$ 으로 1 가지
   - $f(3) \neq 1 \neq f(4)$ 이고 ($f(3) = 2$ 또는 $f(4) = 2$) 인 경우: $f^{-1}(\{1, 2\}) = \{1, 2, 3, 4\}$ 이므로 $f(3) = 2 = f(4)$ 이고 $f^{-1}(\{1\}) = \varnothing, \{1\}, \{1, 2\}$ 이다. 따라서 $(f(1), f(2)) = (1, 1), (1, 2), (2, 2)$ 3가지
   - $f(3), f(4) \not\in \{1, 2\}$ 인 경우: $(f(3), f(4)) = (3, 3), (3, 4), (4, 3), (4, 4)$ 각각의 경우에 대해, $f(2) = 1$ 이면 $f^{-1}(\{1\}) \supset \{1, 2\}$ 이므로 $f(1) = 1$, $f(2) = 2$ 면 $f^{-1}(\{1, 2\}) \supset \{1, 2\}$ 이므로 $f(1) = 1$ 또는 $f(1) = 2$, $f(2) = 3$ 또는 $f(2) = 4$ 면 $f^{-1}(\{1, 2, 3, 4\}) = X$ 이므로 $f(1) \in \{1, 2, 3, 4\}$ 이다. 따라서 각각의 경우 11가지가 가능하므로 총 $11 \times 4 = 44$ 가지

   따라서 $1 + 3 + 4 \times 11 = 48$ 가지
7. 정답: (2)
   $f(\{3, 4, 5\}) = \{3, 4, 5\}$ 이므로 $f(\{1, 2\}) = \{1, 2\}$ 이다. $(f(1), f(2)) = (1, 2)$ 이면, f 는 항등함수이고 $(f(1), f(2)) = (2, 1)$ 이면, $(f(1), f(2), f(3), f(4), f(5)) = (2, 1, 3, 5, 4)$ 이다. 따라서 2 개의 위상동형함수가 존재한다.
8. 정답: (3)
   $f(\{2, 3, 4, 5\}) = \{2, 3, 4, 5\}$ 이므로 $f(1) = 1$ 이다. $f(\{3, 5\}) = \{3, 5\}$, $f(\{2, 4\}) = f(\{2, 4\})$ 이어야 한다. 따라서 4 개의 위상동형함수가 존재한다.
9. Y 의 임의의 열린집합 U 에 대하여
   $$\varnothing \neq A \cap f^{-1}(U) \subset f^{-1}(f(A)) \cap f^{-1}(U) = f^{-1}(f(A) \cap U)$$
   이므로 $f(A) \cap U \neq \varnothing$ 이다. 따라서 $\overline{f(A)} = Y$ 이다.
10. 삼각부등식을 이용하여 모든 $x, y \in X$ 에 대해, 다음 부등식이 성립함을 알 수 있다.
   $$f(x) = \inf\{d(x, a) \mid a \in A\} \leq \inf\{d(y, a) + d(x, y) \mid a \in A\} = f(y) + d(x, y)$$
   $$f(y) = \inf\{d(y, a) \mid a \in A\} \leq \inf\{d(x, a) + d(x, y) \mid a \in A\} = f(x) + d(x, y)$$
   따라서 모든 $x, y \in X$ 에 대해, $|f(x) - f(y)| \leq d(x, y)$ 이다. 모든 양수 ε 에 대해, $\delta = \varepsilon$ 이라 하면, $d(x, y) < \delta$ 이면 앞의 부등식에 의해 $|f(x) - f(y)| < \varepsilon$ 이다. 따라서 함수 f 는 연속이다.
11. 만약 함수 f 가 상수함수가 아니면 $f(x_1) \neq f(x_2)$ 인 점 $x_1, x_2 \in X$ 가 존재하고 $(\mathbb{R}, \mathscr{T}_{usual})$ 은 거리공간이므로 $f(x_1) \in U$, $f(x_2) \in V$, $U \cap V = \varnothing$ 인 $(\mathbb{R}, \mathscr{T}_{usual})$ 의 열린집합 U, V 가 존재한다. f 가 연속함수이고 $x_1 \in f^{-1}(U)$, $x_2 \in f^{-1}(V)$ 이므로 $f^{-1}(U), f^{-1}(V)$ 는 서로소이고 공집합이 아닌 $\mathscr{T}_f$ 의 원소이다. 반면 실수

전체의 집합 $\mathbb{R}$은 무한집합이므로 $\mathbb{R}$의 여유한위상 $\mathscr{T}_f$의 공집합이 아닌 임의의 두 원소는 공집합이 아닌 교집합을 가지므로 모순이다.

12. • f가 0에서 연속임을 보이자. 임의의 주어진 $\varepsilon > 0$에 대하여 $\delta = \varepsilon$으로 잡으면 $|x - 0| < \delta$이면 $|f(x) - f(0)| < |x| < \varepsilon$이다.
    • $x \in (0, 1]$에서 불연속임을 보이자. 양수 $\varepsilon = \frac{x}{2}$로 잡으면, 임의의 양수 $\delta > 0$에 대해 $B(x, \delta)$에는 유리수와 무리수가 존재하므로 $f(B(x, \delta)) \not\subset B(f(x), \frac{x}{2})$이다.

13. • $x \in \mathbb{Q}$에서 불연속임을 보이자.
    $x \in \mathbb{Q}$라고 가정하면, $f(x) > 0$이므로 $f(x) \in B(f(x), \frac{f(x)}{2})$인 열린구를 잡을 수 있다. 모든 양수 r에 대해, x를 중심으로 하는 반지름이 r인 임의의 열린구 $B(x, r)$은 무리수를 포함한다. 따라서 $0 \in f(B(x, r))$이다. 반면 $0 \notin B(f(x), \frac{f(x)}{2})$이므로 $f(B(x, r) \not\subset B(f(x), \frac{f(x)}{2})$이다. 따라서 함수 f는 x에서 불연속이다.
    • $x \notin \mathbb{Q}$에서 연속임을 보이자.
    $x \notin \mathbb{Q}$이면 $f(x) = 0$이다. 임의의 양수 $\varepsilon > 0$에 대해 아르키메데스의 성질에 의해 $0 < \frac{1}{N} < \varepsilon$인 자연수 N이 존재하고 $\phi(x) \geq N$이면 $f(x) < \varepsilon$이다. 따라서 $\delta = \min\{d(x, y) \mid \phi(y) < N\}$이라 두면 $f(B(x, \delta)) \subset B(f(x), \varepsilon)$이다.

10.5.2 5장 기출문제 풀이

1. 정답: ④

2. 정답: r
    (i) f는 p에서 연속이다.
    p는 고립점이므로 f는 p에서 연속이다.
    (ii) f는 q에서 연속이다.
    q는 고립점이므로 f는 q에서 연속이다.
    (iii) f는 r에서 연속이 아니다.
    $f(r)$을 포함하는 X의 열린집합 $V = \{q\}$를 생각하자. r을 포함하는 임의의 X의 열린집합은 s를 포함하므로 $f(U)$는 $f(s) = r$을 포함한다. 그러면 $f(U) \not\subset V$이므로 f는 r에서 연속이 아니다.
    (iv) f는 s에서 연속이다.
    $f(s) = r$를 포함하는 열린집합 V는 항상 $\{q, r, s\}$를 포함하고 따라서 $f^{-1}(V) = X$는 s의 근방이므로 f는 s에서 연속이다.

3. 모든 양의 실수 $\varepsilon > 0$에 대해, 양수 $\delta = \frac{2\sqrt{2}\varepsilon}{\sqrt{3}+1}$이라 하자. 임의의 $(x, y) \in \mathbb{R}^2$에 대해, 함수 f의 정의에 의해,

$$f((x,y)) = \frac{1}{4}(\sqrt{3}x - y, x + \sqrt{3}y)$$

이므로 만약 $|(x,y) - (x', y')| < \delta$이면,

$$|f((x,y)) - f((x', y'))| = \frac{\sqrt{3}+1}{4}(|x - x'| + |y - y'|) \le \frac{(\sqrt{3}+1)\delta}{2\sqrt{2}} = \varepsilon$$

이다. 따라서 f는 연속함수이다.

4. 정답: (2) $\overline{\{2\}} = \{1, 2\}$, $\overline{\{4\}} = \{3, 4, 5\}$, (3) 1개
   (1) X의 멱집합 $\mathscr{P}(X)$의 기저의 원소 $\{\{1\}, \{2\}, \{3\}, \{4\}, \{5\}\}$의 역상이 $f^{-1}(\{1\}) = \{1, 2\}$, $f^{-1}(\{2\}) = f^{-1}(\{4\}) = f^{-1}(\{5\}) = \varnothing$, $f^{-1}(\{3\}) = \{3, 4, 5\}$ 으로 모두 $(X, \mathscr{T})$의 열린집합이다. 따라서 f는 연속이다.
   (2) 모든 $(X, \mathscr{T})$의 닫힌집합은 다음과 같다.

$$\varnothing, \{1\}, \{1, 2\}, \{3, 5\}, \{1, 3, 5\}, \{3, 4, 5\}, \{1, 2, 3, 5\}, \{1, 3, 4, 5\}, X$$

   따라서 $\overline{\{2\}} = X \cap \{1, 2\} \cap \{1, 2, 3, 5\} = \{1, 2\}$, $\overline{\{4\}} = X \cap \{3, 4, 5\} \cap \{1, 3, 4, 5\} = \{3, 4, 5\}$ 이다.
   (3) 집합 A를 $A = \{h \mid h\colon (X, \mathscr{T}) \to (X, \mathscr{P}(X))$는 연속, $h(2) = 1$, $h(4) = 3\}$로 정의하자. 만약 $h \in A$이면, h는 연속이고 공역은 이산위상이므로 $h(\{1, 2\}) = h(\overline{\{2\}}) \subset \overline{h(\{2\})} = \{1\}$, $h(\{3, 4, 5\}) = h(\overline{\{4\}}) \subset \overline{h(\{4\})} = \{3\}$ 이다. 즉 $h = f$이고 $A = \{f\}$이다.

5. 보통위상이 주어진 $\mathbb{R}$의 열린집합 V에 대하여 $f^{-1}(V) = V \times \mathbb{R}$은 보통위상이 주어진 $\mathbb{R}^2$의 열린집합이므로 f는 연속이다. $\mathbb{R}^2$의 부분집합 $C = \{(x, \frac{1}{x}) \mid x > 0\}$는 $\mathbb{R}^2$의 닫힌집합이지만 $f(C) = (0, \infty)$는 $\mathbb{R}$의 닫힌집합이 아니다.

6. $p \in X \setminus F$이고 $X \setminus F$는 열린집합이므로 $p \in B \subset X \setminus F$인 기저 $\mathscr{B}$의 원소 B가 존재한다. 함수 $f\colon X \to \mathbb{R}$를

$$f(x) = \begin{cases} 1 & x \in B^c \\ 0 & x \in B \end{cases}$$

로 정의하면 임의의 $\mathbb{R}$의 열린집합 V에 대하여

$$f^{-1}(V) = \begin{cases} X & 0, 1 \in V \\ B & 0 \in V, 1 \notin V \\ B^c & 0 \notin V, 1 \in V \\ \varnothing & 0, 1 \notin V \end{cases}$$

이므로 $f^{-1}(V)$는 항상 $(X, \mathscr{T})$의 열린집합이다. 따라서 함수 f는 연속이고 정의에 의해 $f(p) = 0$이고 $f(F) = \{1\}$이다.

7. 정답: ㄱ. 참, ㄴ. 참
   ㄱ. 모든 $V \in \mathscr{T}$에 대해, $j^{-1}(V) = V \cap \mathbb{Q} \in \mathscr{T}_{\mathbb{Q}}$이다.
   ㄴ. $U \in \mathscr{T}_{\mathbb{Q}}$이면 부분위상의 정의에 의해 $U = V \cap \mathbb{Q} = j^{-1}(V)$인 $V \in \mathscr{T}$가 존재한다. $j \circ f \colon X \to (\mathbb{R}, \mathscr{T})$는 연속이므로 $(j \circ f)^{-1}(V)$는 X의 열린집합이다. 또한

$$f^{-1}(U) = f^{-1}(V \cap \mathbb{Q}) = f^{-1}(j^{-1}(V)) = (j \circ f)^{-1}(V)$$

   이므로 $f^{-1}(U)$는 X의 열린집합이다.

8. 정답: 참
   정의에 의해 $B_2 = \{2\}$는 2를 포함하는 $(X, \mathscr{T})$의 열린집합이다. 따라서 $f(2) \in V$인 임의의 $(X, \mathscr{T}')$의 열린집합 V에 대해, $f(B_2) \subset V$이고 B_2는 2를 포함하는 $(X, \mathscr{T})$의 열린집합이므로 함수 f는 $x = 2$에서 연속이다.

9. (1) 정답: 거짓
   만약 $\left[0, \frac{1}{2}\right) \in \mathscr{T}_0$이면 $f^{-1}\left(\left[0, \frac{1}{2}\right)\right) \in \mathscr{T}$이어야 하는데 $f^{-1}\left(\left[0, \frac{1}{2}\right)\right) = \bigcup_{a \in \mathbb{Z}} \left[a, a + \frac{1}{2}\right) \notin \mathscr{T}$이므로 이는 모순이다.
   (2) 정답: 거짓
   함수 h가 연속이라고 가정하면, 함수 $h \circ f \colon \mathbb{R} \to \mathbb{R}, h \circ f(x) = 1 - (x - \lfloor x \rfloor)$도 연속이다. 정의역, 공역이 모두 보통위상이므로 $\varepsilon - -\delta$논법을 통해 $h \circ f$가 불연속임을 보일 수 있다. ($h \circ f$의 그래프를 그려서 모든 양수 ε에 대해 양수 δ를 쉽게 찾을 수 있다.) 이는 모순이므로 h는 불연속이다.

10. 정답: 9
   (1) $n \geq 10$인 경우
   $f(n) = 3$을 포함하는 임의의 $(\mathbb{N}, \mathscr{T}_d)$의 열린집합 V에 대하여 $U = \mathbb{R} \setminus \{1, 2, \cdots, 9\}$는 n을 포함하고 $f(U) = \{3\} \subset V$이므로 f는 n에서 연속이다.
   (2) $n \in \{1, 2, \ldots, 9\}$인 경우
   f가 n에서 연속이라 가정하면, $f(n)$을 포함하는 $(\mathbb{N}, \mathscr{T}_d)$의 열린집합 $V = \{1, 2\}$에 대하여 n을 포함하는 $(\mathbb{N}, \mathscr{T})$의 열린집합 U가 존재하여 $f(U) \subset V = \{1, 2\}$가 성립해야 한다. U는 공집합이 아닌 $(\mathbb{N}, \mathscr{T})$의 열린집합이므로 $U = \mathbb{N} \setminus \{x_1, x_2, \ldots, x_n\}$인 자연수 $x_1, x_2, \ldots, x_n$이 존재한다. U는 10 이상인 자연수를 포함하므로 $3 \in f(U) \subset \{1, 2\}$가 되어 모순이다.

11. 정답: (2) 8
   (1) 함수 $f \colon X \to Y$가 전단사함수이고 f, f^{-1}가 연속일 때, f는 X에서 Y로의 위상동형함수라 한다.

(2) $f\colon X \to Y$가 위상동형함수이면 $f(\{a,b\})$는 두 개의 원소를 갖는 열린집합이다. 만약 $f(\{a,b\}) = \{a,b\}$이면, $f(\{c,d\}) = \{c,d\}$이고, 이 경우 4 개의 위상동형함수가 존재한다. 만약 $f(\{a,b\}) = \{c,d\}$이면, $f(\{c,d\}) = \{a,b\}$이고, 이 경우 4 개의 위상동형함수가 존재한다. 따라서 총 8 개의 위상동형함수가 존재한다.

10.6 6장 연습문제 및 기출문제 풀이

10.6.1 6장 연습문제 풀이

1. (1) $\mathscr{S} = \{\{a,b,c\},\{b,c,d\},\{c,d,e\}\}$를 부분기저로 하여 생성된 위상 $\mathscr{T}$는

$$\mathscr{T} = \{\varnothing,\{c\},\{b,c\},\{c,d\},\{a,b,c\},\{b,c,d\},\{c,d,e\},\{a,b,c,d\},X\}$$

이고 $\operatorname{int}(A) = \{c\}, \operatorname{ext}(A) = \varnothing, \partial(A) = \{a,b,d,e\}, \overline{A} = X$, $A' = \{a,b,d,e\}$, $A \setminus A' = \{c\}$이다.

(2) $\mathscr{T}_A = \{\varnothing,\{c\},\{a,c\},\{c,e\},A\}$

2. $\mathbb{Z}$와 $\mathbb{Q}$에 보통위상이 주어진 $\mathbb{R}$에서 유도된 부분위상이 주어져 있다고 가정하자.

(1) $\mathbb{Z}$에 정의된 부분위상은 $\mathbb{Z}$의 이산위상과 같으므로 임의의 함수 $f\colon \mathbb{Z} \to \mathbb{Q}$는 연속함수이다.

(2) $\mathbb{Z}$의 임의의 한 점 집합 $\{n\}$은 $\mathbb{Z}$의 열린집합이지만 $\mathbb{Q}$의 임의의 한 점 집합은 $\mathbb{Q}$의 열린집합이 아니다.

3. 실수 전체의 집합 $\mathbb{R}$에 보통위상이 주어져 있다고 가정하자. 함수 $F\colon \mathbb{R} \to \mathbb{R}\times\mathbb{R}$를 $F(x) = (f(x), g(x))$로 정의하면, F는 연속함수이다. $\mathbb{R}\times\mathbb{R}$의 부분집합 Δ를

$$\Delta = \{(x,x) \in \mathbb{R}\times\mathbb{R} \mid x \in \mathbb{R}\}$$

으로 정의하면, Δ는 $\mathbb{R}\times\mathbb{R}$의 닫힌집합이고 따라서

$$F^{-1}(\Delta) = \{x \in \mathbb{R} \mid f(x) = g(x)\}$$

는 $\mathbb{R}$의 닫힌집합이다. 조건에 의해 $\mathbb{Q} \subset F^{-1}(\Delta)$이고 $F^{-1}(\Delta)$는 $\mathbb{R}$의 닫힌집합이므로

$$\overline{\mathbb{Q}} = \mathbb{R} \subset F^{-1}(\Delta) \subset \mathbb{R}$$

이다. 따라서 $F^{-1}(\Delta) = \mathbb{R}$이고 모든 $x \in \mathbb{R}$에 대해, $f(x) = g(x)$이다.

4. 함수 $F\colon \mathbb{R}_f \to \mathbb{R}_\ell \times \mathbb{R}_\ell$ 를 $F(x) = (g(x), h(x))$ 으로 정의하면 F 는 연속함수이다. $\mathbb{R}_\ell \times \mathbb{R}_\ell$ 의 부분집합 Δ 를

$$\Delta = \{(x, x) \in \mathbb{R}_\ell \times \mathbb{R}_\ell \mid x \in \mathbb{R}_\ell\}$$

로 정의하면, $\mathbb{R}_\ell \times \mathbb{R}_\ell$ 은 하우스도르프 공간이므로 Δ 는 $\mathbb{R}_\ell \times \mathbb{R}_\ell$ 의 닫힌집합이다. 함수 F 는 연속이므로

$$F^{-1}(\Delta) = \{x \in \mathbb{R}_f \mid g(x) = h(x)\}$$

는 $\mathbb{R}_f$ 의 닫힌집합이다. $\mathbb{R}_f$ 의 부분집합 $\{\frac{1}{n} \mid n \in \mathbb{N}\}$ 은 $\mathbb{R}_f$ 에서 조밀하므로,

$$\{\tfrac{1}{n} \mid n \in \mathbb{N}\} \subset \overline{\{\tfrac{1}{n} \mid n \in \mathbb{N}\}} = \mathbb{R} \subset F^{-1}(\Delta) \subset \mathbb{R}$$

이다. 따라서 $F^{-1}(\Delta) = \mathbb{R}$ 이고 모든 실수 x 에 대해서, $g(x) = h(x)$ 이다.

10.6.2 6장 기출문제 풀이

1. 정답: $\{\{m \in \mathbb{Z} \mid m \leq n\}\}_{n \in \mathbb{Z}} \cup \{\varnothing, \mathbb{Z}\}$
   Y 의 함수 f 에 의한 상위상을 $\mathscr{T}_f$ 라 하자. 임의의 $(Y, \mathscr{T}_f)$ 의 공집합이 아닌 열린 집합 V 에 대하여 $n \in V$ 이면, $n-1 \in V$ 임을 다음과 같이 관찰하자. 만약 $n \in V$ 이면,

$$n \in [n, n+1) = f^{-1}(n) \subset f^{-1}(V)$$

   이고 f 는 연속이므로 $f^{-1}(V)$ 는 보통 위상이 주어진 $\mathbb{R}$ 의 열린집합이다. 그러면

$$n \in (a, b) \subset f^{-1}(V)$$

   이고 $n-1 < a$ 인 $a, b \in \mathbb{R}$ 가 존재한다. 따라서 $n-1 = f(\frac{a+n}{2}) \in V$ 이다. 따라서 V 가 위로 유계가 아니면 $V = \mathbb{Z}$ 이고 V 가 위로 유계이면

$$V = \{m \in \mathbb{N} \mid m \leq n\}$$

   인 정수 n 이 존재함을 알 수 있다. 따라서 Y 의 함수 f 에 의한 상위상 $\mathscr{T}_f$ 는

$$\mathscr{T}_f = \{\{m \in \mathbb{Z} \mid m \leq n\}\}_{n \in \mathbb{Z}} \cup \{\varnothing, \mathbb{Z}\}$$

   이다.
2. 답은 다음과 같다.

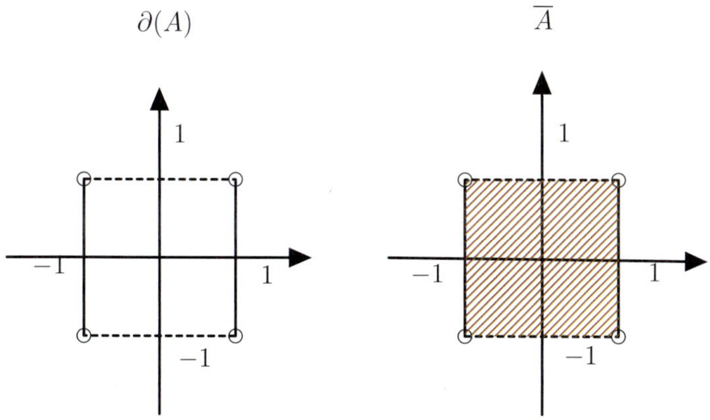

3. $A = \{2k \mid k \in \mathbb{Z} \setminus \{0\}\}, B = \{0\}, C = \{2k-1 \mid k \in \mathbb{Z}\}$ 라 할때,

$$\mathscr{T} = \{\varnothing, A, B, C, A \cup B, A \cup C, B \cup C, \mathbb{Z}\}$$

이다.

4. 정답: 8

$f^{-1}(\varnothing) = \varnothing \in \mathscr{T}_1$ 이므로 $\varnothing \in \mathscr{T}$ 이다.
$f^{-1}(\{1\}) = (-\infty, 0) \in \mathscr{T}_1$ 이므로 $\{1\} \in \mathscr{T}$ 이다.
$f^{-1}(\{2\}) = \{0\}$ 이므로 $\{2\} \notin \mathscr{T}$ 이다.
$f^{-1}(\{3\}) = (0, 1]$ 이므로 $\{3\} \notin \mathscr{T}$ 이다.
$f^{-1}(\{4\}) = (1, \infty) \in \mathscr{T}_1$ 이므로 $\{4\} \in \mathscr{T}$ 이다.
$f^{-1}(\{1,2\}) = (-\infty, 0]$ 이므로 $\{1,2\} \notin \mathscr{T}$ 이다.
$f^{-1}(\{1,3\}) = (-\infty, 0) \cup (0, 1]$ 이므로 $\{1,3\} \notin \mathscr{T}$ 이다.
$f^{-1}(\{1,4\}) = (-\infty, 0) \cup (1, \infty) \in \mathscr{T}_1$ 이므로 $\{1,4\} \in \mathscr{T}$ 이다.
$f^{-1}(\{2,3\}) = [0, 1]$ 이므로 $\{2,3\} \notin \mathscr{T}$ 이다.
$f^{-1}(\{2,4\}) = \{0\} \cup (1, \infty)$ 이므로 $\{2,4\} \notin \mathscr{T}$ 이다.
$f^{-1}(\{3,4\}) = (0, \infty) \in \mathscr{T}_1$ 이므로 $\{3,4\} \in \mathscr{T}$ 이다.
$f^{-1}(\{1,2,3\}) = (-\infty, 1]$ 이므로 $\{1,2,3\} \notin \mathscr{T}$ 이다.
$f^{-1}(\{1,2,4\}) = (-\infty, 0) \cup (1, \infty)$ 이므로 $\{1,2,4\} \notin \mathscr{T}$ 이다.
$f^{-1}(\{1,3,4\}) = \mathbb{R} - \{0\} \in \mathscr{T}_1$ 이므로 $\{1,3,4\} \in \mathscr{T}$ 이다.
$f^{-1}(\{2,3,4\}) = [0, \infty) \in \mathscr{T}_1$ 이므로 $\{2,3,4\} \in \mathscr{T}$ 이다.
$f^{-1}(A) = \mathbb{R} \in \mathscr{T}_1$ 이므로 $A \in \mathscr{T}$ 이다.

5. (1) 정답: 참

$\mathscr{B} = \{\mathbb{Q} \times \mathbb{N}, \mathbb{Q} \times (\mathbb{R} \setminus \mathbb{N}), (\mathbb{R} \setminus \mathbb{Q}) \times \mathbb{N}, (\mathbb{R} \setminus \mathbb{Q}) \times (\mathbb{R} \setminus \mathbb{N})\}$ 은 $(\mathbb{R}, \mathscr{T}_1) \times (\mathbb{R}, \mathscr{T}_2)$

의 기저이다.

$$f^{-1}(\mathbb{Q}\times\mathbb{N})=\mathbb{Q}, f^{-1}(\mathbb{Q}\times(\mathbb{R}\setminus\mathbb{N}))=\varnothing$$
$$f^{-1}((\mathbb{R}\setminus\mathbb{Q})\times\mathbb{N})=\mathbb{R}\setminus\mathbb{Q}, f^{-1}((\mathbb{R}\setminus\mathbb{Q})\times(\mathbb{R}\setminus\mathbb{N}))=\varnothing$$

모두 $\mathscr{T}_1$의 원소이므로 F는 연속함수이다.

(2) 정답: 참
$\overline{[0,1]\times[0,1]}=\overline{[0,1]}\times\overline{[0,1]}=\mathbb{R}\times\mathbb{R}$

6. (1) 정답: 거짓
$X\times Y$의 열린집합 $\mathbb{N}\times(\frac{1}{2},1]$에 대하여 $f^{-1}(\mathbb{N}\times(\frac{1}{2},1])=\{1\}$ 이고 $\{1\}$은 X의 열린집합이 아니므로 f는 불연속이다.

(2) 정답: 참
$A=\{2n\mid n\in\mathbb{N}, B=Y\cap\mathbb{Q}$라 하자. X의 닫힌집합은 집합족

$$\{\{1,2,\ldots,n\}\}_{n\in\mathbb{N}}\cup\{\varnothing,\mathbb{N}\}$$

의 원소이므로 $\overline{A}=X$ 이다. 또한 보통위상이 주어진 $B=[0,1]\cap\mathbb{Q}$는 $[0,1]$의 조밀한 부분집합이므로

$$\overline{A\times B}=\overline{A}\times\overline{B}=\mathbb{N}\times[0,1]$$

이다.

7. 정답: $\overline{A\times B}=\mathbb{Z}\times B, \mathrm{int}(A\times B)=\{0\}\times B, b(A\times B)=(\mathbb{Z}\setminus\{0\})\times B$
$\mathscr{T}_1$의 기저 열린집합을 구하자. $\mathscr{T}$의 기저 열린집합 (a,b) $(a<b)$에 대하여

$$f^{-1}((a,b))=\{n\in\mathbb{N}\mid a<n^2<b\}$$

이므로 $k\in f^{-1}((a,b))$ 이면 $-k\in f^{-1}((a,b))$ 이다. 그리고

$$f^{-1}((n^2-1,n^2+1))=\{-n,n\}$$

이므로

$$\mathscr{B}=\{\{-n,n\}\}_{n\in\mathbb{N}}\cup\{\{0\}\}$$

은 위상 $\mathscr{T}_1$의 기저이다.

(1) $\overline{A\times B}=\overline{A}\times\overline{B}=\mathbb{Z}\times B$
임의의 기저 열린집합과 A는 만나므로 $\overline{A}=\mathbb{Z}$ 이고,

$$B=\mathbb{Z}\setminus(\{0\}\cup(\bigcup_{k=2}^{\infty}\{-k,k\}))$$

이므로 B는 $(\mathbb{Z},\mathscr{T}_1)$의 닫힌집합이다. 따라서 $\overline{B}=B$ 이다.

(2) $\mathrm{int}(A \times B) = \mathrm{int}(A) \times \mathrm{int}(B) = \{0\} \times B$ 이다.

$$\mathrm{int}(A) = \bigcup_{G \in \mathscr{B}, G \subset A} G = \{0\}$$

이고 $B \in \mathscr{B}$ 이므로 $\mathrm{int}(B) = B$ 이다.

(3) $b(A \times B) = \overline{A \times B} \setminus \mathrm{int}(A \times B) = (\mathbb{Z} \setminus \{0\}) \times B$ 이다.

8. 정답: $\mathrm{int}(A) = \{(x,y) \mid x^2 + y^2 < 1\} \cup \{(x,y) \mid x^2 + y^2 = 1, x < 0, y > 0\}$, $\overline{A} = A$, $\partial(A) = \{(x,y) \mid x^2 + y^2 = 1, x \geq 0$ 또는 $x < 0, y \leq 0\}$

주어진 곱공간의 기저 열린집합은 $[a,b) \times (c,d]$의 형태이다. (단, 여기서 $a < b, c < d$ 이다.) 따라서 A의 내부점은 $[x, x+\varepsilon) \times (y, y+\varepsilon] \subset A$ 인 $\varepsilon > 0$ 이 존재하는 점 $(x,y) \in A$ 이므로

$$A = \{(x,y) \mid x^2 + y^2 < 1\} \cup \{(x,y) \mid x^2 + y^2 = 1, x < 0, y > 0\}$$

이다. A의 외부는 A^c의 내부이므로

$$\mathrm{ext}(A) = \{(x,y) \mid x^2 + y^2 > 1\}$$

이고 따라서 A의 닫음은 $\overline{A} = \mathbb{R}^2 \setminus \mathrm{ext}(A) = A$ 이다. A의 경계는 $\partial(A) = \overline{A} \setminus \mathrm{int}(A)$ 이므로

$$\partial(A) = A \setminus \mathrm{int}(A) = \{(x,y) \mid x^2 + y^2 = 1, x \geq 0 \text{ 또는 } x < 0, y \leq 0\}$$

임을 알 수 있다.

9. 정답: 8개, $B' = \{2, 3\}$

정의에 의해,

$$\begin{aligned}
&f^{-1}(\{-3\}) = \varnothing, \\
&f^{-1}(\{-2\}) = \varnothing, \\
&f^{-1}(\{-1\}) = \varnothing, \\
&f^{-1}(\{0\}) = \{(x,y) \mid x^2 + y^2 < 1\}, \\
&f^{-1}(\{0,1\}) = \{(x,y) \mid x^2 + y^2 < 2\}, \\
&f^{-1}(\{0,1,2\}) = \{(x,y) \mid x^2 + y^2 < 3\}, \\
&f^{-1}(\{0,1,2,3\}) = \{(x,y) \mid x^2 + y^2 < 4\}
\end{aligned}$$

이므로 X의 위상 $\mathscr{T}$는 다음과 같이 주어진 X의 부분집합족 $\mathscr{B}$를 기저로 하여 생성된 위상이다.

$$\mathscr{B} = \{\{-3\}, \{-2\}, \{-1\}, \{0\}, \{0,1\}, \{0,1,2\}, \{0,1,2,3\}\}$$

이다. 따라서 3을 포함하는 열린집합 U는 $\{0,1,2,3\}$을 항상 포함한다. $\{-3,-2,-1\}$의 임의의 부분집합은 열린집합이므로 U는

$$U = \{0,1,2,3\} \cup V, \quad V \subset \{-3,-2,-1\}$$

의 형태이어야 한다. 따라서 3을 포함하는 $(X,\mathscr{T})$의 열린집합은 총 8개이다. $x \in \{-3,-2,-1,0\}$이면 $\{x\}$는 x를 포함하는 열린집합이므로 $x \notin B'$이다. $\{0,1\}$은 1의 열린근방이고 $(\{0,1\} \cap B) \setminus \{1\} = \varnothing$이므로 $1 \notin B'$이다. 2 또는 3의 임의의 열린근방은 1을 포함하므로 $2,3 \in B'$이다. 그러므로 $B' = \{2,3\}$이다.

10. 두 집합

$$A = \{x \in \mathbb{R} \mid 0 < x < 1\}, B = \{(x,y) \in \mathbb{R}^2 \mid x > 0, y = \sin(\tfrac{1}{x})\}$$

을 생각하면, $S = A \times B$이고 $\operatorname{int} S = \operatorname{int} A \times \operatorname{int} B$, $\overline{S} = \overline{A} \times \overline{B}$이다.

만약 $\operatorname{int} A \neq \varnothing$이라고 가정하면, $a \in \operatorname{int} A$에 대해, $U \subset A$인 a의 $(\mathbb{R},\mathscr{T}_1)$의 열린근방 U가 존재하고

$$\mathbb{R} \setminus A \subset \mathbb{R} \setminus U$$

이다. 이는 비가산집합이 가산집합의 부분집합임을 의미하므로 모순이다. 따라서 $\operatorname{int} A = \varnothing$이고

$$\operatorname{int} S = \operatorname{int} A \times \operatorname{int} B = \varnothing$$

이다.

정의에 의해, $(\mathbb{R},\mathscr{T}_1)$의 닫힌집합은 가산집합이거나 $\mathbb{R}$이다. A는 비가산집합이므로 $(\mathbb{R},\mathscr{T}_1)$에서의 A의 닫음 $\overline{A}$는 $\overline{A} = \mathbb{R}$이다. $\mathscr{T}_2$는 $\mathbb{R}^2$의 보통위상이므로 $(\mathbb{R}^2,\mathscr{T}_2)$에서의 B의 닫음 $\overline{B}$는

$$\overline{B} = (\{0\} \times [-1,1]) \cup B$$

이다. 따라서 $\overline{S} = \overline{A} \times \overline{B} = \mathbb{R} \times ((\{0\} \times [-1,1]) \cup B)$ 이다.

10.7 7장 연습문제 및 기출문제 풀이

10.7.1 7장 연습문제 풀이

1. 정답: ④
2. 만약 위상동형함수 $f\colon [0,1) \to (0,1)$가 존재하면, $f|_{(0,1)}\colon [0,1) \setminus \{0\} \to (0,1) \setminus \{f(0)\}$도 위상동형함수이다. 그런데 $[0,1) \setminus \{0\}$은 연결, $(0,1) \setminus \{f(0)\}$은 비연결이므로 모순이다. 나머지 경우도 비슷한 방법으로 증명할 수 있다.

3. 만약 $f(x_1) \neq f(x_2)$ 인 서로 다른 점 $x_1, x_2 \in X$ 가 존재하면, 일반성을 잃지 않고 $f(x_1) < f(x_2)$ 라 가정할 수 있다. 임의의 $f(x_1) < r < f(x_2)$ 인 실수 r 에 대해 사잇값 정리에 의해 $f^{-1}(r) \neq \varnothing$ 이므로 $x_r \in f^{-1}(r)$ 을 잡으면 $g\colon (f(x_1), f(x_2)) \to X, g(r) = x_r$ 인 단사함수가 존재한다. 따라서 X 는 비가산집합이다.
4. 모든 $(x, y) \in S^1$ 에 대해 $f((x, y)) \neq f((-x, -y))$ 라 가정하자. 함수 $F\colon S^1 \to \{-1, 1\}$ 을

$$F((x,y)) = \frac{f((x,y)) - f((-x,-y))}{|f((x,y)) - f((-x,-y))|}$$

으로 정의하자. 집합 $\{-1, 1\}$ 에 이산위상이 주어져 있다고 생각하면, 함수 F 는 연속인 전사함수이다. S^1 은 경로연결이므로 연결이고 $\{-1, 1\}$ 은 비연결이므로 이는 모순이다. 따라서 $f((x, y)) = f((-x, -y))$ 를 만족하는 어떤 $(x, y) \in S^1$ 이 존재한다.
5. 정답: ②
6. (1) $A = \{a\}$ 인 경우:
$\{a\} \times B$ 는 B 와 위상동형이므로 콤팩트이고 각각의 점 $(a, b) \in \{a\} \times B$ 에 대하여

$$(a, b) \in U_a \times V_b \subset W,$$

$a \in U_a$, $b \in V_b$ 을 만족하는 X 의 열린집합 U_a 와 Y 의 열린집합 V_b 가 존재한다. $\{U_a \times V_b\}_{(a,b)\in\{a\}\times B}$ 는 콤팩트공간 $\{a\} \times B$ 의 열린덮개이므로 유한 부분덮개 $\{U_{a_k} \times V_{b_k}\}_{k=1}^{n}$ 이 존재한다. 따라서 $U = \bigcap_{k=1}^{n} U_{a_k}$, $V = \bigcup_{k=1}^{n} V_{b_k}$ 라 두면 $\{a\} \times B \subset U \times V \subset W$ 이다.
(2) 일반적인 경우: 위 논의에 의해 모든 $a \in A$ 에 대하여 $\{a\} \times B \subset U_a \times V_a \subset O$ 인 X 의 열린집합 U_a 와 Y 의 열린집합 V_a 가 존재한다. 이제 $\{U_a\}_{a\in A}$ 는 콤팩트집합 A 의 열린덮개이므로 유한 부분덮개 $\{U_{a_n}\}_{n=1}^{N}$ 이 존재하고 $U = \bigcup_{n=1}^{N} U_{a_n}$, $V = \bigcap_{n=1}^{N} V_{a_n}$ 이라 두면 $A \times B \subset U \times V \subset W$ 이다.
7. 정의에 의해, $\mathscr{T}'$ 의 임의의 원소는 $\mathscr{T}$ 의 원소이거나 $\mathscr{T}$ 의 원소와 $X \setminus K$ 의 교집합이다. $(X, \mathscr{T})$ 의 임의의 열린덮개를

$$\mathscr{O} = \{O_i\}_{i\in I} \cup \{O_i \cap (X \setminus K)\}_{i\in J}$$

라 하자. 여기서 모든 $i \in I \cup J$ 에 대해, O_i 는 $\mathscr{T}$ 의 원소이다. 그러면 $\{O_i\}_{i\in I\cup J}$ 는 콤팩트공간 $(X, \mathscr{T})$ 의 열린덮개이므로 유한 부분덮개 $\{O_i\}_{i\in I_0\cup J_0}$ 가 존재한다. 여기서 I_0, J_0 는 각각 I, J 의 유한 부분집합이다. 또한 $\{O_i\}_{i\in I}$ 는 콤팩트집합 K 의 X 에서의 열린덮개이므로 유한 부분덮개 $\{O_i\}_{i\in I_1}$ 이 존재한다. 여기서 I_1 은 I 의 유한 부분집합이다. 따라서

$$\{O_i\}_{i\in I_0\cup I_1} \cup \{O_i \cap (X \setminus K)\}_{i\in J_0}$$

는 주어진 열린덮개 $\mathscr{O}$의 유한 부분덮개이다.

8. $X \times K$의 임의의 닫힌집합 C에 대하여 $\pi_1(C)$가 X의 닫힌집합임을 보이자. $\pi_1(C) = X$인 경우 X는 X의 닫힌집합이므로 $\pi_1(C) \neq X$인 경우를 가정하자. 임의의 $x \in X \setminus \pi_1(C)$에 대해 $\pi_1^{-1}(x) = \{x\} \times K$는 K와 위상동형이므로 콤팩트이다. 따라서

$$\{x\} \times K \subset U \times V \subset X \setminus \pi_1^{-1}(C)$$

인 X의 열린집합 U와 K의 열린집합 V가 존재한다. 따라서 $x \in U \subset X \setminus \pi_1(C)$인 X의 열린집합 U가 존재하고 $\pi_1(C)$는 X의 닫힌집합이다.

9. 임의의 $A \subset X$에 대하여

$$B_A = \{y \in Y \mid f^{-1}(y) \subset A\}$$

로 정의하자. 그러면 $f(X \setminus A) = Y \setminus B_A$이고 f가 닫힌함수이므로 A가 X의 열린집합이면 B_A는 Y의 열린집합이다. $\mathscr{O} = \{O_i\}_{i \in I}$를 $f^{-1}(K)$의 임의의 열린덮개라 하자. 모든 $y \in K$에 대해 $f^{-1}(y)$는 콤팩트이므로 $f^{-1}(y) \subset \bigcup_{i \in I_y} O_i$인 유한 부분집합 $I_y \subset I$가 존재하고

$$O'_y = \bigcup_{i \in I_y} O_i$$

으로 정의하면, O'_y은 y를 포함하는 X의 열린집합이고 $\{O'_y\}_{y \in K}$는 콤팩트집합 K의 X에서의 열린덮개이므로 유한 부분덮개 $\{O'_{y_k}\}_{k=1}^n$이 존재한다.

$$J = \bigcup_{k=1}^n I_{y_k}$$

라 하면, J는 I의 유한 부분집합이고 $\{O_i\}_{i \in J}$는 $\mathscr{O} = \{O_i\}_{i \in I}$의 유한 부분덮개이다. 따라서 $f^{-1}(K)$는 콤팩트이다. 추가적으로 만약 Y가 콤팩트이면 $f^{-1}(Y) = X$이므로 X가 콤팩트이다.

10. (1) Y가 콤팩트인 하우스도르프공간이고 f가 연속함수라고 가정하자. 임의의 $x \in X$와 $f(x) \in V$인 임의의 Y의 열린집합 V에 대해 $f(U) \subset V$인 열린집합 $x \in U$가 존재한다. $(x, y) \in G_f^c$인 임의의 점 (x, y)에 대해 $f(x) \neq y$이고 Y는 콤팩트인 하우스도르프공간이므로 $y \in W$이고 $V \cap W = \varnothing$인 Y의 열린집합 W가 존재한다. 따라서 $(x, y) \in U \times W \subset G_f^c$이고 G_f^c는 $X \times Y$의 열린집합이다. 그러므로 G_f는 $X \times Y$의 닫힌집합이다.

Y가 콤팩트인 하우스도르프공간이고 G_f가 $X \times Y$의 닫힌집합이라고 가정하자. 임의의 Y의 닫힌집합 C에 대해 $f^{-1}(C) = \pi_1(G_f \cap \pi_2^{-1}(C))$이고 π_2는 연속함수이므로 $\pi_2^{-1}(C)$는 $X \times Y$의 닫힌집합이다. G_f는 $X \times Y$의

닫힌집합이므로 $G_f \cap \pi_2^{-1}(C)$도 $X \times Y$의 닫힌집합이다. Y가 콤팩트집합이면 $\pi_1 : X \times Y \to X$는 닫힌함수이므로 $f^{-1}(C)$는 X의 닫힌집합이다.

(2) ① 거리공간은 하우스도르프 공간이므로 이 부분의 증명은 (1)의 증명과 같다.

② $F : X \to X \times Y$, $F(x) = (x, f(x))$라 두면 F는 연속함수이고 $G_f = F(X)$, X는 콤팩트집합이므로 G_f는 콤팩트집합이다.
반면, X가 콤팩트집합이고 G_f가 콤팩트집합일 때, 임의의 Y의 닫힌집합 C에 대해 $f^{-1}(C) = \pi_1(G_f \cap \pi_2^{-1}(C))$이고 $G_f \cap \pi_2^{-1}(C)$는 하우스도르프공간 $X \times Y$의 콤팩트집합이므로 $f^{-1}(C)$는 하우스도르프공간 X의 콤팩트집합이고 따라서 X의 닫힌집합이다.

11. $f(X)$는 하우스도르프공간 $\mathbb{R}$의 콤팩트집합이므로 유계인 닫힌집합이므로

$$m = \inf f(X), \quad M = \sup f(X)$$

가 존재하고 $m, M \in f(X)$이다. 그러므로 $f(x_1) = m$, $f(x_2) = M$이 되는 $x_1, x_2 \in X$가 존재하고 모든 $x \in X$에 대해 $m \leq f(x) \leq M$이다.

12. 만약 수열 $\{x_n\}_{n=1}^{\infty}$이 점 x로 수렴하는 부분수열 $\{x_{n_k}\}_{k=1}^{\infty}$을 가지면

$$A = \{x_{n_k} \mid k \in \mathbb{N}\} \cup \{x\}$$

는 X의 콤팩트집합이고 f가 연속함수이므로 $f(A)$는 $\mathbb{R}$의 콤팩트집합이다. 따라서 하이네-보렐 정리에 의해 $f(A)$는 유계인 $\mathbb{R}$의 닫힌집합이다. 반면

$$f(A) = \{n_k \mid k \in \mathbb{N}\} \cup \{f(x)\}$$

이고 $\lim_{k\to\infty} n_k = \infty$이므로 $f(A)$는 유계일 수 없으므로 모순이다.

13. 이산공간 $\{0, 1\}$은 콤팩트이므로 티호노프정리에 의하여 곱위상이 주어진 곱공간 $\prod_{n=1}^{\infty}\{0,1\}$도 콤팩트이다. 함수 $f : \prod_{n=1}^{\infty}\{0,1\} \to \mathcal{C}$를

$$f(\{a_n\}_{n=1}^{\infty}) = \sum_{n=1}^{\infty} \frac{2a_n}{3^n}$$

으로 정의하면 f는 잘 정의된 전사함수이다. 함수 f가 임의의 점 $\{a_n\}_{n=1}^{\infty} \in \prod_{n=1}^{\infty}\{0,1\}$에서 연속임을 보이자. 임의의 양수 $\varepsilon > 0$에 대해, $\frac{1}{3^N} < \varepsilon$이 되는 자연수 N을 아르키메데스의 성질에 의해 잡을 수 있고 점 $\{a_n\}_{n=1}^{\infty}$의 열린근방 U를

$$U = \bigcap_{n=1}^{N} \pi_n^{-1}(a_n)$$

로 정의하자. 여기서 $\pi_n\colon \prod_{n=1}^{\infty}\{0,1\} \to \{0,1\}$은 n번째 사영함수이다. 즉, U의 임의의 원소는 모든 $n = 1, 2, \ldots, N$에 대해 $b_n = a_n$인 수열 $\{b_n\}_{n=1}^{\infty}$이다. 임의의 $\{b_n\}_{n=1}^{\infty} \in U$에 대해,

$$|f(\{a_n\}_{n=1}^{\infty}) - f(\{b_n\}_{n=1}^{\infty})| \leq \sum_{n=N+1}^{\infty} \tfrac{2}{3^n} = \tfrac{1}{3^N} < \varepsilon$$

이므로 $f(U) \subset (f(\{a_n\}_{n=1}^{\infty}) - \varepsilon, f(\{a_n\}_{n=1}^{\infty}) + \varepsilon)$이고 따라서 함수 f는 임의의 점 $\{a_n\}_{n=1}^{\infty} \in \prod_{n=1}^{\infty}\{0,1\}$에서 연속이다.

정리하면, 칸토어 집합 $\mathcal{C}$는 콤팩트 공간 $\prod_{n=1}^{\infty}\{0,1\}$의 전사인 연속함수 f에 의한 상이므로 $\mathcal{C}$는 $\mathbb{R}$의 콤팩트집합이다.

14. (1) 모든 음이 아닌 정수 n에 대해, $[0,1]$의 부분집합 O_n을

$$O_n = \begin{cases} [0,1] \setminus K & n = 0 \\ (\frac{1}{2}, 1] & n = 1 \\ (\frac{1}{n+1}, \frac{1}{n-1}) & n \geq 2 \end{cases}$$

으로 정의하면, $\mathscr{O} = \{O_n\}_{n=0}^{\infty}$는 $(\mathbb{R}, \mathscr{T}_K)$에서 유도된 부분위상이 주어진 $[0,1]$의 열린덮개이지만 유한 부분덮개를 가지지 않는다. 따라서 $[0,1]$은 $(\mathbb{R}, \mathscr{T}_K)$의 콤팩트집합이 아니다.

(2) $\mathscr{T}_K$에서 유도된 $(-\infty, 0)$, $(0, \infty)$의 부분위상은 보통위상에서 유도된 부분위상과 같다. 따라서 $(-\infty, 0)$, $(0, \infty)$는 경로연결이므로 연결이다. 따라서

$$A = \overline{(-\infty, 0)} = (-\infty, 0], \quad B = \overline{(0, \infty)} = [0, \infty)$$

도 연결이다. $A \cap B = \{0\} \neq \varnothing$이므로 $A \cup B$도 연결공간이다. 따라서 $(\mathbb{R}, \mathscr{T}_K)$는 연결이다.

(3) 만약 $(\mathbb{R}, \mathscr{T}_K)$가 경로연결이면, $\gamma(0) = 0$, $\gamma(1) = 1$인 연속함수 $\gamma\colon [0,1] \to (\mathbb{R}, \mathscr{T}_K)$가 존재한다. 보통위상이 주어진 닫힌구간 $[0,1]$은 콤팩트이므로 $\gamma([0,1])$도 $(\mathbb{R}, \mathscr{T}_K)$의 콤팩트집합이다. $[0,1]$이 연결이므로 $\gamma([0,1])$도 연결이고 $0, 1 \in \gamma([0,1])$이므로 $[0,1] \subset \gamma([0,1])$이어야 한다. 그리고 하우스도르프 공간 $(\mathbb{R}, \mathscr{T}_K)$에서 $[0,1]$은 닫힌집합이다. 따라서 $[0,1]$은 하우스도르프 공간 $(\mathbb{R}, \mathscr{T}_K)$의 콤팩트집합인 $\gamma([0,1])$의 닫힌집합이므로 콤팩트이다. 이는 (1)에 모순이다. 따라서 $(\mathbb{R}, \mathscr{T}_K)$는 경로연결이 아니다.

10.7.2 7장 기출문제 풀이

1. 정답: 4번

(1) 하이네-보렐 정리에 의해 참이다.

(2) A가 $\mathbb{R}^5$의 닫힌집합이고 K가 $\mathbb{R}^5$의 콤팩트집합이면, $A \cap K$는 콤팩트집합 A의 닫힌집합이므로 (3)에 의해 콤팩트이다.

(3) 콤팩트집합의 닫힌집합은 항상 콤팩트집합이므로 참이다.

(4) $\mathscr{O} = \{B_d(0,n)\}_{n=1}^{\infty}$는 유한 부분덮개를 갖지 않는 $\mathbb{R}^5$의 열린덮개이므로 거짓이다. (단, 여기서 d는 $\mathbb{R}^5$의 보통거리이다.)

2. 정답: ①번

ㄱ. 참: $\mathscr{T}' = \{U \subset X/\mathcal{R} \mid f^{-1}(U) \in \mathscr{T}\}$

ㄴ. 참: f는 연속이므로 $f(C)$는 $X/\mathcal{R}$의 콤팩트 부분집합이다.

ㄷ. 거짓

(반례) 집합 $X = \{a,b,c\}$에 위상 $\mathscr{T} = \{\varnothing, \{a\}, X\}$이 주어져 있고 동치관계 $x \sim y$를 $x, y \in \{a,b\}$인 경우로 정의하고 $V = \{a\}$를 생각하면 반례이다.

3. 왼쪽 그림을 X, 오른쪽 그림을 Y라 하자. 위상동형함수 $f\colon X \to Y$가 존재한다고 가정하면 X에서의 교점 x에 대하여 $f|_{X \smallsetminus \{x\}}\colon X \smallsetminus \{x\} \to Y \smallsetminus \{f(x)\}$ 역시 위상동형함수이다. 성분의 개수는 위상적성질이므로 $X \smallsetminus \{x\}$와 $Y \smallsetminus \{f(x)\}$의 성분의 개수가 같아야 한다. 하지만 $X \smallsetminus \{x\}$는 4개의 성분, $Y \smallsetminus \{f(x)\}$는 3개 이하의 성분을 가지므로 모순이고 X와 Y는 위상동형이 아니다.

4. 보통위상이 주어진 실수 전체의 집합 $\mathbb{R}$의 부분집합이 연결인 것과 구간인 것은 동치이다. 이를 참고하여 예를 다음과 같이 만들 수 있다.

$$X = (2,6) \cup \{7\}, Y = (3,4), Z = (0,8), W = (1,5)$$

5. 임의의 열린덮개 $\mathscr{O}$에 대하여 $0 \in O_0$인 $\mathscr{O}$의 원소 O_0가 존재하고 $(-1,1) \subset O$이다. $-1 \in O_{-1}, 1 \in O_1$인 $\mathscr{O}$의 원소 O_{-1}, O_1을 선택하면, $\{O_{-1}, O_0, O_1\}$은 $\mathscr{O}$의 유한 부분덮개이다.

6. 정답: 거짓

$\mathscr{O} = \{(\pi, 2\pi - \frac{1}{n}) \cap \mathbb{Q}\}_{n=1}^{\infty}$는 $j^{-1}([\pi, 2\pi]) = (\pi, 2\pi) \cap \mathbb{Q}$의 열린덮개이지만 유한 부분덮개를 가지지 않는다.

7. $A_1 = \{0\}, A_2 = \mathbb{R}$

(i) $A_1 = \{0\}$

만약 $(\mathbb{R}, \mathscr{T}_1)$의 부분공간 A가 두 개 이상의 원소를 가지면, $x < y$인 $x, y \in A$가 존재하고

$$C = (-\infty, y) \cap A, \quad D = [y, \infty) \cap A$$

는 A의 분리이므로 A는 비연결이다. 따라서 $(\mathbb{R}, \mathscr{T}_1)$은 완전비연결이다.

(ii) $A_2 = \mathbb{R}$

$(\mathbb{R}, \mathscr{T}_2)$의 열린집합이면서 $(\mathbb{R}, \mathscr{T}_2)$의 닫힌집합은 $\varnothing, \mathbb{R}$뿐이므로 $(\mathbb{R}, \mathscr{T}_2)$는 연결공간이다.

8. 정답: 5번

여유한위상의 부분위상은 여유한위상이다. 또한 두 점 이상을 갖는 유한집합에 대한 여유한위상은 비연결이고 무한집합에 대한 여유한위상공간은 연결이다. 따라서 ㄱ은 비연결, ㄴ, ㄷ은 연결이다.

9. 정답: 참

($\Leftarrow$) 유한 개의 원소를 가지는 위상공간은 항상 콤팩트이므로 자명하다.

($\Rightarrow$) 대우명제인 A가 무한집합이면 A는 콤팩트가 아님을 보이자.

A가 무한집합이면 A의 가산무한 부분집합 $B = \{b_n \mid n \in \mathbb{N}\}$이 존재한다. 모든 자연수 n에 대해,

$$O_n = (\mathbb{R} \setminus B) \cup \{b_n\}$$

이라 정의하면 $\mathscr{O} = \{O_n\}_{n=1}^{\infty}$는 A의 $(\mathbb{R}, \mathscr{T})$에서의 열린덮개이다. 만약 A가 콤팩트이면 $\mathscr{O}$의 유한 부분덮개 $\{O_{n_i}\}_{i=1}^{k}$가 존재한다.

$$N = \max\{n_1, n_2, \ldots, n_k\}$$

라 하면 $A \subset \bigcup_{i=1}^{k} O_{n_i}$이지만 $b_{N+1} \notin \bigcup_{i=1}^{k} O_{n_i}$이므로 모순이다.

10. 정답: 참

f는 연속함수이고 $[0,1]$은 $(\mathbb{R}, \mathscr{T})$에서 콤팩트이므로 $f([0,1]) = [0,1)$은 콤팩트이다.

11. 정답: 거짓

$(\mathbb{R}, \mathscr{T}_1) \times (\mathbb{R}, \mathscr{T}_2)$는 분리 $A = \mathbb{Q} \times \mathbb{R}, B = (\mathbb{R} \setminus \mathbb{Q}) \times \mathbb{R}$를 가지므로 비연결이다.

12. 정답: 참

$\mathscr{O}$를 $(X, \mathscr{T})$의 임의의 열린덮개라 하면 $q \in O_0$인 $O_0 \in \mathscr{O}$가 존재한다. $A \setminus O$는 유한집합이므로 $A \setminus O = \{a_1, a_2, \ldots, a_n\}$인 유한 개의 원소 $a_1, a_2, \ldots, a_n \in A$가 존재한다. 모든 $i = 1, 2, \ldots, n$에 대하여 $a_i \in O_i$인 $O_i \in \mathscr{O}$가 존재하므로 $\{O_i\}_{i=0}^{n}$은 $\mathscr{O}$의 유한 부분덮개이다.

13. 정답: 참

X의 임의의 열린덮개를 $\mathscr{O}$라 하면, $1 \in O$인 $O \in \mathscr{O}$가 존재한다. 기저의 정의에 의해, $1 \in A_n \subset O$인 자연수 n이 존재한다. A_n의 정의에 의해 $n = 1$이어야 하고 $A_1 = \mathbb{N}$이므로 $O = \mathbb{N}$이다. 따라서 $\{O\}$는 $\mathscr{O}$의 유한 부분덮개이다. 따라서 X는 콤팩트이다. Y는 보통위상이 주어진 닫힌구간 $[0,1]$이므로 콤팩트이다. 콤팩트공간의 곱공간은 콤팩트공간이므로 $X \times Y$는 콤팩트공간이다.

14. 정답: 거짓

임의의 $y \in Y$에 대하여 $(y-\frac{1}{2}, y+\frac{1}{2}) \cap Y = \{y\}$이므로 Y는 이산공간이다. $f(5) \neq f(6)$인 연속함수 $f: X \to Y$가 존재한다고 가정하면 $A = \{f(5)\}$, $B = Y \setminus \{f(5)\}$는 서로소이고 $A \cup B = Y$인 Y의 열린집합이므로 $f^{-1}(A)$, $f^{-1}(B)$는 $\mathbb{R}$의 분리이므로 $\mathbb{R}$은 비연결이 되어 모순이다.

15. 정답: ㄱ. 거짓 ㄴ. 참

ㄱ. $A = (-\infty, \sqrt{2}) \cap \mathbb{Q}$, $B = (\sqrt{2}, \infty) \cap \mathbb{Q}$는 $\mathbb{Q}$의 분리이므로 $\mathbb{Q}$는 비연결이다.

ㄴ. X의 부분공간 $(-2,-1) \cup (0,1) \cup \{\sqrt{2}\}$의 성분은 $(-2,-1)$, $(0,1)$, $\{\sqrt{2}\}$이다.

16. $-1 \in A$이면 A는 콤팩트임을 보이자.

$\mathscr{O} = \{O_i\}_{i\in I}$를 임의의 A의 $(X, \mathscr{T})$에서의 열린덮개라 하면 $-1 \in O_{i_0}$인 $i_0 \in I$가 존재한다. $\mathscr{T}$의 정의에 의해, 어떤 $\mathbb{N}$의 유한 부분집합 F가 존재하여

$$\mathbb{N} \cup \{-1\} \setminus F \subset O_{i_0}$$

이다. 따라서

$$A \setminus O_{i_0} \subset A \setminus (\mathbb{N} \cup \{-1\} \setminus F) \subset F \cup \{-2, -3\}$$

은 유한집합이고 이 집합의 모든 원소에 대하여 이를 포함하는 $\mathscr{O}$의 원소를 잡고 이를 $O_{i_1}, O_{i_2}, \ldots, O_{i_n}$이라 하면, $\{O_{i_k}\}_{k=0}^{n}$은 $\mathscr{O}$의 유한 부분덮개이다.

$-1 \notin A$ 이면 A는 콤팩트가 아니다.

$\mathscr{O} = \{\{n\}\}_{n=1}^{\infty} \cup \{\{-2, -3\}\}$은 $(X, \mathscr{T})$에서의 A의 열린덮개이지만 유한 부분덮개를 가지지 않는다.

따라서 $\mathbb{N} \subsetneq A \subsetneq X$, $A \neq \mathbb{N} \cup \{-1\}$인 $(X, \mathscr{T})$의 콤팩트집합 A는 $\mathbb{N} \cup \{-1, -2\}$, $\mathbb{N} \cup \{-1, -3\}$이고 $\mathbb{N} \subsetneq B \subsetneq X$이고 $(X, \mathscr{T})$의 콤팩트집합이 아닌 B는 $\mathbb{N} \cup \{-2\}$, $\mathbb{N} \cup \{-3\}$, $\mathbb{N} \cup \{-2, -3\}$이다.

17. 정답: 7

3단계로 나누어서 $(\mathbb{N}, \mathscr{T}')$의 성분을 모두 구하자.

(1 단계) $\{n \in \mathbb{N} \mid n \geq 7\}$은 $(\mathbb{N}, \mathscr{T}')$의 연결집합이다.

먼저 X가 연결임을 보이자. 만약 X가 연결이 아니면 공집합이 아니고 서로소인 X의 두 열린집합 A, B가 존재하여 $X = A \cup B$이다. $A \cap B = \varnothing$에 드 모르간의 법칙을 적용하면 $X = (X \setminus A) \cup (X \setminus B)$이다. 좌변은 무한집합, 우변은 유한집합이므로 모순이다. 따라서 X는 연결이다. 함수 f는 연속이므로,

$$\{n \in \mathbb{N} \mid n \geq 7\} = f(X)$$

는 연결이다.

(2 단계) $\{1\}, \{2\}, \{3\}, \{4\}, \{5\}, \{6\}$은 $(\mathbb{N}, \mathscr{T}')$의 열린집합이다. 모든 $k \in \{1,2,3,4,5,6\}$에 대해,

$$f^{-1}(\{k\}) = \{(m,n) \in X \mid m+n = k\}$$

이고 $m \geq 12$ 또는 $n \geq 6$이므로 $m+n \geq 7$이 되어 $f^{-1}(\{k\}) = \varnothing$이다. 따라서 모든 $k \in \{1,2,3,4,5,6\}$에 대하여 $\{k\}$는 열린집합이다.

(3 단계) $(\mathbb{N}, \mathscr{T}')$의 연결 성분은 $\{1\}, \{2\}, \{3\}, \{4\}, \{5\}, \{6\}, \{n \in \mathbb{N} \mid n \geq 7\}$이다.

$\{n \in \mathbb{N} \mid n \geq 7\}$을 진부분집합으로 가지는 $\mathbb{N}$의 부분집합을 Y라 하면,

$$\{n \in \mathbb{N} \mid n \geq 7\}, \quad Y \setminus \{n \in \mathbb{N} \mid n \geq 7\}$$

는 Y의 분리이므로 Y는 연결이 아니다. 따라서 $\{n \in \mathbb{N} \mid n \geq 7\}$은 $(\mathbb{N}, \mathscr{T}')$의 연결성분이다. $A = \{1,2,3,4,5,6\}$의 두 점 이상을 가지는 부분집합에 대한 부분위상은 이산위상이므로 연결이 아니다. 따라서 X의 모든 연결 성분은

$$\{1\}, \{2\}, \{3\}, \{4\}, \{5\}, \{6\}, \{n \in \mathbb{N} \mid n \geq 7\}$$

이다.

18. 정답: $\overline{A} = \{(x,0) \in \mathbb{R}^2 \mid 0 \leq x < 1\}$,

$B = \{(\frac{1}{n}, 0) \in \mathbb{R}^2 \mid n \in \mathbb{N}\} \cup \{(0,0)\}$

$A \subset \overline{A}$임은 자명하므로 $x \in A^c$에 대해, $x \in \overline{A}$인지를 관찰하자. 만약 $x = (0,0)$이면, 임의의 $\varepsilon > 0$에 대하여 $(\frac{\varepsilon}{2}, 0) \in B_d(x, \varepsilon) \cap A \neq \varnothing$이므로 $(0,0) \in \overline{A}$이다. 만약 $x \neq (0,0)$이고 $x \in A^c$이면, $B_d(x, |x|) = \{x\}$이므로 $B_d(x,|x|) \cap A = \varnothing$이므로 $x \notin \overline{A}$이다.

$$\overline{A} = \{(x,0) \in \mathbb{R}^2 \mid 0 \leq x < 1\}$$

이다. $B = \{(\frac{1}{n}, 0) \in \mathbb{R}^2 \mid n \in \mathbb{N}\} \cup \{(0,0)\}$는 $(\mathbb{R}^2, \mathscr{T}_d)$의 콤팩트인 무한집합이다.

19. $\mathrm{int}(C) = \{3\}, \mathrm{ext}(C) = \{4,5\}, \partial(C) = A, C' = A, \overline{C} = A \cup \{3\}$

$(X, \mathscr{T}')$의 임의의 열린덮개를 $\mathscr{O} = \{O_i\}_{i \in I}$라 하면 $1 \in O_{i_0}$인 $i_0 \in I$가 존재하고

$$X \setminus O_{i_0} = \{x_1, x_2, \ldots, x_n\}$$

인 유한 개의 점 $x_1, x_2, \ldots, x_n \in X$가 존재한다. 모든 $k = 1, 2, \ldots, n$에 대해, $x_k \in O_{i_k}$인 $O_{i_k} \in \mathcal{O}$를 하나씩 선택하면 $\{O_{i_k}\}_{k=0}^{n}$은 $\mathscr{O}$의 유한 부분덮개이다. 따라서 $(X, \mathscr{T}')$는 콤팩트공간이다.

20. 보통위상이 주어진 실수 전체의 집합 $\mathbb{R}$의 부분기저

$$\mathscr{S} = \{(a,\infty)\}_{a\in\mathbb{R}} \cup \{(-\infty,b)\}_{b\in\mathbb{R}}$$

의 각 원소들에 대해, f_1, f_2에 의한 역상은 다음과 같다.

$$f_1^{-1}((a,\infty)) = [\lfloor a\rfloor + 1, \infty) \qquad f_1^{-1}((-\infty,b)) = (-\infty, \lfloor b\rfloor + 1)$$
$$f_2^{-1}((a,\infty)) = (-\infty, -\lfloor a\rfloor - 1] \qquad f_2^{-1}((-\infty,b)) = (-\lfloor b\rfloor - 1, \infty)$$

따라서 위상 $\mathscr{T}$는 다음과 같이 정의된 집합족 $\mathscr{S}'$

$$\mathscr{S}' = \{(-\infty,m), (-\infty,n], (p,\infty), [q,\infty) \mid m,n,p,q \in \mathbb{Z}\}$$

를 부분기저로 하여 생성된 위상이다. 따라서 $(\mathbb{R},\mathscr{T})$의 성분은 모든 정수 n에 대해, $\{n\}$, $(n,n+1)$이고 따라서 $\sqrt{2}$를 포함하는 성분은 $(1,2)$이다.

또한 $A = \left[\frac{1}{2}, 2\right]$이면, $\text{int}(A) = [1,2]$, $\text{ext}(A) = (-\infty,0] \cup (2,\infty)$, $\partial(A) = (0,1)$, $A' = (0,1)\cup(1,2)$, $\overline{A} = (0,2]$이다.

21. 집합 $X = \{a,b,c\}$의 위상 $\mathscr{T}_1 = \{\varnothing, \{a\}, \{a,b\}, X\}$을 생각하자. $(X,\mathscr{T}_1)$의 닫힌집합의 모임은 $\{\varnothing, \{b,c\}, \{c\}, X\}$이고 $(X,\mathscr{T}_1)$의 열린집합이면서 닫힌집합은 $\varnothing$과 X뿐이다. 따라서, 위상공간 $(X,\mathscr{T}_1)$는 연결공간이다. 이제 집합 X의 위상 $\mathscr{T}_2 = \{\varnothing, \{a\}, \{b,c\}, X\}$를 생각하자. 이 경우, $(X,\mathscr{T}_2)$의 두 열린집합 $\{a\}$와 $\{b,c\}$에 대해 $\{a\}\cup\{b,c\} = X$이고 $\{a\}\cap\{b,c\} = \varnothing$이므로 $\{a\}$와 $\{b,c\}$는 $(X,\mathscr{T}_2)$의 분리가 되어 위상공간 $(X,\mathscr{T}_2)$는 비연결공간이다.

22. 모든 자연수 n에 대하여 $(-n,n)\setminus K \in \Omega$이므로 $(-n,n)\setminus K$은 $(\mathbb{R},\mathscr{T})$의 열린집합이다. 또한

$$K = \mathbb{R}\setminus(\mathbb{R}\setminus K) = \mathbb{R}\setminus \bigcup_{n=1}^{\infty}((-n,n)\setminus K)$$

이므로 K는 $(\mathbb{R},\mathscr{T})$의 닫힌집합이고 따라서 $K' \subset K$이다. 만약 K'이 공집합이 아니라고 가정하고 $x \in K'$이면 $x \in K$이므로 $x = \frac{1}{n}$인 어떤 자연수 n이 존재한다. 양수 $\epsilon = \frac{1}{n} - \frac{1}{n+1}$을 잡으면, $((\frac{1}{n}-\epsilon, \frac{1}{n}+\epsilon)\setminus\{x\})\cap K = \varnothing$이므로 이는 불가능하다. 따라서 $K' = \varnothing$이다. 닫힌구간 $[0,1]$의 $(\mathbb{R},\mathscr{T})$의 열린 덮개

$$\mathscr{O} = \{(\tfrac{1}{n}, \tfrac{3}{2}) \mid n \in \mathbb{N}\} \cup \{(-1,1)\setminus K\}$$

는 유한 부분덮개를 갖지 않는다.

따라서 $[0,1]$은 콤팩트 부분집합이 아니다.

23. 모든 $(a,b,c,d) \in A$에 대해, $a^2+b^2=1$, $c^2+d^2=1$이므로

$$\|(a,b,c,d)\| = \sqrt{a^2+b^2+c^2+d^2} = \sqrt{2}$$

가 되어 A는 유계이다. 연속함수 $g\colon \mathbb{R}^4 \to \mathbb{R}^3$를

$$g(a,b,c,d) = (a^2+b^2, c^2+d^2, ad-bc)$$

로 정의하면 $A = g^{-1}(\{(1,1,0)\})$이고 $\{(1,1,0)\}$는 $\mathbb{R}^3$의 닫힌집합이므로 A도 $\mathbb{R}^4$의 닫힌집합이다. 하이네-보렐 정리에 의하여 A는 보통위상이 주어진 $\mathbb{R}^4$의 콤팩트집합이다.

모든 $(a,b,c,d) \in A$에 대해,

$$f(a,b,c,d)^2 = (ad-bc)^2 = (a^2+b^2)(c^2+d^2) = 1$$

이 성립한다. 따라서 $f(A) \subset \{-1,1\}$이고 $(1,0,0,1)$과 $(1,0,0,-1)$은 A의 원소이고 $f(1,0,0,1)=1$, $f(1,0,0,-1)=-1$을 만족하므로 $\{-1,1\} \subset f(A)$이 되어 $f(A) = \{-1,1\}$이다. $\{-1,1\}$은 비연결이고 f는 연속함수이므로 A는 $\mathbb{R}^4$의 비연결집합이다.

10.8 8장 연습문제 및 기출문제 풀이

10.8.1 8장 연습문제 풀이

1. 정답: ①
2. 임의의 자연수 m,n에 대하여 $p > m+n$인 소수 p를 잡으면 $B(m,p)$와 $B(n,p)$는 $m \in B(m,p)$, $n \in B(n,p)$이고 서로소인 $(\mathbb{N}, \mathscr{T})$의 열린집합이다. 따라서 $(\mathbb{N}, \mathscr{T})$는 하우스도르프이다.
   만일 $(\mathbb{N}, \mathscr{T})$가 정칙이면 임의의 서로 다른 두 점 $m,n \in \mathbb{N}$에 대해 $m \in U$, $n \in V$이고 $\overline{U} \cap \overline{V} = \varnothing$인 $(\mathbb{N}, \mathscr{T})$의 열린집합 U,V가 존재해야 한다. 임의의 기저열린집합 $B(a,b)$, $B(c,d)$에 대해 N을 b와 d의 최소공배수라 하면,
   $$\overline{B(a,b)} \cap \overline{B(c,d)} = \{kN \mid k \in \mathbb{N}\}$$
   이므로 이는 모순이다. 따라서 $(\mathbb{N}, \mathscr{T})$는 정칙이 아니다.
3. 정칙공간은 하우스도르프 공간이고 하우스도르프 공간의 콤팩트집합은 닫힌집합이므로 자명하다.
4. 모든 $a \in \mathbb{Z}$, $r \in \mathbb{N}$에 대해 $\overline{B(a,r)} = B(a,r)$이므로 성립한다.

5. 일반성을 잃지 않고 모든 i에 대하여 $U_i \not\subset \bigcup_{j\neq i} U_j$가 성립한다고 가정하자.

$$A_1 = X \setminus \bigcup_{j=2}^n U_j$$

라 하면 A_1은 $A_1 \subset U_1$인 X의 닫힌집합이고 X가 정규공간이므로

$$A_1 \subset V_1 \subset \overline{V_1} \subset U_1$$

인 X의 열린집합 V_1이 존재한다. 그리고 $\{V_1, U_2, \ldots, U_n\}$은 X의 열린덮개이다.

$$A_2 = X \setminus (V_1 \cup \bigcup_{j=3}^n U_j)$$

라 하면 A_2는 $A_2 \subset U_2$인 X의 닫힌집합이고 X가 정규공간이므로

$$A_2 \subset V_2 \subset \overline{V_2} \subset U_2$$

인 X의 열린집합 V_2가 존재하고 $\{V_1, V_2, U_3, \ldots, U_n\}$은 X의 열린덮개이다. 이 과정을 반복하면 원하는 성질을 만족하는 열린덮개를 얻을 수 있다.

6. 주어진 열린덮개 $\{U_1, U_2, \ldots, U_n\}$에 대하여 위의 문제의 결과를 두 번 적용하면

$$W_i \subset \overline{W_i} \subset V_i \subset \overline{V_i} \subset U_i$$

이고 $\{V_1, V_2, \ldots, V_n\}$과 $\{W_1, W_2, \ldots, W_n\}$이 X의 열린덮개가 되는 X의 열린집합 $V_1, V_2, \ldots, V_n, W_1, W_2, \ldots, W_n$을 잡을 수 있다. 모든 $i = 1, 2, \ldots, n$에 대해 $\overline{W_i}$와 $X \setminus V_i$는 서로소인 X의 닫힌집합이므로 우리손의 보조정리에 의해

$$\psi_i(X \setminus V_i) = \{0\}, \quad \psi_i(\overline{W_i}) = \{1\}$$

인 연속함수 $\psi_i \colon X \to [0,1]$이 존재한다. 함수 $\Psi \colon X \to (0, \infty)$를

$$\Psi(x) = \sum_{i=1}^n \psi_i(x)$$

로 정의하고 모든 $i = 1, 2, \ldots, n$에 대해

$$\phi_i(x) = \frac{\psi_i(x)}{\Psi(x)}$$

로 정의하면 된다.

7. 모든 $i = 1, 2, 3$에 대해, $U_i = X \setminus F_i$라 하면 $F_1 \cap F_2 \cap F_3 = \varnothing$이므로 $\{U_1, U_2, U_3\}$은 정규공간 X의 열린덮개이다. 따라서 모든 $i = 1, 2, 3$에 대해 위 문제의 조건을 만족하는 열린집합 V_i, W_i와 연속함수 $\psi_i \colon X \to [0,1]$가 존재하고 이들은

$$\psi_i(\overline{W_i}) = 1, \quad \overline{\{x \in X \mid \psi_i(x) \neq 0\}} \subset \overline{V_i}$$

를 만족한다. 이때 모든 i에 대해 $O_i = \psi_i^{-1}([0, \frac{1}{2}))$라 하면 $F_i \subset O_i \subset (\overline{W_i})^c$이고 O_i는 X의 열린집합이다. $W_1 \cup W_2 \cup W_3 = X$이므로 $\overline{O_1} \cap \overline{O_2} \cap \overline{O_3} = \varnothing$이다.

8. 임의의 X의 닫힌집합 C와 $C \subset U$인 X의 열린집합 U에 대하여

$$C \subset V \subset \overline{V} \subset U$$

를 만족하는 X의 열린집합 V가 존재함을 보이면 충분하다. $C \cap A$와 $C \cap B$는 각각 정규공간 A와 정규공간 B의 닫힌집합이므로

$$C \cap A \subset A \cap V_1 \subset A \cap \overline{V_1} \subset A \cap U$$

인 X의 열린집합 $V_1 \subset U$와

$$C \cap B \subset B \cap V_2 \subset B \cap \overline{V_2} \subset B \cap U$$

인 X의 열린집합 $V_2 \subset U$가 존재한다. 따라서 $V = V_1 \cup V_2$라 하면

$$C \subset V \subset \overline{V} \subset U$$

이다.

9. 유한 개의 서로소인 열린집합만 존재한다고 가정하면 서로소인 열린집합에 의해 분리되지 않는 서로 다른 점의 쌍이 존재한다.

10. 연속함수 $F\colon X \to X \times X$를 $F(x) = (x, r(x))$으로 정의하자. 함수 $r\colon X \to A$은 $r|_A = \mathrm{Id}_A$을 만족하므로 $A = F^{-1}(\Delta)$이다. X가 하우스도르프 공간이므로 Δ는 $X \times X$의 닫힌집합이므로 A는 X의 닫힌집합이다.

11. 연속함수 $f \circ g\colon Y \to f(X)$는 $f \circ g|_{f(X)} = \mathrm{Id}_{f(X)}$을 만족하므로, 위의 문제에 의해 $f(X)$는 Y의 닫힌집합이다.

12. 콤팩트공간 X의 임의의 닫힌집합 C는 콤팩트이고 f가 연속이므로 $f(C)$는 Y의 콤팩트집합이다. Y가 하우스도르프 공간이므로 $f(C)$는 Y의 닫힌집합이다. 따라서 연속인 전단사함수 f가 닫힌함수이므로 f는 위상동형함수이다.

13. 만약 $y \in f(D) \cap f(X \setminus D)$이면, $y = f(x_1) = f(x_2)$인 $x_1 \in D, x_2 \in X \setminus D$가 존재한다. $x_1 \neq x_2$이고 X는 하우스도르프 공간이므로 $x_1 \in U, x_2 \in V, U \cap V = \varnothing$인 X의 열린집합 U, V가 존재한다. D가 X에서 조밀하므로 $D \cap V \neq \varnothing$, $y \in f(V) \cap f(D)$이고 $f|_D$는 단사함수이므로

$$x_1 \in V \cap D = f^{-1}(f(V) \cap f(D))$$

이다. 따라서 $x_1 \in U \cap V$이므로 $U \cap V = \varnothing$임에 모순이다.

14. 베르 범주 정리를 $\{A_n\}_{n=1}^{\infty}$에 적용하면, $\mathrm{int}(\bigcup_{n=1}^{\infty} A_n) = \varnothing$이다. 이는 $\bigcup_{n=1}^{\infty} A_n = X$임에 모순이다.

15. 보통위상에서 유도된 $[0,1]$의 부분위상을 $\mathscr{T}$라 하고 사영함수 $\pi_a\colon \prod_{a\in\mathbb{R}}[0,1] \to [0,1]$을 $\pi_a(f) = f(a)$라 하자. 곱공간 $\prod_{a\in\mathbb{R}}[0,1]$의 곱위상은 $\prod_{a\in\mathbb{R}}[0,1]$의 부분집합족

$$\mathscr{S} = \bigcup_{a\in\mathbb{R}}\{\pi_a^{-1}(G) \mid G\text{는 } [0,1]\text{의 열린집합}\}$$

를 부분기저로 하여 생성된 위상이다. 곱공간 $\prod_{a\in\mathbb{R}}[0,1]$이 제1가산이면 임의의 점 $f \in \prod_{a\in\mathbb{R}}[0,1]$에서의 가산국소기저

$$\mathscr{L} = \{L_n\}_{n=1}^{\infty}$$

가 존재하고 곱위상의 정의에 의해, 모든 자연수 n에 대해, 자연수 m_n과 $\mathbb{R}$의 유한 부분집합

$$A_n = \{a_{n,j} \in \mathbb{R} \mid n \in \mathbb{N}, j = 1, 2, \ldots, m_n\}$$

이 존재하여 모든 자연수 n에 대하여

$$L_n = \bigcap_{j=1}^{m_n} \pi_{a_{n,j}}^{-1}(U_{a_{n,j}}), \quad U_{a_{n,j}} \in \mathscr{T} \setminus \{[0,1]\}$$

이다. $\bigcup_{n=1}^{\infty} A_n$은 가산이고 $\mathbb{R}$은 비가산이므로 $b \in \mathbb{R} \setminus \bigcup_{n=1}^{\infty} A_n$이 존재한다. $f(b) \in V$이고 $V \neq [0,1]$인 $f(b)$의 열린근방 V에 대하여 $U = \pi_b^{-1}(V)$라 하면 $f \in U$이고 U는 $\prod_{a\in\mathbb{R}}[0,1]$의 열린집합이지만, 모든 자연수 n에 대하여 $V_n \not\subset U$이므로 $\mathscr{L}$이 f에서의 가산국소기저임에 모순이다. 따라서 곱공간 $\prod_{a\in\mathbb{R}}[0,1]$은 제1가산이 아니다.

16. $[0,1]$은 하우스도르프이고 하우스도르프 공간의 임의의 곱공간은 하우스도르프이다. 따라서 $\prod_{a\in\mathbb{R}}[0,1]$은 콤팩트인 하우스도르프공간이므로 정규이다.

17. $\prod_{a\in\mathbb{R}}[0,1]$은 콤팩트인 정규공간이지만 제1가산은 아니다. 거리공간은 제1가산이므로 $\prod_{a\in\mathbb{R}}[0,1]$은 거리화가능공간이 아니다.

18. 거리공간의 부분공간은 거리공간이므로 제1가산이다.

19. 모두 다 위상적 불변량이고 연속인 전사함수에 의해서는 분리가능성만 보존된다.

20. 서로 다른 두 점 $x, y \in X$에 대해 $\{x\}$, $\{y\}$는 서로소인 X의 닫힌집합이므로 우리손의 보조정리에 의해 $f(x) = 0$, $f(y) = 1$인 연속함수 $f\colon X \to [0,1]$이 존재한다.

21. 콤팩트 하우스도르프공간이면 정규이므로 성립한다.

22. 우리손의 보조정리에 의해 연결인 정규공간 X에서 $[0,1]$로의 연속인 전사함수가 존재하므로 X는 비가산집합이다.

23. X가 완전정칙이고 A, B가 서로소인 X의 닫힌집합이고 A는 콤팩트라고 가정하자. 임의의 주어진 $a \in A$와 B에 대하여 X가 완전정칙이므로

$$f_a \colon X \to [0,1], \quad f_a(a) = 1, \quad f_a(B) = \{0\}$$

인 연속함수 f_a가 존재한다. 모든 $a \in A$에 대해, $O_a = f_a^{-1}((\frac{1}{2}, 1])$이라 하면, $a \in O_a$이다. 따라서 $\mathscr{O} = \{O_a\}_{a \in A}$는 콤팩트인 A의 X에서의 열린덮개이다. 따라서 $\mathscr{O}$의 유한 부분덮개 $\{O_{a_k}\}_{k=1}^{n}$이 존재한다. 여기서 $a_1, a_2, \ldots, a_n \in A$는 A의 유한 개의 점들이다. 연속함수 $g \colon X \to [0,1]$을

$$g(x) = \prod_{k=1}^{n} f_{a_k}(x)$$

로 정의하면, 모든 $a \in A$에 대해, $g(a) \geq \frac{1}{2}$이고 $g(B) = 1$이다. 함수 $h \colon X \to [0, \frac{1}{2}]$을

$$h(x) = \min\{g(x), \frac{1}{2}\}$$

으로 정의하면 h는 연속함수이고 $h(A) = \{\frac{1}{2}\}$, $h(B) = \{0\}$이다. 따라서 함수 $f \colon X \to [0,1]$을

$$f(x) = 1 - 2h(x)$$

로 정의하면, 함수 f는 연속이고 $f(A) = \{0\}$, $f(B) = \{1\}$이다.

24. 임의의 서로소인 정규공간 X의 닫힌집합 A, B에 대해 함수$f \colon A \cup B \to [0,1]$를 $f(A) = \{0\}$, $f(B) = \{1\}$로 정의하면, f는 연속이고 따라서 티체 확장 정리에 의해 연속인 확장함수 $F \colon X \to [0,1]$가 존재하고 $F(A) = \{0\}$, $F(B) = \{1\}$이다.

25. (1) 거리공간 (X, d)의 임의의 서로 다른 두 점 x, y에 대하여 $r = d(x,y) > 0$이므로 $U = B_d(x, \frac{r}{2})$, $V = B_d(y, \frac{r}{2})$로 잡으면 $x \in U$, $y \in V$이고 U, V는 서로소인 X의 열린집합이다. 따라서 임의의 거리공간은 하우스도르프 공간이다.

(2) 가산집합 X에 여가산위상이 주어져 있으면 임의의 $x \in X$에 대하여 $\{x\} = X \setminus (X \setminus \{x\})$이고 $X \setminus \{x\}$는 가산집합이다. 따라서 X의 임의의 한 점 집합은 X의 열린집합이고 여가산위상이 주어진 가산집합 X는 이산공간이므로 거리공간이다.

비가산집합 X에 여가산위상이 주어져 있으면, 임의의 공집합이 아닌 X의 두 열린집합은 항상 공집합이 아닌 교집합을 가지므로 이 위상공간은 하우스도르프 공간이 아니고 (1)에 의해 거리공간이 아니다.

26. 제1가산공간의 점 x의 축소 가산 국소기저 $\mathscr{L} = \{L_n\}_{n=1}^{\infty}$을 잡자. 그러면 $x \in \overline{A}$이므로 임의의 $L_n \in \mathscr{L}$에 대하여 $L_n \cap A \neq \varnothing$이다. 그러므로 $x_n \in L_n \cap A$인 원소를 선택할 수 있다. 이제 수열 $\{x_n\}_{n=1}^{\infty}$가 x로 수렴함을 보이자. x의 임의의 열린근방 U에 대하여 $L_N \subset U$를 만족하는 자연수 N이 존재한다. $\mathscr{L}$이 축소 가산 국소기저이므로 $n \geq N$이면 $L_n \subset L_N$이고 따라서 $n \geq N$이면 $x_n \in U$이다. 그러므로 수열 $\{x_n\}_{n=1}^{\infty}$는 x로 수렴한다.

10.8.2 8장 기출문제 풀이

1. 정답: ④ 번
   ① $X \setminus \{b\} \notin \mathscr{T}$이므로 $\{b\}$는 $(X, \mathscr{T})$의 닫힌집합이 아니다.
   ② c를 포함하는 $(X, \mathscr{T})$의 열린집합은 X뿐이므로 a와 c를 분리하는 서로소인 $(X, \mathscr{T})$의 열린집합은 존재하지 않는다.
   ③ $(X, \mathscr{T})$의 닫힌집합 $\{b, c\}$와 $a \notin \{b, c\}$에 대하여 $a, \{b, c\}$를 각각 포함하고 서로소인 $(X, \mathscr{T})$의 열린집합은 존재하지 않는다.
   ④ $(X, \mathscr{T})$의 닫힌집합은 $\varnothing, \{c\}, \{a, c\}, \{b, c\}, X$뿐이므로 공집합이 아니고 서로소인 $(X, \mathscr{T})$의 두 닫힌집합은 존재하지 않는다. 따라서 $(X, \mathscr{T})$는 정규이다.

2. 모든 $a \in A$에 대하여 $a \neq x$이고 X는 하우스도르프 이므로 $x \in U_a, a \in V_a$이고 서로소인 X의 열린집합 U_a, V_a가 존재한다. $\mathscr{V} = \{V_a\}_{a \in A}$는 A의 열린덮개이고 A는 콤팩트이므로 $\mathscr{V}$의 유한 부분덮개 $\{V_{a_k}\}_{k=1}^{n}$이 존재한다. 이때,

$$U = \bigcap_{k=1}^{n} U_{a_k}, \quad V = \bigcup_{k=1}^{n} V_{a_k}$$

   라 정의하면 $x \in U, A \subset V$이고

$$U \cap V \subset \bigcup_{k=1}^{n} (U_{a_k} \cap V_{a_k}) = \varnothing$$

   이다.

3. 정답: 거짓
   임의의 $\mathbb{R}$의 가산 부분집합 A는 $(\mathbb{R}, \mathscr{T})$의 닫힌집합이므로 $\overline{A} = A$이고 따라서 $\overline{A}$는 가산집합이므로 $\mathbb{R}$이 될 수 없다. 따라서 $(\mathbb{R}, \mathscr{T})$는 분리가능이 아니다.

4. 정답: 참
   임의의 $(\mathbb{R}, \mathscr{T})$의 한 점 집합 C에 대하여 $\mathbb{R} \setminus C$는 $(\mathbb{R}, \mathscr{T})$의 열린집합이므로 C는 $(\mathbb{R}, \mathscr{T})$의 닫힌집합이다. 따라서 $(\mathbb{R}, \mathscr{T})$는 T_1-공간이다.

5. 정답: 거짓
   임의의 X의 가산부분집합 B에 대하여 $(X \setminus B) \cap A \neq \varnothing$이다. 따라서 $x \in$

$(X \setminus B) \cap A$ 인 원소가 존재하고 $\{x\} \in \mathscr{T}$, $\{x\} \cap B = \varnothing$ 이므로 $\overline{B} \neq X$ 이다. 따라서 $(X, \mathscr{T})$ 는 분리가능이 아니다.

6. 정답: 참

C 가 $(X, \mathscr{T})$ 의 닫힌집합인 것과 C 가 A 의 유한부분집합이거나 $C = \{q\} \cup U$ 인 $U \subset A$ 가 존재하는 것은 동치이다. 따라서 C, D 가 서로소인 $(X, \mathscr{T})$ 의 닫힌집합이면 C, D 중 하나는 A 의 유한부분집합이다. 일반성을 잃지 않고 C 를 A 의 유한부분집합이라 하자. $U = C, V = X \setminus C$ 라 하면 U, V 는 $C \subset U, D \subset V$ 이고 서로소인 $(X, \mathscr{T})$ 의 열린집합이다.

7. $(0,0)$ 의 동치류 $\overline{(0,0)} = \{(0,0)\}$ 이다. 만약 $(Y, \mathscr{T})$ 의 열린집합 U 가 $\overline{(0,0)}$ 을 포함하면, $\pi^{-1}(U)$ 는 보통위상이 주어진 $\mathbb{R}^2$ 의 $(0,0)$ 을 포함하는 열린집합이고

$$\{(x,y) \in \mathbb{R}^2 \mid x^2 + y^2 = \varepsilon^2\} \subset \pi^{-1}(U)$$

인 양수 ε 이 존재한다. 모든 $(x,y) \in \mathbb{R}^2 \setminus \{(0,0)\}$ 에 대해 $(x,y) \sim \frac{\varepsilon}{\sqrt{x^2+y^2}}(x,y)$ 이고 $\frac{\varepsilon}{\sqrt{x^2+y^2}}(x,y) \in \{(x,y) \in \mathbb{R}^2 \mid x^2+y^2 = \varepsilon^2\}$ 이므로 $\overline{(x,y)} \in U$ 이다. 따라서 $U = Y$ 이다.

만약 $(Y, \mathscr{T})$ 가 T_1-공간이면 Y 의 서로 다른 두 점 $\overline{(0,0)}$ 과 $\overline{(1,0)}$ 에 대하여 $\overline{(0,0)} \in U$, $\overline{(1,0)} \notin U$ 인 $(Y, \mathscr{T})$ 의 열린집합 U 가 존재한다. 반면 $\overline{(0,0)}$ 을 포함하는 $(Y, \mathscr{T})$ 의 열린집합은 Y 뿐이므로 이는 모순이다.

Bibliography

- M. A. Amstrong, *Basic Topology*, Springer, 1983
- J. Dugundji, *Topology*, Allyn and Macon, 1968
- D. W. Kahn, *Topology: an introduction to the point-set and algebraic area*, Dover, 1995
- S. Lipschutz, *General Topology*, McGraw-Hill, 1965
- M. Manetti, *Topology*, Springer, 2014
- S. A. Morris, *Topology without tears*, `http://www.topologywithouttears.net/topbook.pdf`, lecture notes, 2017
- J. R. Munkres, *Topology*, Prentice hall, 2000
- O. Y. Viro, O. A. Ivanov, N. Y. Netsvetaev, V. M. Kharlamov, *Elementary Topology: Problem Textbook*, AMS, 2008
- C.T.C. Wall, *A geometric introduction to topology*, Addison-Wesley, 1972
- 문명호, 박종일, 위상수학입문, 경문사, 2005.
- 윤양동, 위상수학, 비엔비출판사, 2015.
- 한국교육과정평가원, `http://www.kice.re.kr/boardCnts/list.do?boardID=1500212&searchStr=&m=030306&s=kice`, 2024.

색인